河南省"十四五"普通高等教育规划教材

普通高等教育跨境电子商务方向系列教材

跨境电子商务理论与实务

第 2 版

主　编　常广庶

副主编　马凌远　吴丽娟

参　编　付　赟　浮学军

机械工业出版社

本书从商业模式、支付系统、物流体系、营销策略、监管机制、安全防范等各个方面全面阐述了跨境电子商务，并介绍了国内主流跨境电子商务平台的运营和操作过程，目的是帮助学生了解跨境电子商务的原理、方法和步骤，提高学生的动手能力，从而培养一批既精通国际贸易业务，又掌握电子商务知识的复合型人才。

本书编者在第1版的基础上，结合近年来的教学实践和跨境电子商务的最新发展，对全书各章的内容进行了修订和优化，使其更加准确、丰富和完善。

本书可作为经管类专业的本专科教材，也可供其他专业师生和社会读者使用。

图书在版编目（CIP）数据

跨境电子商务理论与实务/常广庶主编. —2版. —北京：机械工业出版社，2021.5（2024.1重印）
河南省"十四五"普通高等教育规划教材　普通高等教育跨境电子商务方向系列教材
ISBN 978-7-111-68118-2

Ⅰ.①跨… Ⅱ.①常… Ⅲ.①电子商务-高等学校-教材 Ⅳ.①F713.36

中国版本图书馆CIP数据核字（2021）第080245号

机械工业出版社（北京市百万庄大街22号　邮政编码：100037）
策划编辑：常爱艳　责任编辑：常爱艳
责任校对：王　欣　封面设计：鞠　杨
责任印制：单爱军
北京虎彩文化传播有限公司印刷
2024年1月第2版第2次印刷
184mm×260mm・20印张・399千字
标准书号：ISBN 978-7-111-68118-2
定价：59.80元

电话服务　　　　　　　　　网络服务
客服电话：010-88361066　　机　工　官　网：www.cmpbook.com
　　　　　010-88379833　　机　工　官　博：weibo.com/cmp1952
　　　　　010-68326294　　金　书　网：www.golden-book.com
封底无防伪标均为盗版　机工教育服务网：www.cmpedu.com

前言

2008年，国际金融危机引发了全球经济危机，导致国际市场需求持续严重低迷，许多发达国家贸易保护主义开始抬头，国际贸易中传统的大额集装箱外贸交易模式面临极大的挑战，我国部分外贸企业经营困难。在这种情况下，一些外贸企业为了降低成本、开拓国际市场，开始建立电子商务网站，小额的B2B、B2C、M2C、C2C等外贸交易数量不断上升，跨境小额外贸电子商务业务开始蓬勃发展。当前，随着互联网和信息技术的快速发展以及经济全球一体化的不断加速，跨境电子商务（Cross-border E-commerce）已成为时代新潮流。可以认为，全球的跨境电子商务正在重塑国际贸易的格局，包括生产模式、消费模式、流通模式以及全球的产业链、价值链和供应链的各个环节。跨境电子商务正在我国各地扮演着驱动外贸增长新动力的角色，试点城市之间的竞争日趋激烈。

随着跨境电子商务行业的不断发展，跨境电子商务企业销售的产品品类和销售市场更加多元化，企业对跨境电子商务人才的要求也不断提高。相关企业在招聘跨境电子商务人才时更多地倾向于选择国际经济与贸易、市场营销以及电子商务等相关专业的学生。目前，很多高等职业学院和中等职业学校都开设了跨境电子商务专业，《普通高等学校本科专业目录（2020）》中还增设了跨境电子商务本科专业，可以说我国已经具备了比较齐全的跨境电子商务人才培养体系，每年的毕业生也很多。然而，越来越多的企业在发出这样的声音：招不到合适的跨境电子商务人才。跨境电子商务属于交叉性学科，既有国际经济与贸易的特点，也有电子商务的特点。兼具国际经济与贸易和电子商务特征的跨境电子商务企业对人才的复合性需求较强，现实中缺乏全面又切合实际的跨境电子商务教材。

本书正是基于这一需求进行编写的，参与本书编写的既有在高校从事电子商务教学和科研工作的教师，也有在企业从事跨境电子商务实践工作的企业家，可以说理论和实践经验都比较丰富，目的就是帮助学生了解跨境电子商务的原理、方法和步骤，培养一批既精通国际贸易业务又掌握电子商务知识的复合型人才，这是推进并保持跨境电子商务可持续发展的根本途径。

本书编者在第1版的基础上，结合近年来的教学实践和跨境电子商务的最新发展，对全书各章的内容进行了修订和优化，使其更加准确、丰富和完善。

本书由郑州航空工业管理学院电子商务研究中心主任、河南省电子商务协会专家委员会副主任常广庶教授担任主编。具体分工如下：第一、五章由马凌远编写；第二、四章由付赟编写；第三、六章由吴丽娟编写；第七章由常广庶编写；第八章由郑州万国优品保税进出口有限公司董事长浮学军编写。此外，郑州万国优品保税进出口有限公司李亚萍也参与了本书的整理工作。

本书在写作过程中参考了大量书籍和网站资料，作者已尽可能在参考文献中列出，并向所有这些提供帮助的人士和组织表示感谢。可能有的参考资料由于疏忽或其他转载的原因没有列出出处，在此表示歉意。

本书的出版得到了河南省特色骨干学科群"航空经济与管理"、河南省软科学研究计划项目（202400410057）、河南省教育厅人文社会科学研究项目（2020-ZZJH-487）和郑州航空工业管理学院教育教学改革研究与实践项目（2020-27）的资助，在此一并表示感谢。

由于跨境电子商务的理论、方法与实践仍在快速发展和变化之中，大量新问题、新情况不断涌现，有待持续充实和完善，加之作者水平有限，书中难免有疏漏和不妥之处，敬请广大读者批评指正。

我们为选择本书作为授课教材的教师提供免费的 PPT 课件、教学大纲及课后习题答案，请联系责任编辑索取：changay@126.com。

编　者

目 录

前 言

理 论 篇

第一章　跨境电子商务导论 ·· 3
　　第一节　传统外贸与国际贸易实务操作基础 ··· 3
　　第二节　跨境电子商务的内涵与特征 ·· 16
　　第三节　跨境电子商务的商业模式 ··· 21
　　第四节　跨境电子商务生态系统 ·· 28
　　习题 ··· 30
　　本章参考文献 ··· 31

第二章　跨境电子商务支付结算 ··· 32
　　第一节　跨境电子商务支付结算概述 ·· 32
　　第二节　跨境电子商务支付的相关理论 ··· 39
　　第三节　跨境电子商务的支付结算方式 ··· 54
　　第四节　跨境电子商务支付结算的监管 ··· 60
　　习题 ··· 71
　　本章参考文献 ··· 72

第三章　跨境电子商务的网络营销策略 ··· 73
　　第一节　消费者行为特征与市场分析 ·· 73
　　第二节　海外零售市场调研与分析 ··· 78
　　第三节　跨境电子商务中的网络营销策略 ·· 83
　　第四节　跨境电子商务中常用的网络营销方法 ··· 100
　　习题 ·· 116
　　本章参考文献 ·· 117

第四章　跨境电子商务物流 ·· 119
　　第一节　跨境电子商务物流概述 ··· 119
　　第二节　跨境电子商务物流管理 ··· 127

第三节　跨境电子商务物流模式 135
　　习题 162
　　本章参考文献 163

第五章　跨境电子商务的监管制度 164
　　第一节　跨境电子商务的通关类型和通关流程 164
　　第二节　跨境电子商务的海关监管 168
　　第三节　跨境电子商务的税收征管 173
　　第四节　跨境电子商务的金融监管 177
　　习题 189
　　本章参考文献 190

第六章　跨境电子商务的法律问题 191
　　第一节　跨境电子商务中的消费者权益保护 191
　　第二节　跨境电子商务中的知识产权保护 207
　　第三节　跨境电子商务中的争议解决机制 213
　　习题 229
　　本章参考文献 231

第七章　跨境电子商务的安全体系 232
　　第一节　跨境电子商务的安全问题 232
　　第二节　电子商务安全技术概述 240
　　第三节　跨境电子商务的安全机制 253
　　第四节　跨境电子商务的认证技术 258
　　第五节　跨境电子商务的安全协议 268
　　习题 275
　　本章参考文献 276

实　务　篇

第八章　跨境电子商务平台操作指南 279
　　第一节　平台简介 279
　　第二节　平台概况 280
　　第三节　订单实现 290
　　第四节　通关模式 304
　　第五节　客服用语 308
　　第六节　安全防范 310
　　习题 311

理 论 篇

第一章　跨境电子商务导论

第二章　跨境电子商务支付结算

第三章　跨境电子商务的网络营销策略

第四章　跨境电子商务物流

第五章　跨境电子商务的监管制度

第六章　跨境电子商务的法律问题

第七章　跨境电子商务的安全体系

第一章
跨境电子商务导论

第一节 传统外贸与国际贸易实务操作基础

一、国际货物买卖合同的订立

（一）订立合同的程序和步骤

在国际货物买卖合同商订过程中，一般包括询盘（Inquiry）、报盘（Offer）、还盘（Counter Offer）和接受（Acceptance）四个环节，其中报盘和接受是达成交易、合同成立不可缺少的两个基本环节和必经的法律步骤。

1. 询盘

询盘也称询价，是交易一方向交易另一方探询交易条件或交易可能性的业务行为，其目的是了解对方的业务范围、习惯做法、交易条件或提出自己的合作意向，是订立合同的准备性工作，所以询盘不具有法律约束力。对于彼此了解的交易双方，询盘有时是不必要的；如果磋商双方对交易条件一拍即合，也就省略了反复讨价还价的过程，唯有报盘和接受是合同成立的必备程序和法律步骤。

2. 报盘

报盘也称为报价、发盘和发价，是交易一方（发盘人，Offerer）向特定人（受盘人，Offeree）发出的、并受对方（受盘人）接受约束的、内容确定完整的、订立合同的承诺。报盘既可以由卖方提出，也可以由买方提出。买方的报盘是提出按一定的交易条件订购一定数量的货物，故也称为订单（Order 或 Indent）。

（1）报盘成立的必要条件。按照《联合国国际货物销售合同公约》（以下简称《公约》）的规定，报盘成立需要以下几个条件，凡不具备这些条件的，均视为无法律约束力的报盘。

1）报盘必须向特定人发出。所谓特定人，是指报盘中必须指明报盘的接受对象。

2）报盘内容必须明确完整。所谓明确完整是指报盘中明确表示交易意愿和提出合同的主要交易条款，一旦对方接受，双方可以按照这些条款签订合同。根据《公约》第 14 条的规定，报盘内容必须具备三个要素，即确定的货物（货物名称）、确定的数量（或规定确定数量的方法）和确定的价格（或规定确定价格的方法）。数量和价格既可以是明示的，也可以是默示的。

3）报盘中没有排除受盘人接受约束的含义。只要具备了上述 1）、2）两项条件，这种交易条件的表达即构成了对发盘人的约束。只要受盘人接受，双方的合同关系即告成立。除非报价中加注了排除约束的内容，如"for your reference only, subject to our final confirmation"等，这种有保留的订约建议就不能构成一个法律上有约束力的报盘。

（2）报盘的效力、撤回与撤销。报盘到达受盘人生效，报盘在有效期内被受盘人接受，报盘人即受到合同——以报盘中承诺的交易条件为基础的合同的约束。

1）报盘的有效期。当报盘中没有注明有效期时，按照国际贸易惯例，受盘人应在"合理时间"内接受方为有效。采用口头报盘时，合理时间为"当即"，受盘人当场表示接受方为有效；函电报盘时，"合理时间"的确定则要依具体的交易情况进行判断，容易产生纠纷。所以在报盘中最好清楚地列明有效期，考虑到国际贸易中交易双方营业地点遥远可能产生的时差问题，必要时还要注明有效期的到期地点。

当有效期的规定是一段时间时，按照《公约》规定，有效期的起始时间在以下各种发盘方式下分别是：电报为其交发时刻；信件为其载明的日期，如信件上没有则为其信封上载明的日期；电话、电传为其收到的时刻。

2）报盘的生效、更改和撤回。《公约》规定，报盘送达受盘人生效，在报盘尚未正式生效之前，报盘人可以撤回报盘或修改报盘的内容，但撤回通知或内容变更通知必须在受盘人收到报盘之前或同时送达受盘人。

3）报盘的撤销。报盘生效以后，不能修改或撤回。但在受盘人尚未表示接受之前，报盘人可以撤销报盘。只要撤销通知在受盘人发出接受通知之前送达受盘人，则撤销有效。一旦受盘人发出了接受通知，报盘就不得撤销。

但如果在报盘中规定了有效期，或以其他方式表示该报盘是不可撤销的，或受盘人有理由认为该报盘是不可撤销的，并本着对该报盘的信赖采取了相应行动，报盘不可撤销。

4）报盘效力的终止。报盘在下列情况下失效：报盘在规定的有效期限内未被接受；报盘虽未规定有效期，但在合理的时间内未被接受；报盘被报盘人依法撤回或撤销；报盘被受盘人拒绝或还盘，即拒绝或还盘文件送达报盘人；不可抗力事件；报盘人或受盘人丧失了行为能力。

3. 还盘

受盘人在接到发盘后，不同意或不完全同意发盘的内容，而对报盘内容或交易条件提出修改、补充或保留意见,这种对报盘的答复称为还盘,也称复盘。还盘的法律后果是使报盘失去对报盘人的约束——使原报盘失效,还盘自身的法律效力视情况不同而异。

(1)实质性还盘。实质性地改变了报盘条件的还盘称为实质性还盘。实质性还盘实质上是对原报盘的主要交易条件进行了变更,在构成对原报盘拒绝的同时,向原报盘人发出了一个新的——按照还盘条件订约的建议,所以实质性还盘本身在法律上构成一个新的报盘,还盘人要受到他的报盘(还盘)的约束。按照《公约》规定,受盘人对货物的价格、付款、质量、数量、交货时间与地点、赔偿责任范围或争端解决等条件提出增加或更改,均视为实质性变更了发盘条件。

(2)非实质性还盘。如果受盘人对报盘未做实质性修改或表示有条件接受,这种对还盘的答复称为非实质性还盘。根据构成非实质性还盘的内容,非实质性还盘自身的法律效力有很大差异。

1)非实质内容的修改。如果还盘只是对报盘的内容做了非实质性更改或增减,如增加了装船单证要求,因而不构成对报盘的否定,在法律上被看作是接受。

2)有保留的接受。如果还盘中包含"以我方最后确认为准"等保留条件,虽然它不构成对原报盘的否定,但其本身既不是对报盘的接受,也不是一个新的订约建议,在法律上这种非实质性还盘被认定为没有法律约束力的询盘。

4. 接受

所谓接受,就是交易的一方在接到对方的报盘后,以声明或行为表示同意对方报盘中的交易条件。法律上将接受称作承诺。接受和发盘一样,具有法律约束作用。

(1)接受有效应具备的条件。根据《公约》规定,构成有效的接受要具备以下四个条件:

1)接受必须由受盘人做出。按照《联合国国际贸易法委员会电子商务示范法》(以下简称《示范法》)第13条关于数据电文归属的规定,由企业电子商务程序或有权代表企业的电子商务服务商发出的接受视为企业的商业行为,具有法律约束力。

2)受盘人表示接受。接受的方式既可以采取声明的方式明确表示,也可以用行为来表示。沉默也是一种行为,虽然沉默不一定表示接受,但在特定情况下,也可被认定为一种表示接受的方式。

3)接受的内容要与报盘的内容相符。接受应是无条件地全部同意报盘提出的交易条款。如果受盘人在答复中使用了接受的字眼,但对发盘的内容做了增加、限制或修改,按《公约》规定,不能视为有效的接受。

注意:对报盘未做实质性修改的接受,除非发盘人在不过分迟延的时间内表示拒绝,仍构成有效的接受，并以修改后的内容作为合同条款。

4）接受必须在报盘的有效期内做出。

（2）逾期接受。导致接受通知迟于报盘人规定的有效期送达，在法律上称为"逾期接受"。对于这种迟到的接受效力，按照《公约》规定，可以分为两种情况：

1）如果发盘人毫不迟延地用口头或书面的形式将此种意思通知受盘人，则接受有效。

2）如果载有逾期接受的信件或其他书面文件表明，它在传递正常的情况下是能够及时送达发盘人的，那么这项逾期接受仍具有接受的效力，除非发盘人毫不迟延地用口头或书面方式通知受盘人发盘已经失效。

注意：在一定的情况下，沉默也表示某种国际贸易行为。在逾期接受的两种情况中，沉默所表达的含义是截然不同的。第一种情况，沉默表示拒绝接受；而在第二种情况下，沉默则表示同意接受，合同成立。

（3）接受的生效时间。接受生效就意味着交易磋商双方合同的成立，按《公约》规定，接受送达报盘人或在受盘人采取接受的行为时开始生效，双方要受合同的约束。按《示范法》规定，电子商务中表示接受的电子信息到达报盘人指定的系统生效；若发盘人未指定系统，则电子信息到达报盘人任意系统生效；若电子信息到达报盘人指定之外的其他系统，则报盘人检索到接受信息视为送达报盘人，接受生效，合同成立。

（4）接受的撤回或修改。接受可以在生效之前撤回或修改。但接受一旦生效，合同即告成立，任何一方不得再提出撤回或修改。

（二）合同成立的时间与生效的要件

合同即法律，依法成立的合同，具有法律约束力，合同自成立时生效。但是，合同成立与合同生效是两个不同的概念。合同成立的判断依据是接受是否生效；而合同生效是指合同是否具有法律上的效力。在通常情况下，合同成立之时，就是合同生效之日，二者在时间上是同步的。但有时，合同虽然成立，却不立即产生法律效力，而是需要其他条件成立时，合同才开始生效。

1. 合同成立的时间

在国际贸易中，合同成立的时间是一个十分重要的问题。根据《公约》的规定，合同成立的时间为接受生效的时间，而接受生效的时间，又以接受通知到达发盘人或按交易习惯及发盘要求做出接受的行为为准。由此可见，合同成立的时间有两个判断标准：一是有效接受的通知到达发盘人时，合同成立；二是受盘人做出接受行为时，合同成立。此外，在实际业务中，有时双方当事人在洽商交易时约定，合同成立的时间以订约时合同上所写明的日期为准，或以收到对方确认合同的日期为准。

在现实经济生活中，有些合同成立的时间有特殊规定。如我国《合同法》第32条规定："当事人采用合同书形式订立合同的，自双方当事人签字或者盖章时合同成立。"签字或盖章不在同一时间的，最后签字或者盖章时合同成立。

2. 合同生效的要件

买卖双方就各项交易条件达成协议后，并不意味着此项合同一定有效。根据各国合同法规定，一项合同，除买卖双方就交易条件通过发盘达成协议后，还需具备以下要件，才是一项有效的合同，才能得到法律上的保护：

（1）合同当事人必须具有签约能力。签订买卖合同的当事人主要为自然人或法人。按各国法律的一般规定，自然人签订合同的行为能力，是指精神正常的成年人才能订立合同；未成年人、精神病人订立合同必须受到限制。关于法人签订合同的行为能力，各国法律一般认为，法人必须通过其代理人，在法人的经营范围内签订合同，即越权的合同不能发生法律效力。

我国《合同法》第9条规定："当事人订立合同。应当具有相应的民事权利能力和民事行为能力。"由此可见，在订立合同时，当事人的缔约能力和主体资格是十分重要的。

（2）合同必须有对价或约因。英美法系认为，对价（Consideration）是指当事人为了取得合同利益所付出的代价。大陆法系的法国法律认为，约因（Cause）是指当事人签订合同所追求的直接目的。按照英美法系和法国法律的规定，合同只有在有对价或约因时，才是法律上有效的合同，无对价或无约因的合同，是得不到法律保障的。

（3）合同的内容必须合法。许多国家往往从广义上解释"合同内容必须合法"，其中包括不得违反法律、不得违反公共秩序或公共政策，以及不得违反公序良俗或道德三个方面。我国《合同法》第七条规定："当事人订立、履行合同应当依照法律、行政法规，尊重社会公德，不得扰乱社会经济秩序，损害社会公共利益。"

（4）合同必须符合法律规定的形式。世界上大多数国家，只对少数合同才要求必须按法律规定的特定形式订立，而对大多数合同，一般不从法律上规定应当采取的形式。我国《合同法》规定："当事人订立合同，有书面形式、口头形式和其他形式。"

（5）合同当事人的意思表示必须真实。各国法律都认为，合同当事人的意思表示必须是真实的才能成为一项有约束力的合同，否则这种合同无效。

为了使签订的合同能得到法律上的保护，我们必须了解上述合同生效的各项要件，并依法行事。此外，还应了解造成合同无效的五种情况。我国《合同法》第五十二条规定，有下列情形之一的，合同无效：①一方以欺诈、胁迫的手段订立合同，损害国家利益；②恶意串通，损害国家、集体或者第三人利益；③以合法形式掩盖非法目的；④损害社会公共利益；⑤违反法律、行政法规的强制性规定。

（三）订立合同的形式与合同的基本内容

1. 合同的形式

合同的形式是合同当事人内在意思的外在表现形式。在国际贸易中，交易双方订立合同有下列三种形式。

（1）书面形式。书面形式包括合同书、信件以及数据电文（如电报、电传、传真、电子数据交换和电子邮件）等可以有形地表现所载内容的形式。采用书面形式订立的合同，既可以作为合同成立的证据，也可以作为履行合同的依据，还有利于加强合同当事人的责任心，使其依约行事，即使履约中发生纠纷，也便于举证和分清责任，故书面合同已成为合同的一种主要形式。鉴于采用书面形式订立合同有许多好处，故有些国家的法律或行政法规甚至明文规定必须采用书面形式。

（2）口头形式。采用口头形式订立的合同，又称口头合同或对话合同，即指当事人之间通过当面谈判或通过电话方式达成协议而订立的合同。采用口头形式订立合同，有利于节省时间、简便行事，对加速成交起着重要作用。但是，因无文字依据，空口无凭，一旦发生争议，往往造成举证困难，不易分清责任。这是导致有些国家的法律、行政法规强调必须采取书面合同的最主要的原因。

（3）其他形式。其他形式是指上述两种形式之外的订立合同的形式，即以行为方式表示接受而订立的合同。例如，根据当事人之间长期交往中形成的习惯做法，或发盘人在发盘中已经表明受盘人无须发出接受通知，可直接以行为做出接受而订立的合同，均属此种形式。

从总体上看，上述订立合同的三种形式都是合同的法定形式，因而均具有相同的法律效力，当事人可根据需要，酌情做出选择。我国《合同法》规定："当事人订立合同，有书面形式、口头形式和其他形式。法律、行政法规规定采用书面形式的，应当采用书面形式。当事人约定采用书面形式的，应当采用书面形式。"由此可见，当事人签订合同时，究竟采用什么形式，应根据有关法律、行政法规的规定和当事人双方的意愿行事。

根据国际贸易的一般习惯做法，交易双方通过口头或书面形式达成协议后，多数情况下还签订一定格式的书面合同，以利合同的履行。关于书面合同的名称，并无统一规定，其格式的繁简也不一致。在我国进出口贸易实践中，书面合同的形式包括合同（Contract）、确认书（Confirmation）和协议书（Agreement）等。其中以采用"合同"和"确认书"两种形式的居多。从法律效力来看，这两种形式的书面合同没有区别，所不同的只是格式和内容的繁简有所差异。合同又可分为销售合同（Sales Contract）和购买合同（Purchase Contract）。前者是指卖方草拟提出的合同；后者是指买方草拟提出的合同。确认书是合同的简化形式，它又分为销售确认书（Sales Confirmation）和购买确认书（Purchase Confirmation）。前者是卖方出具的确认书；后者是买方出具的确认书。

在我国对外贸易业务中，合同或确认书通常一式两份，由双方合法代表分别签字后各执一份，作为合同订立的证据和履行合同的依据。

2.合同的基本内容

书面合同不论采取何种格式，其基本内容通常包括约首、基本条款和约尾三个组成部分。

（1）约首部分。约首部分一般包括合同名称、合同编号、缔约双方名称和地址、电报挂号、电传号码等项内容。

（2）基本条款。基本条款是合同的主体，其中包括品名、品质规格、数量或重量、包装、价格、交货条件、运输、保险、支付、检验、索赔、不可抗力和仲裁等项内容。商定合同，主要是就这些基本条款如何规定进行磋商，达成一致意见。

（3）约尾部分。约尾部分一般包括订约日期、订约地点和双方当事人签字等项内容。为了提高履约率，在规定合同内容时应考虑周全，力求使合同中的条款明确、具体、严密和相互衔接，且与磋商的内容一致，以利于合同的履行。

二、进出口合同的履行

在国际贸易中，买卖合同一经有效成立，买卖双方当事人就必须履行合同规定的义务。只有履行了所订立的合同，才能使合同签订所表达的愿望和目的得以实现。可见，做好履行合同工作的重要性不亚于合同的磋商和签订。因此，当合同订立后，买卖双方就进入到合同的履行阶段。贸易的最终结果如何，还要看这个阶段的执行情况。以下将分别从出口和进口角度介绍国际贸易合同的履行，并列举进出口中所需的各种单据。

（一）出口合同的履行

在出口合同的履行过程中包括备货、催证、审证、改证、租船订舱、报关、报验、保险、装船和制单结汇等多种环节。其中又以货（备货）、证（催证、审证、改证）、船（租船订舱）、款（制单结汇）四个环节最为重要。

1.备货

备货是根据合同规定的品质、数量、包装和交货时间的要求，进行货物的准备工作。在备货过程中应注意以下几点：

（1）货物的品质。货物的品质、规格，应按合同的要求核实，必要时应进行加工整理，以保证货物的品质、规格与合同规定一致。

（2）货物的数量。应保证满足合同或信用证对数量的要求，备货的数量应适当留有余地，以备装运时可能发生的调换和适应舱容之用。

（3）货物的包装和唛头（运输标志）。应进行认真检查和核实，使之符合信用证的规定，并要做到对保护商品和适应运输的要求，如发现包装不合格或被破坏，应及时进行修整或换装。标志应按合同规定的式样刷制。

（4）备货时间。应根据信用证的规定，结合船期安排备货时间，以利于船货衔接。

2. 落实信用证

在履行以信用证付款的合同时，对信用证的掌握、管理和使用直接关系到我国对外政策的贯彻和收汇的安全。落实信用证包括催证、审证和改证三项内容。

（1）催开信用证。如果在出口合同中买卖双方约定采用信用证方式，买方应严格按照合同的规定按时开立信用证，这是卖方履约的前提。但在实际业务中，有时国外进口商在市场发生变化或资金发生短缺的情况时，往往会拖延开证。特别是大宗商品交易或买方要求而特制的商品交易，更应结合备货情况及时进行催证。必要时，也可请我国驻外机构或中国银行协助代为催证。

（2）审核信用证。信用证是一种银行信用的保证文件，但银行的信用保证是以受益人提交的单据符合信用证条款为条件的，所以，开证银行的资信、信用证的各项内容，都关系着收汇的安全。为了确保收汇安全，外贸企业于收到国外客户通过银行开立的信用证后，会立即对其进行认真的核对和审查。核对和审查信用证是一项十分重要的工作，做好这项工作，对于贯彻我国对外贸易的方针政策、履行货物装运任务、按约交付货运单据、及时安全地收取货款等方面都具有重要意义。

一般来说，在审查国外来证时，应考虑下列几个方面：

1）总的方面的审核要点：

① 从政策上审核。

② 对开证银行资信情况的审核。

③ 对信用证是否已经生效、有无保留或限制性条款的审核。

④ 对信用证不可撤销性的审核。我国能够接受的国外来证必须是不可撤销的。

2）专项审核要点：

专项审核名目繁多，不同交易，情况各异，以下为一般交易中的审核要点：

① 支付货币。

② 信用证金额。

③ 到期日、交单期和最迟装运日期。

④ 转运和分批装运。

⑤ 开证申请人和受益人。

⑥ 付款期。

以上内容必须和信用证严格一致。在实际业务中，银行和进出口公司共同承担审证任务。其中，银行着重审核开证行的政治背景、资信能力、付款责任和索汇路线等方面的内容，进出口公司则着重审核信用证的内容。

（3）修改信用证。在实际业务中，出口企业在对信用证进行了全面细致的审核以后，当发现问题时，通常还应区别问题的性质进行处理，有的还须同银行、运输、保险、检验等有关部门取得联系共同研究后，方能做出适当妥善的决策。一般来说，凡是属于不符合我国对外贸易方针政策、影响合同履行和收汇安全的问题，必须要求国外客户通过开证行修改，并坚持在收到银行修改信用证通知书认可后才可装运货物；对于可改可不改的，或经过适当努力可以做到的，则可酌情处理，或不做修改，按信用证规定办理。

在一份信用证中，有多处条款需要修改的情形是常见的。对此，应做到一次向开证人提出，否则，不仅增加双方的手续和费用，而且对外影响也不好。另外，对于收到的任何信用证修改通知书，都要认真进行审核，如发现修改内容有误或不能同意的，有权拒绝接受，但应及时做出拒绝修改的通知送交通知行，以免影响合同的顺利履行。

为防止作伪，便于受益人全面履行信用证条款所规定的义务，信用证的修改通知书应通过原证的通知行转递或通知。如由开证人或开证行径自寄来的，应提请原证通知行证实。

对于可接受或已表示接受的信用证修改书，应立即将其与原证附在一起，并注明修改次数，这样可防止使用时与原证脱节，造成信用证条款不全，影响及时和安全收汇。

3. 安排装运

安排装运货物涉及的工作环节甚多，其中以托运、投保、报关、装运和发装运通知等工作尤为重要。

（1）托运。目前，在我国，凡由我方安排运输的出口合同，对外装运货物、租订运输工具和办理具体有关运输的事项，外贸企业通常都委托中国对外贸易运输公司或其他经营外贸运输代理业务的企业办理，所以，在货、证备齐以后，出口企业应即向外运机构办理托运手续。托运时除须缮制托运单据外，尚须附交与本批货物有关的各项证、单，如提货单、商业发票、出口货物明细单（装箱单）、出口货物报关单、出口收汇核销单等，有的商品还需提供出口许可证、配额许可证的海关联、商品检验合格证件等有关证书，以供海关核查放行之用。

出口企业向外运机构办理托运的工作步骤如下：

① 查看船期表，填写出口货物托运单。

② 船公司或其代理人签发装货单。

（2）投保。在办理投保手续时，通常应填写国外运输险投保单，列明投保人名称、货物的名称、标记、运输路线、船名或装运工具、开航日期、航程、投保险别、保险金额、投保日期、赔款地点等。保险公司据此考虑接受承保并缮制保险单据。

（3）报关。按照《海关法》规定：凡是进出国境的货物，必须经由设有海关的港口、车站、国际航空站进出，并由货物的所有人向海关申报，经过海关查验放行后，货物方可提取或装运出口。因此，进出口货物的收发货人只有完成通关手续后，才能提取或出运货物。

（4）装运。承运船舶抵港前，外贸企业或外运机构根据港区所做的货物进栈计划，将出口清关的货物存放于港区指定仓库。轮船抵港后，由港区向托运人签收出口货物港杂费申请书后办理提货、装船。装船完毕，即由船长或船上大副根据装货实际情况签发大副收据。外贸企业或外运机构可凭此单据向船公司或其代理换取海运提单。

货物装船后，外贸企业或外运机构将缮制好的海运提单送交船公司或其代理，请求签字。船公司或代理在审核海运提单所载内容与大副收据内容相符后，正式签发提单，并加注"已装船"字样和加盖装船日期印章。

（5）发装运通知。货物装船后，外贸企业应及时向国外买方发出装运通知，以便对方准备付款、赎单、办理进口报关和接货手续。

装运通知的内容一般有订单或合同号、信用证号、货物名称、数量、总值、唛头、装运口岸、装运日期、船名及预计开航日期等。在实际业务中，应根据信用证的要求和对客户的习惯做法，将上述项目适当地列明在电文中。

4. 制单结汇

货物装运后，出口企业应立即按照信用证的规定，正确缮制各种单据，并在信用证规定的交单到期日或之前，将各种单据和必要的凭证送交指定的银行办理要求付款、承兑或议付手续，并在收到货款后向银行进行结汇。

（1）制作单据。对于出口单据，必须符合"正确、完整、及时、简明、整洁"的要求。常用的出口单据有：汇票、商业发票、运输单据、保险单据、包装单据、产地证明书、检验证书和海关发票。其他常见的单证有：寄单证明、寄船样证明、装运通知副本、邮局收据、有关运输方面的证明（如船籍或航程证明、船龄证明、船级证明等，受益人应向船公司或其代理索取）。

（2）交单结汇。交单是指出口人（信用证的受益人）在信用证到期前和交单期限内向指定银行提交符合信用证条款规定的单据。这些单据经银行确认无误后，根据信用证规定的付汇条件，由银行办理出口结汇。

议付银行在收到单据后应即按照信用证规定进行审核，并在收到单据次日起不超过7个银行工作日将审核结果通知受益人，如审核无误，应即向信用证的开证行或被指定的其他付款银行寄单索偿，同时按照与出口人约定的方法进行结汇。在我国出口业务中的结汇是指银行将收到的外汇按当日人民币市场汇价的银行买入价购入，结算成人民币以支付给出口人。

在我国出口业务中，使用议付信用证比较多。对于这种信用证的出口结汇办法，主要有三种：收妥结汇、定期结汇和买单结汇。收妥结汇又称先收后结，是指议付行收到受益人提交的单据，经审核确认与信用证条款的规定相符后，将单据寄给国外付款行索汇，等付款行将外汇划给议付行后，议付行再按当日外汇牌价结算成人民币交付给受益人。定期结汇是指议付行在收到受益人提交的单据经审核无误后，将单据寄给国外银行索偿，并自交单日起事先规定期限内将货款外汇结算成人民币贷记受益人账户或交付给受益人。买单结汇又称出口押汇或议付，是指议付行在审核单据后确认受益人所交单据符合信用证条款规定的情况下，按信用证的条款买入受益人的汇票和/或单据，按照票面金额扣除从议付日到估计收到票款之日的利息，将净数按议付日人民币市场汇价折算成人民币，付给信用证的受益人。

（二）进口合同的履行

履行进口合同的主要环节是：开立信用证、租船订舱和催装、保险、审单和付汇、报关和接货、验收和拨交、进口索赔。

1. 开立信用证

进口合同签订后，按照合同规定填写开立信用证申请书向中国银行办理开证手续。信用证的内容就与合同条款一致，如品质规格、数量、价格、交货期、装货期、装运条件及装运单据等，应以合同为依据，并在信用证中一一做出规定。

信用证的开证时间，应按合同规定办理。如合同规定在卖方确定交货期后开证，应在接到卖方上述通知后开证；如合同规定在卖方领到出口许可证并支付履约保证金后开证，应在收到对方已领到许可证的通知，或银行转知保证金已照收后开证。对方收到信用证后，如提出修改信用证的请求，经我方同意后，即可向银行办理改证手续。常见的修改内容有：展延装运期和信用证有效期、变更装运港口等。

2. 租船订舱和催装

FOB 价格条件下的进口合同，租船订舱应由买方负责。目前，买方进口货物的租船订舱工作统一委托外运公司办理。如合同规定卖方在交货前一定时期内应将预计装船日期通知买方。买方在接到上述通知后，应及时向外运公司办理租船订舱手续。在办妥租船订舱手续后，买方应按规定的期限通知对方船名及船期，以便对方备货装船。同时，买方还应随时了解和掌握卖方备货和装船前的准备工作情况，注意催促对方按时装运。对数量大的物资进口，如有必要也可请买方驻外机构就地了解，或派员前往出口地点检验监督。

国外装船后，卖方应按合同规定的内容，用电报通知买方以便买方办理保险和接货等手续。

3. 保险

FOB 或 CFR 价格条件下的进口合同，保险由买方办理。凡是进口货物由我国进出口公司委托中国对外贸易运输公司办理，并由外运公司同中国人民保险集团股份有限公司签订预约保险合同，其中对各种货物应保的险别做了具体规定。按照预约保险合同的规定，所有按 FOB 或 CFR 条件进口货物的保险，都由中国人民保险集团股份有限公司承保。因此，每批进口货物，在收到国外装船通知后，将船名、提单号、开船日期、商品名称、数量、装运港、目的港等项内容通知保险公司，即视为已办妥保险手续。

4. 审单和付汇

中国银行收到国外寄来的汇票及单据后，对照信用证的规定，核对单据的份数和内容。如内容无误，由中国银行对国外付款。同时进出口公司用人民币按照国家规定的有关折算的牌价向中国银行买汇赎单。进出口公司凭中国银行出具的"付款通知书"向用货部门进行结算。如审核国外单据发现证、单不符时，要立即处理，要求国外改正，或停止对外付款。

5. 报关和接货

进口货物到货后，由进出口公司或委托外运公司根据进口单据填写"进口货物报关单"向海关申报，并随附发票、提单及保险单。如属法定检验的进口商品，还须随附商品检验证书。货、证经海关查验无误，才能放行。

进口货物运达港口卸货时，港务局要进行卸货核对。如发现短缺，应及时填制"短卸报告"交由船方签认，并根据短缺情况向船方索取保留索赔权的书面声明。卸货时如发现残损，货物应存放于海关指定仓库，待保险公司会同海关检验后做出处理。

6. 验收和拨交

进口货物须经海关进行检验。如有残损、短缺，凭海关出具的证书对外索赔。对于合同规定在卸货港检验的货物，或已发现残损、短缺有异状的货物，或合同规定的索赔期即将期满的货物等，都需要在港口进行检验。

在办完上述手续后，进出口公司委托中国对外贸易运输（集团）总公司提取货物并拨交给订货部门，外运公司以"进口物资代运发货通知书"通知订货部门在目的地办理收货手续。同时通知进出口公司代运手续已办理完毕。如订货部门不在港口，所有关税及运往内地费用由外运公司向进出口公司结算后，进出口公司再向订货部门结算货款。

7. 进口索赔

进口商品常因品质、数量、包装等不符合合同的规定，而需向有关方面提出索赔。根据造成损失原因的不同，进口索赔的对象主要有三个方面：

（1）向卖方索赔。凡属下列情况者，均可向卖方索赔：原装数量不足，货物的品质、规格与合同规定不符，包装不良致使货物受损，未按期交货或拒不交货等。

（2）向轮船公司索赔。凡属下列情况者，均可向轮船公司索赔：原装数量少于提单所载数量；提单是清洁提单，而货物有残缺情况，且属于船方过失所致；货物所受的损失，根据租船合约有关条款应由船方负责等。

（3）向保险公司索赔。凡属下列情况者，均可向保险公司索赔：由于自然灾害、意外事故或运输中其他事故的发生致使货物受损，并且属于承保范围以内的；凡轮船公司不予赔偿或赔偿金额不足抵补损失的部分，并且属于承保范围内的。

在进口业务中，办理对外索赔时一般应注意以下四个方面：

1）关于索赔证据。对外提出索赔需要提供证据。第一应制备索赔清单，随附海关签发的检验证书、发票、装箱单副本。第二，对不同的索赔对象还要另附有关证件。向卖方索赔时，应在索赔证件中提出确切根据和理由，如系 FOB 或 CFR 合同，尚须随附保险单一份；向轮船公司索赔时，须另附由船长及港务局理货员签证的理货报告、船长签证、短缺或残损证明；向保险公司索赔时，须另附保险公司与买方的联合检验报告等。

2）关于索赔金额。索赔金额，除受损商品的价值外，有关的费用也可提出。如商品检验费、装卸费、银行手续费、仓租、利息等，都可包括在索赔金额内。至于包括哪几项，应根据具体情况确定。

3）关于索赔期限。对外索赔必须在合同规定的索赔有效期限内提出，过期无效。如果商检工作可能需要更长的时间，可向对方要求延长索赔期限。

4）关于卖方的理赔责任。进口货物发生了损失，除属于轮船公司及保险公司的赔偿责任外，如属卖方必须直接承担的责任，应直接向卖方要求赔偿，防止卖方制造借口向其他方面推卸理赔责任。

第二节　跨境电子商务的内涵与特征

一、跨境电子商务的内涵

所谓跨境电子商务（Cross-Border E-commerce），是指分属不同关境的交易主体，通过电子商务平台达成交易、进行支付结算，并通过跨境物流送达商品、完成交易的一种国际商业活动。国际贸易进出口环节中一般要涉及国际货款结算、进出口通关、国际运输、保险等，同时还有安全性及风险控制等方面的考虑，这使得跨境电子商务和境内电子商务有所不同。

跨境电子商务的说法由来已久，但近几年来兴起的跨境电子商务与传统意义上的"外贸电商"又有所区别。传统外贸电商主要是指通过互联网平台展示商品信息，然后通过一般贸易方式进出口货物的贸易方式，真正的交易和支付环节并不在线上完成，如阿里巴巴 B2B、TradeKey、环球资源网等。而再次引起重视的跨境电子商务的概念发生了很大变化，跨境电子商务平台不只是用于展示商品信息，而是支持买卖双方直接通过平台达成交易并完成支付环节。跨境电子商务由信息展示时代迈向了在线交易时代。

跨境电子商务作为一个系统，主要由具有"云"属性的信息流、具有"虚拟金融"属性的资金流、具有物权属性的物流和具有"人"属性的主体四个基本要素构成。在跨境电子商务活动中，从事跨境电子商务的自然人、法人、组织、国家机构等都是跨境电子商务的主体，如各国消费者、生产者、制造商、供应商、分销商、代理商、平台商、金融机构、国家监管机构（如我国的海关、出入境检验检疫局、外汇管理局等）等。其中，国家及其相关机构是决定性主体，它决定和约束跨境电子商务其他主体的活动。

信息流是指在跨境电子商务活动中形成的信息的动态集合，在互联网云计算技术条件下，一般以"云"的形式进行收集、传递、处理、存储、分析、利用和反馈。信息流是跨境电子商务的核心要素，也是跨境电子商务成功达成交易的重要引导性要素。

资金流是指商品实现其所有权从提供者向需求者跨境转移的过程而形成的往来资金的动态集合，一般以资本或电子现金等"虚拟"形式存在于与跨境汇兑、支付、信贷、投资、筹资等跨境资金往来活动中。资金流是成功实现跨境电子商务交易的关键性要素。

物流是指以满足物流需求为目标，实现商品从提供者向需求者的跨境转移而形成的物权的动态集合，是在商品达成交易后在运输、存储、包装、配送、搬运和加工等一些基本过程中形成的实物流。

物流是成功实现跨境电子商务交易的决定性要素。从商品交换流动的方向性分析，物流一般与商品的运动方向一致，从提供方向需求方流动；资金流与商品的运动方向相反，一般从需求方向提供方流动；信息流则是双向运动的。跨境电子商务主体间的信息流、资金流和物流三者之间相互联系、相互作用，共同构成了跨境电子商务系统。

跨境电子商务从业务流程看，主要如图1-1所示。

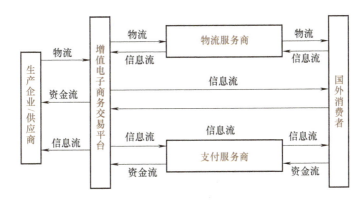

图1-1 跨境电子商务业务流程图

二、跨境电子商务的特征

（一）全球性

网络是一个没有边界的媒介体，具有全球性和非中心化的特征。依附于网络发生的跨境电子商务也因此具有了全球性（Global）和非中心化的特性。电子商务与传统的交易方式相比，其一个重要特点在于电子商务是一种无边界交易，没有传统交易所具有的地理因素。互联网用户不需要考虑跨越国界就可以把产品尤其是高附加值产品和服务提交到市场。网络的全球性特征带来的积极影响是信息的最大程度的共享，消极影响是用户必须面临因文化、政治和法律的不同而产生的风险。任何人只要具备了一定的技术手段，在任何时候、任何地方都可以让信息进入网络，相互联系进行交易。美国财政部在其财政报告中指出，对基于全球化的网络建立起来的电子商务活动进行课税是困难重重的，因为电子商务是基于虚拟的计算机空间展开的，丧失了传统交易方式下的地理因素；电子商务中的制造商容易隐匿其住所而消费者对制造商的住所是漠不关心的。例如，一家很小的爱尔兰在线公司，通过一个可供世界各地的消费者点击观看的网页，就可以通过互联网销售其产品和服务，只要消费者接入了互联网。很难界定这一交易究竟是在哪个国家发生的。

这种远程交易的发展，给税务部门制造了许多困难。税收权力只能严格地在一国范围内实施，网络的这种特性为税务机关对超越一国的在线交易行使税收管辖权带来了困难。而且互联网有时只扮演了代理中介的角色。在传统交易模式下往往需要一个有形的销售网点的存在。例如，通过书店将书卖给读者，而在线书店可以代替书店这个销售网点直接完成整个交易。而问题是，税务当局往往要依靠这些销售网点获取税收所需要的基本信息，代扣代缴所得税等。没有这些销售网点的存在，税收权力的行使也会发生困难。

（二）无形性

网络的发展使数字化产品和服务的传输盛行。而数字化传输是通过不同类型的媒介，如数据、声音和图像在全球化网络环境中进行的，这些媒介在网络中是以计算机数据代码的形式出现的，因而是无形的。跨境电子商务也因此具有无形性（Intangible）。以一个 E-mail 信息的传输为例，这一信息首先要被服务器分解为数以百万计的数据包，然后按照 TCP/IP 通过不同的网络路径传输到一个目的地服务器并重新组织转发给接收人，整个过程都是在网络中瞬间完成的。电子商务是数字化传输活动的一种特殊形式，其无形性的特性使得税务机关很难控制和检查销售商的交易活动，税务机关面对的交易记录都体现为数据代码的形式，使得税务核查员无法准确地计算销售所得和利润所得，从而给税收计算带来困难。

数字化产品和服务基于数字传输活动的特性也必然具有无形性，传统交易以实物交易为主，而在电子商务中，无形产品却可以替代实物成为交易的对象。以书籍为例，传统的纸质书籍，其排版、印刷、销售和购买被看作是产品的生产、销售。然而，在电子商务交易中，消费者只要购买网上的数据权便可以使用书中的知识和信息。而如何界定该交易的性质、如何监督、如何征税等一系列的问题却给税务和法律部门带来了新的课题。

（三）匿名性

由于跨境电子商务的非中心化和全球性的特性，因此很难识别电子商务用户的身份和其所处的地理位置。在线交易的消费者往往不显示自己的真实身份和自己的地理位置，重要的是这丝毫不影响交易的进行，网络的匿名性也允许消费者这样做。在虚拟社会里，隐匿身份的便利迅即导致自由与责任的不对称。人们在这里可以享受最大的自由，却只承担最小的责任，甚至干脆逃避责任。这显然给税务机关制造了麻烦，税务机关无法查明应当纳税的在线交易人的身份和地理位置，也就无法获知纳税人的交易情况和应纳税额，更不要说去审计核实。该部分交易和纳税人在税务机关的视野中隐身了，这对税务机关是致命的。以 eBay 为例，eBay 是美国的一家网上拍卖公司，允许个人和商家拍卖任何物品，截至 2019 年，eBay 已经拥有 1.82 亿名用户，年度总交易额达到 902 亿美元。

电子商务交易的匿名性（Anonymous）导致了逃避税现象的恶化，网络的发展，降低了避税成本，使电子商务避税更轻松易行。电子商务交易的匿名性使得应纳税人利用避税地联机金融机构规避税收监管成为可能。电子货币的广泛使用，以及国际互联网所提供的某些避税地联机银行对客户的"完全税收保护"，使纳税人可将其源于世界各国的投资所得直接汇入避税地联机银行，规避了应纳所得税。美国国内收入服务处（IRS）在其规模最大的一次审计调查中，发现大量的居民纳税人通过离岸避税地的金融机构隐藏了大量的应税收入。

（四）即时性

对于网络而言，传输的速度与地理距离无关。传统交易模式，信息交流方式如信函、电报、传真等，在信息的发送与接收间，存在着长短不同的时间差。而电子商务中的信息交流，无论实际时空距离远近，一方发送信息与另一方接收信息几乎是同时的，就如同生活中面对面交谈。某些数字化产品（如音像制品、软件等）的交易，还可以即时结清，订货、付款、交货都可以在瞬间完成。

电子商务交易的即时性（Instantaneous）提高了人们交往和交易的效率，免去了传统交易中的中介环节，但也隐藏了法律危机。在税收领域表现为：电子商务交易的即时性往往会导致交易活动的随意性，电子商务主体的交易活动可能随时开始、随时终止、随时变动，这就使得税务机关难以掌握交易双方的具体交易情况，不仅使得税收的源泉扣缴的控管手段失灵，而且客观上促成了纳税人不遵从税法的随意性，加之税收领域现代化征管技术的滞后，都使依法治税变得苍白无力。

（五）无纸化

电子商务主要采取无纸化（Paperless）操作的方式，这是以电子商务形式进行交易的主要特征。在电子商务中，电子计算机通信记录取代了一系列的纸面交易文件。用户发送或接收电子信息。由于电子信息以比特的形式存在和传送，整个信息发送和接收过程实现了无纸化。无纸化带来的积极影响是使信息传递摆脱了纸张的限制，但由于传统法律的许多规范是以规范"有纸交易"为出发点的，因此无纸化带来了一定程度上法律的混乱。

电子商务以数字合同、数字时间截取了传统贸易中的书面合同、结算票据，削弱了税务机关获取跨国纳税人经营状况和财务信息的能力，且电子商务所采用的其他保密措施也将增加税务机关掌握纳税人财务信息的难度。在某些交易无据可查的情形下，跨国纳税人的申报额将会大大降低，应纳税所得额和所征税款都将少于实际所达到的数量，从而引起征税国国际税收流失。例如，世界各国普遍开征的传统税种之一的印花税，其课税对象是交易各方提供的书面凭证，课税环节为各种法律合同、凭证的书立或做成；而在网络交易无纸化的情况下，物质形态的合同、凭证形式已不复存在，因而印花税的合同、凭证贴花（即完成印花税的缴纳行为）便无从下手。

（六）快速演进

互联网现阶段虽然处在高速发展时期，其网络设施和相应的软件协议的未来发展具有很大的不确定性。但税法制定者必须考虑的问题是网络，像其他的新生事物一样，必将以前所未有的速度和无法预知的方式不断演进。基于互联网的电子商务活动也处在瞬息万变的过程中，短短的几十年中电子交易经历了从EDI到电子商务零售业兴起的过程，而数字化产品和服务更是花样出新，不断地改变着人类的生活。

一般情况下，各国为维护社会的稳定，都会注意保持法律的持续性与稳定性，税收法律也不例外。这就会引起网络的超速发展与税收法律规范相对滞后的矛盾。如何将分秒都处在发展与变化中的网络交易纳入税法的规范，是税收领域的一个难题。网络的发展不断给税务机关带来新的挑战，税务政策的制定者和税法立法机关应当密切注意网络的发展，在制定税务政策和税法规范时充分考虑这一因素。

跨国电子商务具有不同于传统贸易方式的诸多特点，而传统的税法制度却是在传统的贸易方式下产生的，必然会在电子商务贸易中出现漏洞。网络深刻地影响着人类社会，也给税收法律规范带来了前所未有的冲击与挑战。

跨境电子商务与传统对外贸易比较见表1-1。

表1-1 跨境电子商务与传统对外贸易比较

	跨境电子商务	传统对外贸易
接触消费者方式	通过电商平台接触	直接面对面接触
业务模式	需借助跨境电子商务平台	基于商务合同业务模式
交易环节	简单（生产商—零售商—消费者，生产商—消费者），较少涉及中间商	复杂（生产商—贸易商—进口商—批发商—零售商—消费者），涉及众多中间商
价格和利润率	价格实惠，利润率高	价格高，利润率相对低
订单类型	批量小、批次多、订单分散、周期短	批量大、批次少、订单集中、周期长
产品类目	产品类目多，更新速度快	产品类目少，更新速度慢
规模和速度	面向全球市场，基本不受贸易保护的限制；市场规模大，增速快	仅面向缔结贸易协定的国家，受贸易保护的影响较大；市场规模大，受地域限制影响，增速缓慢
支付手段和争端处理	需借助第三方支付，争端处理机制不完善	正常贸易支付，争端处理机制完善健全
对物流要求	通常借助第三方物流企业实现，以航空小包的形式为主	通过空运、集装箱海运等方式完成

（续）

	跨境电子商务	传统对外贸易
交易、结汇方式	通关缓慢且有一定限制，无法享受退税和结汇政策（个别城市已尝试解决）	按传统国际贸易程序，可以享受正常通关、结汇、退税政策
企业规模	企业规模小，受资金约束程度低，变化灵活	企业规模大，受资金约束程度高，变化困难

资料来源：鄂立彬，黄永稳.国际贸易新方式：跨境电子商务的最新研究，2014.

第三节　跨境电子商务的商业模式

一、按交易主体划分

跨境电子商务的模式与传统电子商务类似，基本上也分为 B2B、B2C 和 C2C（Customer to Customer）三类。早期的 B2B 跨境电子商务模式下，企业运用电子商务平台发布广告和信息，达成合同和物流基本上在线下完成，本质上与传统贸易没有差别，已纳入海关一般贸易统计。B2B 跨境电子商务的典型代表是阿里巴巴国际站。世界各国的中小企业均可以在阿里巴巴国际站注册会员，在自己的主页中发布企业和产品信息，也可以通过平台找到需要的货源。随着技术的发展，B2B 跨境电子商务企业也有了很大的进步。例如，敦煌网已形成了整合交易、支付、物流、服务甚至融资的外贸网络外销系统，这样的平台形成了一个流畅简易的销售供应链，商品从中国批发销往国外任何地区，一周之内完成。

B2C 跨境电子商务模式下，我国企业直接面对国外消费者，或者国外的企业直接面对我国消费者。这种模式是以销售个人消费品为主，货物的运送主要采用航空快递等方式。这种模式很早以前就出现了，比如戴尔公司的网上直销。消费者可以直接登录戴尔公司美国网站，在线配置所需的计算机等，支付和售后服务也都通过在线完成。

C2C 跨境电子商务模式是指不同国家的个人之间进行的外贸交易。所谓"海外代购"就是这种模式下的产物。海外代购是基于互联网应用及国际物流，为购买者提供代理购买海外产品并从中赚取代理费等相关费用的服务。据博思数据发布的《2021—2027 年中国海外代购市场分析与投资前景研究报告》显示，2019 年我国海外代购市场规模达到了 2601 亿元。其中的典型代表是洋码头。在该软件中，每天有海外买手在境外进行现场直播，销售他们在国外百货店或者奥特莱斯看到的商品。这些商品多数是服装、鞋、配饰和母婴用品。国际上的知名品牌，甚至是奢侈品，在上面都可以采购到，价格是相当吸引人的。购物流程是：消费者先付定金，之后海外买手进行代购，代购到商品后消费者付全款，买手通过国际快递进行发货，消费者收到商品后确认。

跨境电子商务的三种主要形式及其特点见表1-2。

表1-2 跨境电子商务的三种主要形式及其特点

类型（按交易主体分类）	主要特点	对流程熟悉程度	代表平台	备注
B2C（商家和消费者）	批量小、批次多，订单分散	销售企业熟悉相关流程及操作方式。消费者对操作流程及涉及出口退税等内容不熟悉	天猫国际、亚马逊、敦煌网等，以及在海外网站海淘	无形贸易（即无须经海关的服务和技术）主要在结售汇、支付方面存在障碍；有形贸易（即货物进出口时需经海关）主要在报关、外汇限额、币种选择、税费等方面有问题
B2B（商家和商家）	批量大、批次少，订单相对集中	销售方熟悉，购买方较少的不熟悉，特别是涉及出口退税等方面，缺乏专业人才	阿里巴巴国际站、中国制造等	
C2C（消费者和消费者）	交易不确定性，总体额度偏小	交易双方对操作流程及涉及出口退税等内容不熟悉	eBay等，以及在海外代购	

资料来源：肖成志,祁文婷.跨境电子商务与金融服务监管研究.2006.

二、按交易方式划分

根据不同的业务形态将跨境电子商务现有的主要运营模式分为以下10类：

（一）"保税进口 + 海外直邮"模式

典型案例：天猫国际

模式概述：天猫在跨境方面通过和自贸区的合作，在各地保税物流中心建立了各自的跨境物流仓。它在宁波、上海、重庆、杭州、郑州、广州六个城市试点跨境电子商务贸易保税区、产业园签约跨境合作，全面铺设跨境网点，规避了基本法律风险，同时获得了法律保障，压缩了消费者从订单到接货的时间，提高了海外直发服务的便捷性。使得跨境业务在"灰色地带"打开了"光明之门"。据中国跨境电子商务网监测显示，2014年"双11"，天猫国际一半以上的国际商品就是以保税模式进入国内消费者手中的，是跨境的一次重要尝试。

（二）"自营 + 招商"模式

典型案例：苏宁海外购

模式概述："自营 + 招商"的模式就相当于发挥最大的企业内在优势，在内在优势缺乏或比较弱的方面就采取外来招商以弥补自身不足。苏宁选择该模式，结合了自身现状，在传统电商方面发挥它供应链、资金链的内在优势，同时通过全球招商来弥补国际商用资源上的不足。苏宁进入跨境电子商务，也是继天猫、亚马逊之后该市场迎来的又一位强有力的竞争对手。

(三)"自营而非纯平台"模式

典型案例:京东海外购

模式概述:京东海外购在2012年年底时上线了英文版,直接面向海外买家出售商品。直到2014年年初,刘强东宣布京东国际化提升,采用自营而非纯平台的方式。京东海外购是京东海淘业务的主要方向。京东控制所有的产品品质,确保发出的包裹能够得到消费者的信赖。京东初期依靠品牌的海外经销商拿货,之后尽量和国外品牌商直接合作。

(四)"直营 + 保税区"模式

典型案例:聚美海外购

模式概述:"直营"模式就是跨境电子商务企业将直接参与到采购、物流、仓储等海外商品的买卖流程。对物流监控、支付体系都有自己的一套体系。

河南保税物流区为聚美优品开建上万平方米的自理仓,且聚美优品和河南保税物流中心完成对接。保税物流模式的开启大大压缩了消费者从订单到接货的时间,加之海外直发服务的便捷性,因此聚美海外购较常规"海淘商品"购买周期,可由15天压缩到3天,甚至更短,并保证物流信息全程可跟踪。

(五)"海外商品闪购 + 直购保税"模式

典型案例:唯品会全球特卖

模式概述:2014年9月,唯品会"全球特卖"频道亮相网站首页,同时开通首个正规海外快件进口的"全球特卖"业务。唯品会"全球特卖"全程采用海关管理模式中级别最高的"三单对接"标准。"三单对接"实现了将消费者下单信息自动生成用于海关核查备案的订单、运单及支付单,并实时同步给电商平台供货方、物流转运方、信用支付系统三方,形成四位一体的闭合全链条管理体系。

(六)"自营跨境 B2C 平台"模式

典型案例:亚马逊海外购、1号海购、顺丰海淘

模式概述:亚马逊在上海自贸区设立仓库,以自贸模式(即保税备货),将商品销往中国,这种模式目前已经完成。海外电商在中国的保税区内自建仓库的模式,极大地改善了跨境网购的速度体验,因此备受电商欢迎。

据中国跨境电子商务网了解,1号店是通过上海自贸区的保税进口模式或海外直邮模式入境,可以提前将海外商品进口至上海自贸区备货。除此之外,1号店的战略投资方沃尔玛在国际市场的零售和采购资源整合优势将利好"1号海购"业务。

2015年1月9日，顺丰主导的跨境B2C电商网站"顺丰海淘"正式上线。提供的产品涉及美国、德国、荷兰、澳大利亚、新西兰、日本、韩国等海淘热门国家。"顺丰海淘"提供商品详情汉化、人民币支付、中文客服团队支持等服务，提供一键下单等流畅体验。上线的商品锁定在母婴、食品、生活用品等品类。货物可在5个工作日左右送达。

（七）"直销、直购、直邮"的"三直"模式

典型案例：洋码头

模式概述：洋码头是一家面向中国消费者的跨境电子商务第三方交易平台。该平台上的卖家可以分为两类：一类是个人买手，模式是C2C；另一类是商户，模式就是M2C（Manufacturers to Customer）。它帮助国外的零售产业跟中国消费者对接，海外零售商直销给中国消费者，中国消费者直购，中间的物流是直邮。

（八）"垂直型自营跨境B2C平台"模式

典型案例：蜜芽

模式概述：垂直自营跨境B2C平台，是指平台在选择自营品类时会集中于某个特定的领域，如美妆、服装、化妆品、母婴等。

蜜芽主导"母婴品牌限时特卖"，是指每天在网站推荐热门的进口母婴品牌，以低于市场价的折扣力度，在72小时内限量出售，致力于开拓跨境电子商务业务。

据中国电子商务研究中心研究发现，蜜芽的供应链分为四种模式：①从品牌方的国内总代采购体系采购；②从国外订货直接采购，经过各口岸走一般贸易形式；③从国外订货，走宁波和广州的跨境电子商务试点模式；④蜜芽的海外公司从国外订货，以直邮的模式报关入境。

（九）"导购返利平台"模式

典型案例：55海淘

模式概述：55海淘网是针对我国消费者进行海外网购的返利网站，其返利商家主要是美国、英国、德国等国的B2C、C2C网站，如亚马逊、eBay等，返利比例为2%~10%不等，商品覆盖母婴、美妆、服饰、食品等综合品类。

（十）"跨境C2C平台"模式

典型案例：淘宝全球购、美国购物网

模式概述：全球购是淘宝网奢侈品牌的时尚中心，全球购帮助会员实现"足不出户，淘遍全球"的目标，于2007年建立此平台。全球购期望通过严格审核每一位卖家，精挑细选每一件

商品，为淘宝网的高端用户提供服务。

美国购物网专注代购美国本土品牌商品，涵盖服饰、箱包、运动鞋、保健品、化妆品、名表首饰、户外装备、家居母婴用品、家庭影院等。该网站已批发零售兼顾，主打直邮代购。代购的商品均由美国分公司采用统一的物流配送——纽约全一快递，由美国发货直接寄至客户手中，无须经过国内转运。

三、按物流模式划分

伴随着"海淘"或"代购"模式逐渐向跨境电商模式转变，跨境物流模式也逐渐趋于正规化、合法化、多样化。在跨境电商的发展过程中，国际邮政包裹（尤其是国际邮政小包）与国际快递扮演着极其重要的角色，在众多跨境物流模式中这两种的使用比重最大。在跨境电商发展与演进的推动下，市场需求刺激了多种物流模式的出现，跨境物流模式也不再拘泥于国际邮政包裹与国际快递，以海外仓为首的新型跨境物流模式逐渐受到关注，并开始被应用于跨境电商市场。张夏恒（2016）根据跨境物流模式的出现及发展过程，将国际邮政包裹与国际快递视为传统跨境物流模式，将海外仓等近几年涌现的跨境物流模式视作新型跨境物流模式。

（一）传统物流模式

1. 国际际邮政包裹（国际邮政小包）

国际邮政包裹是指通过万国邮政联盟体系实现货物的进出口运输，多采用个人邮包形式进行发货，以邮政体系为商品实现跨国物流的载体。在跨境电商市场中，国际邮政包裹方式又以国际邮政小包居多。国际邮政小包在目前跨境电商中使用最多，也是海淘与海外代购最常用的跨境物流模式。国际邮政小包的优势较明显，其价格便宜，并方便个人操作实现通关；但是劣势也较为显著，主要存在递送时间久、包裹丢失率高、非挂号件难以追溯进度等问题。国际邮政包裹适合轻、小型商品，在货物体积、重量、形状等方面限制性较高，如含电、粉末、液体等特殊商品无法通过正常方式在邮政渠道实现通关。

2. 国际快递

国际快递是指货物通过国际快递公司实现在两个或两个以上国家或地区之间物流与配送活动。国际快递在对货物计费时一般分为重量计算与体积计算，常以两者中费用最大的一项为最终计费方式，并在货物包装方面要求较高。国际快递可以根据不同的客户需求，如地域、货物种类、体积大小、货物重量等选择不同的渠道实现货物运输与速递，其具有速递时效性高、丢包率低、可追溯查询等优点，国际快递全球网络较完善，能够实现报关、报检、保险等辅助业务，支持货物包装与仓储等服务，可以实现"门到门"服务以及货物跟踪服务。但是，国际快递的价格偏高，尤其在一些国家或偏远地区收取的附加费更是惊人。国际快递也会遭遇一些国家的限定，部分货物种类在一些国家会成为禁运品或限运品。在美国，一些货物被列入国际快递的禁运目录，如新鲜、罐装的肉类与肉制品、植物种子、蔬菜、水果、非罐装或腌熏之鱼类及鱼子等。

（二）新型物流模式

1. 海外仓

海外仓储俗称海外仓，是近几年兴起的跨境物流模式，是指跨境电商企业在卖方所在国之外，尤其是买方所在国租赁或建设仓库，通过国际货运方式，预先将所售商品运至该仓库，然后通过跨境电子商务平台进行商品展示与销售，在接到消费者下单后，商品从该仓库进行出货、物流与配送活动。跨境电商的发展与需求创新推动了海外仓的出现，海外仓是解决跨境电商物流困境的一个有效方案，也是跨境物流发展道路上的一个突破。海外仓能够实现集中进行大批量商品运输，避免了时间效率的困境，能降低物流成本。海外仓的使用能够有效解决国际邮政小包与国际快递的劣势与短板，如物流时效性、物流成本、通关与商检、退换货、本地化偏好等问题，海外仓还可以降低因国家不同所带来的汇率、税费、文化、习俗、语言等风险。

海外仓也存在一定的风险。首先租赁、建设与运营仓库需要人力、物力与财力。其次需要提前将商品批量运入海外仓库，对前期的消费预期与商品数量、种类预测要求极高，否则会面临货物送到后因销售不畅而造成库存与积压，再加上市场变化产生的资金积压与货物滞销风险。如果回流到国内，则又成为商品的进口活动，除了国际货运成本外，还需要缴纳各类进口费用。最后，海外仓也会面临其所在国的政治、法律、社会等风险。

2. 边境仓

边境仓是衍生于海外仓的概念与跨境物流模式。边境仓与海外仓的区别在于仓库所处的地理位置不同。海外仓是建设在跨境电商交易主体的卖方所在国家之外的仓库，边境仓则是建设在跨境电商交易主体买方所在国家邻国的仓库。边境仓具体指的是在商品输入国的邻国边境，通过租赁或建设仓库，预先将商品送达该仓库，通过跨境电子商务平台进行商品的陈列、浏览、下单、处理、支付及客服等一系列活动，通过线下物流直接从该仓库进行跨境物流运输与配送。边境仓具有海外仓无法实现的优势，可以规避输入国的政治、税收、货币、法律等风险。

3. 国际物流专线

国际物流专线具体是指在两个以上国家或地区间形成的跨境物流模式，运输线路、运输时间、物流起点与终点、运输工具都是固定的，尤其是针对固定跨境物流线路而言。国际物流专线对跨境电商而言，可以起到长途跨境运输的功能，具有很强的规模化属性，通过专线物流模式，能够实现规模经济效应，对于降低跨境物流成本意义重大，尤其对固定市场的跨境电商而言，是一种行之有效的跨境物流解决方案。国际物流专线的时效性优于国际邮政小包，弱于国际快递；国际物流专线的物流成本低于国际快递，但要高于国际邮政小包。

4. 保税区/自贸区物流

保税区/自贸区物流是指通过国际货运预先将商品运至保税区/自贸区仓库，通过跨境电子商务平台进行商品陈列、导入流量、下单、处理、支付等活动，当处理完网络订单后，通过线下的保税区/自贸区仓库实现商品的分拣、包装、发货，完成终端配送等物流活动。自贸区/保税区物流模式集规模化物流、集货物流、本地化物流优势于一身，有利于缩短物流时间、提高物流时效、降低物流成本，还有利于享受保税区或自贸区的资源优势。保税区/自贸区物流可以享受保税区/自贸区的优惠政策与综合优势，主要体现在物流、通关、商检、收付汇、退税等方面，也简化了跨境电商与跨境物流烦琐的流程与手续。

5. 集货物流

集货物流具体是指先将商品运输到本地或当地的仓储中心或集散中心，当积累到一定数量或达成一定规模后，通过与国际物流公司合作，通过国际货运模式将商品运至境外的买家手中，或者将各地发来的商品先进行聚集，然后再批量配送，或一些商品属性或种类相似的跨境电商企业形成战略联盟，成立共同的跨境物流运营中心，利用规模优化与互补优势等理念，实现降低跨境物流成本的目的。集货物流不等同于保税区/自贸区物流模式，集货物流不仅可以集中仓储后再进行跨境电子商务活动，也可以先进行跨境电子商务活动再集中物流与配送。集货仓库也不单独局限在保税区/自贸区，已经脱离了局限性的地理空间范畴。

6. 第三方物流

第三方物流指的是由交易主体以外的第三方承担物流功能，由第三方物流企业采取合同委托模式，承担交易产生的商品物流需求。在国内电商交易中，自建物流可视为第一方物流，如我国的京东商城、阿里菜鸟物流、海尔日日顺物流，国外的 Ulmart 自建物流、亚马逊物流、沃尔玛物流等。第二方物流则由买家来承担物流功能。第三方物流则由专业第三方物流公司来承担，如我国的"四通一达"等。在跨境电商中，流程与环境更加复杂，自建物流投入多、要求高、风险大，虽然个别跨境电商也在采取自建物流模式，如京东商城、洋码头等，但是基于资金、跨境物流的复杂性以及诸多风险与障碍等因素，绝大多数跨境电商除了使用国际邮政小包与国际快递外，逐渐开始转向第三方物流模式，与万国邮政联盟体系、国际快递公司等合作，或者与专业第三方跨境物流公司合作。

7. 第四方物流

第四方物流是独立于交易主体双方以及专业第三方物流商之外的主体承担商品物流与配送业务，具体是指为商品交易的买卖双方、第三方提供物流咨询、物流规划、商品运输、物流信息系统、供应链管理等综合性活动的一个供应链集成商，通过管理自身资源以及外部可协调资源、能力与技术，提供综合性的、全面的供应链解决方案。第四方物流强调供应链资源整合能力，通过其在整个供应链的影响力与话语权，以解决物流需求为基础，通过整合各类内部及外部资源，实现物流信息共享及社会物流资源充分利用。伴随着跨境电商的发展与成熟，跨境物流更加复杂，服务已不再局限于商品跨境空间位移需求，会产生许多增值服务需求，随之涌现出一批第四方物流公司，为跨境电商市场提供更丰富的跨境物流服务。

第四节 跨境电子商务生态系统

商业生态系统理论以自然生态系统理论为基础，由于商业世界中企业之间的关系与自然生态系统中生物体之间的关系有很多相似之处，可以将生态学原理应用于经济学研究。Moore 于 1996 年首次对"商业生态系统"进行概念阐释，认为商业生态系统是以组织和个人的相互作用为基础的经济联合体，这种经济联合体生产出对消费者有价值的产品和服务，成员主要包括供应商、消费者、生产者、竞争者和其他风险承担者。

跨境电子商务生态系统是以跨境电子商务平台为核心，聚集与跨境电子商务活动相关的个体、企业及组织机构，通过相互协作进行优势互补和资源共享，实现彼此之间及与环境之间资金流、物流及信息流的动态交互，从而形成的一个复杂商业生态系统。跨境电子商务生态系统与境内电子商务生态系统最大的区别即在于业务范畴的变化。由于跨越了关境，跨境电子商务与传统的境内电子商务相比，交易流程更加烦琐，交易环境更加多变，更多主体参与其中相互作用，因而它的结构会比境内电子商务生态系统更为复杂，所包含的要素也更加多元。

张赫楠和许正良（2020）将跨境电子商务生态系统由内而外分为四个层次（见图 1-2），各个层次内部及彼此之间通过竞争与合作实现物质、能量和信息的交换，实现相互作用和协同创新，共同推动整个系统的和谐发展。

（1）核心层。由跨境电子商务平台、买家及卖家共同构成了跨境电子商务交易的核心主体。与境内电子商务生态系统不同的是，跨境电子商务生态系统中的买卖双方在不同关境范围内，存在地理不同、语言差异、文化差异等方面问题，彼此之间信任的建立存在着更大的阻碍，交易的达成须经历更复杂的环节。在严格的地域限制下，作为几乎是能够直接联通买卖双方的唯一渠道，跨境电子商务平台对交易能否达成将产生决定性影响，同时也面临着更加严峻的挑战。

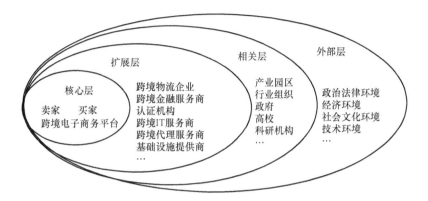

图1-2　跨境电子商务生态系统结构框架图

（2）扩展层。扩展层是指以核心企业为中心，所延展到的为跨境电子商务交易的实现提供各种服务的企业集群。由于涉及跨境业务，交易流程更加复杂，因此跨境电子商务生态系统扩展层的企业及服务种类更加多元，主要包括跨境物流企业（提供仓储、运输、配送等服务）、跨境金融服务商（提供支付、融资、资金管理、结算汇兑、信用卡等服务）、认证机构（提供认证、检测等服务）、跨境IT服务商（提供云计算、大数据、人工智能、网络安全等服务）、跨境代理服务商（提供广告、咨询、运营、翻译、通关、退税、保险等代理服务）和基础设施提供商（提供网络接入、信息传输、数据存储等软硬件设施）等企业。扩展层通过为核心企业完成交易提供各种支撑服务及一系列衍生服务，推进跨境电子商务交易的顺利进行，通过优势互补，提高市场效率。此外，扩展层还能通过设立信用保障、信息共享等机制来弥补核心层中生态单元间信息不对称、信用缺失等问题，有助于核心企业建立消费者信任。

（3）相关层。相关层由若干与跨境电子商务交易存在某种联系的各类组织构成，包括跨境电子商务产业园区、行业组织、政府部门（海关、商检机构、税务等）、高校和科研机构等。相关层虽然不直接参与跨境电子商务的市场交易，但通过积极参与跨境电子商务生态系统的建设与完善，从而成为系统优化升级的重要"催化剂"。例如，高校培养的专业人才、科研院所转化的科研成果、行业协会制定的相关标准、政府部门实行的有力监管等，都能够切实推动跨境电子商务生态系统的良性发展。

（4）外部层。外部层是跨境电子商务生态系统赖以生存的环境土壤，包括政治法律、经济、社会文化、技术等环境。与境内电子商务生态系统不同的是，跨境电子商务生态系统的外部层既包括国内宏观环境，又要考虑利益相关方的国际环境及国际政治形势，遵循国际贸易规则。外部层一般通过作用于产业环境影响跨境电子商务生态系统中的相关主体，但也不排除其中一些环境要素的变化会对生态系统中的企业产生直接的影响。外部层是推动跨境电子商务生态系统发展的外部动力，同时具有较强的不可抗性，生态系统中的各个单元必须主动适应外部环境的变化。

习题

一、选择题

1. 在国际货物买卖合同商订过程中，（　　）是达成交易、合同成立不可缺少的两个基本环节和必经的法律步骤。

　　A. 还盘和接受　　　　B. 报盘和还盘　　　　C. 报盘和接受

2. （　　）是跨境电子商务的核心要素，也是跨境电子商务成功达成交易的重要引导性要素。

　　A. 物流　　　　B. 资金流　　　　C. 信息流　　　　D. 代理商

3. 洋码头采取的运营模式为（　　）。

　　A. "跨境 C2C 平台" 模式　　　　　　B. "三直" 模式

　　C. "自营而非纯平台" 模式　　　　　　D. "保税进口＋海外直邮" 模式

4. 以下哪种物流属于传统的物流模式（　　）。

　　A. 集货物流　　　　B. 国际快递　　　　C. 边境仓　　　　D. 海外仓

5. 与传统外贸形式不同的是，跨境电子商务对（　　）依赖度大幅下降。

　　A. 批发商　　　　B. 代理商　　　　C. 零售商　　　　D. 中间商

二、判断题

1. 报盘既可以由卖方提出，也可以由买方提出。（　　）

2. 买卖双方就各项交易条件达成协议后，就意味着此项合同有效。（　　）

3. 跨境电子商务作为一个系统，主要由具有"云"属性的信息流、具有"虚拟金融"属性的资金流、具有物权属性的物流和具有"人"属性的主体等四个基本要素构成。（　　）

4. 从事跨境电商的企业通常规模小，受资金约束程度低，变化灵活。（　　）

5. B2C 模式的主要特点是量大次少，订单相对集中。（　　）

三、简答题

1. 合同生效的要件有哪些？

2. 跨境电子商务作为一个系统，主要由哪些要素构成？

3. 何谓第三方物流？

4. 何谓 B2C 模式？

5. 跨境电子商务的核心层由哪些主体构成？

本章参考文献

[1] 李金林.国际贸易实务[M].北京：北京大学出版社，2005.

[2] 冯静，张丽英.国际贸易实务[M].北京：北京大学出版社，2009.

[3] 王祖强，胡阳.发展跨境电子商务 促进贸易便利化[J].电子商务，2013（9）.

[4] 黄海.发展跨境电子商务 争夺国际贸易制高点[J].大陆桥视野，2015（9）.

[5] 鄂立彬，黄永稳.国际贸易新方式:跨境电子商务的最新研究[J].东北财经大学学报，2014（2）.

[6] 杨丽敬.基于跨境电子商务发展模式的分析[J].齐鲁工业大学学报（自然科学版），2014（4）.

[7] 周卿.跨境电子商务对当今国际贸易的影响[J].商，2016（2）.

[8] 李子，杨坚争.跨境电子商务对进出口贸易影响的实证分析[J].中国发展，2014（5）.

[9] 王彬.跨境电子商务对我国对外贸易影响分析[J].财经界（学术版），2015（14）.

[10] 梁秀雯.跨境电子商务对我国国际贸易的影响及对策分析[J].商场现代化，2015（30）.

[11] 樊文静.跨境电子商务发展与我国对外贸易模式转型[J].对外经贸，2015（1）.

[12] 范莉.跨境电子商务发展与我国对外贸易模式转型[J].商业时代，2015（31）.

[13] 沈祎.跨境电子商务将促进国际贸易增长[J].国际市场，2013（6）.

[14] 徐艳，严怀旭.跨境电子商务模式研究[J].中国市场，2015（16）.

[15] 王惠敏.跨境电子商务与国际贸易转型升级[J].国际经济合作，2014（10）.

[16] 姜丽媛.浅析跨境电子商务发展对我国进出口贸易的影响[J].长春教育学院学报，2014（19）.

[17] 金虹，林晓伟.我国跨境电子商务的发展模式与策略建议[J].宏观经济研究，2015（9）.

[18] 倪娜.我国跨境电子商务贸易平台模式探讨[J].中国流通经济，2015（8）.

[19] 王婷婷.我国小额跨境电子商务模式探讨[J].黑龙江生态工程职业学院学报，2015（5）.

[20] 马汴京.新常态下跨境电子商务对我国外贸转型机制的影响[J].当代经济，2016（5）.

[21] 陈伟军，李杰义.浙江省跨境电子商务的模式创新与发展策略[J].商业时代，2015（16）.

[22] 张燕平，覃聪.中国跨境电子商务模式及发展对策：基于和传统国际贸易的比较分析[J].广东农工商职业技术学院学报，2015（3）.

[23] 中国电子商务研究中心.细数进口电商的十大模式[J/OL].http：//www.chinaz.com,2015.

[24] 覃为勇.跨境电子商务税收现状及对策[J/OL].广东省税务学会网（http：//www.gdsswxh.com），2015.

[25] 冀芳，张夏恒.跨境电子商务物流模式创新与发展趋势[J].中国流通经济，2015（6）.

[26] 张赫楠，许正良.跨境电子商务生态系统构架及演进研究[J].社会科学，2020（2）.

[27] 张夏恒.跨境电商物流协同模型构建与实现路径研究[D].西安：长安大学，2016.

第二章
跨境电子商务支付结算

20世纪90年代，国际互联网迅速普及，其功能更是从传统信息共享演变为一种大众化的信息传播手段，商业贸易活动逐步进入这个王国。互联网的使用，降低了成本，也造就了更多的商业机会，电子商务技术从而得以发展，并逐步成为互联网应用的最大热点。为适应电子商务的市场潮流，电子支付随之发展起来，电子商务的发展极大带动了第三方支付的快速增长。而近几年跨境电子商务的发展也促使支付领域快速发展跨境业务。

由于跨境电子商务是基于网络发展的，网络空间相对于物理空间是一个由网址和密码组成的虚拟但客观存在的世界。网络空间独特的价值标准和行为模式深刻地影响着跨境电子商务，使其不同于传统的交易方式而呈现出自己的特点。跨境电子商务在交易方式、货物运输、支付结算等方面与传统国际贸易方式差异较大。作为构成电子商务活动闭环的关键环节，跨境电子商务的支付与结算是跨境电子商务活动参与者必须理解和把握的方法和工具。

第一节 跨境电子商务支付结算概述

跨境电子商务是分属不同关境的交易主体，通过电子商务平台达成交易、进行支付结算，并通过跨境物流送达商品、完成交易的一种国际商业活动。电子支付是一种通过电子商务平台进行支付的支付形式，是电子商务的重要组成部分。

一、支付与支付体系

当货币成为固定地充当一般等价物的特殊商品，交易以货币为媒介进行交换时，支付便产生了。

（一）支付的概念

支付是指付款人向收款人转移可以接受的货币债权。货币债权的形式可以是对中央银行的货币债权，如银行机构在中央银行的存款；也可以是对银行机构的货币债权，如企事业单位在银行机构的存款。当可接受的货币债权采用现金的形式时，称为现金支付；当可接受的货币债权采用中央银行或银行机构存款的形式时，称为非现金支付。

货币债权转移的形式多样，并随着科技手段的进步而不断丰富和发展。转移可以是面对面的，如付款人向收款人交付现金、纸质票据，银行卡刷卡支付等；转移也可以是非面对面的，如收款人到其开户银行办理委托收款业务，通过网上银行发起主动收款业务等。

（二）支付的标准化过程

根据支付与市场基础设施委员会（Committee on Payments and Market Infrastructures，CPMI）确定的标准，支付主要分为三个标准化过程：交易、清算和结算。

1. 交易

交易过程包括支付指令的产生、确认和发送，特别是对交易各方身份的确认、对支付工具的确认以及对支付能力的确认。如消费者使用借记卡结账，消费者刷卡、按下"确认"键并签字的过程就是银行卡支付交易的过程。

2. 清算

清算过程包含在收付款人开户机构之间交换支付指令以及计算待结算的债权债务。支付指令的交换包括交易撮合、交易清分、数据收集等；债权债务计算可以分为全额和净额两种计算方式。仍以消费者刷卡交易为例，消费者确认后，如果收付款人相关账户开立在同一家银行，即行内业务，数据发送到该银行后台，该银行进行内部清算；如果收付款人账户分别属于不同的银行，即跨行业务，银行后台向中国银联银行卡跨行交易清算系统发送支付指令，由中国银联完成跨行清算。中国银联采用净额方式，轧差计算出每家银行待结算的债权债务金额，并提交给中国人民银行的大额支付系统进行结算。

3. 结算

结算过程是完成货币债权最终转移的过程，包括收集待结算的债权并进行完整性检查、保证结算资金具有可用性、结清金融机构间的债权债务以及记录和通知有关各方。涉及行内业务，该银行通过借、贷记付款人和收款人银行账户完成结算；涉及跨行业务，中国人民银行根据中国银联计算出的银行待结算的债权债务金额，分别借记、贷记付款人开户银行和收款人开户银行的存款准备金账户，收付款人各自的开户银行再贷记、借记收付款人的账户。

（三）支付体系

支付体系是经济金融正常运行的基础，主要涵盖货币制度、结算账户、支付方式、支付清算系统、支付服务市场以及各类金融交易的清算结算安排等方面。

狭义的支付体系主要包括支付服务组织、账户、支付方式、支付清算系统和监督管理等。

广义的支付体系还包括证券登记结算机构、中央对手方和交易登记机构等金融交易后续服务组织、证券登记结算系统、中央对手方和交易数据库等市场基础设施,以及相关的监督管理机制。

二、支付结算的类型和特征

根据中国人民银行《支付结算办法》,支付结算是指单位、个人在社会经济活动中使用票据、信用卡和汇兑、托收承付、委托收款等结算方式进行货币给付及其资金清算的行为。

(一)支付结算的类型

按照不同的标准,支付结算可分为不同类型。

1. 按支付结算的形式划分

按照支付结算所采用的形式不同,可分为现金结算和非现金结算两种。

现金结算是指当事人直接用现金进行货币收付,了结其债权债务的行为。在我国,现金结算受现金管理制度的制约,限于个人之间和单位之间结算起点以下的零星收支以及单位对个人的有关开支。非现金结算是指当事人通过银行将款项从付款单位的账户划转到收款单位的账户来完成货币收付以清结债权债务的行为,故又称为转账结算或银行结算。

2. 按支付结算的工具划分

按照支付结算使用的工具不同,分为票据结算和非票据结算两类。

票据结算是以票据(汇票、本票和支票)作为支付工具来清结货币收付双方的债权债务关系的行为;非票据结算是客户间以结算凭证为依据来清结债权债务关系的行为,如银行卡结算、汇兑结算、托收承付结算和委托收款结算等。

(二)支付结算的特征

支付结算作为一种要式行为,具有一定的法律特征。所谓要式行为,是指法律规定必须依照一定形式进行的行为。

1. 支付结算的当事人必须严格依法进行支付结算活动

《支付结算办法》第五条规定:"银行、城市信用合作社、农村信用合作社以及单位和个人(含个体工商户),办理支付结算必须遵守国家的法律,行政法规和本办法的各项规定,不得损坏社会公共利益。"

2. 支付结算必须通过中国人民银行批准的金融机构或其他机构进行

《支付结算办法》第六条规定:"银行是支付结算和资金清算的中介机构。未经中国人民银行批准的非银行金融机构和其他单位不得作为中介机构经营支付结算业务。但法律，行政法另有规定的除外。"

3. 支付结算行为如果不符合法定的形式要件，即为无效

《支付结算办法》的第九条规定："票据和结算凭证是办理支付结算的工具。单位，个人和银行办理支付结算，必须使用按中国人民银行统一规定印制的票据凭证和统一规定的结算凭证""未使用按中国人民银行统一规定格式的结算凭证，银行不予受理"。中国人民银行除了对票据结算凭证的格式有统一的要求外，对于票据和结算凭证的填写也提出了基本要求，编制了《正确填写票据和结算凭证的基本规定》。

4. 支付结算的管理体制是集中统一和分级管理相结合

《支付结算办法》第二十条规定："中国人民银行总行负责制定统一的支付结算制度，组织、协调、管理、监督全国的支付结算工作，调解、处理银行之间的支付结算纠纷。中国人民银行各分行根据统一的支付结算制度制定实施细则，报总行备案，根据需要可以制定单项支付结算办法，报中国人民银行总行批准后执行。中国人民银行分、支行负责组织、协调、管理、监督本辖区的支付结算工作，协调、处理本辖区银行之间的支付结算纠纷。政策性银行、商业银行总行可以根据统一的支付结算制度，结合本行情况，制定具体管理实施办法，报经中国人民银行总行批准后执行。政策性银行、商业银行负责组织、管理、协调本行内的支付结算工作，调解、处理本行内分支机构的支付结算纠纷。"

三、我国跨境电子商务支付结算的发展

根据《2019年度中国跨境电商市场数据监测报告》，2019年中国跨境电商市场规模达10.5万亿元，较2018年的9万亿元同比增长16.66%。从交易模式来看，跨境电商B2B交易占比达80.5%，跨境电商B2C交易占比19.5%。跨境电商交易模式结构上，进出口B2B占据八成的交易规模，B2C交易模式占据近二成，并且继续扩大的势头明显。2019年中国跨境电商支付行业交易规模达7500亿元，同比增长51.69%。跨境支付已然成为支付巨头的"新战场"。从目前来看，第三方支付在国内一二线城市相对饱和，支付竞争激烈，利润逐渐压缩；海外市场没有相对成熟的发展模式，费率更高。在内外因的双重驱动下，第三方支付巨头战场转移至海外。在跨境支付领域，支付宝、微信支付、银联国际布局频频。支付宝和财付通在跨境支付业务上主要发力C端市场，重点布局落地境外或海外C端移动支付及退税服务；Payoneer、连连跨境支付、易宝支付、PingPong等主要发力B端市场。

在支付体系方面，根据中国人民银行《2019年支付体系运行总体情况》和《2020年第一季

度支付体系运行总体情况》的相关数据：2019年，人民币跨境支付系统处理业务188.43万笔，金额33.93万亿元，同比分别增长30.64%和28.28%，日均处理业务7537.15笔，金额1357.02亿元。2020年第一季度，人民币跨境支付系统处理业务44.40万笔，金额9.58万亿元，同比分别增长14.51%和25.68%。日均处理业务7525.76笔，金额1623.33亿元。

除了人民币跨境支付系统业务快速增长以外，我国电子支付业务也保持较快增长，尤其移动支付业务涨幅明显。2019年，银行共处理电子支付[一]业务2233.88亿笔，金额2607.04万亿元。其中，网上支付业务781.85亿笔，金额2134.84万亿元，同比分别增长37.14%和0.40%；移动支付业务1014.31亿笔，金额347.11万亿元，同比分别增长67.57%和25.13%；电话支付业务1.76亿笔，金额9.67万亿元，同比分别增长11.12%和25.94%。2019年，非银行支付机构发生网络支付业务137199.98亿笔，金额249.88万亿元，同比分别增长35.69%和20.10%。

近几年，在"一带一路"倡议、人民币国际化以及消费升级的推动下，跨境电子商务得到了政策的大力支持，发展迅速。持续增长的跨境进出口零售电商市场规模为跨境支付业务创造了巨大的发展活力和市场潜力，同时也进一步带动了上下游产业（如仓储、物流）对跨境支付的需求。相比需求侧的旺盛状态，供给侧的竞争呈现胶着态势，第三方支付机构凭借便捷的跨境收付款手续、高效的到账速度以及对卖家和平台多元动态需求的灵活应对等优势，已超越银行与汇款公司，成为跨境零售电商支付领域的主角。

对于跨境零售电商支付的核心竞争力，无论是第三方支付机构之间，还是第三方支付机构与银行、汇款公司之间，早先比拼的核心要素是合规与产品能力。跨境支付是全球化业务，其合规能力体现在是否拥有业务开展地的金融牌照，是否满足跨境支付业务开展的前提条件；其产品能力体现在支付费率、到账时效、风控、支持币种等方面。多年发展至今，行业内日趋稳定统一的费率与模式的成熟化均表明上述产品能力已不再是最主要的竞争力，2019年随着监管机构对跨境支付持证经营的强调，行业也迎来"无证"机构出清的合规大环境，这些都表明跨境支付核心竞争力的转移。当下，行业角逐的重点在于国内外支付环节的一体化对接与打通能力，以及基于跨境支付从点到面的服务边界拓展能力。

自2013年《国家外汇管理局综合司关于开展支付机构跨境电子商务外汇支付业务试点的通知》[二]（汇综发〔2013〕5号）正式批准跨境外汇支付业务试点以来，跨境支付迎来政策利好期，第三

[一] 根据中国人民银行的说明，电子支付是指客户通过网上银行、电话银行、手机银行、ATM、POS和其他电子渠道，从结算类账户发起的账务变动类业务笔数和金额。包括网上支付、电话支付、移动支付、ATM业务、POS业务和其他电子支付等六种业务类型。

[二] 该通知已随2015年《国家外汇管理局关于开展支付机构跨境外汇支付业务试点的通知》（汇发〔2015〕7号）发布自2015年1月20日起全文废止。汇发〔2015〕7号自2019年4月29日起随《支付机构外汇业务管理办法》发布全文废止。

方支付机构逐渐对跨境零售电商支付展开探索。近年来，依托于跨境消费的快速增长，跨境零售电商场景成为热门的支付垂直赛道之一，然而在高速发展的背后，部分不合规跨境支付机构与网络"灰产""黑产"牵扯不断，严重扰乱市场秩序。2019年跨境支付迎来史上最严监管期，对"无证经营"及各种违规行为进行严厉整治。

2019年4月29日，为便利跨境电子商务结算，促进支付机构外汇业务健康发展，防范外汇支付风险，国家外汇管理局在总结支付机构跨境外汇支付业务试点经验的基础上，制定了《支付机构外汇业务管理办法》（汇发〔2019〕13号），并同时废止《国家外汇管理局关于开展支付机构跨境外汇支付业务试点的通知》（汇发〔2015〕7号）。

2019年，在蚂蚁金服收购WorldFirst以及PayPal收购国付宝事件的推动下，中国和海外支付机构间的竞赛正式拉开帷幕。蚂蚁金服借助国际支付公司WorldFirst扩大全球业务范围，而PayPal借助中国第三方支付机构国付宝进军中国支付服务市场。中外支付机构之间的融合与竞争使未来支付行业的博弈复杂化，但同时也更加促进了全球支付服务的良性发展。

跨境电子商务已成为我国外贸新的增长点，成为国际贸易的新手段和新方式。随着我国进出口贸易在全球市场份额的提升以及我国跨境电子商务的快速发展，跨境电子商务支付市场也迎来更好的发展期。

【案例 2-1】

国家外汇管理局有关负责人就支付机构外汇业务有关问题答记者问

日前，国家外汇管理局发布《国家外汇管理局关于印发〈支付机构外汇业务管理办法〉的通知》（汇发〔2019〕13号，以下简称《通知》）。外汇局有关负责人就相关问题回答了记者提问。

一、《通知》出台的主要背景是什么？

答：为积极支持跨境电子商务发展，防范互联网外汇支付风险，国家外汇管理局于2013年在北京等5个地区启动支付机构跨境外汇支付试点，并于2015年将试点扩大至全国。从试点情况看，较好地满足了企业、个人在跨境电子商务交易中快捷支付的需求。

试点以来，随着跨境电子商务快速发展，市场主体对跨境外汇支付及结算提出了更多需求。支付机构也积极创新，提出了进一步便利市场主体真实、合理、多样化交易结算的需求。此外，试点中也发现，个别支付机构存在真实性审核职责履行不到位等问题。

为更好服务实体经济、服务贸易新业态发展，国家外汇管理局认真总结试点经验，在保持政策框架整体稳定不变的基础上，结合市场需求和跨境电子商务特点，出台《通知》，完善支付机构外汇业务管理，进一步便利跨境电子商务结算，防范跨境资金流动风险。

二、《通知》的主要内容是什么？

答：《通知》的主要内容包括：

一是支付机构可以凭交易电子信息，通过银行为市场主体跨境交易提供小额、快捷、便民的经常项下电子支付服务，进一步便利跨境电子商务支付结算。

二是明确支付机构可为境内个人办理跨境购物、留学、旅游等项下外汇业务，进一步满足境内个人合法用汇需求。

三是支付机构应建立有效风控制度和系统，健全主体管理，加强交易真实性、合规性审核；银行应对合作支付机构的相关外汇业务加强审核监督。

四是银行在满足交易电子信息采集、真实性审核等条件下，可参照申请凭交易电子信息为市场主体提供结售汇及相关资金收付服务，进一步拓宽跨境电商交易支付结算渠道。

三、《通知》对个人"海淘"是否有影响？

答：《通知》将进一步便利个人"海淘"。个人在跨境电商平台或网站购买商品或服务时，通过支付机构可以便利地实现购汇并对外支付。《通知》还允许银行为个人"海淘"提供电子支付服务，拓宽个人"海淘"支付结算渠道。

（资料来源：国家外汇管理局，2020年4月29日。）

【案例2-2】

跨境支付外汇牌照落地 获批支付机构通过率"减半"

历经多年试点，跨境支付外汇牌照正式"落地"。

记者获悉，约15家此前参与跨境外汇支付业务试点的支付机构日前完成名录登记，拿到了正式的跨境支付业务相关牌照。

多位支付行业业内人士透露，早在2015年，国家外汇管理局发布《国家外汇管理局关于开展支付机构跨境外汇支付业务试点的通知》和《支付机构跨境外汇支付业务试点指导意见》，允许30家试点支付机构开展跨境外汇支付业务试点，并为每一家划定了一定的业务范围，比如货物贸易、旅游服务、机票航空、留学教育等。

去年4月，在此前试点取得一定成效的基础上，国家外汇管理局发布《支付机构外汇业务管理办法》（即13号文），强调跨境支付业务合法资质和持牌经营的重要性，明确要求此前的试点机构需进行名录登记。

"此次多家第三方支付机构完成名录登记，其实是对13号文相关政策的落实。"某汇付天下高层指出。按照当前约15家涉足跨境外汇支付业务试点的支付机构拿到相关牌照，试点支付机构的通过率约在50%左右。

尽管通过审核的支付机构数量减了一半，并不意味着跨境支付外汇业务的市场竞争激烈程度有所缓解。多位支付机构人士透露，由于各家支付机构都力争在跨境外汇支付业务获得更大市场份额，因此多家第三方支付机构都大幅调低手续费费率。这背后，是他们将低费率作为获客手段，真正赚钱的业务盈利点转向给予外贸企业与跨境电商提供配套的金融服务。

"这也是当前支付机构业态发展的新趋势。"一位第三方支付机构业务主管向记者透露。

记者也注意到，越来越多支付机构正依靠配套金融服务获得新的业务收入增长空间。3月25日晚，汇付天下公布的2019年财报显示，去年汇付天下完成支付交易量2.2万亿元，同比增长21%；实现营业收入36.8亿元，同比增长13%；净利润2.43亿元，同比增长39%。

其中，汇付天下的"支付+SaaS"服务对业绩提振做出较大贡献。具体而言，去年汇付天下SaaS服务业务完成交易量1959亿元，同比增长926%，实现营业收入5.19亿元，同比增长1010%。目前，汇付天下推出了针对各行业SaaS的一站式解决方案——"智·汇管家"，将账户体系与聚合支付相结合，以中台服务的创新形式与行业SaaS共享，深度赋能行业SaaS。

在该汇付天下高层看来，随着跨境支付牌照正式"落地"，未来与跨境支付相关的SaaS服务将成为企业新的业务增长点。去年，汇付天下完成跨境支付交易量501亿元，同比增长148%。目前汇付天下已获得VISA QSP资质认证，并取得香港MSO牌照。

"当然，面对跨境支付领域的复杂环境，未来我们一方面需要构建数字化运营平台，通过流程再造和灵活配置，实现运营自动化、柔性化和可度量，在支撑业务快速创新的同时实现降本增效，另一方面需更有效地借助大数据技术和系统化能力，将跨境业务各类道德风险大幅压降。"他透露，目前汇付天下的风险欺诈率已降至0.02BP（BP即万分之一）。

在这位汇付天下高层看来，2020年支付业态的发展将是挑战与机遇并存。一方面清算机构、商业银行、钱包发行方、支付机构等产业链各个参与者定位再度明晰，令连接者蕴藏很大业务整合发展机会；另一方面在后疫情时代，全新的数字化商业生态正快速发展，线上线下一体化和运营数字化的发展趋势显现，同时零售全球化也需配套数字化支付解决方案。

"因此，汇付天下在实现银行卡、钱包等所有支付方式的高效聚合的基础上，将持续发力营销数字化，面向数字化新兴场景推出更创新的解决方案，为各类商户提供基于聚合支付的更高效专业数字化解决方案。"他强调说。

（资料来源：21世纪经济报道，2020年3月26日，陈植。）

第二节　跨境电子商务支付的相关理论

跨境电子商务支付与结算是对传统国际贸易支付与结算的发展，国际支付与结算是跨境电子商务支付与结算的基础。

一、国际支付

国际支付是指在国际经济活动中的当事人以一定的支付工具和方式，清偿因各种经济活动而产生的国际债权债务的行为。通常它是在国际贸易中所发生的、由履行金钱给付义务当事人履行义务的一种行为。

（一）国际支付发展

国际支付伴随着商品进出口而发生，然而它的发展又反过来促进了国际经济活动的发展；同时，伴随国际经济活动的发展，其应用范围也不断扩展。在自由资本主义时期以前，国家之间的货物进出口通常采用现金支付，以输送黄金或白银的方法清偿债务。然而，用现金支付不仅运送风险大，占用和积压资金，而且清点不便，计数之外还要识别真伪。因此，只有交易量小时，采用现金支付才能应付。16~17世纪，欧洲的一些商业城市已广泛地使用由封建社会末期发展起来的票据来进行支付。非现金支付的方法——票据代替了金钱，金钱票据化，使支付非常迅速、简便，而且节约现金和流通费用。票据化的支付方法进一步促进了国际贸易的发展。至19世纪末20世纪初，国际贸易中买方凭单付款的方式已经相当完整了。

买方凭单付款的支付方式，要求银行以单据为抵押向出口商融资，使银行信用引入普通的国际支付业务中。银行的融资使商人增加贸易量，银行本身也得以扩展业务，两者相辅相成，形成了贸易支付与融资相结合为特征的、以银行为中枢的国际支付体系。

自第二次世界大战后，随着现代科学技术运用于国际支付业务以及适用于国际支付的国际条约和国际惯例的发展和完善，国际支付实现了快速、安全地完成国际收付，适应了高度发达的世界经济的需要；并从国际货物买卖支付体系向国际技术贸易、服务贸易及其他领域进行拓展。

（二）国际支付特征

（1）国际支付产生的原因是国际经济活动引起的债权债务关系。国际经济活动包括国际贸易活动与非国际贸易活动。国际贸易活动是指国际贸易中的不同当事人之间的货物、技术或服务的交换，如货款、运输费用、各类佣金、保险费、技术费。非国际贸易活动是指国与国之间除贸易活动以外的各类行为，如国际投资、国际借贷、国际的各类文化艺术等活动。

（2）国际支付的主体是国际经济活动中的当事人。国际经济活动中的当事人的含义是依据不同的活动而定的。例如在货物买卖中，当事人是指双方营业地处在不同国家的人，且有银行参与。

（3）国际支付是以一定的工具进行支付的。国际支付的工具一般为货币与票据。一方面，由于国际支付当事人一般是跨国之间的自然人、法人。而各国所使用的货币不同，这就涉及货币的选择、外汇的使用，以及与此有关的外汇汇率变动带来的风险问题；另一方面，为了避免直接运送大量货币所引起的各种风险和不便，就涉及票据的使用问题，与此相关的是各国有关票据流转的一系列复杂的法律问题。

（4）国际支付是以一定的方式来进行的。在国际贸易中，买卖双方通常互不信任，他们从自身利益考虑，总是力求在货款收付方面能得到较大的安全保障，尽量避免遭受钱货两空的损失，并想在资金周转方面得到某种融通。这就涉及如何根据不同情况，采用国际上长期形成的汇付、托收、信用证及国际保理等不同的支付方式，来处理好货款收付中的安全保障和资金融通问题。

（三）国际支付方式

国际经济活动中使用较多的支付方式有直接支付方式和间接支付方式两种。

直接支付方式是指只由国际经济活动中的当事人即交易双方与银行发生关系的支付方式。实践中常用的有：汇付、托收、信用证。汇付是一种顺汇方法，即由买方（债务人）将款项通过本国银行汇付给卖方（债权人）。托收和信用证支付方式属于逆汇方式，即由卖方（债权人）通过银行主动向买方（债务人）索取款项。

间接支付是指支付行为除了交易双方与银行外，还有其他主体参加的方式。实践中使用越来越多的国际保理即为间接支付方式。

1. 汇付

汇付（Remittance），也称汇款，是指汇款人主动将货款交给银行，由银行根据汇款指示汇交给收款人的一种付款方式，是最简单的支付方式。汇付属于商业信用，是否付款取决于进口商（买方）或服务接受方，付款没有保证。采用此方式对国际经济活动中的当事人来讲都有风险。因而，除非买卖双方有某种关系或小数额的支付，一般很少使用汇付。

汇付方式通常用于预付货款、货到付款，以及定金、货款尾数、佣金等小金额的支付。

汇付使用的结算工具的传递方向是从买方流向卖方，与资金的流向是一致的，属于顺汇。

汇付的种类有：信汇、电汇和票汇。

1）信汇（Mail Transfer，M/T），是指汇款人将货款交本地银行，由银行开具付款委托书，通过邮政局寄交收款人所在地的银行。信汇费用低，但速度慢。

采用信汇的方式，由于邮程所需要的时间比较长，银行有机会占用这笔资金，因此信汇汇率往往低于电汇汇率，它们之间的差相当于邮程利息。

2）电汇（Telegraphic Transfer，T/T），是指汇款人要求当地银行以电报或电传方式委托收款人所在地银行付款给收款人。由于电信技术的发展,银行之间都建立了直接通信,电汇费用低,差错率低。

国际电汇的特点是电汇方式收款较快,但手续费较高,因此只有在金额较大的时候或者比较紧急的情况,才使用电汇。此外,用电报通知时,资金的在递时间很短,汇出银行能占用资金的时间非常短,有时甚至不能占用资金。

3)票汇(Demand Transfer,D/T),是指汇出银行应汇款人的申请,代汇款人开立以其在国外的分行或代理行为付款行的即期汇票,支付一定金额给收款人的一种汇款方式。

与信汇、电汇不同,在票汇中,汇款人将汇款凭证交收款人,汇出行与汇入行间的指示是通过汇票做出的。该汇票是银行汇票,使用这种方式结算的好处是可以转让汇票。

2. 托收

托收(Collection),是指债权人委托银行凭票据向债务人收取贷款的一种支付方式。托收一般的做法是:由债权人(卖方)根据发票金额,开立以买方为付款人的汇票向债权地银行提出申请,委托银行通过其在债务地分行或其他往来银行,代为向买方收取货款。

托收方式对买方比较有利,费用低,风险小,资金负担小,甚至可以取得卖方的资金融通。在托收中,作为结算工具的单据和单据的传送与资金的流动方向是相反的,属于逆汇。

单据分为两类:金融单据(是指汇票、本票、支票或其他用于取得付款的类似凭证)和商业单据(是指发票、运输单据、物权凭证或其他类似单据,或除金融单据之外的任何其他单据)。

按是否随附商业票据,托收可分为光票托收和跟单托收。

光票托收(Clean Collection),是指不附有商业单据的金融单据的托收。主要用于货款的尾款、样品费用、佣金、带垫费用、贸易从属费用、索赔以及非贸易的款项。

跟单托收(Documentary Collection),是指附有金融单据的商业单据的托收或不附有金融单据的商业单据的托收。跟单托收是附有提单、商业发票等商业单据的托收,这种托收方式由于通常附有提货凭证,所以在交单前要异常谨慎。按交单条件的不同,跟单托收可分为付款交单和承兑交单。付款交单(Documents against Payment,D/P),是指卖方的交单以买方的付款为条件,即买方付款后才能向代收行领取商业单据。承兑交单(Documents against Acceptance,D/A),是指卖方以买方承兑汇票为交单条件的方式,即买方在汇票上履行承兑手续后,即可向代收行取得商业单据,凭以提取货物,于汇票到期日付款。

3. 信用证

信用证(Letter of Credit,L/C)是开证银行(简称开证行)应开证申请人的申请签发的、在满足信用证要求的条件下,凭信用证规定的单据向受益人付款的一项书面凭证。

以信用证支付方式付款，是由开证银行自身的信誉为卖方提供付款保证的一种书面凭证。通常，只要出口商按信用证书面规定的条件提交单据，银行就必须无条件付款，所以卖方的货款就会得到可靠的保障。而进口商则可以在付款后保证获得符合信用证条件的所有货运单据。

4. 国际保理

国际保理（International Factoring）又称承购应收账款，是指在以商业信用出口货物时（如以D/A作为付款方式），出口商交货后把应收账款的发票和装运单据转让给保理商，即可取得应收取的大部分货款，日后一旦发生进口商不付或逾期付款，则由保理商承担付款责任，在保理业务中，保理商承担第一付款责任。

国际保理业务，即国际保付代理业务，是发达国家普遍使用的一种对外贸易短期融资收取货款的方式。它对于进出口商均有一定好处。现代国际保理业务由于融现代信息技术和国际金融业务于一身，因此其业务量发展十分迅速，已经发展成为国际贸易支付中有效的竞争手段。

5. 福费廷

"福费廷"是Forfeiting的音译，原意为"丧失，没收"，也称包买票据或票据买断，就是在延期付款的大型设备贸易中，出口商把经进口商承兑的，或经第三方担保的，期限在半年至五六年的远期汇票，无追索权地售予出口商所在地的银行或大金融公司，提前取得现款的一种资金融通形式，它是出口信贷的一种类型。

在国际贸易中进行资本性物资交易，如大型成套机械设备，当出口商以赊销方式出售商品后，需要经过预先选定的贴现行或大金融公司认可的担保行担保过的本票（汇票）卖断给贴现行或大金融公司，从而提前得到现款，这种形式叫作福费廷，也称包买、买单信贷或是无追索权的贴现。

其特点是远期票据应产生于销售货物或提供技术服务的正当贸易；做包买票据业务后，出口商放弃对所出售债权凭证的一切权益，将收取债款的权利、风险和责任转嫁给包买商，而银行作为包买商也必须放弃对出口商的追索权；出口商在背书转让债权凭证的票据时均加注"无追索权"（Without Recourse）字样，从而将收取债款的权利、风险和责任转嫁给包买商。

福费廷业务主要提供中长期贸易融资，利用这一融资方式的出口商应同意向进口商提供期限为六个月至五年甚至更长期限的贸易融资；同意进口商以分期付款的方式支付货款。

福费廷业务是一项高风险、高收益的业务，对银行来说，可带来可观的收益，但风险也较大；对企业和生产厂家来说，货物一出手，可立即拿到货款，占用资金时间很短，无风险可言。因此，银行做这种业务时，关键是必须选择资信十分好的进口地银行。当出口地银行作为包买商时，债权凭证必须由包买商接受的银行或其他机构无条件地、不可撤销地进行保付或提供独立的担保。

二、国际结算

在跨境贸易中,国际支付与国际结算是密不可分的。国际支付是过程,而国际结算是结果。国际结算可以促进国际贸易交易,服务国际经济文化交流,促进国际金融一体化,进而繁荣整个世界经济;同时还可为本国创收和积累外汇,引进外资,合理使用外汇,输出资金向外投资,起到巩固本国货币汇率,提供本国对外支付能力的作用。

(一)国际结算的含义及特点

国际结算(International Settlements),是指国与国之间由于政治、经济、文化、外交、军事等方面的交往或联系而发生的以货币表示债权债务的清偿行为或资金转移行为。

根据发生债券债务关系的原因,国际结算可分为有形贸易和无形贸易两类。

(1)有形贸易引起的国际结算为国际贸易结算,主要包括票据-资金单据、汇款方式、托收、信用证、保函、保付代理、福费廷等业务。

(2)无形贸易引起的国际结算为非贸易结算,主要包括非贸易汇款、非贸易信用证、旅行支票、非贸易票据的买入与托收、信用卡和外币兑换等。

从演进过程来看,国际结算经历了从现金结算发展到非现金结算,从凭实物结算发展到凭单据结算,从买卖双方直接结算发展到通过银行进行结算,从人工结算发展到电子结算。现代国际结算是以票据为基础,单据为条件,银行为中枢,结算与融资相结合的非现金结算体系。

与国内结算相比,国际结算的区别在于:

(1)货币的活动范围不同,国内结算在一国范围内,国际结算是跨国进行的。

(2)使用的货币不同,国内结算使用同一种货币,国际结算则使用不同的货币。

(3)遵循的法律不同,国内结算遵循同一法律,国际结算遵循国际惯例或根据当事双方事先协定的仲裁法。

国际结算的特点主要表现在以下五个方面:

(1)国际性。按照国际惯例进行国际结算,国际结算有相应的规则惯例,合同,票据法约束相关人行为,但不具强制性。

(2)信用性。以国际银行为中心,银行提供信用与保证,但不一定提供资金。

(3)权益性。国与国之间的债权债务形成特定的经济关系和责任,总体上涉及一国国际的经济权益,是以货币为表现形式的一定数量的财富国际转移。

(4)时间性。银行处理的标的物对象是外汇资金,外汇资金具有经济含义(收益与支付量的固定性)和法律含义(责权的质的规定性)。外币存在汇率风险,结算难度和风险很高,所以一般选择一定时间的变量作为结算。

（5）政治性。国际结算是国与国之间由于政治、经济、文化、外交、军事等方面的交往或联系而发生的以货币表示债权债务的清偿行为或资金转移行为。因为涉及多国结算制度，所以有多个国际惯例。

（二）国际结算方式

国际结算方式是指以一定的条件实现国际货币收付的方式，主要包括汇款、托收、信用证和银行保函等。

一般而言，国际结算方式应包括以下内容：①按照买卖双方议定具体的交单与付款方式办理单据和货款的对流；②结算过程中，银行充当中介人和保证人，正确结清买卖双方债权和债务；③买卖双方可以向银行提出给予资金融通的申请；④结算方式必须订明具体类别、付款时间、使用货币、所需单据和凭证。

依据付款时间的先后不同，国际结算方式存在预先付款（Payment in Advance）、装运时付款（Payment at Time of Shipment）和装运后付款（Payment after Shipment）三种付款时间。由于银行依据的装运时间是以提单日期为准，所以银行的付款时间有：①交单前预付；②交单时付款，又称即期付款；③交单后付款，又称远期付款。

国际结算使用的货币，应是可兑换的货币（Convertible Currency），它可以是出口国货币，也可以是进口国货币，还可以是国际通用的第三国货币。美元、英镑、欧元、日元等货币是主要的世界通用货币，对于卖方和买方来说，使用世界通用货币结算易被双方接受；至于使用出口国货币或进口国货币，须经买卖双方磋商决定。

国际结算方式的采用通常是结合交易情况、市场销售情况、对方资信情况由买卖双方协商订立。国际结算方式主要有信用证、汇付和托收、银行保函等。

1. 信用证

信用证是一种由银行依照客户的指示和要求开立的有条件承诺付款的书面文件。一般分为不可撤销的跟单信用证和可撤销的跟单信用证。UCP600规定银行不可开立可撤销信用证[⊖]。

信用证是银行介入国际货物买卖价款结算的产物。信用证是当今国际贸易中的一种主要结算方式，被广泛应用于国际贸易中。这是因为信用证不但在一定程度上解决了买卖双方之间互不信任的矛盾，而且还使买卖双方在信用证结算货款的过程中获得银行资金融通的便利，从而促进了国际贸易的发展。

信用证业务涉及六个方面的当事人：开证申请人，开证行，通知行，收益人，议付银行，付款银行。

⊖ 常用的都是不可撤销信用证。

2. 汇付和托收

汇付是指交款人按约定的时间和条件通过银行把款项交收款人的结算方式。汇付分为信汇、电汇和票汇。

托收是指出口商开立汇票，随附或不随附货运单据，委托出口地银行通过进口地代收银行向进口企业收款的一种结算方式。根据交单条件不同，托收分为付款交单和承兑交单。

更多关于汇付和托收的介绍参见前文国际支付的相关内容。

3. 银行保函

在国际经济交易中，合同当事人为了维护自己的经济利益，往往需要对可能发生的风险采取相应的保障措施，银行保函就是以银行信用的形式所提供的保障措施。

保函又称保证书，是指银行、保险公司、担保公司或担保人应申请人的请求，向受益人开立的一种书面信用担保凭证，保证在申请人未能按双方协议履行其责任或义务时，由担保人或者担保机构代其履行一定金额、一定时限范围内的某种支付或经济赔偿责任。

银行保函是由银行开立的承担付款责任的一种担保凭证，银行根据保函的规定承担绝对付款责任。银行保函大多属于"见索即付"（无条件保函），是不可撤销的文件。

银行保函的当事人有委托人（要求银行开立保证书的一方）、受益人（收到保证书并凭以向银行索偿的一方）、担保人（保函的开立人）。

（三）主要国际结算方式的特点

在分析各种结算方式的利弊时，主要从以下几个要素考虑：

1. 支付方式

支付方式的确定是货物买卖合同的首要问题，不同的支付方式基本决定了买卖双方的风险、责任和资金融通的划分。

2. 支付条件

支付条件是指各种支付方式的货币条件、时间条件和空间条件。货币条件是指选择什么样的计价和支付货币（汇率风险）；时间条件是指收汇和付汇的时间（汇率风险、资金占用）；空间条件是指收汇和付汇的地点（当事人的责任、义务及法律选择问题）。

3. 支付程序

支付程序是指其业务程序，这涉及所使用的支付工具以及各当事人在支付中的权利和义务，严格按程序收付汇是使支付方式得以实现的基础。

4. 有关当事人的权利和义务

选用不同的支付方式，各当事人的权利和义务不同，应明确各当事人在支付中的地位，严格履行其义务，应用自己的权利保护自己的利益。

5. 各种支付方式的资金融通

资金融通对于买卖双方来说都是重要问题，在不同的支付形式下可以从对方获得资金融通，也可以从银行或金融公司及贴现公司获得资金融通。

结合这几个方面，对几种主要的国际结算方式的特点总结如下：

1. 信用证结算方式的特点

1）开证行负有第一性的付款责任。在信用证结算方式下，只要受益人提交的单据完全符合信用证的要求，开证行必须对其或其指定人付款，而不是等进口商付款后再转交款项。可见，与汇款、托收方式不同，信用证方式依靠的是银行信用，是由开证行而不是进口商负第一性的付款责任。

2）信用证是一项独立的文件。虽然信用证以买卖合同为基础，但一经开出，就成为独立于买卖合同之外的另一种契约，各当事人的责任与权利均以信用证为准。买卖合同只能约束进出口双方，而与信用证业务的其他当事人无关。因此，开证行只对信用证负责，只凭完全符合信用证条款的单据付款，而且一旦付款，开证行就丧失了对受益人的追索权。

3）信用证业务是一种纯粹的单据业务。在信用证方式下，银行付款的依据是单证一致、单单一致，而不管货物是否与单证一致。信用证交易把国际货物交易转变成了单据交易。

4）开证银行代进口商开立信用证，提供的是信用，而不是资金。

信用证结算方式以银行信用代替商业信用，解决了进出口商之间缺乏了解和信任的问题；银行在结算过程中一面收单、一面付款，便利了进出口商的资金融通。所有这些都促进了国际贸易的发展，也反映了银行对国际贸易领域的介入和影响在不断加深。

2. 汇付结算方式的特点

1）简单，迅速，费用低。汇付结算手续简单，灵活，迅速，费用低廉。如果贸易双方相互比较信任，汇付结算是十分理想的支付或结算方式。

2）风险较大。汇付的结算基础是商业信用，卖方在发货后能否顺利收回货款，买方在预付货款后能否顺利收到符合合同规定的货物，都分别取决于对方，即卖方或买方的信誉。银行在汇款方式中处于简单受委托的地位，只需按常规汇款业务即可，并且只对汇款的技术性负责，不对货物买卖和货款收付的风险承担任何责任。

3）资金负担不平衡。如果是货到付款，则资金完全由出口商负担；如果是预付全部货款，则资金完全由进口商承担。并且在结算过程中，进出口商无法从银行得到贸易融资。

3. 托收结算方式的特点

1）比较安全。在跟单托收时，由于是交单或承兑付款，对于进口商来说，就不会像货到付款时，要冒"财物两空"的风险。而对进口商来说，托收比预付货款更为安全。

2）费用较高，手续较多。银行的托收手续费比汇款手续费略高些，托收要通过银行交单，自然手续也比汇款多，但以此来换得比汇款安全的优点，还是比较合算的。

3）仍以商业信用为基础。在使用托收方式时，是否付款完全由进口商决定，银行只是转手交单的代理人，对付款不负责任，因此托收是对进口商有利的支付方式。而进口商的风险主要来自货到后发现货物和合同不符，因此在做托收业务时，进口商必须了解出口商。

4）可以获得融资。托收时出口商的资金负担较重，但是因为有单据，有些银行愿意做押汇，出口商因此能获得融资。

4. 银行保函的特点

1）银行信用作为保证，易于为客户接受。

2）保函是依据商务合同开出的，但又不依附于商务合同，是具有独立法律效力的法律文件。当受益人在保函项下合理索赔时，担保行就必须承担付款责任，而不论申请人是否同意付款，也不管合同履行的实际事实，即保函是独立的承诺并且基本上是单证化的交易业务。

三、第三方支付

（一）第三方支付的概念

根据维基百科，第三方支付（Third-Party Payment）指的是由第三方业者居中于买卖家之间进行收付款作业的交易方式。之所以称"第三方"，是因为它并不涉及资金的所有权，而只是起到中转作用。在我国，第三方支付是受中国人民银行监管的。

根据2010年6月中国人民银行有关部门负责人就《非金融机构支付服务管理办法》有关问题答记者问中的解释："非金融机构提供支付服务、与银行业既合作又竞争，已经成为一支重要的力量。传统的支付服务一般由银行部门承担，如现金服务、票据交换服务、直接转账服务等，而新兴的非金融机构介入到支付服务体系，运用电子化手段为市场交易者提供前台支付或后台操作服务，因而往往被称作'第三方支付机构'。"

非金融机构支付服务是指：非金融机构在收付款人之间作为中介机构提供包括网络支付、

预付卡的发行与受理、银行卡收单、中国人民银行确定的其他支付服务在内的部分或全部货币资金转移服务。

中国人民银行对网络支付的定义是：依托公共网络或专用网络在收付款人之间转移货币资金的行为，包括货币汇兑、互联网支付、移动电话支付、固定电话支付、数字电视支付等。

本书以中国人民银行的解释为准。本书认为广义的"第三方支付"的含义与中国人民银行定义的"非金融机构支付服务"的含义相同；狭义的"第三方支付"指的是中国人民银行定义的"网络支付"。

第三方支付的业务类型和范围如表2-1所示。

表2-1 第三方支付的业务类型和范围

支付类型		范围	定义
网络支付	固定电话支付	全国	依托公共网络或专用网络在收付款人之间转移货币资金的行为
	移动电话支付		
	互联网支付		
	数字电视支付	省级/全国	
预付卡受理		从地级市到全国不等	以盈利为目的发行的、在发行机构之外购买商品或服务的预付价值，包括采取磁条、芯片等技术以卡片、密码等形式制作的预付卡的发行与受理
预付卡发行			
银行卡收单		省级/全国	通过销售点（POS）终端等为银行卡特约商户代收货币资金的行为

实践证明，非金融机构利用信息技术、通过电子化手段提供支付服务，大大丰富了服务方式，拓展了银行业金融机构支付业务的广度和深度，有效缓解了因银行业金融机构网点不足等产生的排队等待、找零难等社会问题。非金融机构支付服务的多样化、个性化等特点较好地满足了电子商务企业和个人的支付需求，促进了电子商务的发展，在支持"刺激消费、扩大内需"等宏观经济政策方面发挥了积极作用。虽然非金融机构的支付服务主要集中在零售支付领域，其业务量与银行业金融机构提供的支付服务量相比还很小，但其服务对象非常多，主要是网络用户、手机用户、银行卡和预付卡持卡人等，其影响非常广泛。

（二）国际第三方支付的发展

第三方支付最早源于美国的独立销售组织制度（Independent Sales Organization，ISO），是指收单机构和交易处理商委托ISO做中小商户的发展、服务和管理工作的一种机制。1996年，全球第一家第三方支付公司在美国诞生，随后逐渐涌现出Amazon Payments、PayPal等一批第三方支付公司，其中以PayPal最为突出，其发展历程基本代表了北美第三方支付市场的发展缩影。

国际上，非金融机构支付服务市场发展较早、较快的一些国家，政府对这类市场的监管逐步从偏向于"自律的放任自流"向"强制的监督管理"转变。美国、欧盟等多数经济体从维护客户合法权益的角度出发，要求具有资质的机构有序、规范从事支付服务。具体措施包括实行有针对性的业务许可、设置必要的准入门槛、建立检查和报告制度、通过资产担保等方式保护客户权益、加强机构终止退出及撤销等管理。

美国将类似机构（包括非金融机构和非银行金融机构）界定为货币服务机构。美国有40多个州参照《统一货币服务法案》制定法律对货币服务进行监管。这些法律普遍强调以发放执照的方式管理和规范从事货币服务的非银行机构。从事货币服务的机构必须获得专项业务经营许可，并符合关于投资主体、营业场所、资金实力、财务状况、从业经验等相关资质要求。货币服务机构应保持交易资金的高度流动性和安全性等，不得从事类似银行的存贷款业务，不得擅自留存、使用客户交易资金。这类机构还应符合有关反洗钱的监管规定，确保数据信息安全等。

欧盟就从事电子货币发行与清算的机构先后制定了《电子货币指令》和《内部市场支付服务指令》等。这些法律强调欧盟各成员国应对电子货币机构以及支付机构实行业务许可制度，确保只有遵守审慎监管原则的机构才能从事此类业务。支付机构应严格区分自有资金和客户资金，并对客户资金提供保险或类似保证；电子货币机构提供支付服务时，用于活期存款及具备足够流动性的投资总额不得超过自有资金的20倍。与之类似，英国的《金融服务与市场法》要求对从事电子支付服务的机构实行业务许可，并且电子货币机构必须用符合规定的流动资产为客户预付价值提供担保，且客户预付价值总额不得高于其自有资金的8倍。

韩国、马来西亚、印度尼西亚、新加坡、泰国等亚洲经济体先后颁布法律规章，要求电子货币发行人必须预先得到中央银行或金融监管当局的授权或许可，并对储值卡设置金额上限等。

（三）我国第三方支付的发展与监管

支付宝是中国最大的第三方支付公司，也是目前全球交易量最大的第三方支付机构。支付宝最初是为了解决淘宝网络交易安全所设的一个功能，该功能首先使用"第三方担保交易模式"，现在支付宝已经从最初的支付工具，变成现在的蚂蚁金服。

我国的第三方支付发展迅速，相关问题随着业务的不断发展而逐步显现。随着非金融机构支付服务业务范围、规模的不断扩大和新的支付工具推广，以及市场竞争的日趋激烈，这个领域一些固有的问题逐渐暴露，新的风险隐患也相继产生，如客户备付金的权益保障问题、预付卡发行和受理业务中的违规问题、反洗钱义务的履行问题、支付服务相关的信息系统安全问题，以及违反市场竞争规则、无序从事支付服务问题等。这些问题仅仅依靠市场的力量难以解决，必须通过必要的法规制度和监管措施及时加以预防和纠正。中国人民银行在全面客观地分析非金融机构支付服务的发展趋势、借鉴国际经验的基础上，确立了符合我国国情的非金融机构支付服务监督管理工作思路。

2010年6月，中国人民银行正式发布《非金融机构支付服务管理办法》（中国人民银行令〔2010〕第2号），要求非金融机构必须申领《支付业务许可证》，我国第三方支付行业正式进入牌照监管时代。2016年8月，中国人民银行明确宣布，坚持"总量控制"原则，"一段时期内原则上不再批设新机构"，并注销长期未实质开展支付业务的支付机构牌照。截至2020年8月，中国人民银行官网上可查的已获许可支付机构有237家。

具体来说，中国人民银行将第三方支付牌照分为七种类型：预付卡受理、预付卡发行、移动电话支付、互联网支付、固定电话支付、银行卡收单和数字电视支付，不同的业务类型对应着不同的业务开展地域范围。

得益于中国互联网的飞速发展，在目前的市场上，网络支付使用场景非常广泛；银行卡收单主要适用于线下POS机类业务发展，是我国第三方支付最早的商业模式，但移动支付的发展对线下收单造成了一定的冲击；预付卡作为特定行业的使用，使用场景相对较少。

金融科技的快速崛起和移动设备的快速普及，第三方支付牌照中的互联网支付和移动电话支付发展迅速，并且市场格局趋于稳定和成熟。从第三方支付机构面向的客户群体来划分，在面向C端用户的第三方支付机构中，支付宝和财付通已形成了"双寡头"垄断局面。根据网络数据，2018年支付宝和财付通两者合计市场份额超过90%。B端市场也有较多第三方支付机构布局，主要运用场景包括航旅、跨境、留学教育等。

随着网络支付的迅速发展，为规范非银行支付机构的网络支付业务，防范支付风险，中国人民银行于2016年7月1日起实施《非银行支付机构网络支付业务管理办法》（中国人民银行令〔2015〕第43号）明确了第三方支付行业只能是中国支付体系的补充，"遵循主要服务电子商务发展和为社会提供小额、快捷、便民小微支付服务的宗旨"，做好客户信息安全、资金安全，以及风险防范。

（四）第三方支付跨境支付

跨境支付包括境外线下消费、跨境转账汇款、跨境网络消费三种途径。按照支付渠道划分，我国跨境外汇支付方式主要有第三方跨境支付平台、商业银行、专业汇款公司。其中，商业银行费率过高，专业汇款公司网点分布不足，第三方跨境支付平台最受青睐，同时满足了用户的便捷性和低费率的要求。

2011年5月，监管部门给包括支付宝在内的首批获得牌照的机构发放了货币汇兑许可，2012年7月20日，全部取消所有涉及"货币汇兑"业务，收回了之前发放的货币汇兑许可。现在货币汇兑已经改成跨境支付。

支付机构开展跨境电商外汇支付业务不仅需要有中国人民银行颁发的《支付业务许可证》，还需要满足国家外汇管理局的《支付机构外汇业务管理办法》。

第三方支付有效保障了交易各方的利益，为交易的顺利进行提供支持。从商家的角度，第三方支付可以规避无法收到客户货款的风险，同时也能为客户提供多样化的支付工具，尤其是为无法与银行网关建立接口的中小企业提供了更便捷的支付平台。从客户的角度，可以规避无法收到货物的风险，并且在一定程度上能够监督货物质量，增强客户网上交易的信心。从银行的角度，可以通过第三方平台来扩展其业务范畴，也节省了为大量中小企业提供网关接口的开发和维护费用。

作为网络支付中坚力量的第三方支付企业，其业务范围已经从提供第三方支付服务延伸到资产管理、理财等领域，甚至有超越传统商业银行业务范畴的趋势。在当前支付革命性创新的时代大潮下，央行对于互联网金融的监管，有利于市场纠偏，平衡权益，降低风险累积，同时也是进一步强化第三方支付企业完备自身风控和安全体系的有效措施。

【延伸阅读】

互联网时代的支付变革

互联网技术进步和应运的普及不但改变着人们的生活方式、生产方式，更重要的是深刻地改变着人们的思维方式和行为方式。在这样的背景下，许多行业和市场都发生着巨大变革，引起社会广泛关注。发生在支付领域和支付市场的一系列变革，也是其中很重要的组成部分。正确认识这一系列变革，以及发展趋势和由此带来的影响，对未来支付市场发展、对更好地发挥支付服务经济金融和社会生活有着积极意义。

一、支付的价值将超越支付本身

传统支付的作用，是为了交易双方最终完成交易而进行的付款人对收款人的货币债权转移。在这一过程中，银行作为支付中介，其目的单一，所掌握的信息十分有限。在互联网时代，特别是为满足电子商务快速发展的需要，支付的目的虽然没有实质改变，但支付活动所能够掌握的客户信息、交易信息等各类信息大大增加，使得支付的价值不再局限于支付本身，支付的基础功能被急剧放大。通过对这些数据信息的收集、整理、分析，能够对客户信用、行为、爱好等进行全面了解和掌握，从而为其他业务提供必要的基础性支撑，为支付服务提供者有针对性地营销客户、维护客户、推销产品和服务等提供有效保障。现在，许多商业银行已经或正在筹划建立电子商务平台。如果银行"触电"的目的，仅仅是为了增强客户黏性，为客户提供增值服务，或者借此拓展本行的支付结算等中间业务，那么这个电子商务平台最终成功的概率不会太大。能够充分利用为电子商务平台提供的支付服务等各类功能，重视对可以获取数据的挖掘和利用，才是银行电子商务平台真正价值所在。

二、支付的变革将有助于改善银行服务

从支付角度看，非金融支付服务机构的诞生和发展，值得银行这一传统支付服务提供者进行深刻的反思。这其中有银行未能及时把握市场变化、技术发展等因素，但并不能简单归结为银行在支付领域不作为。比较客观的看法是在支付服务领域，技术进步带来的长尾理论的实践。支付服务是银行中间业务的重要组成部分，是其他各类业务的基础。但是由于技术条件所限，根据成本效益原则，银行不可能顾及其所有客户，为他们提供全面的支付服务。也正因如此，非金融支付服务机构才得以产生和发展。在互联网时代，技术进步使得银行有能力和条件，去顾及原来难以顾及的更多客户的支付服务需要。市场细分、客户细分、服务细分变得更有条件。因此，不同规模的银行可以根据自身战略定位，提供更加差异化的支付服务和其他金融服务。同时，这种差异化服务的实现，也将有助于普惠金融体系的完善。当然，关键还在于银行管理者的经营理念，能不能接受互联网应用带来的观念上的转变。另外，总体上看，在银行支付服务差异化进程中，非金融支付服务机构还将处于补充地位，二者是竞争与合作关系。未来支付服务市场的主导者还将是银行，因为面对互联网发展，银行也会变，也在变。实际上，回顾历史，我们不难发现，包括银行在内的金融企业对新技术应用的广度和深度，从来都是积极和卓有成效的。

三、无卡化趋势将进一步加快

随着电子支付方式发展，在零售支付领域，支付工具由纸基迅速向卡基转变。但随着互联网时代来临，银行卡为主要表现形式的卡基支付工具正在走向顶峰。尽管新兴的网络支付还难以完全摆脱银行卡独立存在，但其依赖性正随着无卡支付的发展而降低。并且由于技术进步，速度在不断加快。支付工具的多样化和无卡化趋势，可能需要支付服务提供者将其注意力转移到账户服务本身，并由此去考虑业务创新、产品创新和安全机制。大家热议中的所谓互联网金融，最典型的特征之一是金融"脱媒"，但就互联网支付而言，"脱媒"将是一个十分漫长的过程。其中一个重要原因，就是银行账户服务。因为无论哪一种支付工具和支付方式，最初和最终的资金转移都必须通过银行才能完成。除非现行的法定货币发行权和货币发行机制被彻底改变，或者支付机构依法转变为银行。当然，非金融支付服务机构通过提供支付账户服务，在有限范围内和一定程度上还是实现了支付"脱媒"。正因如此，才形成了支付机构与银行在支付市场的竞争。

四、移动支付将主导未来零售电子支付发展方向

移动通信终端设备和移动通信技术发展的速度，大家已经深有感触，我们都是这部分历史的见证者。从模拟终端到数字终端，再到现在的智能终端，以及现在智能终端升级换代的速度

和移动终端的普及程度,其发展速度远远超乎人们的想象。手机从20世纪80年代的奢侈品,已经成为今天几乎每个人的日常必需品。而每一部手机都可能成为一个移动支付工具。面对互联网时代人们生活的碎片化,随机性交易不断增加,也只有移动支付能够满足这种特殊条件下的支付需要。随着现代移动通信技术和移动互联网的发展,移动支付的基础将越加牢固,从而使可能更容易变为现实。同时,移动支付所能够带来的价值附加,将又远甚于互联网支付。

五、安全与便捷的矛盾将更加突出

对安全性和便利性的追求,从来都是支付的目标,也是人们支付活动中所特别关注的两大问题。至少从目前来看,银行和非金融支付服务机构面对其产品设计和创新时,在理念上存在较大差异。银行考虑的因素中,安全性是首要的,并且这一理念贯穿着产品设计的全过程,并由此对产品设计、推出的速度,以及客户体验等产生一定影响。而非金融支付服务机构首先考虑的是便捷性和客户体验等因素,因此对市场反应速度较快,并且其产品容易被客户接受。互联网时代,大家对便捷要求更高,但对安全顾虑也更多了。如何处理好这二者之间的关系是支付服务提供者无法回避的难题,对互联网支付而言又至关重要。强调安全,必然要以牺牲便捷为代价。强调便捷,也将以牺牲安全为代价。在二者之间尽力寻找一个平衡点的同时,支付服务提供者需要特别关注的是对风险控制和风险补偿机制的建设。强调安全,不是一点损失都不发生,不是一点风险事件都不能承受。关键是有能力去管理风险,特别是对客户资金风险、信息风险、信用风险的管理。

互联网时代的支付变革,其影响不仅限于对支付服务提供者,监管者同样面临很大挑战。以对待传统支付监督管理的理念和方法来监督管理新兴支付服务市场,显然行不通。面对新兴支付服务市场发展,监管者首先需要有宽容、谨慎的理念,要相信市场、依靠市场、尊重市场、关注市场,要以保护消费者权益和市场公平为重点,而不是着力于去监督某一个支付产品或某一种支付方式。应当谨慎对待市场创新,多观察,多研究,看准问题提出规范和措施,建立和不断完善相关法规制度体系。同时,监管者还应该发挥支付服务组织者、推动者和引导者作用,协调包括政府部门和相关市场参与者在内的有关各方,为支付服务创新、支付产品创新和支付市场创新提供有效保障。

(资料来源:中国人民银行网站。)

第三节 跨境电子商务的支付结算方式

不同的跨境电子商务支付结算方式存在一定的差别,也有各自的优缺点和适用范围。选择合适的支付结算方式能在一定程度上降低成本,节约费用。

1. 电汇

根据银行的实际费率计算。各自承担所在地的银行费用：买家公司的银行收取手续费，由买家承担；卖家公司的银行收取手续费，由卖家来承担。

（1）优点：收款迅速，几分钟到账；先付款后发货，保证卖家利益不受损失。

（2）缺点：先付款后发货，容易造成买家的不信任；客户群体小，限制商家的交易量；数额比较大的，手续费高。

（3）适用范围：电汇是传统的大宗B2B付款模式，适合大额的交易付款。

2. 西联汇款

西联汇款（Western Union），是西联国际汇款公司的简称，是世界上领先的特快汇款公司。西联已覆盖全球200多个国家和地区，拥有近500000个合作网点，其中在中国的合作网点超过27000个，覆盖全国31个省、自治区和直辖市。中国光大银行、上海浦东发展银行、中国邮政储蓄银行、中国民生银行、烟台银行、吉林银行、福建海峡银行、浙江稠州商业银行、龙江银行、广州农商银行、广西北部湾银行、江门农商银行等西联合作银行网点可完成汇款，其中，中国光大银行、上海浦东发展银行和中国邮政储蓄银行可通过网上银行或手机银行汇款。

西联手续费由买家承担。该支付方式需要买卖双方到当地银行实地操作。西联在卖家未领取钱款时，买家可以将支付的资金撤销回去。

（1）优点：手续费由买家承担；可先提钱再发货，安全性好，对于卖家来说最划算；到账速度快。

（2）缺点：由于对买家来说风险极高，买家不易接受；买家和卖家需要去西联线下柜台操作，相对麻烦；手续费较高。

（3）适用范围：适合1万美元以下的小额支付。

3. 速汇金汇款

速汇金汇款（Money Gram），是Money Gram公司推出的一种快捷、简单、可靠及方便的国际汇款方式，是一种个人间的环球快速汇款业务，收款人凭汇款人提供的编号（8位）即可收款，可在十余分钟内完成由汇款人到收款人的汇款过程，具有快捷便利的特点。

速汇金就是与西联相似的一家汇款机构。目前在全球200多个国家和地区拥有超过350000个网点。速汇金在中国已开通支付宝收款，无须去银行网点，手机收款，无任何额外手续费用，人民币直接入账银行借记卡，签约服务提供商为中国银行。

单笔速汇金最高汇款金额不得超过10000美元（不含），每个汇款人每天的速汇金累计汇出最高限额为20000美元（不含）。

（1）优点：速汇金在汇出后十几分钟即可到达收款人手中；在一定的汇款金额内，汇款的费用相对较低，无中间行费，无电报费；手续简单，汇款人无须选择复杂的汇款路径，收款人无须预先开立银行账户，即可实现资金划转。

（2）缺点：汇款人及收款人均必须为个人；必须为境外汇款；通过速汇金进行境外汇款的，必须符合国家外汇管理局对于个人外汇汇款的相关规定；客户如持现钞账户汇款，还需交纳一定的钞变汇的手续费。

（3）适用范围：个人小额支付。

4. PayPal

PayPal，中文名贝宝，于1998年12月由Peter Thiel和Max Levchin建立，总部在美国加利福尼亚州圣荷塞市。PayPal致力于为个人或企业提供安全、简单、便捷的在线付款和收款服务。PayPal和一些电子商务网站合作，是备受追捧的国际贸易支付工具，即时支付，即时到账，有中文操作界面，能通过中国的本地银行轻松提现，解决外贸收款难题。PayPal服务范围超过200个市场，支持的币种超过100个。

无论以何种方式付款，若无须币种兑换，使用PayPal支付购物款一律免费，币种兑换服务只需少许费用。可以接受全球所有主流银行卡付款。购物无须任何手续费，但使用PayPal收款时将收取小笔费用。如果经常通过PayPal收款，那么可使用PayPal商家账户获取更多工具和折扣价格。PayPal支持自有网站收款、电商平台收款、电子邮件收款或其他收款方式。PayPal跨境收款交易费见表2-2。

表2-2 PayPal跨境收款交易费

	月销售额	费率
标准费率	3000美元及以下	4.4%+0.3美元
优惠费率	3000~10000美元	3.9%+0.3美元
	10000~100000美元	3.7%+0.3美元
	100000美元以上	3.4%+0.3美元

PayPal还为自由职业者、社交平台卖家提供了PayPal.Me链接收款方式，可选择喜欢的用户名创建独特的PayPal.Me链接，并添加照片帮助客户确认身份，通过电子邮件、短信分享PayPal.Me链接，或将链接添加至网站或社交媒体渠道，客户只需点击链接，输入付款金额，即可完成付款。

从PayPal账户提现时，可以提现到中国内地或中国香港的银行账户或选择其他提现选项，但需要扣除一定手续费。PayPal提现手续费如表2-3所示。

表 2-3 PayPal 提现手续费

提现方式	币种	手续费
电汇至中国内地地区的银行账户	美元	每笔 35 美元
提现至中国香港地区的银行账户	港币	提现 1000 港元及以上，免费 提现 1000 港元以下，每笔 3.50 港元
提现至美国的银行账户	美元	每笔 35 美元
通过支票提现	美元	每笔 5 美元

（1）优点：PayPal 覆盖范围广，易加强信任度，支持多种付款方式，利于拓展海外市场；省时省力，且支持即时到账；成本相对较低，只有产生交易才需付费，没有任何开户费及年费，小额交易更划算。

（2）缺点：PayPal 用户消费者利益大于 PayPal 用户卖家的利益，双方权利不平衡；电汇费用，每笔交易除手续费外还需要支付交易处理费；账户容易被冻结，商家利益受损失。

（3）适用范围：PayPal 支付方式适合跨境电商零售行业，尤其是几十到几百美元的小额交易更划算。

5. Payoneer

Payoneer，中文名派安盈，成立于 2005 年，总部设在美国纽约，是万事达卡组织授权的具有发卡资格的机构。Payoneer 为支付人群分布广而多的联盟提供简单、安全、快捷的转款服务。Payoneer 的服务覆盖全球 200 多个国家和地区，支持币种 150 多种。Payoneer 分有卡账户和无卡账户，Payoneer 实体卡称为 P 卡，现在注册默认都是无卡账户，是没有年费的。用户可通过 Payoneer 的全球支付服务（Global Payment Service）开通各类币种的收款账号，直接接收来自全球各大企业和平台的款项。

2019 年 5 月，Payoneer 外贸 e 户通正式全面上线，大大节约了外贸从业者的收款成本与时间成本。B 端卖家只需注册一个 Payoneer 账户，便可轻松接收国外客户的采购款，不仅能规避退单、拒付或者延误等风险，还能快速提现至中国内地或中国香港的银行账户，完成跨境结汇，不占用结汇额度。在帮助中国 B 端卖家跨越支付障碍的同时，降低跨境外贸订单收款的时间与资金成本，国内提现加结汇费率合计低至 0.5%。

（1）优点：支持多币种收款和海外业务付款，面向全球客户，支付流程简便，成本低。可开设美国、加拿大、英国、墨西哥、澳大利亚、日本等国及欧盟的当地币种账户，账户款项可直接以当地币种转入本地银行账户。实体卡支持线上线下消费，全球 ATM 自由提现。网内转账无须手续费，账户余额可直接支付网内的全球供应商和服务商。使用余额向欧盟和英国的税务机关缴纳 VAT，无高昂的兑换费和转账费。

（2）缺点：取现的费用会受到单笔取款金额和提款银行的结汇率的影响，取现费用可以从 1%~3% 不等。

（3）适用范围：单笔资金额度小但是客户群分布广的跨境电商网站或卖家。

6. 信用卡收款

跨境电商网站可通过与 Visa、MasterCard 等国际信用卡组织合作，或直接与海外银行合作，开通接收海外银行信用卡支付的端口。

（1）优点：欧美最流行的的支付方式，信用卡的用户人群非常庞大。

（2）缺点：接入方式麻烦、需预存保证金、收费高昂、付款额度偏小；黑卡蔓延，存在拒付风险。

（3）适用范围：从事跨境电商零售的平台和独立 B2C。目前国际上五大信用卡品牌 Visa、MasterCard、America Express、JCB、Diners Club，其中前两个为大家广泛使用。

7. WebMoney

WebMoney，简称 WM，是由成立于 1998 年的 WebMoney Transfer Techology 公司开发的一种在线电子商务支付系统，相当于俄罗斯的支付宝。WebMoney 现在支持中国大陆身份证注册，是国外极少数注册门槛较低的电子钱包。

（1）优点：公开数据显示，截至 2018 年，其注册用户已接近 3000 万人；其支付系统可以在包括中国在内的全球 70 个国家和地区使用，在俄语系国家有较大的优势。WebMoney 是俄罗斯主流的电子支付方式，俄罗斯各大银行均可自主充值取款。

（2）缺点：WebMoney 中国银联卡取款手续费高，流程复杂。

8. 其他常用的支付方式

（1）万里汇（WorldFirst）。

自 2004 年成立以来，万里汇（WorldFirst）一直在为跨境支付市场树立新标杆，迄今为止已为全球 500000 名客户处理逾 700 亿英镑的资金交易。2019 年加入蚂蚁集团成为其国际商业服务的重要组成后，万里汇（WorldFirst）旨在携手境内持牌机构，为广大跨境电商卖家和中小企业提供更加快捷、方便、安全和实惠的跨境收款服务。万里汇（WorldFirst）可直接提款至支付宝。

（2）PingPong。

PingPong 隶属于杭州呯嘭智能技术有限公司，是一家中国本土的跨多区域收款品牌，致力于为中国跨境电商卖家提供低成本的境外收款服务。PingPong 是专门为中国跨境电商卖家提供全球收款的品牌，近几年在跨境电子商务支付结算领域份额增长明显。

（3）连连支付。

2003年连连支付诞生于杭州，以打造"数字时代全球新支付网络"为愿景，在2013年正式进入跨境行业，助力中国跨境电商卖家货通全球。连连支付拥有中国人民银行、国家外汇管理局认可的第三方支付及跨境支付服务资质。目前已支持全球数十家电商平台、覆盖全球超过100个国家和地区，成为了逾60万家跨境电商卖家信任的一站式跨境支付平台。

（4）易宝支付。

易宝支付深耕行业支付和交易服务。易宝支付于2003年8月8日成立，总部位于北京，在上海、广东、江苏、福建、广西、天津、云南、四川、浙江、山东、陕西等地设有30家分公司。易宝支付2006年创立了行业支付模式，并陆续推出了网上在线支付、信用卡无卡支付、POS支付、一键支付等创新产品，先后为航空旅游、行政教育、电信、保险、新零售、消费金融、互联网金融、跨境电商等众多行业提供了量身定制的行业解决方案。

【案例2-3】

布局跨境电商 银行系不甘示弱

在疫情防控常态化的当下，借跨境电商平台开展相关业务成为越来越多企业的选择。其中，如何选择安全合规又高效便捷的跨境支付方式和结算渠道就显得十分重要。为进一步促进跨境电商业务合规发展，近日，上海跨境公服联合上海跨境电商行业协会邀请专家分享跨境支付结算业务、跨境电商服务平台建设等相关业务知识及经验。

说到跨境支付的衍生，与我国跨境电商近年来能够持续火爆的原因分不开。对此，中信银行电子银行部总经理丁继斌分析：从需求端来说，欧美发达国家相关企业如亚马逊等电商龙头地位虽初步形成，但市场集中度较低，我国出口卖家依托成本优势具有巨大发挥空间。而其他新兴国家虽具备较大人口红利，网络基础设施较为完善，但电商渗透率较低，为我国出口电商提供了沃土。从政策端看，各项政策陆续推出，政府工作报告提及跨境电商和海外仓建设，国务院常务会议上也提到对跨境电商零售出口要落实无票免税政策，出台更加便利企业的所得税核定征收办法，完善跨境电商统计体系等，更会加速推进行业发展。因此，"跨境电商和跨境支付仍存在巨大发挥空间"。

伴随着国内大批跨境电商购物平台的涌现，打通境内外资金往来结算的需求增强，跨境支付开始走入人们的视线。

早在2013年，中信银行就作为国内首批试点银行，进行"跨境电子商务外汇支付业务"工作，并成功上线了国内首套从前端交易到后端申报支持全线上、自动化处理的跨境支付系统。今年1月，在国家外汇管理局《支付机构外汇业务管理办法》的指导下，中信银行推出"信银致汇"，这是国内首款银行跨境电商全球收结汇产品，可为跨境电商卖家提供一站式线上开户、收款、结汇、融资等服务。

大型商业银行多年的国际化布局不断演进，跨境支付业务也不断刷新人们的认知，许多银行跟随时代潮流也开始建立起自己的跨境电商平台，"银行系电商"便由此诞生。

"在吸引更多的国内消费者，丰富大数据征信来源的同时，吸引到的海外客户也可以为境外分行拓展业务、增强客户黏性提供助力。"丁继斌说。

中国工商银行上海分行国际业务部产品经理姚岚就提到工商银行推出的线上服务平台——跨境e商通，这是一个帮助企业拓展跨境B2B业务的电子服务平台，它分为进口商城和出口商城两部分。此外，工商银行的"融e购"电商平台已启动近七年，刚开始它作为消费采购、销售推广、支付融资一体化的金融服务平台，现在逐渐发展为涵盖B2C、B2B等业务的综合性电商平台。目前，工商银行的境外网络已拓展至全球42个国家和地区，广泛的全球网络覆盖和丰富的海外客户资源天然有利于开展跨境电商业务。比如，"融e购"西班牙馆直接选择工商银行马德里分行的当地客户入驻，并由马德里分行对客户资质和上架商品进行严格审核，确保商品来源和质量。

除了工商银行在进行跨境商贸国际化布局，中信银行也搭建了跨境商城平台，主要为一些不具备自主搭建平台能力的小微跨境电商企业提供服务。

"与天猫商城、京东商城类似，我们的平台里面会有一些商户入驻，可以进行产品展示，并提供物流仓储、金融服务，可以做到线上支付、线上结收汇以及资金支付、收盘状态实时查询，特别是从合规上来讲，还可以做到国际收支申报。"丁继斌表示，相较于阿里巴巴、京东等电商平台，大型商业银行更具有海外分支机构众多、境内外支付清算网络广布等优势，这为"银行系电商"进一步国际化布局提供了便利。

（资料来源：中国贸易报，2020年6月30日，记者/张海粟。）

第四节 跨境电子商务支付结算的监管

电子商务这种以交易双方为主体、电子支付和结算为主要手段的商务模式促进了支付产业的快速发展。跨境电子商务的发展带来的是网上跨境支付业务的蓬勃，以及跨境支付市场的巨大需求。同时，跨境电子商务的资金转移又不可避免地会涉及支付机构跨境支付的外汇管理。国家外汇管理部门通过认真规范跨境支付业务行为来保持其持续健康的发展。

2013年8月21日国务院办公厅下发的《关于实施支持跨境电子商务零售出口有关政策的意见》中就明确提出，"鼓励银行机构和支付机构为跨境电子商务提供支付服务。支付机构办理电子商务外汇资金或人民币资金跨境支付业务，应分别向国家外汇管理局和中国人民银行申请并按照支付机构有关管理政策执行。完善跨境电子支付、清算、结算服务体系，切实加强对银行机构和支付机构跨境支付业务的监管力度。"

此外，跨境电子商务支付的虚拟化和电子化在一定程度上会带来交易欺诈、资金非法流动和洗钱等风险。要保证和促进跨境电子商务的健康发展，就需要在创新金融服务的同时完善对支付机构相应的监管措施，以防范金融风险。

跨境电子商务推动了跨境电子支付市场，并进而加速了第三方支付的发展。第三方支付在跨境电子商务中越来越重要的地位也促使相关部门在监管过程中不断完善与创新。

一、跨境电子商务支付结算的外汇管理

外汇管理，广义上是指一国政府授权国家的货币金融当局或其他机构，对外汇的收支、买卖、借贷、转移以及国际结算、外汇汇率和外汇市场等实行的控制和管制行为；狭义上是指对本国货币与外国货币的兑换实行一定的限制。

《中华人民共和国外汇管理条例》由国务院于1996年1月29日发布，1996年4月1日起实施，根据1997年1月14日《国务院关于修改〈中华人民共和国外汇管理条例〉的决定》修订，2008年8月1日国务院第20次常务会议修订通过。这是我国外汇管理的基本行政法规，主要规定了外汇管理的基本原则与制度。

我国外汇管理体制属于部分型外汇管制，对经常项目实行可兑换；对资本项目实行一定的管制；对金融机构的外汇业务实行监管；禁止外币境内计价结算流通；保税区实行有区别的外汇管理等。这种外汇管理体系基本适应我国当前市场经济的发展要求，也符合国际惯例。

为积极支持跨境电子商务发展，防范互联网外汇支付风险，国家外汇管理局于2013年在北京等5个地区启动支付机构跨境外汇支付试点，并于2015年将试点扩大至全国。从试点情况看，较好地满足了企业、个人在跨境电子商务交易中快捷支付的需求。随着跨境电子商务快速发展，市场主体对跨境外汇支付及结算提出了更多需求。支付机构也积极创新，提出了进一步便利市场主体真实、合理、多样化交易结算的需求。此外，试点中也发现，个别支付机构存在真实性审核职责履行不到位等问题。

2019年，为更好服务实体经济、服务贸易新业态发展，国家外汇管理局认真总结试点经验，在保持政策框架整体稳定不变的基础上，结合市场需求和跨境电子商务特点，出台《支付机构外汇业务管理办法》（汇发〔2019〕13号），完善支付机构外汇业务管理，进一步便利跨境电子商务结算，防范跨境资金流动风险。

2020年，为更好支持贸易新业态发展，促进外贸提质增效，国家外汇管理局发布《国家外

汇管理局关于支持贸易新业态发展的通知》(汇发〔2020〕11号),便利相关外汇业务办理。与传统贸易相比,以跨境电子商务为代表的贸易新业态多元的市场主体、高频的线上交易模式,对高效便捷的金融服务有着更高的诉求。该通知聚焦解决贸易新业态"小额、高频、电子化"交易中结算不便捷的问题,积极适应贸易新业态发展的实际需要,优化了贸易新业态外汇结算模式,扩大账户收支范围,推动更多业务网上办理,在降低市场主体综合成本的同时,提升跨境结算效率。

【案例2-4】

跨境电商再迎利好 政策升级与打击违规跨境支付并举

近日,国家外汇管理局发布《关于支持贸易新业态发展的通知》(以下简称《通知》)。为支持贸易新业态发展,《通知》对跨境支付、跨境电商外汇管制做出了一系列政策支持,包括跨境电商企业可将出口货物在境外发生的仓储、物流、税收等费用与出口货款进行轧差结算。《通知》还指出,从事跨境电子商务的境内个人,可通过个人外汇账户办理跨境电子商务外汇结算等。

新规优化了贸易新业态外汇结算模式,扩大了账户收支范围,推动了更多业务实现网上办理,在降低市场主体综合成本的同时,提高了跨境结算效率。

在放宽外汇管理方面。一是便利跨境电商出口业务实行资金结算。跨境电商可将境外发生的仓储、物流、税收等费用与出口货款轧差结算,解决了过往海外仓销售后难以回款的问题。二是满足个人对外贸易结算需求。该项政策对于有个人跨境结售汇需求的群体是利好,个人办理跨境电子商务项下结售汇业务,只要提供有交易额的证明材料或交易电子信息,就可以办理,且不占用个人年度便利化额度。

在提升外汇服务方面。一是拓宽贸易新业态结算渠道,支持符合条件的银行凭交易电子信息办理外汇业务。二是便利企业远程办理外汇业务,实现贸易业务报告、国际收支申报等更多外汇业务的网上办理。三是优化小额交易涉外收付款申报。支持企业以自身名义汇总申报小额涉外收支,满足其出口退税、融资的申报需求。四是持续跟踪贸易新业态的创新发展,按照"服务实体、便利开放、交易留痕、风险可控"的原则,主动回应市场主体外汇业务的新诉求。

新规出台后,监管模式更加灵活,跨境支付市场的竞争也将更加充分,支付机构、物流企业以及综服企业将会优胜劣汰,以提供更加全面、灵活的数字化综合服务。

国家外汇管理局相关负责人表示,外汇局将加强事中事后监管,并指导银行和支付机构完善内控,强化风险防范。近期国家外汇管理局加强了对违规办理支付业务机构的处罚和公示警示力度。监管部门同时提醒消费者,要选择合法持牌的合规机构和银行办理相关业务。

(资料来源:央广网,2020年6月29日,记者/纪乐乐。)

二、跨境电子商务支付结算的准入及退出监管

（一）市场准入

市场准入处于跨境电子商务支付业务链的最前端，也是跨境支付最基础的环节，规范市场准入才能从源头上对跨境电子商务支付进行监管。准入机制是对申请人资质的管理。

1. 支付业务许可证

非金融机构提供支付服务，应当依据取得《支付业务许可证》，成为支付机构。支付机构依法接受中国人民银行的监督管理。未经中国人民银行批准，任何非金融机构和个人不得从事或变相从事支付业务。

《非金融机构支付服务管理办法》（中国人民银行令〔2010〕第 2 号）和《非金融机构支付服务管理办法实施细则》（中国人民银行令〔2010〕第 17 号）对《支付业务许可证》的申请人资格、注册资本、出资人条件和应提交的文件、资料等做了明确的说明。

2. 支付机构外汇业务

国家外汇管理局分局、外汇管理部负责支付机构名录登记管理。

《支付机构外汇业务管理办法》（汇发〔2019〕13 号）对支付机构申请办理名录登记的条件、签约合作银行的条件以及提交的申请材料做了明确说明。

从支付市场发展状况及市场准入实施来看，较为普遍且隐患重重的一个现象是支付机构无证经营以及超许可业务范围经营。因此在 2016 年 4 月国务院启动了《互联网金融风险专项整治工作实施方案》，严格准入管理。

（二）市场退出

与准入机制相对应的是退出机制。对于第三方支付机构的市场退出，一方面是对其业务行为的规范，另一方面更是要求程序的规范。

《非金融机构支付服务管理办法》（中国人民银行令〔2010〕第 2 号）规定："支付机构有下列情形之一的，中国人民银行及其分支机构有权责令其停止办理部分或全部支付业务：①累计亏损超过其实缴货币资本的 50%；②有重大经营风险；③有重大违法违规行为。""支付机构因解散、依法被撤销或被宣告破产而终止的，其清算事宜按照国家有关法律规定办理。"

《支付机构外汇业务管理办法》（汇发〔2019〕13 号）规定："支付机构以欺骗等不正当手段获取名录登记，外汇局依法撤销其登记，该支付机构自被撤销名录登记之日起 3 年内不得再次提出登记申请。""支付机构存在未经名录登记或超过登记范围开展外汇业务等违规行为，外汇局将依法实施调整、注销名录登记等措施。"

第三方支付的市场退出不仅涉及清算资金等金融资产的损失或转移,更重要的是相关支付信息的分类和转移,一旦出现意外和信息泄露将会造成重大损失,并影响金融稳定。从现有情况来看,第三方支付企业的退出机制以形式居多,操作性和规范性都有待加强。

总的来说,通过适当抬高第三方支付机构的准入门槛,可以提高第三方支付机构的整体质量,降低第三方支付机构的金融风险。完善第三方支付机构的退出机制将有助于减少摩擦,维护金融稳定。

三、跨境电子商务支付结算的客户备付金监管

在第三方支付系统的运营模式下,交易双方的资金流转普遍存在延时交付和清算的情况,这就造成了第三方支付机构的资金沉淀。在跨境电子商务中,由于物流环节多、时间长,国际结算账户的结算周期加长,资金沉淀更为显著。

(一)客户备付金

第三方支付机构的资金沉淀有两个主要构成部分。

(1)在途资金。第三方支付的运营模式为保证交易的安全性,交易资金必须在第三方支付系统中做暂时停留,从而形成在途资金。这是第三方支付机构资金沉淀的重要组成部分。

(2)账户余额。在用户支付账户里暂时保留或尚未转出的资金。为有效保障网络交易快速、便捷和顺利完成,第三方支付机构也会为客户提供账户充值服务,买方先向第三方支付机构的银行账户转账,再通过"电子钱包""账户余额"等方式完成电子支付。

客户备付金是指支付机构为办理客户委托的支付业务而实际收到的预收待付货币资金。客户备付金指的就是资金沉淀。

(二)客户备付金的金融风险

伴随业务快速扩大,第三方支付系统的沉淀资金数量日益增加。客户备付金的规模巨大、存放分散,存在一系列风险隐患。

(1)客户备付金存在被支付机构挪用的风险。例如,2014年8月,浙江易士企业管理服务有限公司发生挪用客户备付金事件,涉及资金5420.38万元;2014年9月,广东益民旅游休闲服务有限公司"加油金"业务涉嫌非法吸收公众存款,造成资金风险敞口达6亿元;2014年12月,上海畅购企业服务有限公司发生挪用客户备付金事件,造成资金风险敞口达7.8亿元,涉及持卡人5.14万人。

(2)一些支付机构违规占用客户备付金用于购买理财产品或其他高风险投资。

(3)支付机构通过在各商业银行开立的备付金账户办理跨行资金清算,超范围经营,变相

行使央行或清算组织的跨行清算职能。甚至有支付机构借此便利为洗钱等犯罪活动提供通道，也增加了金融风险跨系统传导的隐患。

（4）客户备付金的分散存放，不利于支付机构统筹资金管理，存在流动性风险。

（5）许多支付机构通过扩大客户备付金规模赚取利息收入，偏离了提供支付服务的主业，一定程度上造成支付服务市场的无序和混乱，破坏了公平竞争的市场环境，也违背了中国人民银行许可其开展业务的初衷。

从归属来看，第三方支付机构对客户备付金只能履行"代管"职能，而非资金所有权，孳息具有从属性，亦归属于用户所有。如果第三方支付机构的客户备付金与自身营运资金没有完全隔离，就会使备付金面临损失的可能性和流动性不足的风险。

（三）备付金的监管

2013年6月7日，中国人民银行发布《支付机构客户备付金存管办法》（中国人民银行公告〔2013〕第6号），明确和细化中国人民银行关于客户备付金的监管要求，对客户备付金存放、归集、使用、划转等存管活动做了严格规定，强化支付机构的资金安全保护意识和责任，以及备付金银行的监督责任。

2016年4月12日，国务院办公厅印发《互联网金融风险专项整治工作实施方案》（国办发〔2016〕21号），明确指出："非银行支付机构不得挪用、占用客户备付金，客户备付金账户应开立在人民银行或符合要求的商业银行。人民银行或商业银行不向非银行支付机构备付金账户计付利息，防止支付机构以'吃利差'为主要盈利模式，理顺支付机构业务发展激励机制，引导非银行支付机构回归提供小额、快捷、便民小微支付服务的宗旨。"

2017年1月13日，中国人民银行发布《关于实施支付机构客户备付金集中存管有关事项的通知》（银办发〔2017〕10号），明确"自2017年4月17日起，支付机构应将客户备付金按照一定比例交存至指定机构专用存款账户，该账户资金暂不计付利息"，并按类别设定了交存比例，首次备付金交存的平均比例为20%左右。

2017年12月29日，《中国人民银行办公厅关于调整支付机构客户备付金集中交存比例的通知》（银发办〔2017〕248号）发布，这是一份加印了"特急"字样的文件。文件中以2018年1月8日、2月22日、3月12日、4月9日四个时间节点规定了银行卡收单业务、网络支付业务、预付卡发行与受理业务的客户备付金交存比例。该通知比银办发〔2017〕10号中要求的客户备付金交存比例已有所提升，调整到50%左右。

2018年6月29日，同样一份加印了"特急"字样的《中国人民银行办公厅关于支付机构客户备付金全部集中交存有关事宜的通知》（银发办〔2018〕114号）发布，该通知要求："自

2018年7月9日起,按月逐步提高支付机构客户备付金集中交存比例,到2019年1月14日实现100%集中交存。""开展跨境人民币业务的支付机构,可以持有1个跨境人民币备付金账户,办理业务过程中,应遵守人民银行跨境人民币业务的有关规定。""除跨境人民币备付金账户、基金销售结算专用账户、预付卡备付金账户和外汇备付金账户外,支付机构应于2019年1月14日前注销在商业银行的其余备付金账户。"换句话说,支付机构的备付金集中存管账户只能通过央行开立。

客户备付集中存管比例"从零到全部"。从没有客户备付金集中存管,到20%,再到50%,再到2019年1月14日的100%,央行仅仅用了两年时间结束了支付机构靠沉淀客户备付金"躺盈"的时代。

四、跨境电子商务支付结算的反洗钱监管

(一)洗钱和非法交易活动

洗钱是指通过一定的渠道将犯罪分子的不合法收入合法化。当第三方支付企业参与结算业务,原本银行了如指掌的交易过程被分割为两个看似毫无关联的交易:银行将资金由客户账户划入支付中介账户,银行将资金由支付中介账户划入目标账户。这个过程银行是按第三方支付企业的指令工作,第三方支付企业则掌握客户的支付指令。这两个交易即便发生在同行系统,银行也无法确定这两项交易的因果关系。第三方支付企业利用其在银行开立的账户屏蔽了银行对资金流向的识别,这就成为信用风险和洗钱风险的易发、高发领域。通过第三方支付机构进行支付的交易真实性以及资金支付合法性比通过商业银行更难把控,从而可能导致利用虚假交易实现资金非法转移套现,以及洗钱等违法犯罪活动。

跨境电子商务支付为资金跨境转移提供了极大便利,使得支付机构很容易成为国际不明资金的进出通道。此外,网上交易的虚拟性、隐匿性被不法分子利用,欺诈、赌博、贩毒等违法交易开始在网上进行,不少支付平台有意或无心地充当了将非法资金"送进送出"的角色。跨境欺诈交易和违法交易的风险防不胜防。

(二)反洗钱监管

金融系统是反洗钱工作的"第一道防线"。近几年,我国进一步完善反洗钱制度体系建设,制度出台数量和所涉领域都创历史之最。

2012年3月5日,中国人民银行印发《支付机构反洗钱和反恐怖融资管理办法》(银发〔2012〕54号)明确要求支付机构总部应当从客户身份识别措施、客户身份资料和交易记录保存措施、可疑交易标准和分析报告程序、反洗钱和反恐怖融资内部审计、培训和宣传措施、配合

反洗钱和反恐怖融资调查的内部程序、反洗钱和反恐怖融资工作保密措施、其他防范洗钱和恐怖融资风险的措施等七个方面依法建立健全统一的反洗钱和反恐怖融资内部控制制度。

2016年12月28日，中国人民银行发布《金融机构大额交易和可疑交易报告管理办法》（中国人民银行令〔2016〕第3号），该办法自2017年7月1日起执行。该办法明确指出："金融机构应当履行大额交易和可疑交易报告义务，向中国反洗钱监测分析中心报送大额交易和可疑交易报告，接受中国人民银行及其分支机构的监督、检查。"要求金融机构报告下列大额交易：①当日单笔或者累计交易人民币5万元以上（含5万元）、外币等值1万美元以上（含1万美元）的现金缴存、现金支取、现金结售汇、现钞兑换、现金汇款、现金票据解付及其他形式的现金收支；②非自然人客户银行账户与其他的银行账户发生当日单笔或者累计交易人民币200万元以上（含200万元）、外币等值20万美元以上（含20万美元）的款项划转；③自然人客户银行账户与其他的银行账户发生当日单笔或者累计交易人民币50万元以上（含50万元）、外币等值10万美元以上（含10万美元）的境内款项划转；④自然人客户银行账户与其他的银行账户发生当日单笔或者累计交易人民币20万元以上（含20万元）、外币等值1万美元以上（含1万美元）的跨境款项划转。

2017年8月4日，《中国人民银行支付结算司关于将非银行支付机构网络支付业务由直连模式迁移至网联平台处理的通知》（银支付〔2017〕209号）要求各银行和支付机构应于2017年10月15日前完成接入网联平台和业务迁移的相关准备工作。自2018年6月30日起，支付机构受理的涉及银行账户的网络支付业务全部通过网联平台处理。网联平台是非银行支付机构网络支付清算平台，主要处理非银行支付机构发起的涉及银行账户的网络支付业务。该通知也被业内成为"断直连"。按规定，支付机构的支付通道将直接通过网联平台与各家银行对接。简单来说，以前第三方支付平台都是直接与各家银行进行对接，进行线上支付业务。有了网联平台之后，则要求第三方支付平台都必须通过与网联平台对接，才能继续在线上接入各家银行。此前的第三方支付平台，绕开银联直连银行，绕开了央行的清算系统，使银行、央行无法掌握具体交易信息，无法掌握准确的资金流向。网联平台的建立将纠正支付机构违规从事跨行清算业务，改变支付机构与银行多头连接开展业务的情况，以节约连接成本、提高清算效率、保障客户资金安全，也有利于监管部门对社会资金流向实时监测，降低洗钱风险。

2017年11月28日，为指导反洗钱义务机构进一步提高反洗钱客户身份识别工作的有效性，《中国人民银行关于加强反洗钱客户身份识别有关工作的通知》（银发〔2017〕235号）发布，以加强对非自然人客户的身份识别，加强对特定自然人客户的身份识别，加强特定业务关系中客户的身份识别。

2018年7月13日，中国人民银行发布《关于非银行支付机构开展大额交易报告工作有关要求的通知》(银发〔2018〕163号),将金融机构的大额交易报告扩展到非银行支付机构。该通知要求,对于跨境收单业务,非银行支付机构应当以客户支付的人民币交易金额计算并提交大额交易报告;客户通过绑定境外银行卡进行支付的,非银行支付机构应当以收单机构与其结算的人民币交易金额计算并提交大额交易报告。这种大额交易报备制度在金融业机构早已开展。现在,央行要求被定义为非金融机构的第三方支付机构也按此规定进行操作,表明了第三方支付机构近年在市场上的影响不容小觑,央行也再次加强对第三方支付机构的监管。人民银行不仅对个人和企业账户的银行账户和网银收入支出情况进行监管,还监管一些人们经常使用的第三方支付软件的记录,加强了对个人和企业用户账户的监测程度。大额交易的上报将有利于监管部门实时监测反洗钱交易,收集完整的资金流向信息,保护资金安全,加大对第三方支付洗钱的监管和打击力度。

2018年7月24日,《中国人民银行办公厅发布关于进一步加强反洗钱和反恐怖融资工作的通知》(银办发〔2018〕130号),对加强义务机构反洗钱和反恐怖融资工作,要求加强客户身份识别管理、加强对洗钱或恐怖融资高风险领域的管理、加强跨境汇款业务的风险防控和管理、加强预付卡代理销售机构的风险管理、加强交易记录保存,及时报送可疑交易报告。

2018年7月26日,《中国人民银行关于进一步做好受益所有人身份识别工作有关问题的通知》(银发〔2018〕164号)发布,该通知旨在落实国务院《关于完善反洗钱、反恐怖融资、反逃税监管体制机制的意见》,防范违法犯罪分子利用复杂的股权、控制权等关系掩饰、隐瞒真实身份、资金性质或者交易目的、性质,提高受益所有人信息透明度,规范反洗钱义务机构开展非自然人客户的受益所有人身份识别工作,更好地执行银发〔2017〕235号。

2018年10月10日,中国人民银行、中国银行保险监督管理委员会、中国证券监督管理委员会制定了《互联网金融从业机构反洗钱和反恐怖融资管理办法(试行)》,自2019年1月1日起执行。自2016年4月国务院办公厅下发《互联网金融风险专项整治工作实施方案》(国办发〔2016〕21号),整治工作开展以来,互联网金融总体风险水平显著下降,监管机制及制度逐步完善。但是,互联网金融领域风险防范和化解任务仍处于攻坚阶段。为规范互联网金融从业机构反洗钱和反恐怖融资工作,切实预防洗钱和恐怖融资活动,《互联网金融从业机构反洗钱和反恐怖融资管理办法(试行)》正式出台。其目的在于:①建立监督管理与自律管理相结合的反洗钱监管机制。明确中国人民银行、国务院等有关金融监督管理机构协同监管和互联网金融协会自律管理相结合,做到履职各有侧重,工作相互配合。同时,充分发挥互联网金融协会和其他行业自律组织的管理作用,借助自律组织的力量,促使从业机构强化内控建设、增强反洗钱意识,提升监管有效性;②建立对全行业实质有效的框架性监管规则。该办法对从业机构需要履行的反洗钱义务进行原则性规定。同时,明确由互联网金融协会协调其他行业自律组织制定行业规则，实现监管和自律管理的有效衔接。

2018年12月29日，为了更好落实中国人民银行令〔2016〕第3号和银发〔2018〕163号，中国人民银行结合非银行支付机构的业务特点，印发了《非银行支付机构大额交易报告要素及释义》。

虽然一系列法规和政策中都有涉及反洗钱的条款，但目前看来，相应法规的效力层次与反洗钱的严峻形势不相匹配。考虑到第三方支付行业的发展和特点，对反洗钱的监管仍然任重道远。

【案例2-5】

严监管持续加压，年内支付罚单逾2亿元，反洗钱、非法业务结算等成"重灾区"

作为防范化解重大金融风险的重要一环，支付严监管持续加压。《经济参考报》记者获悉，近期支付领域罚单明显增多，洗钱、非法业务结算等成"重灾区"，央行年内对支付机构开出的罚单已超2亿元，创历史新高。据了解，有关部门正在酝酿进一步强化支付领域风险防控，加大涉洗钱、跨境赌博等违法行为惩处力度，完善支付清算业务流程，斩断"黑灰"产业资金链。

业内指出，当前支付领域的主要风险还是合规风险。随着"黑灰"产业支付渠道出现新变化，监管部门需要进一步强化治理机制和技术手段，众多中小支付机构也要寻找更加可持续的商业模式和新的利润增长点，依法合规发展。

1. 多部门严打支付黑灰产

针对洗钱、涉赌涉诈等支付"黑灰"产业，多部门重拳出击，监管力度持续加大。

中国支付清算协会近日召开防赌反赌研讨会，央行、银保监会、外汇局等多个金融监管部门表示，将进一步加强银行卡跨境交易管理，完善支付清算业务流程，斩断涉赌资金链。外汇局管理检查司副司长肖胜指出，外汇局将继续坚持打击赌博，各支付清算服务主体也要进一步健全内控机制，提升科技运用水平，有针对性地加强身份识别和对涉赌资金与账户的风控。

央行召开的2020年下半年工作电视会议指出，将依法有效开展反洗钱监管、调查与监测分析。此前，央行还召开会议，专题研究部署打击治理跨境赌博资金链工作。央行副行长范一飞指出，要强化主体责任，严肃问责持牌支付服务主体责任；加强客户身份识别、大额和可疑交易报告、洗钱监测分析、账户取现身份验证等风险防控工作。

在严监管基调下，支付领域罚单明显增多。据不完全统计，央行年内对支付机构开出的罚单已逾2亿元，超过去年全年的1.66亿元，创历史新高。从受罚领域来看，违反反洗钱规定、为非法交易提供支付结算服务等成为新的"重灾区"。

"罚单金额创新高，体现了支付领域的强监管趋势。"中国人民大学金融科技与互联网安全研究中心研究员车宁说，从2017年开始尤其是去年下半年以来，支付监管的细致程度和覆盖面都有较大提升，监管持续加码，从账户开立、资金交易等多环节加大了对支付行业违规业务的打击力度。

2. 中小型机构频踩监管红线

业内人士对《经济参考报》记者表示，犯罪活动的支付渠道出现了新形式新变化，洗钱、涉赌涉诈等支付"黑灰"产业猖獗，给机构和监管部门风险管理带来了较大挑战。

以跨境赌博为例，据银联执行副总裁谢群松介绍，当前跨境赌博资金链出现一些新特点。从支付渠道来看，涉赌风险由线上风险向社交网站转移，部分赌博网站利用社交网站红包功能发起收款，切断了网站和收款账户之间的联系，给涉赌风险治理带来较大挑战。

易观金融行业资深分析师王蓬博指出，支付机构要精准识别商户，才能避免成为赌博、洗钱等资金通道。有些机构的商户数量可能达到百万量级，加上犯罪手法不断翻新，支付公司的风险防范技术和能力颇显不足。

业内人士指出，随着监管升级以及行业竞争加剧，市场上众多中小型支付机构面临着较大的经营压力，频踩监管红线。

从去年1月开始，支付机构此前存管于商业银行的备付金全部缴存至央行并受其监管。随着备付金100%缴存和"断直连"完成，支付机构利润空间进一步收窄，中小型支付机构面临着更大的生存危机。数据显示，2018年以来，央行注销了逾30张支付牌照，一些中小型支付机构退出市场。与此同时，支付宝、财付通等几家头部企业市场份额占比合计超过90%，构筑了强大的场景和流量壁垒。

车宁表示，随着近来互联网金融疲态渐显，支付等细分市场发展不断下行，流量越来越贵，长尾客户忠诚度显著降低，这些都可能使得一些中小型机构在合规边缘铤而走险。

"尽管相关部门对支付领域保持高压态势，但相对银行等金融机构来说，支付行业使用场景更广泛，用户背景也更复杂，可能会成为非法交易的'天然温床'。"王蓬博说。

3. 强化风控促进行业合规发展

专家表示，当前支付领域的主要风险还是合规风险。下一步，监管部门需进一步强化治理机制和技术手段，众多中小型支付机构也需要找到可持续的商业模式和利润增长点，依法合规发展。

车宁表示，监管部门应加速完善反洗钱等立法工作，包括部门规章、行业自律规范等制度建设，使整个行业发展以及风险防范有法可依、有章可循。

专家指出，应基于前沿技术手段，不断提升对违法行为的监测和打击能力。"今年监管部门着重强调增强金融风险技防能力，运用大数据、区块链等技术，不断弥补系统漏洞。随着支付科技发展加快，一些不法行为的成本也在不断降低，更需要监管部门强化科技力量提高风险防范能力。"王蓬博说。

《经济参考报》记者了解到，针对涉赌涉诈等支付"黑灰"产业，监管部门已经着手加大科技手段应用。据央行广州分行支付清算处副处长吴畏介绍，广州分行通过运用政务大数据资源和金融科技手段，依托广东省的备案管理系统，构建了账户业务全流程管理机制。在事中监督方面，利用备案管理系统对企业的异常账户进行监测，结合自动监测模型和人工筛选机制，共发布4.1万多条核查指令，确认了523户为异常账户并进行了管控。

王蓬博表示，需要加强相关部门间的信息互通。"对支付机构来说，能够掌握商户的更多真实信息，比如工商税务信息、征信信息等，有利于更加精准地识别商户，增强对不法行为的防范能力。"

多位业内专家指出，在监管和市场竞争压力下，众多中小型支付机构需要加快业务模式创新和转型，找到更加可持续的商业模式和新的利润增长点，依法合规发展。

（资料来源：经济参考报，2020年8月13日，记者/汪子旭。）

习题

一、选择题

1. 根据支付与市场基础设施委员会确定的标准，支付的标准化过程包括（　　）。

   A. 交易　　　　　B. 清算　　　　　C. 结算　　　　　D. 汇付

2. 国际支付的直接支付方式包括（　　）。

   A. 汇付　　　　　B. 国际保理　　　C. 信用证　　　　D. 托收

3. 国际结算的特点（　　）。

   A. 国际性　　　　B. 及时性　　　　C. 时间性　　　　D. 保密性

4. 中国人民银行将第三方支付牌照分为（　　）种类型。

   A. 5　　　　　　　B. 6　　　　　　　C. 7　　　　　　　D. 8

5. 汇付的种类分为（　　）。

   A. 信汇　　　　　B. 电汇　　　　　C. 网汇　　　　　D. 票汇

二、判断题

1. 支付是指付款人向收款人转移可以接受的货币债权，货币债权转移的形式必须是面对面的。（　　）

2. 支付结算行为如果不符合法定的形式要件，即为无效。（　　）

3. 网络支付就是互联网支付。（　　）

4. 第三方支付之所以称"第三方"，是因为它并不涉及资金的所有权，而只是起到中转作

用。（   ）

5. 国际结算是指国际间由于政治、经济、文化、外交、军事等方面的交往或联系而发生的以货币表示债权债务的资金转移行为。（   ）

三、简答题

1. 国际支付的特征是什么？
2. 国际结算的特点分为哪几种？
3. 跨境电子商务支付结算方式主要有哪些？主要特点是什么？
4. 我国第三方支付的业务类型有哪些？
5. 客户备付金的金融风险有哪些？

本章参考文献

[1] 励跃. 中国支付体系[M]. 北京：中国金融出版社，2017.

[2] 王军海. 跨境电子商务支付与结算[M]. 北京：人民邮电出版社，2018.

[3] 许维祥，席岩，曲伟. 国际贸易实务[M]. 济南：山东大学出版社，2008.

[4] 邵红岭. 国际结算.[M]. 成都：西南财经大学出版社，2010.

[5] 顾建清，等. 国际结算.[M] 上海：复旦大学出版社，2008.

第三章
跨境电子商务的网络营销策略

近年来中国跨境电子商务发展迅速，2020年6月3日，国内知名电商智库网经社电子商务研究中心发布的《2019年度中国跨境电商市场数据监测报告》显示，2019年中国跨境电商市场规模达10.5万亿元，较2018年的9万亿元同比增长16.66%。其中出口跨境电商交易规模为8.03万亿元，相较于2018年7.1万亿元同比增长13.09%。越来越多的企业意识到网络营销的重要性，利用互联网建立品牌知名度、美誉度对于任何一家公司来说都是公平的，只有不断地进行产品创新、营销方式创新的企业才能在国际市场上占有一席之地。

第一节　消费者行为特征与市场分析

一、网络消费者的数量和结构

（一）网络消费者的数量

网络消费者是指通过互联网进行消费和购物，购买产品和服务为个人享用的消费者人群。网民是网络消费者的基础。中国互联网络信息中心（CNNIC）对网民做了以下定义：过去半年内使用过互联网的6周岁及以上中国居民均可称为网民。中国互联网络信息中心（CNNIC）2021年2月3日发布的第47次《中国互联网络发展状况统计报告》数据显示，截至2020年12月，我国网民规模达9.89亿人，互联网普及率达70.4%。其中网络购物用户规模达7.82亿人，占网民整体的79.1%；手机网络购物用户规模达7.81亿人。

（二）网络消费者的结构

根据中国互联网络信息中心（CNNIC）发布的第47次《中国互联网络发展状况统计报告》数据显示，截至2020年12月，我国网民的年龄分布中，20~29岁、30~39岁、40~49岁网民占比分别为17.8%、20.5%、18.8%，高于其他年龄群体。但随着互联网向高龄人群的渗透，50岁以上群体的网民比例在不断上升，更多的中老年消费者开始尝试网络购物。而学生群体在整个网民中的占比最高，达到21.0%，成为网络购物中比较活跃的群体。

二、网络消费者的类型和特征

京东联手易观发布的《中国网上超市购消费者行为专题研究报告（2016）》显示，随着消费升级的浪潮和中等收入家庭的崛起，出生于 20 世纪八九十年代及 21 世纪第一个 10 年的"新世代"成为中国网上购物的主导力量，并将引导未来消费潮流。"新世代"具有高学历、高收入、追求高品质生活的特点，消费表现出强烈的品牌偏好、全球意识、乐于接受新潮流，同时理性购物用户比例高，理性消费成主流。

（一）网络消费者的类型

1. 简单型

简单型的顾客需要的是方便、直接的网上购物。他们每个月只花少量时间上网，但他们进行的网上交易却占了一半。

2. 冲浪型

冲浪型的顾客占常用网民的 8%，而他们在网上花费的时间却占了 32%，并且他们访问的网页是其他网民的四倍。冲浪型网民对经常更新、具有创新设计特征的网站很感兴趣。

3. 接入型

接入型的顾客是刚触网的新手，占 36% 的比例，他们很少购物，但喜欢网上聊天和发送免费问候卡。那些有着著名传统品牌的公司应对这群人保持足够的重视，因为网络新手们更愿意相信生活中他们所熟悉的品牌。

4. 议价型

议价型顾客占常用网民的 8%，他们有一种趋向购买便宜商品的本能，著名的 eBay 网站一半以上的顾客属于这一类型，他们喜欢讨价还价，并有强烈的在交易中获胜的愿望。

5. 定期型和运动型

定期型网民常常访问新闻和商务网站，而运动型网民喜欢运动和娱乐网站。目前，网上销售商面临的挑战是如何吸引更多的网民，并努力将网站访问者变为消费者。

（二）网络消费者的特征

1. 个性化

由于社会消费品极为丰富，人们收入水平不断提高，这些因素进一步拓宽了消费者的选择余地，并使产品的个性化消费成为可能。消费者购买产品也不再仅仅是满足其物质需要，还要满足其心理需要，这一全新的消费观念影响之下的个性化消费方式正在逐渐成为消费的主流。网络消费者主要以中青年和高学历消费者为主，对购买的商品拥有独立的需求和见解，喜欢与众不同的商品，以满足其个性化的需求。个性化消费的增强，网上商品的丰富以及全球范围的商品联通，消费者新的消费心理渴望程度和满足欲望的需求不断提高，驱使消费者为满足欲望而产生购买的动机。另外，一定的收入也能支持其为定制型商品支付额外费用。

2. 理性化

高文化层次的消费者不容易被外界各种舆论信息所干扰，对商业广告和宣传具有一定的鉴别能力，能清楚地认识自己的真实需求，对产品具有一定的分析判断能力，能理性地做出购买决策。另外，网络营销系统巨大的信息处理能力，为消费者挑选商品提供了前所未有的选择空间，消费者会利用在网上得到的信息对商品进行反复比较，以决定是否购买。对企事业单位的采购人员来说，可利用预先设计好的计算程序，迅速比较进货价格、运输费用、优惠、折扣、时间效率等综合指标，最终选择有利的进货渠道和途径。京东大数据显示，消费者在网上超市消费中更关注产品品质，理性选购占比最高。

3. 便利性

消费者的网购行为主要是因为电子商务的方便性，在时间、精力等方面可以得到最大程度的节省，特别是对于需求和品牌选择都相对稳定的日常消费品。目前，人们对现实消费过程出现了两种追求的趋势：一部分工作压力较大、紧张程度高的消费者以方便性购买为目标，他们追求的是时间和劳动成本的尽量节省；而另一部分消费者，由于劳动生产率的提高，自由支配时间增多，他们希望通过消费来寻找生活的乐趣。在网上购物，除了能够完成实际的购物需求以外，消费者在购买商品的同时还能得到许多信息，并得到在实体商店购物没有的乐趣。

4. 主动性

在网络营销中，消费者消费主动性的增强，来源于现代社会不确定性的增加和人类追求心理稳定和平衡的欲望。一般情况下，消费者都是带着目的性进行网购的。在社会化分工日益细化和专业化的趋势下，消费者对消费的风险感随着选择数量的增多而上升。在许多大额或高档的消费中，消费者往往会主动通过各种可能的渠道获取与商品有关的信息并进行分析和比较。这种消费过程主动性的特点，对网络营销产生了巨大的影响，它要求企业必须迎合消费者这种需要，对顾客不再"填鸭式"宣传，而是通过和风细雨式的影响，让顾客在比较中做出选择。

5. 互动性

随着交互平台的崛起以及交互技术的迅猛发展，网上消费的互动性已经大大增强。网上购物的互动性，一方面让供应商更加充分地了解消费者的个性化需求从而更好地满足他们的需求，同时也让品牌和商品信息传播有了更多样化的途径。近几年兴起的商品消费点评网也是以互动信息为主体，消费者可将自己的消费感受（不管是正面的还是负面的）与感兴趣者进行分享，而且还逐渐形成了一些消费偏好群组，其中也包括品牌粉丝（忠实消费者）群组，他们可以在群组中随意地与其他同好者交流消费心得，并且乐于满足个人的角色扮演欲望，定位为他人认可或接受的某一消费群组的角色。

三、网络消费者的购买决策过程

网络消费者的购买过程，也就是网络消费者购买行为形成和实现的过程。在电商环境下网络购物消费者购买决策过程可以分为五个阶段：确定需求、收集信息、比较选择、购买决策和购后评价。

（一）确定需求

引发需求是网络购买过程的起点。消费者的需求是在内外因素的刺激下产生的。当消费者对市场中出现的某种商品或某种服务发生兴趣后，才可能产生购买欲望。这是消费者做出消费决定过程中不可缺少的基本前提。对于网络营销来说，诱发需求的动因只能局限于视觉和听觉。文字的表述、图片的设计、声音的配置是网络营销诱发消费者购买的直接动因。

消费者浏览网站的时候，有关信息可能成为购买动机的诱因。他们的目标网站大多是自己经常登录的熟悉网站，当然可能是漫游式的在网上游荡，一旦发现有自己的兴趣点便会收藏或订阅。从这方面讲，网络营销对消费者的吸引具有相当的难度。这要求从事网络营销的企业或中介商注意了解与自己产品有关的实际需求和潜在需求，了解这些需求在不同时间的不同程度，了解这些需求是由哪些刺激因素诱发的，进而巧妙地设计促销手段，吸引更多的消费者浏览网页，诱导他们的需求欲望。

（二）收集信息

消费者购买过程中收集信息的渠道主要有内部渠道和外部渠道。内部渠道是指消费者个人所储存、保留的市场信息，包括购买商品的实际经验、对市场的观察以及个人购买活动的记忆等；外部渠道则是指消费者可以从外界收集信息的通道，包括个人渠道、商业渠道和公共渠道等。网上消费者主要通过三种外部渠道收集信息：①个人渠道，信息主要来自消费者的亲友、同事和网友等，此类信息对消费者的购买决策影响极大。如亲友对某商品的售后评价很低，那么消费者一般不会考虑购买此商品。②商业渠道，信息主要来自商家在购物网站、企业官网、搜索引擎推广、电子邮件中发布的各类网络广告。信息内容主要是商品介绍和促销活动等。③公共渠道，信息主要来自购物论坛、博客和社交网站等大众传播型网站。

网络环境下商家和产品信息逐渐透明化、公开化。消费者可以搜索信息，可以向商家咨询，可以向有经验的网友寻求帮助，同时也可分享自己的购物经验。在网络环境下信息收集比较方便，能够突破时间和空间的限制，消费者可以经常访问多个信息源。与传统购买时信息的收集不同，网络购买的信息收集带有较大主动性。在网络购买过程中，商品信息的收集主要是通过互联网进行的。一方面，上网消费者可以根据已经了解的信息，通过互联网跟踪查询；另一方面，上网消费者又不断地在网上浏览，寻找新的购买机会。在大多数情况下，消费者通过搜索引擎寻找和收集特定的品牌和商品信息，从而实现发现某一品牌、某一商品的更多新信息。

（三）比较选择

为了使消费需求与自己的购买能力相匹配，比较选择是购买过程中必不可少的环节。消费者对各条渠道汇集而来的资料进行比较、分析、研究，对特定信息进行判断，了解各种商品的特点和性能，达到品牌比较和商品比较的目的。网络消费者主要针对产品的品牌、质量、功能、外观、价格、配送方式、支付方式和售后服务等方面进行比较，最终确定购买目标和购买方案。

在电商环境下的网络购物中，消费者会主动通过各种可能的途径获取。目前主要是通过网络了解与商品有关的信息，并进行分析比较后产生购买心理与行为。由于大多数消费者缺乏足够的专业知识对产品进行鉴别和评估，但他们对于获取与商品有关的信息的心理需求却并未因此消失，反而日益增强。在网络购物中，消费者主要通过商家对产品的描述和展示来比较商品，无法和产品进行有效的互动，因此比较选择阶段对购物网站的依赖性很强。而目前消费者对网上商品的比较依赖于厂商对商品的描述，包括文字的描述和图片的描述，这些会影响到消费者对商品的关注与选择。网络营销商对自己的产品描述不充分，就不能吸引众多的顾客。而如果对产品的描述过分夸张，甚至带有虚假的成分，则可能永久地失去顾客。

现在有很多电子商务的平台网站和部分门户网站已经开始提供在线的商品比较系统，有效地帮助消费者对同一品类商品进行参数、功能、外形等方面的比较，节省了消费者的精力，并且设立购后评价系统，帮助消费者进行鉴别和选择。而价格是影响消费者购买选择的一项重要因素，消费者往往会选择同一商品售价最低的商家作为备选，因此商家在商品的定价和促销活动的实施上要贴近消费者的支付能力。

（四）购买决策

网络消费者在完成了对商品的比较选择之后，便进入到购买决策阶段。与传统的购买方式相比，网络购买者的购买决策有许多独特的特点：①网络购买者理智动机所占比重较大，而感情动机的比重较小。②网络购买受外界影响较小，大部分的购买决策是自己做出的或是与家人商量后做出的。③网上购物的决策行为较之传统的购买决策要快得多。此阶段网络消费者要在线填写订单，选择支付方式和配送方式。相对于传统的面对面交易，网络购买从支付到配送的周期较长并且不安全因素较多，消费者往往选择品牌大、口碑好、信誉度高的购物网站。

（五）购后评价

购后评价是指网络消费者享用商品或服务后对自己的购买过程进行评价的阶段。评价标准包括商品是否满足需求，价格是否合理，品质、功能是否符合商家宣传，支付手段是否安全，送货速度的快慢以及售后服务的质量等。我国综合型 B2C 电商企业普遍设立了产品购后评价系统，消费者可以将对产品的评价和购买经历反馈给商家、分享给网友。反馈的信息既包含正面评价也包含负面评价，一般情况下网络购买评价的影响力往往高于传统线下购买，购买过程的负面评价信息对消费者的影响往往大于正面评价信息的影响。购后评价对商家未来的生产和销售有着重要的价值，是建立网上商家信誉的重要途径，并且对其他消费者今后的购买意向也会产生极大的影响。

为了提高企业的竞争力，最大限度地占领市场，企业必须虚心倾听顾客反馈的意见和建议。互联网为网络营销者收集消费者购后评价提供了得天独厚的优势。方便、快捷、便宜的电子邮件紧紧连接着厂商和消费者。厂商可以在订单的后面附上一张意见表。消费者购买商品的同时，就可以同时填写自己对厂商、产品及整个销售过程的评价。厂商从网络上收集到这些评价之后，通过计算机的分析、归纳，可以迅速找出工作中的缺陷和不足，及时了解到消费者的意见和建议，随时改进自己的产品性能和售后服务。

第二节 海外零售市场调研与分析

随着经济全球化进程及跨境电子商务的快速发展，市场及市场竞争的范围已扩展到了全球。因而海外市场调研已经成为网络营销理论与实践中的重要内容。海外市场调研是指运用科学的调研方法与手段，系统地收集、记录、整理、分析有关海外市场的各种基本状况及其影响因素，目的是帮助企业制定有效的营销决策，实现企业国际化的经营目标。

一、海外市场调研的必要性

1. 国际营销决策比国内营销决策更需要充分、及时、准确的信息

因为各国的文化、法律、政治、经济等方面存在着巨大的差异性，国际营销决策者远不像

国内营销决策者那样熟悉营销环境，稍有不慎，就有可能导致决策的失误。相对来说，信息对国际营销更为重要。

2. 国际营销决策所需要的信息不同于国内营销决策所需要的信息

这是由国际营销决策不同于国内营销所致。例如，国际营销的重要决策之一，是选择进入国外市场的方式。为了制定这一决策，企业需要了解目标市场国的外汇和外资政策，了解市场国的劳动力、原材料、管理经验等资源条件，了解市场国的竞争状况以及渠道模式等。这些信息在国内营销决策中一般是不需要的。

3. 有些信息在国内很容易得到，在国外（尤其是在发展中国家）很难得到或根本得不到

首先，由于各国统计方法、统计时间等因素存在着差别，需经过复杂的整理、换算后才能使其具有可比性。其次，同样的调研方法，在甲国有效，在乙国则可能无效或受到很大制约。最后，国外营销调研的成本要远远高于国内营销调研，而且国际营销调研的组织工作要比国内营销调研更复杂。

二、海外市场调研的三大要素

1. 新的参数

（1）新的参数如关税、外币及其币值的变化，不同的运输方式和各种国际单证。

（2）国际化经营的不同模式也产生新的参数，如开展进出口业务、实行产品许可经营制度、建立合资企业，或者从事外国直接投资等。

2. 新的环境要素

企业一旦进入国际市场，必然面对陌生的环境。必须了解和熟悉当地诸如政治、经济、文化、法律等方面的情况，特别要关注商业活动中的各种风险和机遇。

3. 竞争的广泛性

在国际市场上，企业面临着比国内市场上更多的竞争对手、更激烈的竞争和挑战。因此，企业必须决定竞争的范围和宽度，对竞争性活动进行跟踪，评价这些活动对公司经营的实际和潜在的影响。

三、海外市场调研的内容

企业开展商品的进出口业务必须先了解海外市场环境，做到知己知彼，百战不殆。这往往要求企业进行国际市场调研，具体包括国际市场环境调研、商品情况调研、营销情况调研以及

客户情况调研。

1. 国际市场环境调研

企业对国际市场环境调研的主要内容有以下四项：

（1）国外经济环境。经济发展环境是企业确定国际市场发展方向和目标的重要依据，具体包括一国的经济结构、经济发展水平、经济发展前景、就业、收入分配等，还包括与之相关的价格、税收、外贸等方面的资料及经济政策。

（2）国外政治和法律环境。国外政治和法律环境包括政府制定的重要经济政策、政府对贸易实行的鼓励、限制措施、特别是有关外贸方面的法律法规，如关税、配额、国内税收、外汇限制、卫生检疫、安全条例等。

（3）国外文化环境。国外文化环境包括东道国使用的语言、教育水平、宗教、风俗习惯、价值观等。

（4）国外技术环境。国外技术环境的调研主要是了解对本企业有用的、他人已经取得的科技成果或发明专利方面的详细信息资料，科技信息对实现企业长期目标有重大的战略意义。

2. 国际市场商品情况调研

企业要把产品打入国际市场或从市场进口产品，除需了解国外市场环境外，还需了解国外商品市场情况，主要有：

（1）国外市场商品的供给情况。供给情况包括商品供应的渠道、来源，国外生产厂家、生产能力、数量及库存情况等。

（2）国外市场商品的需求情况。需求情况包括国外市场对商品需求的品种、数量、质量要求等。

（3）国外市场商品的价格情况。价格情况包括国际市场商品的价格、价格与供求变动的关系等。

（4）国外市场相关信息。市场信息包括有关国家人口、市场结构与容量、交通运输条件、主要进出口国的需求总量、某商品进出口量在其国内消费或生产的比重、本部门产品的盈利能力等。

3. 国际市场营销情况调研

国际市场营销情况调研是对国际市场营销组合情况的调研，除上述已经提到的商品及价格外，一般还应包括：

（1）商品销售渠道。商品销售渠道包括销售网络设立、批零商的经营能力、经营利润、消费者印象、售后服务等。

（2）广告宣传。广告宣传包括消费者购买动机、广告内容、广告时间、方式、效果等。

（3）竞争分析。竞争分析包括：市场竞争结构和垄断程度，主要竞争对手企业的市场占有率，当地供货商利用政治影响提高关税和非关税壁垒的可能性，竞争者产品质量、价格、广告、分配路线、市场占有率等。

4. 国外客户情况调研

每个商品都有自己的销售（进货）渠道。销售（进货）渠道是由不同客户所组成的。企业进出口商品必须选择合适的销售（进货）渠道与客户，做好国外客户的调查研究。一般来说，商务企业对国外客户的调查研究主要包括以下内容：

（1）客户政治情况。主要了解客户的政治背景、与政界的关系、公司企业负责人参加的党派及对我国的政治态度。

（2）客户资信情况。客户资信情况包括客户拥有的资本和信誉两个方面。资本是指企业的注册资本、实有资本、公积金、其他财产以及资产负债等情况。信誉是指企业的经营作风。

（3）客户经营业务范围。这主要是指客户经营的商品及其品种。

（4）客户公司、企业业务。这是指客户是中间商还是使用户或专营商或兼营商等。

（5）客户经营能力。这是指客户的业务活动能力、资金融通能力、贸易关系、经营方式和销售渠道等。

四、海外市场调研的程序

1. 明确调研目标

企业进行海外市场调研的目标可以分为三类：①为出口活动而进行的调研。这类调研的目标很明确，分析国外市场机会。因此在企业准备进入某一个国家的市场前，有两个基本的问题必须回答：我们的产品或服务在东道国是否有市场？如果有的话，市场的潜力是多大？②为进口业务而进行的调研。这类调研着重于了解国外供应商的可靠性、其产品和服务质量的一致性以及送货时间的准确性和灵活性（可通过银行或大使馆获得）。此外，还要对有可能限制某种具体商品进口的国内政策和法规进行分析。③为获得市场扩张而进行的调研。这类调研主要是有关商业扩展和政治环境方面等的信息资料。

2. 制订调研计划

调研计划就是对调研活动预先进行设计和规划，其制订要围绕调研目标来进行。调研计划的主要内容围绕"做什么"和"怎么做"展开。"做什么"解决的是调研活动的主要任务，"怎么做"是指具体的调研活动的路径、手段、方式和方法等。

3. 实施调研计划

调研计划的实施主要包括信息的搜集、整理和分析等内容。信息的搜集过程可以由企业自己完成，也可以委托专门的调研公司来做。如果去海外市场直接考察，一般考察的周期在半年以上，还要聘请一位当地的礼仪顾问和法律顾问，并要有熟悉当地保险公司、代理公司和政府部门的相关人员，同时要做好目标市场的调查工作，如销售对象和经销商、宣传的渠道和方式等。还可以选择多和外国人沟通的方式来获取调研信息。例如，目前速卖通主要市场国有俄罗斯、巴西、美国、西班牙、法国等，卖家可以多和这些国家的朋友交流，进行市场调研。当然也可以通过浏览国外的零售网站，看看卖家产品在国外类似品牌官方旗舰店的价格等，分析销量高的商品的特点和共性，了解买家需求，站在消费者的角度思考、分析。

4. 完成调研报告

海外市场调研最后的一步是完成调研报告，报告中重要的不是数据和统计公式，而是数据和公式背后的结论。例如，有研究发现：俄罗斯轻工产品价格是我国的 3 倍；巴西吃穿方面商品的价格相当于我国的 2~3 倍；美国整体物价相对于工资水平来说较低，但是也有一部分商品价格很高，美国普通数码产品和婚纱产品的价位与我国有较大差别。

五、海外市场调研的主要方法

企业对国际市场调研获取的资料，按其取得的途径不同，一般分为两类：一类是通过自己亲自观察、询问、登记取得的，称为原始资料。另一类是他人搜集到的，调查者根据自己研究的需要，将其取来为己所用，称为二手资料。资料获取的方法主要有案头调研法和实地调研法。

1. 案头调研法

案头调研法就是第二手资料调研或文献调研，它是以在室内查阅的方式搜集与研究项目有关资料的过程。第二手资料的信息来源渠道很多，如企业内部有关资料、本国或外国政府及研究机构的资料、国际组织出版的国际市场资料、国际商会和行业协会提供的资料等。在国内进行的案头调研工作主要有以下三项：

（1）进入市场的可行性分析。在进入国际市场可行性分析中，首先列出所有的潜在市场，然后分析研究该国必要的信息情报资料。

（2）获利的可能性分析。对国际市场价格、市场需求量等进行了解，以便和有关竞争者的产品成本做出比较。

（3）市场规模分析。对市场规模和潜力进行大致估测。

2. 实地调研法

实地调研法是国际市场调研人员采用实际调研的方式直接到国际市场上搜集情报信息的方法。采用这种方法搜集到的资料，就是第一手资料，也称为原始资料。在国外市场调研中，对于出口初创阶段的市场、发展潜力大的市场以及售后服务要求高的市场，企业可派出人员或小组到国外当地市场做实地调查，搜集真实可靠的第一手材料。

实地调研常用的调研方法有三种：询问法、观察法和实验法。

例如，企业进行国外市场环境、商品及营销情况调查，一般可通过下列渠道、方法进行：

1）派出国推销小组深入国外市场以销售、问卷、谈话等形式进行调查（第一手资料）。

2）通过各种媒体（报纸、杂志、新闻广播、互联网等）寻找信息资料（第二手资料）。

3）委托国外驻华或我国驻外商务机构进行调查。

通过以上调查，企业基本上可以解决应选择哪个国家或地区为自己的目标市场、企业应该出口（进口）哪些产品以及以什么样的价格或方法出口（进口）。

跨境电子商务的快速发展给中国零售商未来海外市场的扩张带来更多的机会，在海外扩张之前，企业应进行长期周密的全方位投资环境的调研分析，研究清楚拟投资国的政治、经济、文化、法律、贸易等经营环境，从人口、收入、零售市场、消费习惯、地域经济环境、文化、政府宏观政策等因素进行细致分析，保证信息的准确性和可靠性，这些是企业产品成功进入海外市场的先决条件。

第三节　跨境电子商务中的网络营销策略

网络营销是企业整体营销战略的一个组成部分，无论传统企业还是基于互联网开展业务的企业，也无论是否具有电子化交易的发生，都需要网络营销。跨境电子商务也需要网络营销，但网络营销与跨境电子商务研究的范围不同。跨境电子商务的内涵很广，其核心是跨境电子化交易，强调的是交易方式和交易过程的各个环节，而网络营销注重的是以互联网为主要手段的营销活动，核心是交易前阶段的宣传和推广。网络营销和跨境电子商务的这种关系也表明，发生在跨境电子交易过程中的网上支付和交易之后的商品配送等问题并不是网络营销所能包含的内容。

一、产品策略

其实跨境电子商务运营成功的因素有很多，如有人才、有资金、选择正确的平台运营，但是我们认为做好跨境电子商务的第一步就是如何进行跨境电子商务的正确选品,如果选品错误,你很可能在跨境创业之初就走了弯路,甚至是越走越远,投入了大量的人力和资源,最终还是失败。

(一)跨境电子商务产品选择的策略

1. 以市场导向来选择产品

产品的选择最终应该是以市场为导向的。其实做电子商务尤其是跨境电子商务,选品的本质就是质量、价格,跨境特性最符合目标市场需求的商品,并且突出自己的竞争优势。跨境选品首先应该选择一个符合自己网店定位的产品,产品应该有很好的市场需求,最好是那种能满足特定外贸市场的产品,但是应该避免"红海策略",要有自己的选品特性。电子商务市场中,顾客拥有更广泛的选择权,如果提供的产品或服务不能满足其需要,顾客就会转向其他卖家。因此问题的关键就是了解顾客的需求,并尽量满足顾客的需求。由于不同顾客群体的需求具有差异性,这就要求企业对市场进行细分,通过对细分市场的分析,提供不同种类的产品。如果不是以市场为导向,结果只能为竞争对手的成功创造机遇。

2. 产品线的选择

产品线的选择主要是对产品线产品专业化选择还是综合全面选择的权衡。根据跨境电子商务的经营战略定位,综合企业的经营能力、资金能力和市场资源、渠道资源,可设定不同的产品线选择模式。目前跨境电子商务经营店铺的选品定位一般是这样的:20%是引流产品,20%是核心盈利产品,60%才是常规产品,并且产品线应该有关联性,产品线有关联性的好处是,对于客户来说进入一个店铺采购比较方便,也可以增加客户的黏性,但是产品线也不能拖得太长,因为产品线太长会有压库存的问题,给运营成本带来很大压力。对于自己产品线的打造核心还是在市场实践中不断优化和调整,比如根据日常的经验数据、客户反馈、竞争对手的销售能力,再结合跨境数据统计,最终打造出符合自己竞争能力的产品线。

3. 爆款产品的选择

爆款产品毫无疑问就是非常火爆的产品,高流量、高曝光量、高订单量是它的具体表现。通过爆款产品的打造让店铺流量持续飙升,并且产生关联销售。爆款产品是一个店铺生存的核心,不仅仅是因为爆款产品会带来持续的现金流,最重要的原因是爆款产品可以建立自己稳定的客户群体,增加信任感,打造品牌。打造爆款,要选择对的产品。产品的质量、款式、价格、宝贝详情都要让人有购买的欲望。选择爆款产品的方法主要是通过对企业或店铺的客户流量数据分析来选择,或者对热销店铺中的热销产品进行分析,或者结合相关类目关键词热度,推测当下即将火爆的是哪类产品。例如可以选择一个跨境电子商务平台,如速卖通,选择自己行业的榜样店铺,选择一个最热销、评论最高的商品进行单品分析。当然也可以利用一些工具,如"Google insight for search",查询自己产品在海外的销售情况,从而抓住产品在海外市场搜索量高的国家,选择偏向这个国家需求的精确产品。

4. 产品种类选择

在选择产品种类的时候,那些"小、便、轻"的产品最适宜,这主要是考虑到国际快递的运费。体积太大而重量轻的产品会产生抛货重量,快递时会产生抛货价格,所以国际快递不合算。产品还要方便运输,以不易在运输中损坏为宜,不然退换货会是个很头疼的事情,容易产生交易纠纷,不仅需要投入人力解决,运费损失也很多。最好选择一些易耗的产品,这样的产品容易造成重复购买,容易培养消费者的消费习惯,也利于传播和留住客户。

选择产品种类时,还需要考虑海关通关和清关。有些产品是不能过海关或者国际快递不接受的,除了国家法律禁止的物品外,液体、粉末状物品、药品(需要专门的快递)、易燃易爆品等都是不能快递的。另外,还需要弄清楚哪些国家不接受哪些产品进口(如澳大利亚不接受化妆品、珠宝等物品的清关),详细情况可以根据自己的产品咨询相关的物流公司,也可以咨询同行业资深人士。

(二)跨境电子商务产品选择的具体方法

1. 以跨境平台作为搜索平台确定热销产品

这是目前很多个人跨境卖家最常规的做法。例如,进入速卖通网站,输入某个关键词,速卖通的搜索框就会出现"hot searches"的关键词,再把这类热词结合第三方数据工具,就可以得出很好的结论。

2. 浏览国外网站选择热销产品

可以经常浏览一些行业的网站,如通过谷歌输入关键词去搜索一些目标海外市场的网站,点击进入这些海外网站的热销排行,特别是那些最新款式的产品。某 Wish 卖家,她选择品类的方式就是高度模仿英国的一个行业网站的产品发布,因为这个英国网站的产品大部分都是通过中国进口的。她通过关注这个国外网站,选择最热销的产品,市场效果非常好。

3. 社交媒体的热词

跨境电子商务平台上店铺生命力的核心就是抓住终端客户,现在最大的市场需求信息聚集地就是在社交媒体上,如脸书(Facebook)、推特(Twitter)等,应该参考这些国外社交媒体的习惯和兴趣,关注社交媒体的热词。如果做化妆品,可以关注社交媒体谈论最多的款式和品类。

抓住社交媒体就抓住了真正的市场"风口"。

4. 进入速卖通等跨境平台学习榜样卖家

对很多跨境小卖家来说，这个方法最为立竿见影。例如，想做某个产品的品类，通过关键词搜索到一个榜样店铺，进入店铺的买家页面，通过研究分析买家页面可以找到很多跨境选品的商机。通过研究榜样卖家的买家页面，可以了解到爆款产品的标题、关键词、市场定位、市场活跃度等。也可以查询类似于淘宝的交易记录这样的买家记录，通过这些记录可以清楚地看到这个产品的客户来源、买家满意度以及买家的客户评价；也可以通过研究榜样店铺的成长性来学习怎么真正运营爆款产品。

【知识链接】

跨境选品小技巧

（一）"虚实产品线"策略

对于很多跨境小卖家来说，因为资金投入有限，不可能选择特别多的产品线，这时候可以运用"虚实产品线"策略。就是说店铺看上去有很多产品类目，但核心是就卖一款产品，把所有的资源都投入到这个产品的推广和运营上，而虚线产品也可为未来发展产品线做铺垫。

（二）如何快速增加你的店铺流量

通过增加产品类目的关键词，大类目多覆盖中小词、长尾词。

雨果网从外媒近日的报道中了解到，虽然产品描述并没有所谓的"黄金法则"，但是还是需要注意以下五个要点：

1. 强调产品的积极作用

网购消费者仍然会规避风险，网上购买产品看不到实体形象，所以就要看产品描述能不能让消费者感到信任。可以特别强调产品拥有哪些用户所不了解的优势。调查显示消费者不会阅读完整个描述，所以可以使用标题突出产品重点。

2. 少即是多

产品描述尽量简洁，没有人希望看产品描述跟看一篇文章似的——除非你卖的是文章。具体产品描述的字数控制在100~300个单词。注意你的标题，如果标题不能让消费者产生共鸣，他们就会略过了。

3. 尽量真实

产品描述不要太夸张。即使觉得自己的商品是全球最好的，也不能使用这种描述方式。如果产品获过奖，不妨说明一下，或者用消费者反馈来证明产品确实不错。消费者评价不仅有利于 SEO（Search Engine Optimization，搜索引擎优化），还能提高销售额。

4. 了解用户

不论卖什么，回答用户潜在的问题有利于交流。要引起与消费者之间的共鸣。卖家和买家对产品描述的感受不同，所以旁观者的观点能帮助卖家从消费者的角度了解事情。消费者是在寻找商品的价值，他们希望知道商品的优势、他们为什么会需要这个商品、他们要怎么使用、产品能为他们解决什么问题。

5. 拒绝复制与粘贴

如果进店买东西，不会希望看到销售员指着旁边的人说："产品就跟他说的一样。"产品描述也一样。从其他网站复制和粘贴不会赢得客户——而且谷歌有针对这种情况的惩罚措施。所以描述最好是原创，用自己的文字吸引客户，不要让他们觉得无趣。产品描述的质量决定消费者的去留。描述内容就是卖家的声音，必须准确挠到消费者的痒处。

（资料来源：雨果网，http://www.cifnews.com/article/19407。）

（三）跨境电子商务产品选择需要注意的问题

1. 注重知识产权保护

随着我国出口电商市场的快速发展，整个行业所面临的监管和知识产权风险也会加剧。跨境电子商务中的婚纱、礼服、饰品、工艺品等这些产品，在销售中主要依靠款式取胜，所以很容易产生设计侵权问题。与欧美等发达国家相比，我国的知识产权保护制度还不够完善，对于山寨产品、侵权产品的管理效果还不够明显，这也导致了我国很多电商平台上有许多山寨产品和侵权产品。这种国内侵权的行为，到知识产权保护强度较高的发达国家后，将会面临着较高数额的赔偿，支付较高侵权成本，甚至会被限制进入市场。因此在跨境电子商务产品的选择方面，应该遵从知识产权保护原则，选择不侵权产品进行销售。目前越来越多的国家对各项标准体系进行了完善和更新，此举使得跨境电子商务出口产业所面临的压力大大增加，也势必会引起跨境电子商务出口卖家对知识产权保护、专利保护等问题的重视。

2. 注重市场调研

只有深入了解产品特性和产品市场，对产品和市场有敏锐的洞察力，才能比较好地把握买家的心理需求。同时还要对产品适合销售的市场进行研究。跨境电子商务不同于国内的淘宝和其他电商，国内整个市场文化基本上没有本质性的差异，消费者的消费习惯也容易研究，只要增加曝光量，有流量，就会有订单。国外消费者的很多消费习惯与国内有很大的差异，导致国内很热卖的东西他们不理睬，很冷门的商品却成了他们的爆款。由于不同国家有不同的文化和习惯，产品到底适合哪个国家，适合什么样的消费者，需要通过市场调研来了解。另外，不同的产品，不同的市场，在选择平台的时候也是不一样的。例如，eBay平台比较适合做欧美、澳大利亚等发达国家市场，适合一些比较有特色的产品，而速卖通则比较适合选择一些价格相对较低的产品，做巴西、俄罗斯等市场。知己知彼，百战不殆，要想做出科学、正确的决策，需要对内外部数据进行充分的调研和分析。

3. 产品决策以数据为基础

在跨境电子商务交易中，对于产品种类、产品数量、产品销售平台的具体选择，仍然应该依靠具体的数据来进行决策。以数据来源看，分为外部数据和内部数据。外部数据是指企业以外的其他公司、市场等产生的数据。内部数据是指企业内部经营过程中产生的数据信息。可以通过市场调研来获得数据。可以以行业的相关数据为基础，如中国电子商务研究中心的某些跨境行业数据，也可以通过行业协会、行业展会的信息做调研，选择自己运营的产品最精准的目标海外市场，并且定期对目标市场进行需求分析；依据电商平台的大数据分析不同区域客户的具体需求、消费者行为特征，提供不同形式和不同种类的产品。例如可以通过跨境平台的行业调研，如在速卖通输入产品关键词，看一下产品的具体销售数据，看市场竞争是不是充分。但核心还是要运用数据分析工具比如速卖通的数据纵横工具，帮助我们判断市场和选择产品品类。

【知识链接】

2018年选品攻略：跨境电商平台十大热销品类排行榜

消费者的喜好可以说是每时每刻都在变化，他们热衷于购买不同的产品，这也就是每年网上热销产品都不同的原因。莱卡尼批发户根据其对接的亚马逊、eBay、速卖通、Wish等平台客户大数据，盘点出2018年消费者在网上购买的热门产品排名清单，希望能给跨境电商卖家一些启示。

跨境电商十大畅销品类：

（1）手机、平板、电脑周边产品类：外壳、贴膜、按键贴、防尘塞、小挂件等。

（2）饰品类：吊坠、戒指、项链、耳坠、纪念品、手表、头冠、美甲片等。

（3）消费类电子产品：路由器、网卡、USB接收器、遥控器、监控器、蓝牙音箱、音频转换器、内存条、摄像头、电蜡烛、电子烟、门铃等。

（4）手机、平板、电脑配件类：电池、数据线、适配器、耳机、鼠标、键盘、散热架、手机LCD屏幕替换件等。

（5）LED类：灯具、投光灯、手电筒、激光笔、装饰灯、水族灯、工作灯、手提灯、孔明灯、台灯、灯泡等。

（6）家居用品类：家具、工艺品、收纳盒、相框、仿真花、家纺用品、金属衣架、桌子、洗脸刷、净水机、烛台、陶瓷杯、闹钟、花园工具等。

（7）户外用品类：小工具、水杯、帐篷、登山包等。

（8）汽车周边产品类：导航仪、行车记录仪、汽车雷射灯、车尾灯、疝气灯等。

（9）服饰箱包类：服装、鞋子、手套、围巾、帽子、泳衣等。

（10）玩具类、母婴类：毛绒玩具、电子类玩具、成人玩具、动漫玩具、魔方、遥控赛车、遥控飞机等。

（资料来源：批发户网，https://news.pfhoo.com/News/Detail/9143。）

二、价格策略

由于价格对企业、消费者乃至中间商来说都是最为敏感的问题，因此价格策略也是跨境电子商务网络营销策略中的重要问题。

（一）网上市场产品的价格特点

1. 价格水平趋于一致

在互联网这个全球化的市场环境中，需求者和竞争者可以通过网络获得某企业的产品价格信息，并与其他企业的同类产品进行比较，它的最终结果是使某种产品价格变化不定，且与存在差异的价格水平趋于一致，这对那些执行差别化定价策略的公司会产生重要的影响。

2. 非垄断化

互联网使企业面临的是一个完全竞争的网上市场，无论是市场垄断、技术垄断还是价格垄断，垄断时间短、程度浅。

3. 趋低化

网络营销使企业的产品开发、促销等成本降低，企业可以进一步降低产品价格；另外，由于网络扩展了用户的选择空间，因此，要求企业以尽可能低的价格向用户提供产品和服务。

4. 弹性化

网络营销的互动性使用户可以与企业就产品的价格进行协商，实现灵活的弹性价格。

5. 智能化

通过网络，企业不仅可以完全掌握产品对用户的价值，而且可以根据每个用户对产品的不同需求，生产定制产品。由于在产品的设计与制造过程中，数字化处理可以精确地计算出每一件产品的设计及制造成本，企业完全可以建立智能化的定价系统，根据每件定制产品制定相应的价格。

(二) 网上市场的定价方法

由于企业面对的是互联网上的全球市场，因此在制定产品和服务的价格策略时，必须考虑各种国际化因素，针对国际市场的需求情况和同类产品的价格情况，确定本企业的价格策略。网络市场环境中，传统的以生产成本为基础的定价正在被淘汰，用户的需求已成为企业进行产品开发、制造以及开展营销活动的基础，也是企业制定其产品的价格时首先必须考虑的最主要因素。这种新的价格策略创造了价格优势，主要体现在：

1）由于满足了用户的特定需求，可以在某种程度上降低用户对价格的敏感度，网络营销的特点使用户逐渐认识到，合理的价格不仅仅表现为较低的价位，还表现为完善的服务和强大的技术支持。

2）采用完全按用户的需求定制生产，这意味着减少了企业的库存压力，较低的库存可以使企业把由此降低成本带来的利益以其他方式与用户共享，从而获得价格优势。

(三) 跨境电子商务产品价格的选择

一般单品价格为 50~500 美元是比较理想的。首先，跨国交易需要考虑国际运费，如果商品单价太低，而运费比产品价格要高出很多，那么买家的购买欲望也会降低。而且产品单价过低，利润相应会少，也很容易招来竞争者。其次，产品单价过高，如一些奢侈品、贵重物品，买卖双方很难形成信任关系，也不容易促使买家下单。最后，产品的售价需要有足够的利润，这个售价区间的产品在利润上有足够的空间。

(四) 影响跨境电子商务产品价格的因素

除了商品价格本身外，影响跨境电子商务的产品价格的因素还包括：关税成本、物流成本和售后服务成本。

1. 关税成本

关税是影响商品价格的一个重要因素。例如，"海淘"模式中，入境商品按照 2012 年海关总署发布的邮税的税率缴纳关税。当前跨境电子商务的试点城市大多采用保税进口模式，由于跨境电子商务实施较为严格的海关监管流程，海关审核时必须报备交易金额，消费者从跨境电子商务平台上购买商品不存在抽检的概率问题，过去存在的漏税问题得到极大的改正。因此，跨境电子商务的产品价格必须考虑关税成本。

2. 物流成本

物流成本不仅关系到商品的周转效率，而且也能影响到商品的价格。物流运输成本的控制问题也变得越来越突出。跨境电子商务快速发展但物流运输渠道发展却滞后，导致货物积压或者寻找更贵的物流公司。目前跨境电子商务主要通过国际快递和航空小包裹，前者价格昂贵，严重影响了利润；而后者运输时间长且无法实时查询包裹的状态，到欧美的包裹需要1~3个星期，到俄罗斯和巴西的包裹少则1个多月，多则2个月，甚至长达80天。通常国际物流一个普通包裹的邮费大多在100元以上，物流成本就占商品价格的20%以上。

3. 售后服务成本

跨境电子商务中，在海外市场购买商品，商品如出现问题，消费者通常无法在国内享受保修服务，需要支付额外的维修费用，特别是需要退换时，消费者更要付出高昂的退换成本。对于跨境电子商务来说，进口电商从境外进口大批量的货物储存在保税仓库，从发货到收货都在一个国家内处理，手续比较简单，目前跨境电子商务进口平台大多在国内搭建专门的退货仓，将退货一次性发回海外商家，而国内买家只需承担退回国内退货仓的快递费即可。以顺丰快递为例，1kg的物品退回退货仓的成本大约可以控制在20元左右。

三、渠道策略

销售渠道是指商品从生产者传送到用户手中所经过的全过程，以及相应设置的市场销售机构。正确运用销售渠道，可以使企业迅速及时地将产品转移到消费者手中，达到扩大商品销售、加速资金周转、降低流动费用的目的。任何一个企业要把自己的产品顺利地销售出去，都需要正确地选择产品的销售渠道。销售渠道的选择有两个方面内容：一是选择销售渠道的类型，二是选择具体的中间商。

（一）网络营销渠道的功能

与传统营销渠道一样，一个完善的网上销售渠道应有三大功能：订货功能、结算功能和配送功能。

（1）订货功能。它为消费者提供产品信息，同时方便厂家获取消费者的需求信息，以求达到供求平衡。一个完善的订货系统，可以最大限度降低库存，减少销售费用。

（2）结算功能。消费者在购买产品后，可以有多种方式方便地进行付款，因此厂家（商家）应有多种结算方式。当前国外流行的几种方式有：信用卡、电子货币、网上划款等。而国内付款结算方式主要有：邮局汇款、货到付款、信用卡等。

（3）配送功能。一般来说，产品分为有形产品和无形产品，对于无形产品的配送，如服务、软件、音乐等产品，可以直接通过网上进行；对于有形产品的配送，涉及运输和仓储环节。国外已经形成了专业的配送公司，如著名的美国联邦快递公司，它的业务覆盖全球，实现全球快速的专递服务，以至于从事网上直销的戴尔公司将美国货物的配送业务都交给它完成。因此，专业配送公司的存在是国外网上商店发展较为迅速的一个原因所在，在美国就有良好的专业配送服务体系作为网络营销的支撑。

（二）跨境电子商务平台的选择

随着跨境电子商务平台数量的日益增多，各大跨境电子商务销售平台的定位多元化背景下，跨境电子商务企业的产品选择就应该依据其经营的电商平台特征进行，各平台之间进行了差异化定位，有不同的目标客户群体。目前的跨境电子商务平台，国内主要有敦煌网、大龙网、兰亭集势、阿里巴巴国际站、天猫国际、跨境通等。敦煌网是为中小企业提供针对海外市场 B2B 平台，主要以 EDM 电子邮件营销方式拓展海外市场，且有自建的 DHgate 平台给买卖双方提供高质量的产品信息，遍及全球较多市场且占有较多的份额。兰亭集势主要针对美国 B2C 市场，以婚纱定制打入美国市场。跨境通则一直依靠低成本来取得竞争优势，如今正面对日益升高的物流成本、仓储成本以及利率险的不断上升。天猫国际也主要以代购"海淘"等方式开展 B2C 的营销。阿里巴巴国际站则主要针对 B2B 模式。国外方面主要就是 eBay、亚马逊等，但国外平台对于产品质量安全要求都比较高，因此，想要在国外平台运营还要进行一定的考察。因此，在进行产品选择时，应该根据不同网站平台的定位，研究该平台的目标客户群体，从而有针对性地制定在该平台上的产品种类、数量等策略。

【知识链接】

如何选择适合自己的跨境外贸电商平台？

随着跨境电商行业的发展，以及越来越多的跨境电商平台来中国招商卖家，中国进入跨境电商行业的人越来越多，对于刚刚接触跨境电商的来说，听到最多的可能是亚马逊、速卖通、eBay、Wish、Shopee 等主流平台了，那么对于刚刚进入的新手卖家而言该怎么选择跨境电商平台呢？

1. 速卖通

该平台于 2010 年 4 月上线。市场面向俄罗斯、巴西、以色列等国家。平台前期拥有可观的利润，随着阿里巴巴上市，卖家需要花费大量资金进行站外引流，使得门槛越来越高，新规出台更是让广大卖家苦不堪言。阿里旗下最不缺的就是买家资源，平台流量大部分倾斜金牌、银牌卖家，同时还要收取保证金、佣金、年费、手续费、运费等各项费用。平台在价格上竞争激烈，有时候价格会压得很低，才能有相应优势。

2. eBay

eBay 于 1995 年创立于美国，市场主要是美国和欧洲。开店的门槛低，但手续比较多；平台规则偏向买家，如果遇到投诉是件很麻烦的事，所以产品质量一定要过关。免费开店，但上架需要收费，前期产品不能超过 10 个，审核周期较长，出单周期长，需要积累信誉。eBay 成功的关键是选品，操作简单，投入小，适合有一定外贸资源的人做。因为平台资历较久，所以很多低货值产品被大卖家把持。如今不少买家都在用海外仓做大件产品，但大件产品成本高，不适合新手。

3. Wish

Wish 于 2011 年成立于美国硅谷，2013 年正式进军外贸电商领域。Wish 是新兴的基于 App 的跨境电商平台，主要依靠价廉物美吸引客户，在美国有非常高的人气，90% 的货都来自中国。对中小卖家来说，Wish 的成功让大家明白移动互联网的真正潜力，Wish 更偏向于客户，所以卖家在退货纠纷中较吃亏，且商品审核期较长，平台佣金较高，物流解决方面也不够成熟。Wish 一直致力于让卖家操作简单，所以目前平台竞争程度比前两年更激烈。如果想要赚钱，只有精品店铺一条路可走，但精品店铺的投入需要相当长的周期，短期内不会有太好的效果。如果认为自己有能力可以尝试运营，毕竟任何门槛都会有成功之人。

4. 亚马逊

作为近几年的热门平台，亚马逊因为流量大、客单价高、注册没有押金、商品审核快等优势，受到卖家的青睐。亚马逊强大的物流体系 FBA，帮助客户打理发货，管理后期的仓储、配送以及可能出现的退货问题。全球 149 个运营中心，能快速将商品配送至全球 180 多个国家和地区的消费者手中。亚马逊的成本低，利润高，货源充足，支持全球开店。全球目前 14 个站点，其中 11 个已为中国卖家开放。为什么都选亚马逊？因为亚马逊客户群庞大，客户对价格并不敏感，所以产品利润率有所保证，平台对于上架新品会扶持一定的流量，前期只要大量铺货就可以带来订单。

5. Shopee

Shopee（虾皮）是目前东南亚的一个电商平台，消费人群也主要是东南亚地区的一些国家。该平台虽然成立于 2015 年，出现时间并不是特别长，但是用户数量却非常庞大，拥有大约 6 亿名用户。Shopee（虾皮）是腾讯投资的，腾讯占股 40%，所以注册虾皮需要 QQ 号。虾皮运营是这些平台当中最简单的，短时间可以看到效果，而且几乎是零成本开店，但是虾皮的利润比较低，一般都是以店群为主，单量大。

跨境电商平台千千万万家，选择适合自家产品的跨境电商平台，取决于日后自家产品进军海外市场的程度。从目前电商平台的运营情况来看，亚马逊和 Shopee 是个非常受欢迎的跨境电商平台。

（资料来源：雨果网，https://m.cifnews.com/article/54384。）

四、促销策略

随着电子商务的迅速发展,国内消费者通过网上直接购买境外消费品的需求不断提升,使得通过不同的跨境电子商务平台将境外消费品直接送达用户终端的渠道越来越多,竞争也越来越激烈,如何通过这些网络平台,借助商品广告展示和促销策略让自己的产品获得网民的认可,并获得更多的下单,对跨境电子商务的商家来讲非常重要。

(一)网络营销促销作用

网络促销的作用主要表现在以下几个方面:

(1)告知功能。网络促销能够把企业的产品、服务、价格等信息传递给目标公众,引起他们的注意。

(2)说服功能。网络促销的目的在于通过各种有效的方式,解除目标公众对产品或服务的疑虑,说服目标公众坚定购买决心。例如,在同类产品中,许多产品往往只有细致的差别,用户难以察觉。企业通过网络促销活动,宣传自己产品的特点,使用户认识到本企业的产品可能给他们带来的特殊效用和利益,进而乐于购买本企业的产品。

(3)反馈功能。网络促销能够通过电子邮件及时地收集和汇总顾客的需求和意见,迅速反馈给企业管理层。由于网络促销所获得的信息基本上都是文字资料,信息准确,可靠性强,对企业经营决策具有较大的参考价值。

(4)创造需求。运作良好的网络促销活动,不仅可以诱导需求,而且可以创造需求,发掘潜在的顾客,扩大销售量。

(5)稳定销售。由于某种原因,一个企业的产品销售量可能时高时低,波动很大。这是产品市场地位不稳的反映。企业通过适当的网络促销活动,树立良好的产品形象和企业形象,往往有可能改变用户对本企业产品的认识,使更多的用户偏爱本企业产品,达到稳定销售的目的。

(二)网络促销的实施

网络促销是指利用计算机及网络技术向虚拟市场传递有关商品和劳务的信息,以引发消费者需求,唤起消费者购买欲望和促成消费者购买行为的各种活动。网络促销的实施过程包括以下六个方面:

1. 确定网络促销的对象

网络促销对象主要是那些可能在网上实施消费行为的潜在顾客群体。随着互联网的日益普及,这一群体也在不断壮大。他们主要包括三部分人员:产品的使用者、产品购买的决策者、产品购买的影响者。

2. 设计网络促销的内容

网络促销的最终目标是希望引起购买，这是要通过设计具体的信息内容来实现的。消费者实施购买是一个复杂的、多阶段的过程，促销内容应当根据消费者目前所处的购买决策过程的不同阶段和产品所处的生命周期的不同阶段来决定。在新产品刚刚投入市场的阶段，消费者对该产品还非常生疏，促销活动的内容应侧重于宣传产品的特点，以引起消费者的注意。当产品在市场上已有了一定的影响力，即进入成长期阶段，促销活动的内容则应偏重于唤起消费者的购买欲望；同时，还需要创造品牌的知名度。当产品进入成熟阶段后，市场竞争变得十分激烈，促销的内容除了针对产品本身的宣传外，还需要对企业形象做大量的宣传工作，树立消费者对企业产品的信心。当产品进入饱和期及衰退期时，促销活动的重点在于加强与消费者之间的感情沟通，通过各种让利促销，延长产品的生命周期。

3. 决定网络促销的组合方式

促销组合是一个比较复杂的问题。网上的促销活动主要通过网络广告促销和网络站点促销两种促销方法展开。但由于每个企业的产品种类、销售对象不同，促销方法与产品、销售对象之间将会产生多种网络促销的组合方式。企业应根据网络广告促销和站点促销两种方法各自的特点和优势，结合自己产品的市场状况和顾客情况，扬长避短，合理组合，以达到最佳促销效果。通常，日用消费品，如食品饮料、化妆品、医药制品、家用电器等，网络广告促销的效果比较好。而计算机、专用及大型机电产品等，采用站点促销的方法比较有效。在产品的成长期，应侧重于网络广告促销，宣传产品的新性能、新特点。在产品的成熟期和饱和期，则应加强自身站点的建设，树立企业形象，巩固已有市场。企业可根据自身网络促销的能力确定这两种网络促销方法组合使用的比例。

4. 制订网络促销的预算方案

网络促销实施过程中，使企业感到最困难的是预算方案的制订。在互联网上促销，对于任何人来说都是一个新问题。所有的价格、条件都需要在实践中不断学习、比较和体会，不断地总结经验。只有这样，才可能用有限的精力和有限的资金收到尽可能好的效果，做到事半功倍。

5. 评价网络促销的效果

网络促销实施到一定的阶段，应对已执行的促销内容进行评价，看实际效果是否达到了预期的促销目标。对促销效果的评价主要从两个方面进行：一方面，要充分利用互联网上的统计软件，对开展促销活动以来站点或网页的访问人数、点击次数、千人印象成本等数字进行统计。通过这些数据，促销者可以看出自己的优势与不足，以及与其他促销者的差距，从而及时对促销活动的好坏做出基本的判断。另一方面，评价要建立在对实际效果全面调查分析的基础上。通过调查市场占有率的变化情况、销售量的变化情况、利润的增减情况、促销成本的升降情况，判断促销决策是否正确。同时还应注意促销对象、促销内容、促销组合等方面与促销目标的因果关系的分析，从中对整个促销工作做出正确的判断。

6. 注重网络促销过程的综合管理

在对网络促销效果正确评价的基础上，对偏离预期促销目标的活动进行调整是保证促销取得最佳效果的必不可少的一环。同时，在促销实施过程中，加强各方面的信息沟通、协调与综合管理，也是提高企业促销效果所必需的。

（三）跨境电子商务品牌策略

1. 品牌给跨境电子商务企业带来的优势分析

（1）品牌营销能给跨境电子商务带来价格优势。

跨境电子商务实施自主品牌营销最直接的好处是能给电商带来价格方面的优势，主要表现在：①跨境电子商务利用电商平台销售能节省各种广告费用以及实际参展费和促销费，以降低境外客户的购买成本。②在电商平台上销售的自主品牌产品由于附加品牌价值和服务，一般要比中性无牌产品的价格高 30%~40%，甚至更高，而代售其他知名企业的 OEM 产品只能获取一定比例的中间费用，利润空间非常有限。③由于电商平台的多数买家是最终消费者，缩小了许多中间环节，能获得比传统外贸成交价高许多甚至是翻倍的价格，有效地将部分中间商费用成本转化为跨境电子商务自身利润的一部分，让利于最终消费者，建立其消费信心。

（2）品牌营销有利于跨境电子商务企业提高竞争力。

跨境电子商务实施自主品牌营销能够提高企业竞争力，原因有以下几点：①有利于增加最终用户的让渡价值，培养忠诚客户。让渡价值是指客户在购买电商产品时获得的总价值与付出的总成本之间的差额。跨境电子商务的自主品牌产品由于成本降低让利于购买者，从而获得购买者的认同，提升了客户的让渡价值，使跨境电子商务获取竞争优势。②在各种纷扰复杂的电商平台上，展示同一类产品的跨境电子商务数目很多，无疑会使境外购买者对这类产品下决策时变得犹豫。而在线的品牌产品对客户的吸引力往往会比中性无牌产品大。③跨境电子商务通过电商平台的窗口，实施自主品牌营销，赋予电商企业独特的品牌文化价值和情感内涵，能提高客户对本企业品牌产品的体验价值。④品牌的推广有利于跨境电子商务不断增强自身实力，向高层次和规模化扩张。品牌营销的成功对避免"价格战"及同质化竞争、提升跨境电子商务竞争力以及可持续发展具有重要意义。

（3）品牌营销能促使出口企业经营方式转型。

随着与传统贸易相关的信息、物流、资金已由买卖双边向多方向或网状结构模式发展，促使了更多的出口企业从传统外贸参与到跨境电子商务的业务中，在线直面更多的最终消费者，以了解其产品、品牌等需求，在竞争中完善专业服务水平，转变营销方式，提升风险应对机制。实施品牌营销，可以使跨境电子商务打破传统外贸的 OEM 困境，实现其海外市场的品牌突破，促使其从单一传统外贸方式向传统外贸和跨境品牌电商并存的综合营销方式转变。

2. 制约跨境电子商务品牌营销的因素

（1）跨境电子商务企业缺乏品牌意识，驾驭品牌能力弱。

目前我国的跨境电子商务品牌意识薄弱，以阿里巴巴速卖通、eBay、兰亭集势等为代表的众多跨境电子商务平台显示，虽然这些平台在促进出口中扮演了重要角色，但也成为众多跨境电子商务产品开展同质化竞争、"价格战"和角逐微利订单的场所。另外，受制于不同国家、文化和风俗习惯的复杂境外市场以及当前网络媒体仍重视传统营销，跨境电子商务驾驭品牌能力弱，不能与境外当地主流销售渠道和媒体结合进行营销。无论从销售规模还是从运作媒体上看，目前中国的跨境电子商务品牌都难以成为境外市场主流。

（2）跨境电子商务的物流和支付等环节阻碍了品牌营销。

一是跨境电子商务快速发展但物流运输渠道发展滞后；二是各个国家和地区支付系统很难与国内的跨境电子商务对接，支付难的问题凸显，目前大多数跨境零售平台支持 PayPal 付款系统，相比之下欧美用户喜欢用信用卡，俄罗斯网购群体用 Web money 账号，而且多数消费者喜欢货到付款的方式；三是各个国家和地区对跨境网购征税引起产品质量、知识产权和售后服务问题等都不同程度给跨境电子商务的品牌营销带来种种障碍。

（3）缺乏相关的第三方知名检测机构论证。

跨境电子商务销售的品牌产品虽然性价比高，深受境外市场消费者的喜爱，但大部分品牌产品缺少相关的第三方知名检测机构论证。缺乏第三方检测论证的在线产品，难以解决境外买家对跨境电子商务的品牌产品信任问题。另外，货物售出后，在进口国清关方面容易产生问题，使得跨境电子商务品牌的营销难以实施。

3. 跨境电子商务企业实施品牌营销的策略

（1）增强品牌意识，提高品牌营销能力。

跨境电子商务首先要提高品牌意识。当前许多跨境电子商务团队，在平台操作、产品、销售方面有较强的处理能力，而在品牌营销、境外销售渠道、售后服务等方面相对比较弱。因此，可以通过培训、电商交流会以及借鉴境外电商的做法，在品牌营销方面增强自己的实力。跨境电子商务实施品牌营销可以先在主要消费群体购买国和地区注册后，利用自身团队实施在线营销和线下品牌建设相结合。当在线营销累积一定基础的口碑后再对境外主要市场进行市场细分，引入境外当地合作电商，实现品牌本土化。

（2）选择合适的电商平台，注重产品质量。

与传统外贸相比，境外买家的采购特点是次数多、数量少、收货时间短，涉及产品质量和服务的每个细节都能被买家迅速地体验感知出来并在电商平台上进行反馈。因此，跨境电子商务在经营品牌产品时，在经营观念上要灵活开放，为更多境外中小买家提供符合实际的采购需求和服务。在选择电商平台或发展自身电商平台时，注重平台对品牌产品的专业经营，在平台上针对自己的品牌产品细分成不同的境外市场，以适合不同国家和地区对自己同一品牌产品的不同需求。

（3）选择完善的物流和支付方式。

跨境电子商务应根据所经营的品牌产品和境外买家的分布特点，选择灵活畅通的物流公司配送，以最快捷的方式将货物送到买家手中。在销售利润允许的前提下，尽量选择国际知名的联邦快递 FedEx、联合包裹 UPS、敦豪速递 DHL、天地快件 TNT 等快递公司。利用这些知名快递公司，不但使买家快速收到所买的货物，而且也可以使买家体验到跨境电子商务的实力和品牌服务。另外在支付方面，在保障收款安全的前提下，可采用信用卡、银行转账、第三方支付等多种支付方式，以满足不同买家的付款需求，应选择用户使用广泛、货币使用种类多的支付方式，如电子汇兑。

（4）加强与境外电商和媒体合作。

跨境电子商务可以尝试与境外电商合作，在主要销售国家和地区建立站点和物流仓库，实现即时线上接单，即时线下境外仓库发货。让买家快速收到货物，实现退货和换货自如，从而实现跨境销售本地化，极大地提升买家的跨境购物体验，增强跨境电子商务在海外市场的竞争力。另外，跨境电子商务应注重与境外社交媒体合作：一是通过对品牌产品的发帖、测评、用户讨论等方式实现对其品牌产品的推广；二是通过各种渠道搜集买家对于同类产品性能、设计、缺点方面的反馈信息，以帮助跨境电子商务及时改进产品，迎合用户的需求，获取更大的市场份额，从而实现品牌产品销售的本地化。

【知识链接】

如何给你的跨境电子商务产品（企业）品牌定位

卖货而没有定位、没有清晰的产品路线，那么很容易落得个什么都不是的杂货店。给你的跨境电子商务产品或企业品牌定位，是为了在市场上占据消费者的心智和获得对你的品牌期望认知，从而赢得消费者在众多选项中选择你的优势。

当你要海外搜索时，你第一时间想到谷歌。

当你上网购物时，你第一时间想到淘宝。

当你上网购书时，你首先想到上当当（即使它已经不再只是一个卖图书的网站了）。

而当你想要购买品质比较有保证的商品时，你又可能会选择京东，因为你知道京东对企业商家把控比较强，商品可能会比较货真价实。

为什么会这样？是因为这些企业的品牌定位不同吗？好像不是，淘宝没有说他们家的商品质量不好，而是你认为淘宝的质量可能会难以保障。所以原因很简单，品牌不是企业简单制定的服务口号或标语，而是消费者的认知。

跨境电子商务卖货就卖货，要什么定位？如果你只是卖货，而没有定位，没有清晰的产品路线，那可能只会落个杂货店。品牌就是消费者对你的产品/企业的感性和理性认知，但是不等于产品企业不需要制定品牌定位，而是要知行一致，也就是品牌要言行一致。只有这样，你才能让消费者以你期望的方式看待你，才能在市场上众多挑选中选择你。再小的企业，也有自己的品牌。这一点，不但是国内还是国外都是一样的。

一个跨境电子商务企业如何快速打造自主的品牌，品牌定位是很重要的，以至于品牌5要素（品牌名称、品牌标识、品牌信条、品牌受众、品牌故事）都是为其服务的。

品牌定位是消费者对你的产品/企业的感性和理性的认知，改变消费者的认知是很难的。例如，淘宝现在是C2C第一大网购平台，你说你要做一个比淘宝还要大的C2C，消费者是不会信你的，你这个定位几乎不会成功。

百度的有啊，腾讯的拍拍，即使百度有再多的流量导入，腾讯有再多的QQ会员导入，都是改变不了消费者的认知的。

如何给你的跨境电子商务产品（企业）品牌定位？如何找到准确的品牌定位而在市场中赢得有利的位置？在现在大平台通过"价格战""吞吃"一切小品牌的情况下，中小企业卖家如何定位？

在确定我们的品牌定位之前，我们需要做什么呢？

你研究的目标市场应需要回答以下问题：

（1）什么情况下引起消费者对你的产品的需要及购买？

（2）经营销售的产品具体特征是什么，以及处在哪个商品类目？

（3）在消费者的认知里，你所在的产品市场的领导者及竞争者所占市场份额怎么样？

（4）消费者对你所在的产品市场的领导者及竞争者是什么态度？喜欢他们的哪些地方？不喜欢他们的哪些地方？

（5）有没有市场缺口是你的品牌可以填补的？

根据以上几个问题，下面提供四个有效的定位策略：

品牌定位策略一：成为品类第一。

例如，lotsofbuttons.com 成为第一的品牌定位策略是——The largest button website in the world（全球最大的在线钮扣商店）。lotsofbuttons.com 是一家位于我国香港的垂直时尚跨境电子商务企业，凭其超全的品类位列数量之最，类型、大小、形状和设计多样，在内地采购成本低，总部设在香港效率高，可以满足世界各地客户的需求，使之在消费者认知里成为第一。

品牌定位策略二：对立面（是什么，不是什么）。

对立面品牌定位，就是相对或相反。即是什么，不是什么。例如，年轻人的手机和老年人的手机。是男人袜，不是女人袜。

品牌定位策略三：成为专家型产品。

什么是专家型产品定位？就是非常专注做某一个产品。例如，美国的一家在线卖用餐工具的网站——www.eatingtools.com。他们的每一个用餐工具都是由有名的手工艺工匠制作的，有故事，精益求精。又如苹果手机，一代一代地推出，不断革命更新改进。

品牌定位策略四：填补空隙。

例如，美国一家专注为活泼、喜欢运动、年轻时尚的女孩制作 Bra 的企业 yellow Berry（www.yellowbe.Hycompany.com）——The bra industry for young girls。

以上是四种品牌定位策略，可以运用到你的跨境电子商务产品企业中。

给你的跨境电子商务产品或企业制定一个有利的品牌定位，可以在激烈的市场竞争中占据或赢得消费者的心。但是一个品牌的打造不是一天两天就可以完成的，品牌定位也是一样，它需要时间和努力的积累。

你给你的产品或企业定位好了吗？

（资料来源：雨果网，http：//www.cifnews.com/Article/11352。）

第四节　跨境电子商务中常用的网络营销方法

B2B 平台在一定的历史时期内帮助中小企业打开了市场，但是在市场的梳理成型阶段，专业跨境网络营销是外贸企业发展的一个"催化剂"。近年来除了直接在社交媒体上投放广告外，中国商户还采取与国外社交媒体红人合作等新形式。这些国外的网红们成了商户品牌和商品的媒介，通过他们自身在网民中的广泛影响力，将粉丝转化为潜在消费者。社交媒体平台成为中国跨境电子商务销售的必争之地，国外网红成为商户的营销新方式。下面对跨境电子商务中常用的网络营销方法进行介绍。

一、邮件营销

众所周知，邮件在海外的覆盖面群体比较广，人们更倾向于使用电子邮件与人进行沟通，其发展情况与趋势大大高于国内。跨境电子商务企业将更加注重营销实效，邮件营销被视为最重要的营销渠道之一。例如，亚马逊具有完善的全球电子邮件营销体系，在国内和国外都非常注重邮件营销，其邮件营销涉及日常促销推广、售后服务、顾客消费体验改善等客户销售过程，并且基于客户、数据、渠道之间的大数据营销应用也使其走在了精准个性化营销的前沿。那么，如何利用邮件营销开拓海外市场呢？

（一）邮件主题

邮件主题会让用户了解邮件的大概内容，能够表达邮件营销的最基本信息，一个好的邮件主题会引起用户的兴趣，进而决定打开邮件。所以邮件主题对于邮件是否会被用户打开具有很重要的影响。在实际操作中，邮件主题的设计也是邮件营销人员最为关注的问题之一。

1. 体现邮件的主要内容

客户通过邮件主题就能确定这封邮件的主要内容，进而决定是否要打开邮件详细阅读。即使用户打不开邮件，通过邮件主题，也已经把最重要的信息传达给用户了。

2. 体现对客户的价值

有独特价值的产品、信息或者给人印象深刻的品牌出现在邮件主题中，即使用户不阅读邮件内容也会留下一定的印象。

3. 体现品牌或产品的信息

客户对发件人的信任还需要通过邮件主题来进一步强化，将邮件主题的空间留出一部分来推广品牌是很有必要的。因此邮件主题一定要尽量完整地体现出品牌或者产品信息，尤其用户对于企业品牌信任程度不高的情况下，这一点更显重要。

4. 含有丰富的关键词

由于部分用户收到邮件后并不一定马上对邮件中的信息做出回应，有些客户甚至可能在1个月之后才突然想到曾经收过某个邮件中含有自己所需要的信息。因此邮件主题要含有丰富的关键词，除了增加用户的印象外，也是为了让用户在检索收件箱中的邮件时增加被发现的机会。

5. 不宜过于简单或过于复杂

尽管没有严格的标准限制主题的字数，但保持在一定合理的范围之内，既能反映出比较重要的信息，又不至于在邮件主题栏默认的宽度内看不到有价值的信息。一般来说，电子邮件主题应保持 8~20 个汉字比较合适的。

（二）邮件内容

邮件内容的质量是邮件营销成败的关键。邮件的内容大致分为两种：一是告知信息，留电话，等成交，文本内容应该用尽可能简短的文字描述出你能给客户解决什么问题；二是引导到网站上，这就需要更简单、更有诱惑力的文字，引发消费者的购买兴趣。因此邮件的内容设计基于对客户需求充分了解的基础之上，客户对哪些内容最感兴趣，什么样的促销最容易让他们购买。另外，邮件内容应当展示清晰，包括产品信息、优惠活动、活动截止时间等，这些都是直接影响邮件转化率的重要因素。

邮件营销的方式随着互联网行业的变化也在不断地变革，企业通过邮件营销能够有效地维护用户关系，同时还能增加用户重复购买的概率。对于跨境电子商务行业来说，在塑造公司的品牌形象、与用户保持持续沟通上，邮件营销凭借其独特的优势能够帮助企业获得更好的用户体验与转化。

（三）邮件创意

在日常邮件营销中，如何围绕产品服务，利用节日、文化、热点突发事件等资源因素巧借力、妙整合，创建激发用户需求、吸引用户目光的电子邮件，可以为电子邮件时不时带来一些井喷的效果，成为全年营销中的亮点。亚马逊的全球尖货 TOP 榜专题邮件、京东的情人节定制鲜花专题邮件，都是很好的创意思路。

（四）邮件效果

邮件营销的效果可以用打开率、点击率、转化率等指标衡量。

1. 打开率

对于邮件营销来说，较高的邮件打开率可以获得更多的利润回报。影响邮件打开率的因素主要有三个方面：邮件与用户的相关性、邮件主题和邮件能否及时发送。只有对用户精准细分，针对不同细分策划不同主题，才会真正给用户带来价值，进而提高邮件营销的打开率。邮件标题中明确表明身份或添加品牌标识能让收件人放心打开。通常情况下，可以通过设置邮件客户端的回执或者通过第三方的邮件跟踪网站查到自己发送的邮件是否被对方打开过。

2. 点击率

点击率对于所有邮件营销人员来说是一个非常重要的跟踪指标。可以直接统计有多少客户对邮件内容感兴趣以及想了解更多关于品牌的信息。点击率伴随在打开率之后，首先确保较高的打开率，才可能有较高的点击率。通过对用户数据的整理与分析，给用户推送个性化的电子邮件，能够有效地增加电子邮件的被点击率。

3. 转化率

邮件营销的转化率是指在一个统计周期内，完成转化行为的次数占推广信息总点击次数的比率。电子邮件收件人点击了邮件之后，下一个目标通常就是让点击的客户通过邮件转化成他们实际的行动。转化率是网站最终能否盈利的核心，提升网站转化率是网站综合运营实力的结果，是决定邮件营销成功与否的最重要的衡量参数。邮件内容应当展示清晰，包括产品信息、优惠活动、活动截止时间等，这些都是直接影响邮件转化率的重要因素。

我国跨境电子商务产业在中东欧、拉丁美洲、中东和非洲等地区，都有望在未来获得较大突破。跨境电子商务也正在告别以往野蛮增长状态，进入竞争日趋激烈下的黄金发展期，跨境电子商务在邮件营销上只有更加精细化的管理才能获得相对竞争优势。如何保证邮件发送数量和质量，如何打造适合海外个体用户习惯的个性化邮件模版，如何合理搭配组合商品促销、用户关怀、售后服务等邮件产品线，以及如何创意有吸引力的邮件内容及设计来拉动客户持续访问网站、维护客户关系、提高客户忠诚度和重复购买率等，是我国跨境电子商务邮件营销制胜海外市场的关键。

【知识链接】

邮件营销解密：为什么一些品牌比你更幸运？

优化主题行、创新文案、提供醒目 CTA 按钮……在作为 Webpower 中国区首席讲师的职业生涯中，我已经提供了非常多的方法和技巧去帮助客户增加邮件营销的转化率，但是除了这些常规的小细节之外，有没有更直接有效的方法呢？事务性邮件的打开率比促销邮件高达 8 倍，毫无疑问，这是一个巨大的电子邮件营销的机会。相信很多从事邮件营销的朋友们都知道触发邮件就是在跟踪你的邮件用户行为的过程中根据具体行动触发相关邮件，邮件的打开率和点击率都比较高。但是，我们不会仅仅满足于提高打开率和点击率，更要追求切实的转化率。

利用触发邮件提高转化率真的有效吗？结果如何？先看几个知名品牌在触发邮件应用上的例子你就会知道，为什么这些品牌比你更幸运。

1. TripAdvisor（猫途鹰）

很多人都知道 TripAdvisor 在中国也越来越流行，旅行者可以从中获得丰富全面的境外游信息，而一项最受欢迎的服务是其综合全球旅客评分产生的"旅行者之选"榜单。那么 TripAdvisor 是如何推广及实现这一优质服务的呢？

细心的旅行者可以发现，TripAdvisor 发送给用户很多的邮件，但所有的邮件都是高度个性化和触发动作的结果。因此，它们的电子邮件都是有前后逻辑和符合情理的，不显突兀和失礼，反而贴心周到。这就是 TripAdvisor 比竞争对手突出的优势。仔细看看邮箱中收到的 TripAdvisor 邮件，从"此处有从 XX 市（你的出发地）的班机交易"，到住在附近的社交朋友都在做什么，甚至到你的评论被来自哪里的人看到，真的非常令人惊叹。TripAdvisor 在触发邮件上的应用，已经不仅仅是创建个性化的触发电子邮件，而是变得更加个性化。

以增加评论为例，看看它们是如何设计了一个复杂的过程，以提高转换率的。整个评论过程游戏化。当进入上面一封邮件时，首先看到一个关于你的评论的各种统计数据，然后看到我的评论被来自世界各地哪些区域的用户阅读的地区分布图，最后以赚徽章鼓励你增加评论。让用户感受到他们正在为全球旅客提高帮助而乐于分享，确实是个不断刺激用户参与点评的好方法（见图 3-1）。

图 3-1　TripAdvisor 的邮件界面

2. 亚马逊

你知道亚马逊是如何避免群发通用邮件的吗？研究发现：现场的行为、过去的购买记录、消费量、位置、年龄、性别等，只要是可以利用到的数据，亚马逊都已经用来对自己的用户个性化，并应用于用户的整个生命周期过程中。最近跟踪到的一个亚马逊邮件营销流程，如图3-2所示。

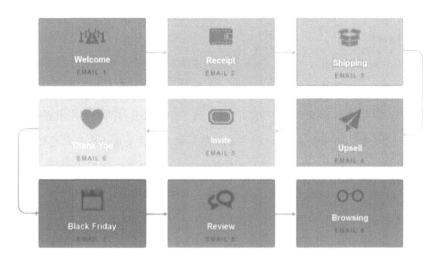

图3-2　亚马逊邮件营销流程图

如果你在亚马逊的网站或其他可跟踪途径上查找搜索了宠物狗的服装和咀嚼玩具，你的浏览活动将会使你收到下面这样一封触发电子邮件。这封邮件设计非常简洁，把你的注意力集中在按钮"See the deals"上，吸引用户再次互动购物（见图3-3）。

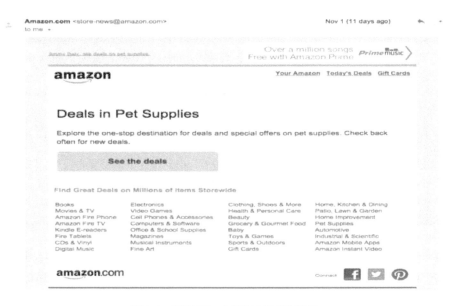

图3-3　亚马逊的一封触发电子邮件界面

你如何真的知道用户正需要购买东西？那么哪个用户不喜欢网站上更加便宜的价格、更方便快捷的购物方式呢？亚马逊这样的基于对用户行为背后需求理解的电子邮件，几乎可以保证增加销售转化率。想想看，当你将一封电子邮件群发到一个巨大的用户邮件列表，靠猜测和经验可能仅仅使一部分用户共鸣和转化。但是，在客户的整个购买生命周期中，技巧性、战略性地设置一些触发邮件环节，可能会缩短用户的购物路径，带来直接转化。

3. Dollar Shave Club

订购剃须刀片服务的 Dollar Shave Club 免除了男性在超市兜转的痛苦，顾客按刀片的不同等级缴纳不同月费，每月将直接在家门口收到 3 把新的刀片。而每次更换等级都能重新获得一个新的适配剃须把手。男性朋友们是不是感觉更方便了呢？按月订购的形式就如会员制，用户忠诚度是其生存的根本，邮件营销是 Dollar Shave Club 维系客户关系的重要方式之一。

在每一次运输之前，Dollar Shave Club 都会发送一封邮件以确认你是否还需要其他商品。在运输前六天自动触发邮件，提醒你将会收到的商品，让你充满期待，并告诉你还有其他一些不错的商品可以选择一起购买。有没有让你想到超市收银台前的糖果架，以及电商网站上的凑单商品？既方便用户，又促进销售，何乐而不为呢？

看了上面的这三个例子，你也许会问，我没有这些大公司那么多的营销预算和实力，那么如何开始行为触发邮件呢？答案是：①一个可以跟踪搜集用户数据并及时触发响应邮件的营销平台；②找到以用户生命周期过程为局、一对一服务为视角，插入触发邮件的准确切入点；③然后专注于不断完善个性化。真正的个性化电子邮件是实现"一对一"。换句话说，你发送给每个用户的邮件都是唯一的。那么，首先你还是以分析邮件用户数据，整合各个营销渠道数据开始吧！

（资料来源：雨果网，http://www.cifnews.com/Article/15545。）

二、搜索引擎营销

搜索引擎营销从 1994 年产生到现在只有 20 多年的历史，但是它的技术已经相对比较成熟，模式也由最初的免费发展到今天的收费模式，已经成为推动企业市场发展的强大引擎。

（一）搜索引擎营销的定义

搜索引擎营销的英文是 Search Engine Marketing，简写为 SEM。它是一种网络营销模式，目的在于推广网站，提高知名度，通过搜索引擎返回的排名结果来获得更好的销售或者推广效果。简单来说，搜索引擎营销是基于搜索平台的网络营销，利用网民对搜索引擎的依赖和使用习惯，在检索信息的时候尽可能地将营销信息传递给目标客户。

（二）搜索引擎的基本原理

搜索引擎营销的基本要素有五个：信息源、搜索引擎信息索引数据库、用户的检索行为和检索结果、用户对检索结果的判断分析以及对选中检索结果的点击。其中信息源是基础，需要通过对用户、网站管理维护和搜索引擎的优化来构造适合搜索引擎检索的信息源。搜索引擎营销的实现过程是：企业将信息发布在网站上成为以网页形式存在的信息源；搜索引擎将网页或网站信息收录到索引数据库；用户利用关键词进行查询和检索；检索结果罗列相关的索引信息以及链接URL；用户选择有兴趣的信息并点击URL进入信息源所在的网页，从而完成了企业从发布信息到用户获取信息的全过程。由于大多数网民的检索习惯仅仅是关注搜索结果的前几页，如果企业信息出现的位置比较靠后，被用户发现的概率就很低，因此尽量让网站信息出现在搜索结果中比较靠前的位置。

（三）搜索引擎营销的基本模式

搜索引擎营销的基本模式主要包括：免费登录分类目录、付费登录分类目录、搜索引擎优化、关键词竞价排名、固定排名、购买关键词广告等。

1. 免费登录分类目录

免费登录分类目录是传统的网站推广手段。由于目前大多数搜索引擎都开始收取费用，免费登录分类目录的营销效果已经不尽如人意，以当前的发展趋势，这种方式已经逐步退出网络营销的舞台。

2. 付费登录分类目录

付费登录分类目录是当网站交纳相应费用之后才可以获得被收录的资格。固定排名服务是在付费登录基础上展开的。此类模式与网站本身的设计基本无关，主要取决于费用，但其营销效果也存在日益降低的问题。

3. 搜索引擎优化

搜索引擎优化（Search Engine Optimization，SEO）是按照一定的规范，通过对网站功能和服务、网站栏目结构、网页布局和网站内容等网站基本要素的合理设计，增加网站对搜索引擎的友好性，使得网站中更多的网页能被搜索引擎收录，同时在搜索引擎中获得较好的排名，从而通过搜索引擎的自然搜索尽可能多地获得潜在用户。

4. 关键词竞价排名

竞价排名即网站缴纳费用后才能被搜索引擎收录，费用越高者排名越靠前。竞价排名服务是由客户为自己的网页购买关键词排名，然后按点击计费的一种服务。通过修改每次点击付费价格，用户可以控制自己在特定关键词检索结果中的排名，也可以通过设定不同的关键词捕捉到不同类型的目标访问者。

5. 固定排名

固定排名是一种收取固定费用的推广方式，企业在搜索引擎购买关键词的固定排位，当用户检索这些关键词信息时，企业的推广内容就会出现在检索结果的固定位置上。这种方式可以避免非理性的关键词价格战，但当某一关键词变成"冷门"时，可能会造成企业资源浪费。

6. 购买关键词广告

购买关键词广告即在搜索结果页面显示广告内容，实现高级定位投放，用户可以根据需要更换关键词，相当于在不同页面轮换投放广告。关键词广告显示的位置与搜索引擎密切相关，有些出现在检索结果的最前面，有些出现在检索结果页面的专用位置。

（四）搜索引擎营销策略

1. 关键词的选取策略

用户在搜索引擎主要通过搜索关键词来查找相关信息，因此关键词的选择很重要。要从企业营销传播和客户需求两个角度来选择那些涵盖企业所有业务范围的关键词，同时还要选择那些突出企业核心业务、核心产品、核心竞争能力的关键词。由于消费者的个体特征和需求定位存在差异，对同一类产品有需求的客户，他们的搜索用词和关注度分布会有很大区别。

关键词的选取策略具体有：①从客户需求出发来选择关键词。因为客户并不关心你和你的产品，只会关注自己需要什么。②以客户为导向。站在客户的角度考虑，如果客户有这方面的需求他们会如何表达。③以线索为导向。如果客户隐约知晓产品的相关信息，他们会怎么进行企业搜索。④具有专业性。要符合专业或者行业规范用词习惯。⑤具有相关性。从客户需求和专业角度来考虑产品使用过程的相关性。所以，如何设置符合用户搜索习惯的关键词很重要。⑥参考企业的历史数据。企业可以从过去的搜索引擎投放数据中分析出关键词的点击量、点击率、点击成本以及访问到页面的转化率等，然后通过关键词的优化、组合等方式来考虑关键词的选取。⑦观察企业竞争对手的关键词设置。企业可以通过查看竞争对手的网页来观察其关键词的设置，帮助选择恰当的关键词，对关键词的优先等级进行分类。

2. 搜索引擎优化策略

（1）关键词的优化。在网站首页标题中设置与公司所提供服务或产品相关的关键词，尽量避免使用宽泛或通用的词语，要采用体现该网页内容的核心词汇。而且企业在设置关键词的时候要把握模糊度与精确度适中的原则，保证搜索引擎能够准确、方便地检索到企业的相关信息。

（2）网站内容与网页结构优化。企业网站的内容和总体结构是影响客户访问体验的两个重要因素，因此，企业要做好以下几点：设置丰富且有效的关键词来凸显网站的核心内容，做好网站栏目结构规划和导航系统规划，合理设计网页标题和布局，避免长文本页面，慎用语音。由此形成高效简洁的页面，提高搜索引擎的友好性，改善用户体验，从而提升企业网站在自然搜索中的排名。

有统计显示，约90%的点击都发生在搜索结果的首页。如果能将信息放在首页，将会大大增加被点击的概率。企业在做关键词链接时，不一定要争抢放在首位，但是否出现在首页很重要。

3. 搜索引擎推广策略

一方面，选择适合企业发展的搜索引擎载体。不同的搜索引擎载体有着不同的特点和优势。因此，企业除了选择百度和谷歌等综合性搜索引擎之外，还应该根据企业自身发展的需求、潜在客户的特征等因素考虑其他合适的搜索引擎载体。例如，外向型企业可能会优先选择谷歌、阿里巴巴、雅虎、MSN等，一般企业可能会优先选择百度、搜狗、谷歌等，服装、日常生活用品企业可能会优先选择淘宝网等，餐饮类企业可能会优先选择大众点评网等。另一方面，进行网站合作推广。交换链接与交换广告是网站合作推广最常用的两种方式：其一，企业可以通过登录高质量的分类目录网站或者与合作伙伴之间进行网站交换链接来提高网站的外部链接数量、链接广度和链接质量，从而获得更多的访问量，提高企业在行业内的认知度、认可度以及在搜索引擎中的排名；其二，企业还可以与互补性的网站交换广告，利用对方的网络流量来获得新的访问人群。

三、社交媒体营销

社交媒体（Social Media），也称为社会化媒体，是指允许人们撰写、分享、评价、讨论、相互沟通的工具平台，在这些社交平台上，可以积极参与话题、分享、转发、发表行业见解、解决行业难题，让越来越多的行业人士成为你的粉丝。社会化媒体主要是指一个具有网络性质的综合站点，而它们的内容都是由用户自愿提供的，而不是直接的雇佣关系。这就需要社交思维，而不是传统思维模式。社会化媒体的崛起是近些年来互联网的一个发展趋势。随着脸书、推特等社交网络的繁荣发展，企业开始踏入互动式的关系导向型营销时代。不管是国外的脸书和推特还是国内的博客或微博，都极大地改变了人们的生活，将人们带入了一个社交网络的时代。

（一）社交媒体营销的含义

社交媒体营销有两种含义：一种是这些媒体营销自己，另一种是其他公司利用这些媒体营销自身的产品。跨境电子商务社交媒体营销主要是指第二种——利用社交媒体营销推广企业的产品或者品牌。利用网络社交媒体进行营销以成本低、能够锁定目标客户、交互性强、信息反馈完整等优势，受到很多跨境电子商务企业的欢迎。

（二）社交媒体平台的选择

社交媒体平台非常多，但是每个社交媒体平台都有自己的特点。跨境电子商务企业在选择社交媒体平台的时候，要考虑多方面的因素，集中做一个或几个平台。

1. 要定位自己产品的所属的行业

平台越多，企业能分享的内容类型也就越多，这样不仅可以接触更多的受众，还能使分享的内容更多样化。但是企业必须确立传播什么类型的内容，再根据内容的类型选择合适的平台。并不是所有的平台对某个特定的行业都适用。像时尚、美容、晚餐这些靠视觉驱动的行业，对这类的商家来说，可能 Instagram、Pinterest、Snapchat 等平台更加适用一点。如果以文字为主，或者图文结合解释推广的产品，如 3C 电子产品之类的，就比较适合选择推特等。因为他们可以在推特上展示自己的文本内容，引导用户进入他们的网站。如果经营的产品是可以用图片展示来表现产品优势的，那么以图片为主的 INS、Pinterest 之类的社交媒体平台就很适合跨境电子商务做营销。

2. 充分考虑产品的目标受众

跨境电子商务活动中，无论用什么推广工具，定义目标客户群体都很重要。社交媒体的选择也要根据目标受众群体的偏好来决定，因此需要考虑的是目标受众喜欢使用哪个社交媒体平台。如果目标受众根本都不使用 Vine，那你在上面再活跃也没多大意义。例如网站上的产品手中是大龄人群，那么新潮的社交媒体就可能并非适合他们，在这类型的平台上推广产品可能找不到卖点。

3. 大型的社交媒体网站并不是唯一选择

众所周知，世界上最出名的社交媒体平台主要有脸书、推特等，这些知名的社交媒体称为跨境电子商务进行社交媒体营销的首选。但是实际运营中，也不能忽略一些小众平台的优势。一些小众网站如本地社交网站或者论坛，因为用户属性集中，因此比较容易进行针对性的推广，竞争也相对不那么激烈。互联网时代适合跨境电子商务产品的社交媒体营销平台其实是非常多的，因此跨境电子商务企业不要忽略了小众平台。小众平台有小众平台的优势，虽然用户量可能没那么大，但是它们定位一般比较准确，而且可能是某一领域内的专业平台等。

【知识链接】

各大社交媒体介绍

1. 脸书

作为全球最大的社交网站,脸书每月活跃用户数高达 13 亿人。此外,大约有 3000 万家小公司在使用脸书,其中 150 万家企业在脸书上发布付费广告。当前,跨境 B2C 大佬兰亭集势、DX 等都开通了脸书官方专页,脸书受到了越来越多跨境电子商务从业者的关注。

2. 推特

推特是全球最大的微博网站,拥有超过 5 亿名注册用户。虽然用户发布的每条"推文"被限制在 140 个字符内,但却不妨碍各大企业利用推特进行产品促销和品牌营销。例如,在 2008 年圣诞购物期间,Dell 仅通过推特的打折活动就获得百万美元销售;再如,著名垂直电商 Zappos 创始人谢家华通过其推特的个人账号与粉丝互动,维护了 Zappos 良好的品牌形象。2014 年 9 月,推特推出了购物功能键,这对于跨境电子商务来说无疑又是一大利好消息。

3. Tumblr

Tumblr 是全球最大的轻博客网站,含有 2 亿多篇博文。轻博客是一种介于传统博客和微博之间的媒体形态。与 Twitter 等微博相比,Tumblr 更注重内容的表达;与博客相比,Tumblr 更注重社交。因此,在 Tumblr 上进行品牌营销,要特别注意"内容的表达"。例如,给自己的品牌讲一个故事,比直接在博文中介绍公司及产品效果要好很多。有吸引力的博文内容,很快就能通过 Tumblr 的社交属性传播开来,从而达到营销的目的。

4. YouTube

YouTube 是全球最大的视频网站,每天都有成千上万的视频被用户上传、浏览和分享。相对于其他社交网站,YouTube 的视频更容易带来病毒式的推广效果。因此,YouTube 也是跨境电子商务中不可或缺的营销平台。开通一个 YouTube 频道,上传一些幽默视频吸引粉丝,通过一些有创意的视频进行产品广告的植入,或者找一些意见领袖来评论产品宣传片,都是非常不错的引流方式。

5. Vine

Vine 是 Twitter 旗下的一款短视频分享应用,在推出后不到 8 个月的时间,注册用户就超过了 4000 万名。用户可以通过它来发布长达 6s 的短视频,并可添加一点文字说明,然后上传到网络进行分享。对于跨境电子商务,显然也应该抓住这样的一个免费平台,即可以通过 Vine 进行 360°全视角展示产品,或利用缩时拍摄展示同一类别的多款产品,也可以利用 Vine 来发布一些有用信息并借此传播品牌。例如,卖领带的商家可以发布一个打领带教学视频,同时在视频中植入品牌。

6. Pinterest

Pinterest是全球最大的图片分享网站，其网站拥有超过300亿张图片。图片非常适合跨境电子商务网站的营销，因为电商很多时候就是依靠精美的产品图片来吸引消费者。卖家可以建立自己的品牌主页，上传自家产品图片，并与他人互动分享。2014年9月，Pinterest推出了广告业务。品牌广告主可以利用图片的方式，推广相关产品和服务，用户可以直接点击该图片进行购买。Pinterest通过收集用户个人信息，建立偏好数据库，以帮助广告主进行精准营销。

7. 其他

社交媒体营销的范围很广，除了以上渠道之外，还有论坛营销、博客营销、问答社区营销等。这三类社区尤其适合有一定专业门槛的产品，如电子类、开源硬件等。主打3C电子产品的DX，起家时依靠的正是其创始人高超的论坛营销能力。此外，如果你的目标人群是毕业生或职场人士，全球最大的商务社交网站LinkedIn将是一个不错的选择；Google+作为全球第二大的社交网站，将社交和搜索紧密结合，也越来越受到营销者的青睐。

（资料来源：根据互联网资料整理。）

（三）社交媒体营销策略

1. 精准定位

首先，企业应该明白自己的定位和目标群体，不同的社交平台有着不同的用户群特征，企业第一步就要根据自身定位和客户群特征来判断和选择适合企业的社交平台，客户群体在哪里，企业就应该在哪里。由于社交媒体具有强烈的交互能力，所以当一个人对一个活动的参与度越高时，记忆就越深刻。因此要整合内容营销和社交媒体方案，明确内容的目标受众，然后围绕目标受众提供有价值的内容。

2. 内容为本

在社会化媒体营销观念下，营销的内容变得更加重要。无论媒体再怎么发展，都只是辅助手段，最重要的还是策划营销内容，再以不同的方式展现出去。从各门户中微博的转帖转摘的流行来看，粗制滥造的内容无人分享，好的内容会传播得更广泛、更便捷。而内容创造不在于内容制作上多么强大，而在于是否能够产生一个足够的创意点。一个成功的社会化媒体活动的最基本原则就是内容互动和真实。因此，社会化媒体上的信息必须真实，与用户就内容进行互动，分享有用的信息，提供"一条龙"的客户服务。如果能够给顾客提供真实、有价值的信息，客户会保持忠诚度，最终取得一个很好的口碑传播效果，而这就是社会化媒体所能带来的切实利益。

3. 整合营销

社交媒体的营销并非想象中那么简单——建个账号、发发新闻，这些远远不够。从账号矩阵的建立、内容的规划、互动反馈机制的建立以及危机公关等，都需要企业进行详细的分析规划。通过详细的规划，使品牌的定位、媒体平台的选择符合品牌特征。社交媒体的最大价值在于互动性，体现在影响力和口碑价值上。既然互动就有两面性，正面、积极的互动能够提升品牌价值，但负面、消极的互动只能令品牌价值贬值。如何引导好积极的互动、控制好消极的互动是社会化媒体营销永恒的话题，一般企业很难做到尽善尽美，就连知名企业也难免会有失误。因此，社交媒体营销只是一种辅助手段，不能独立支撑起品牌的塑造和推广，需要配合系统的营销管理体系，建立全面的营销策略，并长期维护下去，一定会为企业带来价值。

4. 数据监测

实时的监控和定期的数据分析是必不可少的。企业需要有一套监控机制来服务，找到关心的问题和相关人物：哪些客户在社交网络上提到了自己？他们对品牌的评价如何？哪些人是最关心自己的，他们是否有消费的需求？企业需要找到这些内容，并加以回馈。但通过社会化媒体营销提供的数据，只能是转载量、评论量、搜索量，其质量和效果其实是比较难以监测和定论的。因此，定期的报告和总结也是推动企业社会化营销的关键，互联网上的信息千变万化，企业的营销策略也应该与之相适应。企业更需要加强建立监控和反馈机制，或采取技术手段支撑，来实现精准营销。

四、短视频营销

近年来，随着移动网络的不断完善和智能手机的快速发展，短视频作为移动端使用频率颇高的新媒介，呈现爆发式的增长。刷朋友圈、刷微博、看抖音、上脸书、上YouTube等，短视频深受国内外广大网民的喜爱和诸多线上商家的青睐，因此，短视频的用户规模增速远远超过移动互联网的其他垂直细分领域。我国第47次《中国互联网络发展状况统计报告》数据显示，截至2020年12月，我国网络视频用户规模达9.27亿名，占网民整体的93.7%；其中，短视频用户规模为8.73亿名，占网民整体的88.3%。而在YouTube和脸书上，每天有70多亿个视频被观看。随着移动时代下短视频媒体平台的迅速兴起，基于短视频平台的营销工具也日益丰富和成熟。

1. 短视频营销的定义

与文字和图片内容相比，视频内容由于其信息量更大、展示更形象、表达更生动、接收更简单等优点,成为网民最喜爱的内容形式。对于短视频,社交媒体和数字营销内容与招聘平台 Social Beta 将其定义为"短视频是一种视频长度以秒计数,主要依托于移动智能终端实现快速拍摄与美化编辑,可在社交媒体平台上实时分享和无缝对接的一种新型视频形式"。由此看来,顾名思义,短视频即短片视频,目前在社交媒体平台运用比较多的短视频大多时间都控制在 30s 以内,借助于抖音、微信、脸书等社交媒体平台,实现病毒式快速传播。在短视频概念的基础上,本书把短视频营销定义为借助于短视频的媒介形式开展营销活动的一种社会化媒体营销方式。

2. 短视频营销的特点

(1)传播速度快。随着生活节奏的加快,越来越多的群体习惯利用碎片化的时间来接受相关的信息和资讯。毋庸置疑,短视频更符合当今快节奏时代的时间碎片化场景需求。因此,企业使用短视频作为与用户交流的工具和载体更容易被互联网受众所接受,从而实现品效合一的传播效果。另外,相关研究数据表明,人的大脑处理可视化内容的速度要比纯文字内容快 6 万多倍。这就意味着与传统的图片和文字内容相比较,人的大脑更乐于接受短视频。人们通过碎片化的时间来浏览短视频,充分利用互联网的群体优势,让短视频具备了病毒性传播的能力,引起广大网民的关注、点赞和转发,迅速达到大面积传播的效果。与此同时,各类短视频平台还积极地和新浪、今日头条等具有超大用户基础的自媒体平台进行合作,吸引更多的流量,实现强强联合,进一步推动了短视频的快速传播,达到更好的营销效果。

(2)互动性高。短视频具有天然的社交属性和互联网特质,因此高互动性是短视频营销的一个重要特点。几乎所有的短视频都可以通过弹幕、评论、分享进行社交互动,开展双向甚至多向的互动交流。这种及时互动的特点可以让商家迅速获得用户反馈并有针对性地进行内容调整。与传统媒体相比,短视频正在构建一种新型的媒介关系,改变了过去传媒单向传播的特点,转向了更加及时和深入的互动,提升观看短视频的趣味性,增加短视频用户的黏性。短视频营销充分抓住了用户猎奇的心理,不断去接受新事物,而且去分享和转发短视频,甚至去模仿视频,无形中再次提高视频的宣传效果,达到短视频营销的目的。

(3)表达力强。在内容营销时代,讲述情怀、引发共鸣成为内容营销的新趋势。与图片和文字内容相比,短视频内容集合声音、动画、表情、语言等为一体,更具有视觉冲击力,可以让用户更真切地感受到短视频传递的情感共鸣,延伸人们的空间想象力,因此成为表达力更强的内容营销媒介。对短视频的观众来讲,人们观看视频时心情放松,对视频内容的兴趣增强,心理上对广告的排斥力减少,从而让产品和品牌形象潜移默化地进入消费者的大脑,达到短视频营销的最佳效果。

3. 短视频营销策略

（1）坚持内容创新。短视频能够快速受到广大网民的青睐，其主要原因在于其原创制作、内容新奇、互动简单、主动转发，并且极大地满足了用户娱乐、新奇的心理。艾瑞咨询的数据显示，近半数的调查受访用户看重新媒体营销广告内容是否具有趣味性，38.0%的受访用户关注广告内容的创新性。因此短视频营销一定要坚持内容创新，充分挖掘优质的创意，才能吸引用户的持续关注，达到良好的营销传播效果。

另外短视频"短"的特点适应了快节奏、碎片化的使用场景，更易于观看和传播，于此同时也增加了视频内容的挑战。用户对优质内容的热情和转发会带来更高的传播价值，这也迫使短视频营销在内容的趣味性、创新性、互动性等方面寻求突破，从而让短视频营销的内容更加精良。

（2）注重场景融合。短视频能够快速被观众接受并喜爱的主要原因不仅仅是为消费者传递有价值的信息，更重要的是为观众创造了相互沟通和交流的生活化情境，让消费者参与到互相陪伴、情感互联的情境中。这是一种新的传播方式，也透射了新的文化形态。短视频能否深度融合观众的使用场景、引起观众的情感共鸣决定着短视频营销能否达到良好的传播效果。因此，短视频在内容制作时要注重产品的应用场景，引发用户亲自体验的冲动，激发用户的购买欲望。

短视频的用户群因兴趣而聚类，由于用户共同关注同一类视频内容而形成新的细分群体，因此短视频营销的目标客户群体十分精准。面对特定的目标用户，短视频的内容不仅仅是向用户传递信息，更重要的是通过有价值的、能够引起观众情感共鸣的内容，融合使用场景，实现品牌传播和短视频营销。

【知识链接】

跨境电商短视频制作注意事项

1. 展示产品生产流程，操作流程，性能测试

产品生产流程视频主要是向消费者展示产品如何被开发和制造出来的，视频中可以包括一些制作的特写镜头。对于产品的操作流程，使用视频来展示，远远比图文展示更形象具体，也更具模仿性。这对某些操作流程复杂的产品具有很好的辅助销售的效果。

2. 对比不同产品的优劣

展示产品之间优劣对比的视频适用于新旧产品的对比。因为商家推出新产品时，消费者在没有充分了解新产品的情况下，可能还是愿意选择使用熟悉的产品。

3. 展示产品应用场景

展示产品应用场景的视频，就是让客户看到产品在什么时间（When）、什么地点（Where）、周围出现了什么事物时（With What）、什么用户（Who）萌发了某种欲望（Desire），会想到通过你的产品来满足欲望的场景。这样的短视频能够引发客户的遐想，并勾起客户想要亲身体验的冲动，这时候客户的购买欲就会大大增强。

4. 短视频最佳时长为60s

跨境电商在制作短视频时，视频时长要控制好。短视频营销比较适合用在社交媒体上，60s左右的视频不会浪费观看者过多的时间，也不会因为视频容量过大而难以加载。60s左右时间，能够获取客户最有效的注意力，也给客户最佳的观看体验，提升营销效果。

5. 尽可能使用真人，但不能随便用

在短视频中，展示产品的操作流程、性能测试等，应该尽可能使用真人，因为观看者本身就是人，视频中出现人与产品的互动，拉近了人与产品的距离，更具有说服力。此外，视频中的人物最好选择目标市场当地的，给观看者一定的亲切感。

6. 配音本土化

短视频中的配音，如果可以，最好使用视频中人物本人的声音，当然也可以后期配音，但配音要是目标市场的官方语言。很多国家的语言有方言因此，要了解目标市场的官方语言，避免闹笑话。

7. 短视频营销注重连续性

短视频营销其实像SEO一样，讲究连续性与长久性，营销本来就是持久战。特别是在社交媒体上进行短视频营销，贵在坚持，只有这样才会逐渐被消费者关注并传播。

8. 做好客户互动与评论回复

短视频营销并不是将短视频散发出去让客户看到就好了。时刻关注客户的评论，并及时回复，与客户产生互动，增强客户的黏性与活跃度。

此外，定期做数据分析，包括短视频点播的高峰期是什么时间、哪些类型的视频更受欢迎、客户对短视频都如何评价等，根据分析结果优化短视频，提高短视频的营销效果。

（资料来源：雨果网，https://www.cifnews.com/article/50361。）

习题

一、名词解释

1. 网络消费者

2. 搜索引擎营销

3. 搜索引擎优化

二、选择题

1. 实地调研常用的调研方法有（　　）。

   A. 询问法　　　B. 观察法　　　C. 实验法　　　D. 文献法

2. 爆款产品毫无疑问就是非常火爆的产品，（　　）是它的具体表现。

   A. 高流量　　　B. 高曝光量　　　C. 高订单量　　　D. 高价格

3. 网络促销的作用主要表现在（　　）。

   A. 告知功能　　　B. 说服功能　　　C. 反馈功能

   D. 创造需求　　　E. 稳定销售

4. 邮件营销的效果可以用（　　）等指标衡量。

   A. 打开率　　　B. 点击率　　　C. 顾客忠诚度　　　D. 转化率

5. 消费者购买过程中收集信息的来源主要有（　　）。

   A. 经验来源　　　B. 个人来源　　　C. 商业来源　　　D. 公共来源

三、判断题

1. 实地调研法是国际市场调研人员采用实际调研的方式直接到国际市场上搜集情报信息的方法。采用这种方法搜集到的资料是第二手资料。（　　）

2. 跨境电子商务的产品的选择方面，应该遵从知识产权保护原则，选择不侵权产品进行销售。（　　）

3. 跨境电商中，物流成本不仅关系到商品的周转效率，而且也能影响到商品的价格。（　　）

4. 社交媒体营销只是一种辅助手段，不能独立支撑起品牌的塑造和推广。（　　）

5. 社交媒体营销中，大型的社交媒体网站是最佳的选择。（　　）

四、简答题

1. 网络购物消费者购买决策过程分为几个阶段？
2. 网络消费者的特征有哪些？
3. 简述海外市场调研的必要性。
4. 简述跨境电子商务产品选择的方法。
5. 邮件营销中，如何设计邮件主题？
6. 搜索引擎营销的基本模式有哪些？

本章参考文献

［1］冯英健. 网络营销基础与实践［M］.4 版. 北京：清华大学出版社，2013.

[2] 凌守兴，王利锋.网络营销实务［M］.2版.北京：北京大学出版社，2011.

[3] 方美琪，潘勇.网络营销［M］.2版.北京：清华大学出版社，2013.

[4] 杨云峰.网络消费心理与行为研究［D］.北京：北京邮电大学，2008.

[5] 刘安华.跨境电商企业的自主品牌营销策略研究［J］.商场现代化，2015（32）.

[6] 王格格，张英.我国跨境贸易电子商务发展的相关研究［J］.科技经济市场，2015（8）.

[7] 陈环，谢兴伟.浅析跨境电商企业的自主品牌营销策略［J］.江苏商论，2015（7）.

[8] 张才刚.社交网络广告的传播逻辑与营销策略［J］.传媒，2014（15）.

[9] 陈婕.现行海淘模式中影响商品价格的因素以及未来趋势分析［J］.低碳世界，2015(18).

[10] 马艳丽.跨境电子商务产品的选择原则、方法与策略分析［J］.电子商务，2015（3）.

[11] 夏黎.论外向型企业的网络化营销管理［J］.中国商贸，2010（16）.

[12] 中国互联网络信息中心（CNNIC）.第45次中国互联网络发展状况统计报告［J/OL］.2020.4.

第 四 章
跨境电子商务物流

在跨境电子商务活动中，物流企业扮演着重要角色。跨境电子商务的快速发展为国际物流提供了新的、重要的发展契机；而国际物流作为跨境电子商务的重要组成部分，其业务水平的不断提升以及渠道的不断完善，对跨境电子商务的发展起到了重要的推动作用。因此可以说，跨境电子商务与国际物流之间是相互影响、相互促进、相互制约的关系。

伴随着跨境电子商务市场的迅速发展，作为第三方物流的快递企业与电子商务平台、电子商务企业的合作日趋密切，这些合作体现在企业处理、货件管理、服务创新、运输网络、海关通关、人力资源等诸多方面。相较于国内电子商务物流，跨境电子商务物流一直存在配送时间长、包裹无法全程追踪、不支持退换货，甚至会出现清关障碍和破损甚至丢包的情况。而消费者除了最关心的运输成本和交货时间问题，还普遍希望有完全的透明度和问责制。

从客户需求出发，物流依然是跨境电子商务运营中的关键环节。跨境电子商务企业是否能提供消费者所偏好的递送方式，将直接影响消费者的海外购物决定。

第一节 跨境电子商务物流概述

物流作为连通买卖双方的桥梁，在电子商务交易中发挥着重要的作用。与国内电子商务活动相比，跨境电子商务存在时间跨度大、空间距离远、范围覆盖面广等特点。因此，实现跨境电子商务中商品的有效流通，发展科学、合理的跨境电子商务物流就显得尤为重要。

在世界经济一体化和中国电商全球化的大趋势下，跨境电子商务不仅是国内外贸导向型企业扩大海外营销渠道的重要途径，更是通向全球市场的一条"高速公路"。然而，在跨境电子商务活动中，一方面，快速增长的市场需求催促我国跨境电子商务的高速发展；另一方面，我国跨境物流的成本高、时效慢、基础设施和运作水平较为滞后等因素又成为制约我国跨境电子商务快速发展的瓶颈。

物流作为供应链的重要组成部分，是对商品、服务以及相关信息从产地到消费地的高效、低成本流动和储存进行的规划、实施与控制的过程，目的是满足消费者的需求。跨境电子商务物流利用互联网技术，尽可能把世界范围内有物流需求的货主企业和提供物流服务的物流公司联系在一起，提供中立、诚信、自由的网上物流交易市场，促进供需双方高效达成交易，创造性地推动物流行业发展的新商业模式。而跨境电子商务物流的特殊之处就在于交易的主体分属于不同关境,商品要跨越不同的边界才能够从生产者或供应商到达消费者手中。

一、跨境电子商务与物流的关系

【案例 4-1】

跨境电商发展离不开跨境物流支撑(节选)

日前,国务院发布《关于同意在雄安新区等46个城市和地区设立跨境电子商务综合试验区的批复》(以下简称《批复》),《批复》指出,综合试验区建设,要按照鼓励创新、包容审慎的原则,在跨境电子商务企业对企业(B2B)方式相关环节的技术标准、业务流程、监管模式和信息化建设等方面探索创新,研究出台更多支持举措,研究将具备条件的综合试验区所在城市纳入跨境电子商务零售进口试点范围,支持企业共建共享海外仓。

国务院发展研究中心产业经济研究部研究员魏际刚在接受《中国经济时报》记者采访时表示,跨境电子商务发展离不开跨境物流的支撑,随着跨境电子商务综合试验区的扩大,跨境物流将迎来更大的发展机遇和挑战。下一步,如何做好跨境物流的战略布局,更好地服务于跨境电子商务发展的需要,值得进一步探索。

《中国经济时报》:

跨境电子商务的发展离不开跨境物流的支撑,跨境物流如何完善服务和管理体系,使之能为跨境电商综合试验区以及相关企业提供高标准的服务?

魏际刚:

随着跨境电子商务价值的实现和提升,对跨境物流提出了新的要求和挑战,需要跨境物流提供强有力的技术和服务支撑。为满足新需求,跨境物流需要建立国际和国内两张物流网,一是产品"走出去",二是产品"引进来"。

跨境电子商务离不开国际国内物流的支撑,需要国际和国内物流无缝对接,高效利用通关便利、国内物流网干线与支线、仓位、末端等都需要进行有效对接,各地区的物流体系、经营措施、服务能力,包括运输、仓储、配送、快递、邮政等方式都不一样。所以,建立强大、智慧、高效、便捷、安全的国内物流网,显得尤为迫切。

与此同时,国内各个地区要加快补齐"短板",完善本地区的物流配送体系,提高物流经营水平,加快物流信息化进程。让本地物流与电商联动发展,实现融合和有序对接,包括物品、信息、数字对接,能够使物流与电商形成良性互动。

国际物流方面要补齐"短板"。目前,国外仓储、配送、运输枢纽比较薄弱,需要加强对国外资源的整合和建设，做到点线、动静、线上线下、时空多方面相结合，未来跨境物流需要加强这方面合作。

我国目前跨境物流结构性矛盾突出，尚处于初级阶段和快速布局建设中，国际化、经营能力和服务水平达不到国外要求，还不能提供全球解决方案。

《中国经济时报》：

目前，我国跨境电商物流企业普遍面临物流配送慢、出境后货物追踪难度大、退换难、清关慢、易损件、丢包丢件等问题，如何解决？

魏际刚：

针对发展中的难点要分步解决，先解决突出矛盾和问题，根据国内高质量发展的要求和目标，对现有物流条件和资源进行评估，根据企业发展现状，完善相应政策，提升标准化。

运营企业自身要提高各种能力。一要提高以客户为中心的现代服务理念，贯彻用户至上的理念。二要加强资源整合和提高研究能力，要与农业、制造业、电商企业融合发展，特别是要加强与电商联动发展。三要研究数字化技术和标准，提高智能和信息化能力，把握产业动态。四要提高对市场的反应能力和价值增值能力，降低运营成本，提高运营效率，为用户提供更加便捷的结算方式。五要加强安全保障能力，建立仓储、绿色通道。六要增强国际化拓展能力，涉及人才、法律、政策等方面因素，要增加对国际市场的了解，提高在国际市场打交道的能力。

（资料来源：中国经济时报，2020年5月13日，记者/林春霞。）

在跨境电子商务3.0时代，物流因素已成为影响跨境电子商务发展的关键因素。

1. 跨境电子商务与物流相互依存

对跨境电子商务企业而言，物流是链条，是保障其运作的重要基础。跨境电子商务的实体流动过程都必须通过物流来完成，而不同的跨境电子商务模式适用于不同的跨境电子商务交易方式。多元化的跨境电子商务物流体系为降低物流成本、有效支撑跨境电子商务发展发挥了重要的作用。

2. 跨境电子商务与物流相互促进

一方面，物流的全球化服务极大拓展了跨境电子商务的市场发展范围。另一方面，跨境电子商务要求的物流全球化高效服务，对物流的多元化渠道整合提出了更高的要求，并对物流作业提出了标准化要求。高效的跨境电子商务物流会带来更低的物流成本和更好的物流体验。

从跨境电子商务与物流之间相互依存、相互促进的关系可以看出，物流的发展水平会影响跨境电子商务的发展，物流的发展对跨境电子商务有着极其重要的意义。

（1）物流是跨境电子商务的重要环节。电子商务的过程由网上信息传递、网上交易、网上结算和物流配送四个部分组成。其动态的完整运行必须通过信息流、商流、资金流、物流有机构成。不同于传统商务活动，电子商务的特殊性就在于，信息流、商流、资金流都是可以在虚拟环境下通过互联网实现的，唯独物流是不能完全通过网络实现的。尤其是跨境电子商务的物流受国界阻碍。只有"四流"畅通无阻，才能促使跨境电子商务发展。

（2）物流是跨境电子商务优势发挥的基础。物流包括仓储、分拣、包装、配送等环节，跨境电子商务的开展能够有效缩短供货时间和生产周期，简化订单程序，降低库存水平，同时使得客户关系管理更加有成效。与之相对应，物流水平的高效、畅通将会使跨境电子商务得到更好的发展，更易得到顾客的青睐与好评。

（3）物流系统不断升级发展直接关系到电子商务的效率与效益的提高。跨境电子商务独有的特征，使得许多中小企业无力承担海外仓储或运输的巨大费用。跨境电子商务企业一旦物流选择失误，会给企业带来巨大的成本支出，从而减少企业利润，降低企业效益。先进技术在物流运行系统中被采用，物流技术不断发展，物流系统不断升级，促进了物流业的迅速发展。其直接效果就是跨境电子商务企业能更快、更好地满足顾客的需求，大幅度提升产品交易量，提高电子商务的效率，同时，也增加企业效益。

二、跨境电子商务物流与传统物流的差异

跨境电子商务物流的运作流程一般包括境内物流、出境清关、国际物流、目的国清关与商检、目的国物流、目的国配送等。再从物流作业环节进行细化，则包括接单、收货、仓储、分类、编码、理货、分拣、转运、包装、贴标、装卸等，还会涉及支付、报关、纳税、售后服务、退换货物流等。该运作流程会涉及多个国家、多个物流企业，其复杂性要远超国内物流。为适应跨境电子商务发展需求，更好地服务于跨境电子商务，商业快递、邮政快递、国际物流专线、海外仓等跨境电子商务物流模式不断衍生出来。

跨境电子商务物流对物流的要求区别于传统物流，差异性主要体现在以下几个方面：

1. 运营模式的不同使得物流服务的要求发生改变

传统商业模式"少品种、大批量、少批次、长周期"的运营模式决定了传统物流的固化性和单一性。而跨境电子商务"多品种、小批量、多批次、短周期"的运营模式对物流的响应性和柔性提出了更高的要求。跨境电子商务网上交易后对物流信息的更新强调了库存商品快速分拣配送的原则，体现了跨境电子商务物流快速响应的特点，多元化物流渠道的选择也符合了跨境电子商务的柔性需求。

2. 物流功能性的附加价值不同

传统物流除了运输功能外，附加价值体现并不明显。跨境电子商务物流的附加值体现不仅

在于实现物品在空间上跨国境的转移，更强调了终端客户的时效体验以及物流成本在产品价格上的竞争优势体现。

3. 物流服务的层次不同

传统物流主要强调"门到门""点对点"的服务，而跨境电子商务物流强调物流的整合和全球化。

4. 对信息化和智能化的要求不同

传统物流的作业流程相对固定，对IT技术的重视程度和智能化程度低于跨境电子商务物流。跨境电子商务的物流、信息流、资金流以主动的方式推送给客户，并实时监控，因此"三流"的统一是跨境电子商务物流的本质要求。

跨境电子商务物流更关注以IT技术为核心对物流的全过程进行优化。各大物流服务提供商也都致力于开发领先的信息系统，以提供更全面、简单的物流信息操作模式，实现跨境电子商务的一体化和智能化。

三、跨境电子商务物流的特征

跨境电子商务物流的特征主要表现在以下几个方面：

1. 物流地域的国际化

跨境电子商务物流是典型的国际物流，是通过网络平台销售的物品从供应地到不同国家地域范围接收地的实体流动过程。

2. 物流反应的快速化

跨境电子商务要求国际物流上下游的物流配送需求反应的速度更加迅速。跨境电子商务物流对物流时效性提出的要求具体体现在：提前期和配送间隔越来越短，商品周转率和物流配送时效却越来越快。

3. 物流功能的集成化

跨境电子商务通过物流来集成供应链的不同环节，包括物流渠道与产品渠道的集成、不同物流渠道之间的集成、物流环节与物流功能的集成等。

4. 物流作业的规范化

跨境电子商务物流强调作业流程的标准化，包括物流订单处理标准化、物流渠道管理标准化等。这使得复杂的跨境电子商务物流作业流程转变成相对简单的、可量化的、可考核的物流操作方式。

5. 物流信息的电子化

跨境电子商务物流强调订单处理、信息处理的系统化和电子化，广泛采用 ERP 系统完成标准化的物流订单处理和物流仓储管理，便于考核物流渠道的成本和时效，并对库存积压、产品延迟到货、配送不及时等情况进行有效的风险控制。

四、我国跨境电子商务物流的发展

随着移动互联网和全球化的加速，数字经济蓬勃发展，作为外贸新业态的跨境电商产业近些年发展迅猛，年复合增长率高达约 30%。2019 年，我国跨境电商交易规模达到 10.5 万亿元。跨境电商物流作为服务于跨境电商产业链条的关键环节，占跨境电商的交易成本的 20%~30% 左右。按照我国跨境电商 10 万亿元的市场规模测算，跨境电商物流在我国的行业市场体量规模在 2 万亿~3 万亿元之间，市场发展空间巨大。

我国的跨境电商物流产业从 2008 年行业发展初期的 eBay 电商平台兴起。2010 年随着速卖通（AliExpress）的迅猛发展，从我国直接发货到海外终端买家手中的直发类物流小包需求不断攀升，而香港（地区）邮政和中国（内地）邮政面临短期内运能不足的情况，新加坡邮政、荷兰邮政、瑞典邮政、比利时邮政等数十家外国邮政通过代理模式登陆我国跨境电商物流市场。2013 年亚马逊平台进入我国市场招商力度的不断加大，工贸一体化的卖家比例不断增大，跨境电商品牌化趋势凸显，亚马逊 FBA（Fulfilment by Amazon）物流增长迅猛。2015 年开始，伴随着"一带一路"倡议的提出，越来越多的城市陆续开行了中欧班列，随着郑州、义乌等地中欧班列运邮项目的运行开通，越来越多的跨境电商邮政类包裹也搭上了中欧班列发往"一带一路"沿线国家。跨境电商卖家在不断追求时效和成本以及客户体验的最优配置。2016 年起，时效介于空运和普通海运之间的海运快船也日益兴起，典型的以美森航运（Matson）为代表的经我国的厦门、宁波、上海始发前往美国西岸长滩港的海运快船线路成了众多 FBA 货物追求时效和成本最优配置的良好选择。

国家相关政策的支持以及广大消费者消费需求的持续增长，跨境电子商务将继续实现跨越式发展。与跨境电子商务相辅相成的物流行业也必将迎来新的机遇与挑战。

1. 自建物流与第三方物流体系持续共存

跨境电子商务的发展，一方面是亚马逊、速卖通、敦煌网等跨境电子商务大平台的不断壮大，另一方面是专注细分市场的中小跨境电商的不断成熟，为了服务不同跨境电子商务企业，跨境电子商务物流也逐步分化，出现了自建物流和第三方综合服务物流。

市场的细分使得越来越多的中小跨境电子商务平台涌现出来,中小跨境电子商务平台的主要精力放在产品销售和客户维护方面,几乎不可能有充裕的资金去搭建自己的物流体系。对这类企业而言,第三方综合服务物流商不仅能为其提供跨境电子商务的仓储、运输、报关等传统物流服务,还能定制信息整合、采购、融资等增值服务,因此,第三方综合服务物流成为中小跨境电子商务平台的物流服务主体。

跨境电子商务大平台的自建物流在一定程度上会对第三方物流产生一定的影响,但如同在传统电子商务物流行业的发展一样,第三方物流会避开大平台自建物流的"锋芒",发挥自身的优势特点,从而使得行业分工进一步细化。在未来很长一段时期内,跨境电子商务大平台的自建物流与中小平台的第三方物流会持续共存。

2. 第三方物流与跨境电商平台在竞争与合作中平衡

与国内电商市场的发展历程相似,曾经在国内电商市场上出现过的一些现象,在跨境电商领域也渐有显现。跨境电商和跨境电商物流在一定程度上延伸了国内电商和国内电商物流的竞合关系。第三方物流和跨境电商平台官方物流竞争开始凸显。

2018 年亚马逊物流收入 427 亿美元,超越 DHL 成为全球最大的物流公司,但它还在鼓励员工辞职创业,开快递公司为亚马逊服务。国内的菜鸟体系越做越大;其他平台也在控仓、控干线以及一些核心的节点,试图自建或者整合出一套属于自己的跨境电商物流网络和体系。2018 年随着 Wish、Joom 等电商平台物流线上化进程的加速,被电商平台认可的物流渠道所对应的服务商体量规模不断壮大,不被认可的物流服务商则面临生存危机。不难看出,跨境电商平台在整个跨境电商物流的行业洗牌中有着举足轻重的作用。电商平台自建以及整合物流的趋势越发凸显。

当然,目前下结论说跨境电商平台决定了跨境电商物流行业的头部企业还为时过早,但未来影响跨境电商物流行业竞争的因素不仅仅是跨境电商卖家和跨境电商物流企业本身,还有平台这个最大的不确定性因素。

3. 跨境电商物流行业的集约化已来临

跨境电商物流行业的集约化进程已经开始,业内企业不断整合,不断扩大规模。总的来看,跨境电商物流行业的整合模式有以下几种:电商平台整合、行业纵向整合、网络平台整合和业务互补整合。

电商平台整合模式是以电商平台为主导,将不同类型的物流服务商整合其业务服务版图,如菜鸟。行业纵向整合模式是在行业上下游之间,卖家、物流服务商、境外服务商等之间的整合。网络平台整合模式是依托互联网平台化的工具,将线下资源搬到线上,通过一系列规则的制定,把线下具有不同局部优势的企业整合在一起,通过设计动态的股权架构和合理的进入退出机制,构建一张能辐射全球的跨境电商物流网络。业务互补整合模式通常是在行业内部整合,如境内外的互补整合、直发的和仓发的互补整合,也包括外国邮政通过投资入股一些国内的跨境电商专线企业。

4. 智慧物流或成跨境电商物流未来趋势

随着跨境电商市场竞争日趋激烈,卖家的利润越来越薄。2019年年末,万国邮联国际小包终端费改革,对于整个跨境直邮市场产生了很大冲击,跨境电商卖家直发类物流渠道成本上涨已经是大势所趋。降低物流成本、提高物流效率,成为跨境电商行业当务之急。而智慧物流或将成未来跨境电商物流发展的前进方向。

基于提高效率、降低成本的目的,IBM在2009年提出了建立一个面向未来的具有先进、互联和智能三大特征的供应链,通过感应器、RFID标签、制动器、GPS和其他设备及系统生成实时信息的"智慧供应链"概念,随后"智慧物流"的概念由此延伸而出。

AI应用、无人驾驶、5G技术、生物识别……汹涌而来的数字化、智慧化浪潮正在勾画全新的物流生态系统。除了疏通跨国境、跨地域的派件限制,近年来跨境物流高时效、信息化、智慧化升级也渐入佳境。对于跨境电商智慧物流的发展,首先,物流中最散小环节将最先被智慧化,然后再逐步瓦解互联程度低、组织化程度高的环节;其次,机器人、自动感应、自动分拣等技术有助于跨境电商物流产业基础运营链升级;最后,数据的应用将实现物流运输作业的效率与准确率,并提高管理效率。

5. 跨境电子商务物流人才专业化要求越来越高

跨境电子商务模式的多样化促进了跨境电子商务物流服务市场的细分,行业的人才需求也从传统粗放型向专业化程度高的集约型转变。不论服务于是跨境电子商务大平台的自建物流还是中小平台的第三方综合物流,跨境电子商务物流人才的需求量都将不断增大,对专业的要求也会越来越高。跨境电子商务物流人才是复合型物流人才,这是跨境电子商务行业发展的必然趋势。

【案例4-2】

菜鸟全球网络再扩大 跨境物流战持续升级

3月22日消息,菜鸟、速卖通与西班牙邮政在马德里签署新的战略合作协议,三方将着力促进中欧跨境物流再提速,推动中国和欧洲的中小企业更便捷地参与全球跨境贸易,加快实现"全球72小时必达"。

根据最新协议,三方将共同提升中欧之间的跨境物流服务能力,为阿里巴巴旗下跨境电商零售平台速卖通提供仓储、货物分拣、干线运输和"最后一公里"配送等服务，并从技术上优化流程，缩短欧洲消费者购买中国商品的时间。在"最后一公里"配送服务中，西班牙邮政开拓了多种交付方式，其中包括了有5000余个自提柜都可用作包裹签收。

近几年来，随着国内电商需求增长相对放缓，众电商物流企业纷纷着手开拓新市场，把目光转向海外战场。就在上月，菜鸟就透露，集团已同俄罗斯邮政达成了新的战略合作。菜鸟提供的无忧物流、超级经济、特货专线、海外仓四大出口物流解决方案将与俄罗斯邮政实现紧密对接。

本月月初，其中欧班列首条跨境电商专线"菜鸟号"也正式开通，由郑州驶向比利时列日，每周运行两班。在中欧班列抵达列日后，菜鸟将联合在全欧的数十个合作伙伴将货物送至波兰、法国、捷克等28个国家。去年12月，菜鸟还宣布在列日建设一个智能物流中枢eHub。

如今，菜鸟搭建的物流网络已经吸引全球3000多家物流企业参与其中，与中国（内地）邮政、英国皇家邮政等全球主要国家的邮政网络达成了战略合作。其eHub也已相继在杭州、香港、吉隆坡、迪拜、莫斯科等地完成了落地。

与此同时，"老对头"京东也正在致力于搭建全球智能供应链基础网络（GSSC），并在2018年完成了首趟中欧班列电商物流专列的开通、全球仓储网络的全面升级等举措。今年1月，京东物流还与同济大学中德职业教育联盟联合发起"海外人才计划"，聚焦跨境物流领域的人才培养。

而就快递企业龙头顺丰来说，其以55亿元收购国际物流巨头DHL部分供应链业务的交易也已顺利完成，双方联名品牌"顺丰敦豪供应链中国"在本月完成了公开亮相。此外，还有网易考拉携手万科物流，宣布将成立合资公司携手推进跨境电商仓储布局，计划将进一步在仓储运营、物流配送以及新消费领域展开合作；心怡科技与罗宾逊全球物流达成合作，加码跨境物流"战场"等。

目前，跨境电商物流领域确实规模巨大，市场上也热闹非凡。但总体来看，由于国际贸易环境及各方政策的变动，跨境物流整体环境也一直处于一个不稳定的状态。且行业发展仍处于粗放时期，尚存在着诸多难点亟待攻破，譬如首当其冲的成本过高以及运输时长、服务能力和便利性等方面的问题。还有，在跨境物流的海外仓落地上，也尚有着信息技术水平不完善和多文化管理困难等阻碍。

（资料来源：电商报，2019年3月22日，文/陈秀。）

第二节　跨境电子商务物流管理

跨境电子商务物流是一种典型的国际物流。从广义理解，国际物流就是发生在不同国家之间的物流，其实质是按国际分工协作的原则，依照国际惯例，利用国际化的物流网络、物流设施和物流技术，实现货物在国与国之间的流动与交换，以促进区域经济的发展和世界资源优化配置，充分发挥国际物流资源的作用与效率。

跨境电子商务物流是跨境电子商务活动的重要组成部分，其总目标是为跨境电子商务的贸易行为和跨国经营而服务。这就意味着跨境电子商务物流不仅要完成货物运输、实现物品空间上的跨境转移，更应从物流管理以及供应链管理的角度对物流服务进行全面评估。

一、跨境电子商务物流管理概述

跨境电子商务物流管理是以系统论、信息论和控制论为基础，应用管理的基本原理和科学方法，对跨境电子商务的物流活动进行计划、组织、协调、控制和监督，使各项物流活动实现最佳的协调和配合，以降低物流成本，提高物流效率和经济效益。相较于传统的国内电子商务物流，跨境电子商务对其物流服务有更高的质量、效率、标准化和效率等方面的要求。

（1）立足于物流本身的服务性原则，跨境电子商务物流管理的核心仍然是对其物流活动全过程的协调与控制，尽最大可能规避国际物流的风险，通过高效、优质的物流服务体系，为客户提供满意的物流体验。

（2）从系统论观点以及供应链管理思想出发，跨境电子商务物流其自身既是一个复杂系统，同时又是跨境电子商务的一个子系统。这就使得跨境电子商务物流不仅要追求自身效益最大化，更要致力于其服务的跨境电子商务整体供应链效益最大化、成本最低化以及资源配置合理化。这必将给跨境电子商务物流的协调带来巨大的挑战。

（3）标准化是物流效率的应有之义。跨境电子商务物流操作的重复性和常规性充分体现在物流订单处理、包裹状态跟踪、财务报表分析、KPI（Key Performance Indication，关键业绩指标）考核等诸多方面，对这些流程的标准化管理有助于实现跨境电子商务物流自动化和智能化的实现，从而提高物流效率。

二、跨境电子商务物流成本管理

经济学原理告诉我们，价格决定需求。跨境电子商务企业的产品最终销售价格是以产品成本、交易成本以及物流成本为基础。跨境电子商务物流成本作为产品最终销售价格的重要组成部分，将在很大程度上影响客户体验，从而影响跨境电子商务的发展。

各跨境电子商务平台对单品 SKU（Stock Keeping Unit，库存量单位）的排名主要是销售价格和销售量。商家要追求产品的价格优势，就需要控制产品的采购成本，物流成本的控制也是重点。跨境电子商务物流除了会以成本的方式表现出来，还直接影响到顾客的产品体验。物流始终追求的目标是在满足顾客满意度的前提下成本最小化；反之，顾客体验差、物流成本高将严重制约跨境电子商务企业的发展。

（一）影响跨境电子商务物流成本的因素

从传统物流来看，产品的特性、产品的重量以及运输的距离等三个方面是影响运输成本最重要的因素。同样，它们也必然影响跨境电子商务物流的成本。此外，结合跨境电子商务物流以小包裹为主、追求实效性的特点，影响跨境电子商务物流成本的因素主要包括：

1. 产品的性质

从物流的运输方式来看，不同物流运输方式各有其自身的优缺点，适用的对象也各不相同，产品性质的不同会影响运输方式的使用。从物流渠道来看，不同物流渠道对其产品属性可能会有不同的要求。例如，很多物流渠道都对违禁品的发运做了严格的限制；有些物流渠道对带电池产品的运送有限制要求，不能寄送电子产品如手机、平板电脑等带电池的物品。

对于跨境电子商务物流而言，产品的性质是不可改变的，产品的性质将决定其可能选择的物流渠道、物流方式，进而在一定程度上也决定了成本。

2. 产品的重量

跨境电子商务产品的包裹典型的特征就是小而散，80%左右的包裹重量都在2kg以内。大部分跨境电子商务物流服务商对包裹的重量限制也是以2kg为限。因此，对大部分跨境电子商务商家而言，邮政小包就成了他们的首选物流模式，该方式资费相对较低，商家甚至可以通过免运费的方式扩大销售。

对重量超过2kg的物品，跨境电子商务的商家可以选择其他商业快递渠道或各类物流专线，这些方式资费相对较高，但重时效，可以为顾客提供更好的产品物流体验。

3. 产品的体积

大部分跨境电子商务物流服务商，尤其是商业快递和物流专线，都会对寄送产品的体积有限制，并计算产品的体积重量，这与航空货物运输的要求是一致的。对于轻泡货物来说，其重量小体积大，在实际计费时按体积重量计重。

通用的体积重量计算公式为

$$体积重量(kg) = \frac{长(cm) \times 宽(cm) \times 高(cm)}{5000(cm^3/kg)}$$

需要注意的是，不同物流服务商对体积重量的计算方式略有不同，区别在于各物流服务商对轻泡货的界定标准不同。绝大多数物流服务商是以$5000cm^3/kg$为标准。

4. 物流妥投的时效

物流的时效性也反映在物流成本上。一般而言，物流的时效与价格也是成正比的。因此，产品样品、高价值产品以及对时效要求高的产品在选择物流渠道时,要有更高的时效保障。相应来说,这类产品的物流成本也相对较高。

(二)跨境电子商务物流成本控制

"冰山一角"理论是物流成本管理最基础的理论之一,该理论同样适用于跨境电子商务环境。在跨境电子商务1.0时代和2.0时代,最大的竞争来自货源与客源,谁拥有了资源,谁就有了竞争优势。在这个阶段,跨境电子商务企业对物流成本的控制是缺失的。因此,物流成本成为跨境电子商务整体成本的冰山一角。进入到跨境电子商务3.0时代,曾经的蓝海不再,要在激烈的竞争中继续保持优势,物流成本的控制迫在眉睫。

在跨境电子商务的整体成本构成中,物流成本通常占销售额的20%左右。跨境电子商务企业如果能够有效降低物流成本,将极大地提高产品销售额、增加企业利润。从这点来看,控制跨境电子商务物流成本必然给企业带来丰硕收益。

1. 通过供应链管理降低成本

降低物流成本的根本目的是要降低跨境电子商务的整体成本,因此就不能简单地把物流单列出来,追求物流效益最大化,而需要把物流、产品、采购等部门一起协调,以企业效益最大化为目标,寻求降低跨境电子商务企业物流成本的有效方法。

2. 通过需求整合降低成本

跨境电子商务物流的需求是复杂多样的,具体表现在产品性质、产品数量、产品重量、产品体积、物流渠道、寄送区域、计费方式等都各有不同,进而影响到物流成本。这类典型的碎片化需求与企业所追求的规模经济显然是背道而驰的。因此,跨境电子商务企业以及跨境电子商务物流服务商必须根据顾客的需求以及企业自身的需求来整合优化物流方式和路线,从而达到降低物流成本的目的。

3. 通过物流信息系统降低成本

跨境电子商务企业可以通过物流信息系统的使用来实现标准化的物流操作和订单处理,从而节约人力成本,优化企业用工。而利用物流信息系统对物流进行监测和管理,能有效降低企业的物流管理成本,进而达到降低物流成本的目的。

三、跨境电子商务库存管理

跨境电子商务库存是跨境电子商务企业在运营过程中在各物流节点中的原材料、产成品和其他物质。跨境电子商务库存管理本质上还是库存管理,其内容仍然主要是对库存物资的数量、质量及库存费用等的管理。跨境电子商务库存管理要使其产品保持在合理水平，在保证及时发货的前提下，尽可能降低库存水平，减少库存积压、报废，监控贬值风险。

（一）库存成本的构成

库存之所以被企业重点关注，一个重要原因就是库存是企业物流成本的重要来源。一般来说，与库存有关的成本有：订货成本、库存持有成本、缺货成本及其他风险成本。这些成本之间具有典型的效益背反性。企业采用大批量订购方式，订货的规模经济能降低订货成本，减少缺货成本，但同时增加了库存持有成本；反之亦然。因此，企业合适的库存水平确定需要平衡其各项成本构成，并同时权衡库存成本与其他物流成本的关系、权衡库存成本与总物流成本的关系。

1. 订货成本

订货成本包括两部分，一部分是货物成本，它由产品本身价格决定；另一部分是订购成本，它可以视为固定成本，只与订货次数有关，与订单大小无关，如采购人员的工资、因订货产生的交通费通信费、订单处理费等。在电子商务环境下，订购成本已有效降低，但订单所产生的运输费用、装卸搬运、检验等处理费用仍然与订货的次数有关。

2. 库存持有成本

库存持有成本是保有存货时应当支付的成本，主要包括仓库占用成本、商品的资金占用成本、库存服务成本（如保险）以及与商品损耗、积压有关的库存风险成本。库存持有成本包含的范围非常广泛，并且与企业的仓库管理水平、经营管理水平有很大关系。

3. 缺货成本

当产品供不应求的时候会产生缺货成本，这主要是由失售的机会成本造成的。缺货成本的大小与顾客对待缺货的态度有密切关系。理想情况下，企业不存在缺货，但完全的订单满足率会让企业承担过高的库存成本。因此，企业需要权衡维持一定现货供应水平的成本支出与一定程度脱销的机会成本丧失之间的关系。

（二）国内仓库和海外仓库

在跨境电子商务物流管理的库存决策中，除了传统所关注的自建仓库或第三方仓储的选择之外，一项重要的基础决策就是国内仓库或海外仓库。选择国内仓库还是海外仓库主要从以下三个因素进行考虑：

1. 供求因素

无论是选择国内仓库还是海外仓库，最基本的目的都是协调供求关系，更好地满足顾客对跨境电子商务的产品需求。

2. 成本因素

在物流中，通常将库存与运输放在一起考虑，因为库存的增加一方面会增加库存成本，同时还可以降低运输成本，从而在总成本上寻求平衡。海外仓库的选择会增加跨境电子商务企业的库存成本，但是从采购地到海外仓库之间的运输成本能实现规模经济，目的国配送成本也能降低。一般来说，跨境电子商务企业会选择国内仓库发物流成本较低、时效要求不高的小件货物；选择海外仓库发国内发货无物流优势的大件商品，以及时效要求高的货物。

3. 市场因素

库存的建立是为了及时满足顾客对产品的需求，因此支持市场销售是库存的根本目的：缩短物流流通时间，实现对顾客需求的快速响应。结合成本因素，不难得出，跨境电子商务企业可以将海外仓库作为库存周转快的畅销品的选择。

四、跨境电子商务多式联运

跨国境的国际运输形态以及电子商务时效性的要求，决定了跨境电子商务物流很难仅采用一种物流运输方式进行运作。要实现跨境电子商务的"门到门"服务，必须采用多种运输方式相结合的多式联运方式，扬长避短。

20世纪60年代末，美国首先试办多式联运业务，受到了货主的欢迎。随后，多式联运在北美、欧洲和远东地区开始采用；20世纪80年代，多式联运已逐步在发展中国家实行。当前，多式联运已成为一种新型的重要的国际集装箱运输方式，受到国际航运界的普遍重视。1980年5月在日内瓦召开的联合国国际多式联运公约会议上产生了《联合国国际货物多式联运公约》。

1. 多式联运概述

国际多式联运（International Multimodal Transport）简称多式联运，是在集装箱运输的基础上产生和发展起来的，是指按照国际多式联运合同，以至少两种不同的运输方式，由多式联运经营人将货物从一国境内的接管地点运至另一国境内指定交付地点的货物运输。国际多式联运适用于水路、公路、铁路和航空多种运输方式。

国际多式联运经营人的性质和法律特征：①多式联运经营人是"本人"而非代理人，其承担承运人的义务；②国际多式联运经营人在以"本人"身份开展业务的同时，并不妨碍其同时也以"代理人"身份兼营有关货运代理服务，或者在一项国际多式联运中不以"本人"身份而是以其他诸如代理人、居间人等身份开展业务；③国际多式联运经营人是"中间人"，有双重身份,对于货主是承运人,对于实际承运人是货主;④国际多式联运经营人可以拥有运输工具也可以不拥有运输工具。

2. 多式联运的优势

多式联运是国际运输发展的方向,其优越性主要表现在以下几个方面:

(1)简化托运、结算及理赔手续,节省人力、物力和有关费用。在国际多式联运方式下,无论货物运输距离有多远,由几种运输方式共同完成,且不论运输途中货物经过多少次转换,所有一切运输事项均由多式联运经营人负责办理。而托运人只需办理一次托运,订立一份运输合同,支付一次费用,订立一份保险,从而便可省去托运人办理托运手续的许多不便。同时,由于多式联运采用一份货运单证,统一计费,因而也可简化制单和结算手续,节省人力和物力,此外,一旦运输过程中发生货损货差,由多式联运经营人对全程运输负责,从而也可简化理赔手续,减少理赔费用。

(2)缩短货物运输时间,减少库存,降低货损货差事故,提高货运质量。在国际多式联运方式下,各个运输环节和各种运输工具之间配合密切,衔接紧凑,货物所到之处中转迅速及时,大大减少了货物的在途停留时间,从而从根本上保证了货物安全、迅速、准确、及时地运抵目的地,因而也相应地降低了货物的库存量和库存成本。同时,多式联运是通过集装箱为运输单元进行直达运输,尽管货运途中须经多次转换,但由于使用专业机械装卸,且不涉及内装货物,因而货损货差事故大为减少,从而在很大程度上提高了货物的运输质量。

(3)降低运输成本,节省各种支出。由于多式联运可实行"门到门"运输,因此对货主来说,在货物交由第一承运人以后即可取得货运单证,并据以结汇,从而提前了结汇时间。这不仅有助于加速货物占用资金的周转,而且可以减少利息的支出。此外,由于货物是在集装箱内进行运输的,因此从某种意义上来看,可相应地节省货物的包装、理货和保险等费用的支出。

(4)提高运输管理水平,实现运输合理化。对于区段运输而言,由于各种运输方式的经营人各自为政,自成体系,因而其经营业务范围受到限制,货运量相应也有限。而一旦由不同的运输经营人共同参与多式联运,经营的范围可以大大扩展,同时可以最大限度地发挥其现有设备的作用,选择最佳运输线路,组织合理化运输。

(5)其他作用。从政府的角度来看,发展国际多式联运,有利于加强政府部门对整个货物运输链的监督与管理,保证本国在整个货物运输过程中获得较大的运费收入比例;有助于引进新的先进运输技术,改善本国基础设施的利用状况,减少外汇支出;通过国家的宏观调控与指导职能,保证使用对环境破坏最小的运输方式,达到保护本国生态环境的目的。

【案例 4-3】

多式联运创新跨境电商河南保税物流中心"买卖全球"

11月7日上午,河南保税物流中心园区内外一派繁忙景象:网易考拉、小红书、唯品会等各大电商在为即将到来的"双11"紧急备货,只见员工们推着手推车,匆匆穿行在保税仓的立体货架间,扫码拣货;海关监管区门口,集装箱车辆排起长长的队伍。

为提升通关通检效率,郑州海关、河南出入境检验检疫局①等监管部门对跨境电子商务申报系统、检验检疫信息化系统进行了压力测试,全面排查潜在风险,提前做好应对预案;安排专人24小时值班,提供全天候服务,并根据商品风险等级实施差异化监管,加快货品出入区核查速度。

这是河南保税物流中心依托多式联运服务体系,创新跨境电商增长模式的一个缩影。开展跨境电商业务近5年来,该中心已创造了跨境电商领域的"郑州模式":首创"1210"通关监管模式并推广全国;目前进、出口商品分别覆盖近60个、70多个国家和地区,"秒通关"能力大幅提升,保持交易额快速增长、全国试点业务量第一的纪录。

"实践证明,跨境电商发展对多式联运服务体系的依赖度高,涉及的管理部门多、'成本与时效'业务痛点集中。"河南保税物流中心总裁徐平说,多式联运不是几种运输方式的简单组合,它的深层次内涵是要打造综合的、智慧的、要素集成的现代综合物流服务体系,需要统筹解决运输、商贸和监管服务问题,只有打通集疏、集聚、关务、运输、仓储、交易等多要素、多环节的体制障碍和政策壁垒,才能真正实现降本增效。

河南保税物流中心牢记习近平总书记嘱托,不断开拓创新,以促进流通国际化和投资贸易便利化为重点,打造的国际多式联运综合服务平台已成为河南对外开放高端服务的窗口,通过有效提供"运全球、送全球"的"门到门"全程便捷服务,促进"买全球,卖全球"产业发展。

中大门国际物流服务有限公司常务副总经理刘保军介绍,他们已创新构建"国际+物流综合服务平台(集成信息、物流联运方式、调度)+境内配送"模式的国际多式联运服务平台,促进了业务量、纳税的持续增长。此外,以"一单制"创新改革为核心,他们还积极探索涉及海关、国检、运输、保险、车辆证件等多个部门的单证"一单联通",目前已进入实践验证阶段,将为整套创新模式的可复制推广创造条件。

据了解,河南保税物流中心园区已集合海关、质检等多个监管部门开展"一区多功能"试点业务,即通过一个特殊监管区就可实现邮件、快件、一般贸易、保税跨境贸易电子商务、跨境贸易电子商务、内贸等多种业务集成监管,可降低企业30%的物流成本。通过优化综合服务

---

① 2018年4月20日起,关检合并。

流程、各种运输方式的有效衔接,降低了每个包裹的物流成本,实现72小时全国配送、7天全球配送。

同时,河南保税物流中心还独立研发了智能仓储系统和查验、分拣一体化信息系统,目前分拣系统实现每秒500单、日均100万包业务处理能力,极大提升了国际多式联运综合平台的服务功能。

(资料来源:河南日报,2017年11月8日,记者/宋敏。)

第三节　跨境电子商务物流模式

跨境电子商务网上订单交易完成之后,要把货物快速地送达客户手中,保证客户良好的购物体验,物流的选择就成了重中之重。从运输方式看,跨境电商物流涉及海、陆、空多种运输方式,其中跨境电商B2B主要采用海运和陆运,跨境电商B2C主要采用航空运输。本节介绍的电子商务物流模式主要以跨境电商B2C的物流渠道来划分的。

一、跨境电子商务物流模式分类

目前,跨境电子商务物流主要有以下几种模式:

1. 邮政包裹模式

得益于万国邮政联盟和卡哈拉邮政组织,邮政网络覆盖全球200多个国家和地区,比其他任何物流渠道的覆盖面都广。万国邮政联盟是联合国下设的一个关于国际邮政事务的专门机构,通过一些公约法规来改善国际邮政业务,发展邮政方面的国际合作。万国邮政联盟会员众多,而且会员之间的邮政系统发展很不平衡,较难促成会员之间的深度邮政合作。2002年,邮政系统相对发达的6个国家和地区的邮政部门在美国召开了邮政CEO峰会,成立了卡哈拉邮政组织,后来西班牙和英国也加入了该组织。卡哈拉组织要求所有成员的投递时限要达到98%的质量标准。如果货物没能在指定日期投递给收件人,那么负责投递的运营商要按货物价格的100%赔付客户。这些严格的要求促使成员之间深化合作,努力提升服务水平。

目前,我国出口跨境电子商务有70%的包裹是通过邮政系统进行投递的。邮政包裹模式之所以有如此强大的优势,主要原因有以下三个方面:

(1)邮政包裹模式具有很强的价格优势。这是因为万国邮政联盟成员之间的邮政包裹尤其是邮政国际航空小包裹的低成本结算大大降低了跨境电子商务企业的物流成本。采用邮政包裹模式的2kg以内包裹基本以函件的价格进行结算,这极大地提高了跨境电子商务产品的综合价格优势。

（2）万国邮政联盟成员之间享有海关清关便利。清关的便利使得邮政包裹的清关能力比其他商业快递强很多，这在很大程度上体现的是物流时效性。而清关便利的另一个优势就是产生关税或者退回的比例相对少很多。

（3）万国邮政联盟的覆盖范围广。邮政强大的网络覆盖能力使得邮政包裹递送范围有强大保障。得益于强大的网络覆盖，经济发达的欧美国家在物流时效上也更有保障。例如，从中国发往美国的邮政包裹，一般15天以内可以到达。

2. 商业快递模式

（1）国际商业快递。DHL、UPS、FedEx 和 TNT[①]等国际商业快递巨头通过自建的全球网络，利用强大的 IT 系统和遍布全球的本地化服务，为全世界用户提供优质的物流服务和良好的跨境电子商务购物体验。例如，通过 UPS 从中国寄送到美国的包裹，最快可在 48 小时内到达。当然，这类国际商业快递的价格相对昂贵。一般跨境电子商务企业在采购大批量货物、商品单价较高的物品或邮寄样品等对时效性要求很高的情况下，才会采用这种物流模式。

（2）国内快递。国内快递主要是指 EMS、顺丰和"四通一达"。除了快件/快运模式外，目前，国内快递企业都纷纷以专线、小包、海外仓等多种形式涉足跨境电商物流业务。从覆盖面上看，依托邮政渠道，国内快递 EMS 的国际化业务是最完善的。国内其他快递企业中，顺丰速运的国际化业务相对成熟，目前顺丰国际标快服务范围覆盖 60 多个国家和地区，发往亚洲国家和地区的快件一般 2~3 天可以送达，到韩国最快 1 天可达。

3. 专线物流模式

跨境专线物流一般是通过航空包舱方式把货物运输到特定的国家或区域，再通过其在目的国的派送网络或目的国第三方合作物流服务商来完成目的国的派送。专线物流的优势在于其能够集中大批量到某一特定国家或地区的货物，通过规模效应降低成本。因此，其价格一般比商业快递低。在时效上，这种模式稍慢于商业快递，但比邮政包裹快很多。市面上最普遍的专线物流产品是美国专线、欧洲专线、澳洲专线、俄罗斯专线等，也有一些物流公司推出了中东专线、南美专线、南非专线等。

4. 海外仓储模式

海外仓储服务是指为卖家在销售目的地进行货物仓储、分拣、包装和派送的一站式控制与

[①] 2016年5月25日，FedEx正式收购TNT。2020年8月1日起，TNT中国停止其全部业务，由FedEx继续服务。

管理服务。一般来说，海外仓储包括头程运输、仓储管理和本地配送三个部分。

头程运输：中国商家通过海运、空运、陆运或者联运将商品运送至海外仓库。

仓储管理：中国商家通过物流信息系统，远程操作海外仓储货物，实时管理库存。

本地配送：海外仓储中心根据订单信息，通过当地邮政或快递将商品配送给客户。

这种模式的最大好处在于将仓储置于国外，这有利于海外市场价格的调配、降低物流成本，实现了产品的本地配送，可以极大地缩短交货期，提升客户的购物体验，从而提高重复购买率。需要注意的是，海外仓储的模式虽然在一定程度上解决了物流成本高、配送周期长的问题，但海外仓更适合库存周转快的热销单品，而不是所有产品。同时，海外仓对跨境电子商务企业在供应链管理、库存管控、动销管理等方面提出了更高的要求。

随着跨境电子商务的发展，其物流模式并不拘泥于以上四种。在前期发展的基础上，还涌现出了边境仓、保税区自贸区物流、集货物流、第三方物流、第四方物流等模式。无论是哪种物流模式，其根本目的都是为了更好地服务于跨境电子商务发展，为顾客提供满意的物流体验。

以下将从资费标准、参考时效及跟踪、体积和重量限制、服务优缺点等方面介绍几种主要的跨境电子商务物流模式及服务产品。

二、邮政物流

中国邮政速递物流股份有限公司（简称中国邮政速递物流）是经国务院批准，中国邮政集团于2010年6月联合各省邮政公司共同发起设立的国有股份制公司，是中国经营历史最悠久、规模最大、网络覆盖范围最广、业务品种最丰富的快递物流综合服务提供商。

中国邮政速递物流在境内31个省（自治区、直辖市）（不含港、澳、台地区）设立全资子公司，并拥有邮政货运航空公司、中邮物流有限责任公司等子公司。截至2018年年底，公司注册资本250亿元人民币，员工近16万人，业务范围遍及境内31个省（自治区、直辖市）的所有市县乡（镇），通达包括港、澳、台地区在内的全球200余个国家和地区，自营营业网点超过5000个。

中国邮政速递物流主要境外业务有：国际及台港澳特快专递，中速国际快件业务，针对国际及台港澳电子商务快递业务推出的e邮宝、e特快、e速宝，中邮海外仓（跨境电商出口）和中邮海外购（跨境电商进口）等一站式综合物流解决方案。

1. 国际及台港澳特快专递

国际及台港澳特快专递，即EMS（Express Mail Service），是中国邮政速递物流与各国（地区）邮政合作开办的中国大陆与其他国家以及台港澳地区之间寄递特快专递（EMS）邮件的一项服务，可为用户快速传递国际各类文件资料和物品，同时提供多种形式的邮件跟踪查询服务。

该业务与各国（地区）邮政、海关、航空等部门紧密合作，打通绿色便利邮寄通道。这也是该业务区别于很多商业快递最根本的地方。此外，邮政速递物流还提供代客包装、代客报关等一系列综合延伸服务。

EMS 国际快递投递时间通常为 3~8 个工作日，不包括清关时间。EMS 国际快递的资费标准、收寄跟踪信息以及体积、重量限制等信息可以参考网站 http://www.ems.com.cn。

EMS 的主要优点有：

（1）邮政的投递网络强大，覆盖面广，价格比价合理，以实重计费。

（2）不同提供商业发票即可清关，而且具有优先通关的权利，未通过的货物可以免费运回国内。

（3）EMS 适用于小件、时效性要求不高的货物。

（4）EMS 寄往南美国家、俄罗斯等国有绝对优势。

EMS 的主要缺点有：

（1）相对于商业快递来说，EMS 速度会偏慢一些。

（2）查询网站信息滞后，一旦出现问题，只能做书面查询，查询时间较长。

（3）EMS 不能一票多件，大货价格偏高。

2. 中速国际快件业务

中速国际快件业务（China International Express，简称中速快件）是指中国邮政速递物流股份有限公司与商业公司（DHL、FedEx、TNT、佐川急便等全球知名快递公司）合作开办的国际商业快件业务。该业务的快件由 EMS 进行揽收后，在国内指定交接站点与合作公司进行快件的批量交接，然后进入对方全球网络体系直至最终派送。3~7 天可通达全球 220 多个国家和地区。中速快件根据重量、运递时限和服务方式的不同，分为"标准快件""经济快件""重货快件"等；支持一票多件、DDP（寄件人支付关税）、快件保险和进出口到付等增值服务。

3. 国际及台港澳电子商务业务

国际及台港澳电子商务业务，是中国邮政速递物流为适应跨境电子商务以及大陆与台港澳地区之间电商物品寄递的需要，整合邮政速递物流网络优势资源，与主要电商平台合作推出的寄递解决方案。

一般来说，物流服务提供商会根据其服务的客户、所寄送产品的价值、体积重量以及寄送区域设计不同的物流服务产品。目前，针对跨境电子商务市场不同的寄递需求，中国邮政速递物流跨境电商产品以经济实惠的资费及稳定的发运质量吸引了众多忠实客户，并已发展成为跨境电商的首选物流方式之一。

中国邮政速递物流跨境电商产品有：e邮宝、e特快、e速宝，线上下单，上门揽收或客户自送。同时，中国邮政速递物流还推出了中邮海外仓（跨境电商出口）和中邮海外购（跨境电商进口）一站式综合物流解决方案。中国邮政速递物流主要境外业务如表4-1所示。

表4-1 中国邮政速递物流主要境外业务

渠道	产品名称	通达国家/地区	适用类型	重量限制	尺寸限制
邮政渠道	e邮宝	美国、澳大利亚、英国、加拿大、法国、以色列、沙特阿拉伯、乌克兰、挪威、巴西等39个国家和地区	轻小件	2kg（部分国家/地区>2kg）	长+宽+高≤90cm，单边长度≤60cm
	e特快	日本、韩国、新加坡、英国、法国、俄罗斯、白俄罗斯、乌克兰、荷兰、西班牙、加拿大、巴西、澳大利亚等106个国家和中国香港、中国台湾地区	较高价值物品	30kg（部分国家/地区>30kg或<30kg）	同国际标准EMS
商业渠道	e速宝	英国、德国、西班牙、意大利、澳大利亚	小包	2kg	不同国家/地区限制不同
		美国、英国、德国、法国、西班牙、意大利、泰国、新加坡、马来西亚、印度	专递	30kg	
	中邮海外仓	美国、英国、德国、澳大利亚等热门地区	批量快消品	—	—
	中邮海外购	美国、日本	海淘商品	—	—

（1）e邮宝。

ePacket，俗称e邮宝，又称EUB，是中国邮政速递物流为适应跨境电商轻小件物品寄递需要推出的经济型国际速递业务，利用邮政渠道快速清关，进入合作邮政轻小件网络投递。

e邮宝单件最高限重2kg（部分国家/地区例外）；最大尺寸要求单件邮件长、宽、高合计≤90cm，最长一边≤60cm；圆卷邮件直径的两倍和长度合计≤104cm，长度≤90cm。最小尺寸要求单件邮件长度≥14cm，宽度≥11cm；圆卷邮件直径的两倍和长度合计≥17cm，长度≥11cm。主要路向参考时限7~10个工作日，资费较低。

e邮宝提供收寄、出口封发、进口接收实时跟踪查询信息，不提供签收信息，只提供投递确认信息。客户可以通过EMS网站或拨打客服专线、寄达国邮政网站查看邮件跟踪信息。暂不提供邮件的丢失、延误、损毁补偿、查验等附加服务。对于无法投递或收件人拒收邮件，提供集中退回服务。e邮宝现已开通美国、澳大利亚、英国、加拿大、法国、俄罗斯、以色列、沙特阿拉伯、乌克兰、挪威、巴西等39个国家和地区的国际业务。

e邮宝的资费标准、限重和运输附加费如表4-2所示。

表4-2 e邮宝资费及相关规定

序号	国家/地区	资费标准 元/件	资费标准 元/kg	起重(kg)	限重(kg)	运输附加费(元/kg)
1	爱尔兰	25	65	0	2	0
2	奥地利、比利时、波兰、丹麦、荷兰	25	60	0	2	0
3	澳大利亚	19	60	0	2	25
4	巴西	25	80	0.05	2	40
5	德国、法国、瑞典	19	60	0	2	0
6	俄罗斯	18	55	0	3	20
7	芬兰	25	65	0	2	0
8	哈萨克斯坦	8	70	0.05	2	0
9	韩国	20	40	0	2	15
10	加拿大	19	65	0	2	35
11	卢森堡、瑞士、希腊、匈牙利、意大利	25	60	0	2	20
12	马来西亚、日本、新加坡	15	40	0	2	15
13	墨西哥	25	85	0	2	85
14	挪威、葡萄牙	19	65	0	2	0
15	沙特阿拉伯	26	50	0	2	15
16	泰国、印度尼西亚	14	45	0	2	15
17	土耳其	25	60	0	2	15
18	乌克兰	8	75	0.01	2	0
19	西班牙	14	60	0	2	0
20	新西兰	9	70	0.05	2	50
21	以色列	17	60	0	5	15
22	越南	12	45	0	2	0
23	中国香港	17	30	0	2	0
24	英国	18	55	0	0.499	0
24	英国	25	45	0.5	1.999	0
24	英国	35	45	2	5	0
25	美国	25	70	0	2	15

注：该表的价格以2020年7月7日的价格为基准。

（2）e特快。

国际e特快是邮政速递物流为满足跨境电商较高价值物品寄递需要推出的优先型国际速递业务，邮件单件重量根据寄达地不同最高可达30kg，计费首续重为50g，寄递时限更快，信息反馈更完整，目前已通达106个国家和地区。

e特快一般使用的尺寸标准为：任何一边的尺寸≤1.5m，长度和长度以外的最大横周合计≤3.0m，部分目的地国家/地区的尺寸标准不同。e特快暂时针对单边长度达到60cm及以上邮件进行计泡收费，即计费重量取邮件体积重量和实际重量中的较大者，再按照资费标准计算应收邮费。

体积重量计算公式为

$$体积重量(kg) = \frac{长(cm) \times 宽(cm) \times 高(cm)}{6000}(cm^3/kg)$$

其中，邮件的长、宽、高，按邮件外包装自然外廓的最长、最宽、最高部位尺寸计算。

自2019年7月1日起，e特快邮件可自愿选择保价服务，寄件人按交寄文件、物品的申报价值计算声明价值（以当天汇率折算为人民币，最高不超过2万元），保价费按声明价值的0.8%收取，最低1元，邮件收寄限额2万元。已保价的e特快邮件发生丢失或者全部损毁的，按声明价值赔偿，部分损毁或短少按实际损失的价值赔偿，但最高赔偿额不得超过声明价值，同时退还已收取的基本资费。未保价邮件发生丢失或内件完全损毁时，按实际损失比例赔偿，但每件最高不超过（2×首重资费+2元/50g），并退还寄件人所付的邮费；在支付赔偿金以后，原认为已经丢失的邮件又找到下落时须退回补偿金。

e特快免责条款：①邮政企业不对托运邮件投保，但寄件人可通过邮政企业向第三方购买保险。②邮政企业对下列原因造成的快件丢失、短少、毁损或延误不承担赔偿责任：不可抗力（包括地震、龙卷风、风暴、洪水、大雾、战争、空难或禁运等），暴乱或民间骚乱，劳资罢工纠纷等；邮件自身固有缺陷或特性；寄件人自交寄邮件之日起满四个月未查询且未提出赔偿要求；邮件违反禁寄、限寄的强制性规定，被国家行政机关没收或依据有关法律处理的；外包装完好，收件人正常签收后发生的任何索赔；邮件丢失、短少或毁损造成的间接经济损失及快件延误造成的损失；超过邮件申报价值以上部分的损失。

部分国家/地区e特快的资费标准和重量限制如表4-3所示。

表4-3 国际e特快资费及限重（部分）

开通大洲	开通国家/地区	首重500g（元）	续重50g（元）	限重（kg）
亚洲	中国台湾	16	0.6	30
	中国香港	48	0.5	30
	日本	65	0.8	30
	蒙古国	100	2.0	20
	韩国	60	0.9	30
	马来西亚	50	2.0	30
	新加坡	70	1.2	30

（续）

e 特快				
开通大洲	开通国家/地区	首重 500g（元）	续重 50g（元）	限重（kg）
欧洲	俄罗斯	60	4	30
	乌克兰	120	2.5	20
	白俄罗斯	120	2.5	30
	英国	70	2	30
	西班牙	85	2.2	30
	荷兰	91	2	30
	法国	105	2	30
北美洲	加拿大	105	3	30
	美国[①]	100	4.5	31.5
南美洲	巴西	115	4	30
大洋洲	澳大利亚[②]	69	3	30
非洲	埃及	110	3	30

① 美国适用的尺寸标准为：任何一边的尺寸都不得超过1.52m，长度和长度以外的最大横周合计不得超过2.74m。
② 澳大利亚适用的尺寸标准为：任何一边的尺寸都不得超过1.05m，长度和长度以外的最大横周合计不得超过3.0m。

（3）e 速宝。

国际 e 速宝是中国邮政速递物流针对轻小件电子商务卖家的商业渠道物流解决方案，该产品必须详细申报物品明细、税则号、申报价值和重量。

e 速宝是中国邮政总部通过整合境内外渠道优质资源，专门针对不同国家和地区的特点，设计的跨境电商商业渠道物流解决方案。该服务采用商业清关模式，末端选择经济类投递网络，提供出门投递信息，可以寄递带电产品（内置电池、配套电池）。包括 e 速宝小包和 e 速宝专递。其中，e 速宝小包限重 2kg，目前已开通英国、德国、西班牙、意大利、澳大利亚业务，参考时效 7~12 个工作日；e 速宝专递最高限重 30kg，目前已开通美国、英国、德国、法国、西班牙、意大利、泰国、新加坡、马来西亚、印度业务，参考时效 7~12 个工作日。

e 速宝的优势在于：按克计费，价格具有竞争力；商业清关，时效稳定；适用产品范围广泛，可寄递带电产品；支持各大电商平台和 ERP；提供赔偿及退件服务。

e 速宝不同目的国的尺寸标准和申报价值不同，使用时应注意差异。

（4）中邮海外仓。

中邮海外仓（China Postal Warehousing Service，CPWS）是中国邮政速递物流股份有限公司开设的境外仓配一体化服务项目，服务内容包括国内集货、国际运输、目的国清关/仓储/配送、个性化增值服务等，是整合国际邮政渠道资源、专业运营团队和信息系统而推出的安全、稳定、高效的海外仓配产品。现已开办美国东仓、西仓、南仓，澳大利亚仓，英国仓，捷克仓，俄罗斯仓，后期将陆续开办日本、巴西等海外仓库。

中邮海外仓是为跨境电子商务卖家量身定制的灵活、经济、优质的一站式跨境出口解决方案，能帮助国内跨境电商卖家实现销售区域本土发货、配送，全面缩短从出单到收件的时限。

（5）中邮海外购。

中邮海外购是邮政速递物流为满足国内消费者"足不出户，买遍全球"的购物需求，专门设计开办的跨境电商个人包裹进口转运、入境申报配送等综合物流服务。可实现在线制单、海关电子申报、在线关税缴纳，一票到底，全程状态追踪。

【案例4-4】

《邮政强国建设行动纲要》发布

国家邮政局日前发布《邮政强国建设行动纲要》（以下简称《纲要》），描绘了我国邮政业站在新起点、踏上新征程、到21世纪中叶全面建成人民满意、保障有力、世界前列的邮政强国的宏伟蓝图。届时，我国邮政业将具备全球化网络、提供全产业服务，普惠水平、规模质量、综合贡献位居世界前列。

党的十九大提出了建设交通强国的战略安排，邮政强国是交通强国的重要组成部分。为了贯彻落实中央部署，加快建设邮政强国，充分发挥邮政业基础性先导性作用，为全面建成社会主义现代化强国贡献行业力量，国家邮政局广泛听取各界建议，数轮征求意见，充分吸纳各方智慧，历时近两年编制了《纲要》。

《纲要》明确，在2020年建成与小康社会相适应的现代邮政业的基础上，分两个阶段建设邮政强国。第一阶段到2035年，基本建成邮政强国，实现"四化""两跃升"，即网络通达全球化、设施设备智能化、发展方式集约化、服务供给多元化，邮政业规模体量和发展质量大幅跃升。同时，邮政业收入占国内生产总值的比重与发达国家相当，部分地区和重点领域发展水平达到世界前列。第二阶段到21世纪中叶，全面建成邮政强国，实现"双全"和"三个前列"，即我国邮政业具备全球化网络、提供全产业服务，普惠水平、规模质量、综合贡献位居世界前列。

《纲要》提出，建设邮政强国要坚持普惠协调、市场主导、创新驱动、安全发展、绿色环保"五大原则"，坚持以人民为中心，以深化邮政业供给侧结构性改革为主线，以创新为第一动力，实现"三个变革"即推动行业发展质量变革、效率变革和动力变革，建立"三大体系"即现代化邮政业供给体系、生态体系和治理体系。

（资料来源：中国邮政网，2020年3月30日，文/苏迪。）

三、邮政小包

邮政小包主要通过万国邮联体系（EMS）出口的货物，运用个人邮包形式进行发货。目前主要使用的有中国邮政小包、中国香港邮政小包、新加坡邮政小包，德国邮政，斐济邮政，瑞士邮政，荷兰邮政，英皇邮政，比利时邮政，马来西亚邮政等外国邮政。邮政小包的优点价格便宜、清关方便。邮政小包递送时效慢、丢包率高、如果不是挂号件无法进行跟踪。小包如果需要跟踪，就需要用挂号件，挂号件在原有的价格基础上增加挂号费。

中国邮政小包（China Post Air Mail），俗称中邮小包。中国邮政小包的重量限制要求小于等于2kg（阿富汗为1kg以内）；尺寸限制要求长、宽、高合计小于等于900mm，其中最长一边≤600mm；圆卷状的，直径的两倍和长度合计1040mm，长度≤900mm。最小尺寸要求至少有一面的长度≥140mm，宽度≥90mm；圆卷状的，直径的两倍和长度合计170mm，长度≥100mm。

通过邮政空邮服务寄往国外的小邮包称为国际小包。国际小包分为中国邮政平常小包＋（China Post Ordinary Small Packet Plus）和挂号小包（China Post Registered Air Mail）两种。

【案例4-5】

中国邮政号"郑州—欧洲"定期全货机邮件专线开通

6月23日上午12点，一架载有4727袋85t邮件的飞机从郑州顺利起航，飞向德国法兰克福，标志着中国邮政号"郑州—欧洲"定期全货机邮件专线正式开通，这也是今年以来邮政继郑州至首尔、郑州至东京邮航线路开通后，新开通的第3条国际航空邮路。截至目前，郑州邮政口岸已开通了郑州至36个国家（地区）47个城市的直航邮路。

当天上午，该条专线的开通仪式在郑州新郑国际机场举行，河南省人民政府发展和改革委员会、河南省邮政管理局、郑州海关、郑州出入境边防检查站[一]、河南省机场集团、河南省邮政分公司等有关单位领导出席开通仪式。

该包机线路由D4904航班执飞，机型为波音747，计划每周3班定班执飞。这条包机航线开通后，不仅使我省进出口至欧洲方向的国际邮件传递时限更稳定，寄递服务和运营更有保障，而且还实现了北京、上海、广州、深圳等邮政口岸出口至英国、法国、德国、西班牙等14个欧洲国家的国际出口总包邮件调运至郑州，经该航班发航出境，运输时效较之前缩短1~2天。与此同时，来自欧洲的进口国际邮件、电商货物、电子产品、冷链生鲜等也将利用该条专线包机的返程仓位实现带运，这对进一步提升郑州航空口岸作为全国国际邮件枢纽口岸的优势和地位，加快推进河南制造业集群和大型航空枢纽建设，拓宽"买全球，卖全球"渠道具有十分重要的现实意义。

此次中国邮政号"郑州—欧洲"定期全货机邮件专线的开通，是深入落实2015年河南省人

[一] 2018年4月20日起，关检合并。

民政府与中国邮政集团公司签订战略合作协议的具体体现，也是我国邮政建设自主可控的国际航空运营网络、保障国际供应链稳定的重要举措。

"专线的开通对我们跨境电商企业来说，真是一个令人振奋的好消息。这样一来，我们向欧洲国家发寄包裹，不仅更加方便快捷，也更有时限和服务保障！希望将来有更多的航空邮路开通，为河南跨境电商企业的发展插上腾飞的翅膀！"河南鱼羞贸易有限公司总经理王敬伟说道。他经营的假发、箱包、童装等产品中，有50%~60%是发往欧洲国家的，此次航线的开通对他下一步扩大外贸经营规模提供了寄递保障。

郑州迎客松供应链管理有限公司经理魏英杰说："疫情期间，因为很多客货运航班的停运，我们国际物流业务发展遇到了困难，很多货物出不去。航空邮路的通畅，对物流业发展至关重要。这次专线开通，能有效缩短货物寄递的时限，对我们跨境电商企业来说非常有利。"

近年来，河南邮政紧紧围绕河南省委、省政府统筹推进"五区（航空港、自贸区、自创区、跨境电商综试区、大数据综试区）联动""四路（陆上、海上、空中、网上丝路）协同"发展，以及"全面融入'一带一路'建设、提升对外开放水平"的相关要求，着力打造郑州国际航空邮件枢纽口岸，全力助推河南省枢纽经济和口岸经济发展。

目前，郑州邮政口岸已开通36个国家（地区）47个城市的直航邮路，在打通"大动脉"、畅通"微循环"、推动河南"空中丝绸之路"建设中发挥了重要作用。

特别是疫情暴发以来，河南邮政充分利用郑州航空港区航班资源，先后组开郑州至首尔、郑州至东京的定期包机线路，输运北京、上海、广州等邮政口岸发往欧美韩日方向出口邮件3200余t，大批国际急需的防疫物资经邮政渠道运往世界各地，有力保障了国际供应链正常运行和国际邮路畅通。河南邮政口岸也由此日益成为全国邮件集散的重要节点口岸。

（资料来源：经济日报，2020年6月25日，记者/夏先清，通讯员/李淦。）

四、商业快递

常用的商业快递方式有UPS、FedEx、TNT、DHL、顺风速运等。不同的商业快递有各自不同的物流渠道，在价格、服务、时效、限制上也都略有区别。以下主要介绍几种常用的跨境电子商务物流商业快递方式：

（一）UPS

UPS，United Parcel Service，美国联合包裹速递公司，1907年成立于美国华盛顿州西雅图市，全球总部位于美国佐治亚州亚特兰大市。作为世界上最大的快递承运商与包裹递送公司，UPS

在过去的百余年里经历了很多的挫折，但 UPS 成功克服了发展困境，从最初的包裹递送，逐渐拓展产品服务范围，成为集运输、物流、资本、电子商务服务于一体的全球领先的整体供应链服务提供商。

UPS 在中国的业务发展最初是 1988 年与中国的大型公司进行合作，组建了自己的办事处。2005 年，中国在加入 WTO 之后开始对外正式开放快递市场，外资企业纷纷进入中国全面开展国际快递业务，UPS 在中国区也随之全面运营。2008 年，UPS 成为了北京奥运会的物流与快递赞助商。随后，UPS 在中国市场有两个重大的投入，一是上海国际转运中心，另一个是深圳亚太转运中心。这两个转运中心都已先后投入运营，并且上海国际转运中心的业务已经覆盖了中国的主要地区。

IT 技术对快递企业发展起着重要作用，UPS 一直重视在 IT 技术方面的投入，坚持发展和运用最先进的 IT 技术。UPS 的查询网络已经覆盖 104 个国家和地区，每个工作日都可以接收到 185 万次在线查询，询问包裹所处的位置，从而提高了对供应链管理的能力。

2001 年 5 月，UPS 宣布与中国著名的电子商务企业阿里巴巴合作，正式与阿里巴巴旗下在线批发电子商务平台"全球速卖通"结成战略联盟。UPS 与阿里巴巴的联盟既极大改善了客户的体验，同时，中国跨境电子商务的飞速发展也为快递带来了更大的发展空间。

2014 年 6 月，UPS 开通中国至欧洲的集装箱整箱（FCL）铁路货运服务，2015 年 7 月选择郑欧班列作为"中国区域首选合作伙伴"，开展跨境铁路集装箱拼箱（LCL）服务，帮助客户平衡成本与运输时效，更好满足海外客户需求。2020 年 7 月，UPS 发布提升中欧铁路标准拼箱（LCL）服务，此项提升服务是专属型的货运合并服务，使企业能以更经济的方式运输货件，获享更多灵活性。

1. UPS 主要的国际快递服务

UPS Express Plus：全球特快加急，保证在工作日的上午送达，属于高于行业标准的优质服务，因此该服务的资费最高。递送承诺 1~3 个工作日。

UPS Express：全球特快，保证日中递送，承诺准时递送或退款，提供内部海关清关和最多三次递送。递送承诺 1~3 个工作日。

UPS Express Saver：全球速快，保证当天送达，这是结合快速送达和经济实惠的服务产品，提供内部海关清关和最多三次递送。递送承诺 1~3 个工作日。

UPS Expedited：全球快捷，这是为无须特快递送的重要货件提供快速与可靠的服务的国际经济速递方案，覆盖全球超过 220 个国家和地区。其优点是：确定日期和运输时间能够计划递送日程；提供方便的内部海关清关门到门服务；对时间要求不太紧迫的货件是最为经济的选择。

递送承诺 3~5 个工作日。

UPS Worldwide Express Freight：国际特快货运，提供国际托盘货件的"门到门"服务，向全球各大主要市场进出口超过 150lb[⊖]/70kg 的托盘货件，1~3 个工作日内即可送达，凭借 UPS 全球最大的空运运输网络之一，提供有服务保证的国际特快货运服务。

2. UPS 的体积重量限制

如果包裹的体积重量超过其实际重量，则需要计算体积重量以作为计费重量。不足 0.5kg 按照 0.5kg 计算，超过 0.5kg 不足 1kg 的计 1kg。每票包裹的计费重量为所有包裹的计费重量之和。

体积重量计算公式为

$$体积重量(kg) = \frac{长(cm) \times 宽(cm) \times 高(cm)}{5000}(cm^3/kg)$$

UPS 接收包裹的单个最大重量为 70kg，每个包裹最大长度为 274cm，每个包裹最大尺寸：长度 + 周长 =400cm，其中，周长 =2×（高度 + 宽度）。

当 UPS 包裹满足长度加周长超过 300cm，但不超过最大 400cm 的限制时，称为大型包裹。大型包裹的最小计费重量为 40kg，另外每件还会加收大型包裹附加费 388（元）× 当月燃油附加费。当包裹被定义为大型包裹并收取费用时，附加手续费将忽略不计。

重量超出 31.5kg，欧盟地区内超过 25kg 的包裹要求贴上一张特别的重包裹标签，如图 4-1 所示。

图 4-1　UPS 重包裹标签

3. UPS 的优缺点

优点：速度快，服务好；强项在美洲等线路，特别是美国、加拿大、英国、日本，适合发

⊖　1lb=0.45359237kg。

快件；时效快，2~4个工作日可送达，去美国可实现48小时送达；递送网络覆盖广，货物可送达全球200多个国家和地区，并可实现在线发货，全国109个城市提供上门取件服务，便捷迅速；信息化程度高，查询网站信息更新快，遇到问题能及时解决。

缺点：运费较贵，要比较实际重量与体积重量，对寄送物品的限制比较严格。

【案例 4-6】

UPS首选郑欧班列开展拼箱服务

7月14日，美国联合包裹速递公司（UPS）向中国媒体发布消息，公司将扩充中国至欧洲铁路货运服务，选择郑欧班列作为"中国区域首选合作伙伴"，开展跨境铁路集装箱拼箱服务，帮助客户平衡成本与运输时效。

2014年6月，UPS开通中国至欧洲的集装箱整箱铁路货运服务，所覆盖的铁路线路仅有郑州至德国汉堡、成都至波兰罗兹。此次，UPS首选郑欧班列开展集装箱拼箱服务，源自其可提供恒温集装箱服务、"门到门"的铁路货运服务、货件运输状态查询服务等，满足跨境生鲜制品的小额贸易。

过去十年，中国已成为欧盟最大的贸易合作伙伴，2014年中欧双边贸易额达6151亿美元；2020年有望达到1万亿美元。UPS中国区货运代理业务副总裁赵莉说："UPS此次宣布扩充中欧铁路运输服务，一方面是支持中国'一带一路'倡议的深入实施，首选丝绸之路经济带核心物流枢纽节点城市郑州布局；另一方面是中国制造业基地由沿海城市持续向内陆转移，满足中国内陆和沿海城市面向欧洲市场的多式联运货运需求。"

（资料来源：河南日报，2015年7月15日，记者/栾姗。）

（二）FedEx和TNT

FedEx（Federal Express的简称），联邦快递，成立于1973年4月，公司的亚太区总部设在香港，在上海、东京、新加坡设有区域性总部；TNT集团总部位于荷兰，在欧洲、中国、南美、亚太和中东地区拥有航空和公路运输网络。2016年5月25日，FedEx以44亿欧元（约49亿美元）正式收购了荷兰TNT快递，此次收购事件是世界最大的空运网络与欧洲最大的陆运网络的结合。自2020年8月1日起，TNT中国停止包括国际航空快件运输服务在内的全部业务，其在中国的服务由FedEx继续提供。

FedEx Express为220多个国家和地区的375个机场提供高时效的快递服务，其与连接欧洲45个国家每周大约有55000次公路之旅的TNT公路网络相结合，全球航空网络与强大的欧洲公路网络让FedEx和TNT连接到世界更广阔的市场。

FedEx是全球最具规模的速递运输公司之一，致力于提供快捷可靠的速递服务，前往全球

220多个国家和地区，为顾客和企业提供运输、电子商务和商业运作等一系列的全面服务。联邦快递运用覆盖全球的航空和陆运网络，确保分秒必争的货件可于指定日期和时间前迅速送达，通常在1~2个工作日内就能迅速递送有严格时间要求的货件，并且设有"准时送达保证"。

1. FedEx 的主要国际快递业务

FedEx 的国际快递业务主要分为优先型和经济型两大类，同时又根据货物的重量和递送方式有更细的划分。

FedEx International Priority（FedEx-IP），联邦快递国际优先快递，提供"门到门"服务，通常在1~3个工作日送达全球各地，亚洲境内以及亚洲发往美国的货件可于下一个工作日送达。亚洲发往欧洲及其他目的地的货件一般于2个或2个以上工作日送达。使用 FedEx 10kg 或 25kg 快递箱包装的货件将按 FedEx-IP 进行收费和递送。

FedEx International Priority Freight，联邦快递国际优先快递重货服务，针对同时递送单个及散装货件的需求，可统一运送那些可用叉车搬运或绑在垫木上的单一包裹。服务快捷、可靠，通常在1~3个工作日送达全球各地。重量下限68kg，货物总重不限。

FedEx International Economy（FedEx-IE），联邦快递国际经济快递，以实惠价格为非紧急货件提供可靠服务。亚洲地区进出口2~4个工作日送达；美国出口3个工作日送达，从美国进口5个工作日送达；欧洲出口3~4个工作日送达，从欧洲主要市场进口4个工作日送达。

FedEx International Economy Freight，联邦快递国际经济快递重货服务，无重量限制且经济划算，寄送68 kg以上的大重量包裹方便实惠。通常出口2~4个工作日可送达全球多数主要市场，进口3~6个工作日可送达。

2. FedEx 的体积重量限制

FedEx 货物的计费重量也是实际重量与体积重量二者取较大值。其中

$$体积重量(kg) = \frac{长(cm) \times 宽(cm) \times 高(cm)}{5000}(cm^3/kg)$$

FedEx-IP 和 FedEx-IE 的单个包裹最长边不超过274cm，长度 + 周长 ≤ 330cm，重量不超过68 kg。

对于重货服务，高度超过178cm、长度超过302cm 或者宽度超过203cm 的货件，以及对于重量超过997kg 的货件，需提供垫木搬运许可。总重量超过300kg 的货物需提前预约。

3. FedEx 的优缺点

优点：适合21kg 以上的大件货物，到美国、南美、欧洲价格有较大竞争力；时效快，一般

2~4个工作日可送达；网站信息更新快，网络覆盖全，查询响应快。

缺点：运费较高，且需要考虑货物的体积重量；对寄送物品的限制比较严格。

（三）DHL

DHL是全球快递、洲际运输和航空货运的领导者，也是全球领先的海运和合同物流提供商。DHL国际快递是全球快递行业的市场领导者，可寄达220个国家和地区，为客户提供从文件到供应链管理的全系列物流解决方案。

DHL于2014年年底专门组建了DHL电子商务（DHL eCommerce）部门，涉足电子商务这块增长最快的领域。DHL电子商务从跨境递送、国内递送以及履约服务三方面着手，关注从商家到消费者全过程的优选、便捷、控制和品质。

（1）跨境递送服务。DHL电子商务提供一系列覆盖全球220多个国家和地区的跨境服务；提供便捷实惠的跨境服务和退运、不同水平和特色的服务选择、国内递送网络连接、端到端跟踪全程可视、B2C简易清关、以及简便的IT对接。

（2）国内递送服务。DHL电子商务提供一系列特色服务，如端到端递送服务和退运服务、货到付款和电子钱包支付选项、传统的上门递送和其他多种递送选择、便于自送和取件的DHL服务网点、每周6天递送服务、电子邮件/短信状态更新提醒、绿色递送服务解决方案等。

（3）履约服务。履约服务是DHL电子商务端到端全面递送和物流服务。为电子商务交易提供完整的管理服务，包括与主流平台或API的无缝对接、履约订单和运输的实时可追踪、先进的报告功能、广泛的运输服务以及遍布全球的设施。

1. DHL电子商务的服务产品

DHL Parcel International Direct，跨境电商专线包裹，直接寄往高需求市场，最大重量可达20kg。向全球30多个关键收件地提供直接服务。端到端查询及派送确认和可选DTP服务（即寄件人支付目的地关税和其他税款）。重量不超过20kg，运输时间一般为4~7个工作日，标准产品为5~7个工作日，专线产品为4~6个工作日，直接送入目的地国家和地区，通过当地首选合作伙伴派送。

DHL Packet Plus International，跨境电商可追踪包裹，提供经济实惠的较轻物品运送和关键追踪节点查询，在选定市场可供使用。为最重可达2kg的包裹提供实惠的运送服务并提供关键追踪节点查询和派送确认。运输时间通常为4~10个工作日，在超过55个国家和地区提供端到端查询服务，包括派送确认，在70多个国家和地区提供关键追踪节点查询服务（直至包裹进入目的地国家和地区），可运往220多个国家和地区，且提供包裹保价服务。

DHL Packet International，跨境电商包裹，是寄送重量较轻物品的经济实惠的选择。利用全球网络为最重可达 2kg 的包裹提供实惠的运送服务。运输时间明确，清关手续简便，是寄送重量轻、价值低的物品的理想选择。重量不超过 2kg。运输时间一般为 4~15 个工作日，经济包裹为 9~15 个工作日，标准包裹为 4~10 个工作日，在 70 多个国家和地区提供关键追踪节点查询服务（直至包裹进入目的地国家和地区），简化清关工作，可运往 220 多个国家和地区。

2. DHL 的体积和重量限制

DHL 货物的计费重量需比较货物的实际重量与体积重量，二者取较大值作为计费重量。其中

$$体积重量(kg) = \frac{长(cm) \times 宽(cm) \times 高(cm)}{5000}(cm^3/kg)$$

对于跨境电商包裹和可追踪包裹，各边尺寸 ≤ 60cm，长 + 宽 + 高 ≤ 90cm。对于跨境电商专线包裹，长/宽/高 ≤ 120cm/60cm/60cm，且 ≤ 300cm。

3. DHL 的优缺点

优点：到西欧和北美有优势，适合走小件，可送达的网点比较多；时效快；查询网站货物状态更新比较及时，遇到问题解决速度快。

缺点：价格较高；对寄送物品的限制比较严格，拒收许多特殊产品。

（四）SF Express

SF Express，顺丰速运，1993 年成立于广东顺德。顺丰专注于服务质量的提升，近年来，顺丰积极拓展国际快件业务，除中国外，顺丰已开通美国、日本、韩国、新加坡、马来西亚、泰国、越南、澳大利亚等国家的快递业务。

顺丰国际出口物流包括国际标快、国际特惠、国际小包、国际重货、国际电商专递、国际经济小包、国际专线小包和海外仓等。进口物流包括国际标快、国际特惠和国际重货等。以下只介绍国际电商专递的服务产品。

1. 国际电商专递——标准

国际电商专递——标准（E-Commerce Express standard，EXD）是专为跨境电商商家销售较高价值商品应配套更加优质高效物流服务的需求而量身定制的跨境物流专线产品。该服务凭借顺丰国内强大的自有网络揽收能力，同时整合各区域本地优质的清关派送资源，旨在打造一款全新的阳光清关、时效稳定、全程可跟踪的专递服务。货件可全程跟踪轨迹状态，可接受符合航空运输安全标准的内置锂离子电池（除澳大利亚外）。不支持退件、改派和重派服务。

顺丰国际电商专递——标准服务范围及参考时效见表 4-4，体积重计算方式和计费方式见表 4-5。

表 4-4　顺丰国际电商专递——标准服务范围及参考时效

序　号	国家/地区	参考时效（工作日）
1	奥地利、丹麦	5~9 个工作日
2	比利时、德国、荷兰	5~7 个工作日
3	保加利亚、克罗地亚、捷克、芬兰、希腊、匈牙利、爱尔兰、拉脱维亚、爱沙尼亚、立陶宛、罗马尼亚、斯洛伐克、斯洛文尼亚、瑞典、西班牙、德国、乌克兰	6~9 个工作日
4	卢森堡、波兰、葡萄牙、法国、澳大利亚	5~8 个工作日
5	美国、意大利	7~12 工作日
6	俄罗斯	主要城市 8~12 个工作日，偏远地区 29 个工作日
7	英国	4~7 个工作日

表 4-5　顺丰国际电商专递——标准体积重计算方式和计费方式

国家流向	计费方式	体积重计算方式
欧盟 21 国：奥地利、比利时、保加利亚、克罗地亚、捷克、丹麦、爱沙尼亚、芬兰、希腊、匈牙利、爱尔兰、拉脱维亚、立陶宛、卢森堡、荷兰、波兰、葡萄牙、罗马尼亚、斯洛伐克、斯洛文尼亚、瑞典	单票单件计费：首重 500g，续重按 500g 计费 计费重量：实重体积重取其大者计费	长×宽×高（cm³）/6000
澳大利亚	单票单件计费：首重 50g，3kg 以内续重 1g；3~20kg 续重 500g 计费重量：实重体积重量取其大者计费	长×宽×高（cm³）/6000
俄罗斯、乌克兰	单票单件计费：首重 100g，续重按 100g 计费重量：实重体积重取其大者计费	长×宽×高（cm³）/6000
美国	单票单件计费：首重 50g，3kg 以内续重 1g，大于 3kg 续重 500g 计费重量：实重体积重取其大者计费	长×宽×高（cm³）/7000
英国	单票单件计费：首重 50g，20kg 以内续重 1g 计费重量：实重体积重取其大者计费	长×宽×高（cm³）/7000
法国、西班牙、德国、意大利	单票单件计费：首重 50g，30kg 以内续重 1g 计费重量：实重体积重取其大者计费	长×宽×高（cm³）/7000

2. 国际电商专递——快速

国际电商专递——快速（EXP）与标准相比，头程使用直飞航班，中转快速；快件模式清关，方便快捷更安全。

目前该业务仅覆盖美国，参考时效 6~10 个工作日。包裹最大重量 30kg，长≤200cm，宽

≤80cm，高≤70cm，且不接受外包装是圆柱形或者管子形状的包裹。10kg 以下，首重按 0.5kg 计费，续重按 0.5kg 计费，不足 0.5kg 按 0.5kg 计费；10（含）~30kg 为重量×单价，不足 1kg 按 1kg 计费。实重与体积重量取其大者计费。体积重量计算与 EXD 不同，公式如下：

$$体积重量(kg) = \frac{长(cm) \times 宽(cm) \times 高(cm)}{6000}(cm^3/kg)$$

3. 国际电商专递——CD

国际电商专递——CD（E-Commerce Express CD，EX-CD）是专为跨境电商商家量身定制的跨境物流专线产品，以满足跨境电商商家销售不带电、较低价值商品的高效物流服务需求。该服务凭借顺丰国内强大的自有网络揽收能力，同时整合各区域本地优质的清关派送资源，旨在打造一款全新的阳光清关、时效稳定、全程可跟踪的普货专递服务。

顺丰国际电商专递——CD 服务范围及参考时效见表 4-6，计费方式和体积重计算方式见表 4-7。

表 4-6 顺丰国际电商专递——CD 服务范围及参考时效

序 号	国 家	参考时效（工作日）
1	美国、意大利	7~12
2	英国、法国、德国	6~10

表 4-7 顺丰国际电商专递——CD 计费方式和体积重计算方式

国家流向	计费方式	体积重计算方式
英国	单票单件计费：首重 50g，续重按 1g 计费 计费重量：实重体积重取其大者计费	长×宽×高（cm³）/7000
美国	单票单件计费：首重 80g，3kg 以内续重 1g，大于 3kg 续重 500g 计费重量：实重体积重取其大者计费	
法国、德国、意大利	单票单件计费：首重 50g，续重按 1g 计费 计费重量：实重体积重取其大者计费	

4. SF Express 的优缺点

优点：国内服务网点分布广；收派件人员队伍较为庞大，服务意识强；价格有一定竞争力。

缺点：开通的国家线路少，跨境电子商务企业可选的范围较小；其整体服务质量有待提升。

五、专线物流

跨境电商专线物流一般是根据特定国家和地区跨境电商物流的特点推出。专线物流有其专门使用的物流运输工具、物流线路、物流起点与终点、物流运输周期及时间等。

（一）专线物流的特点

专线物流是在物流行业发展规模化阶段以后的产物，它可以最大程度集中某一条路线上物品的运输,从而产生规模效应降低运输成本,使得其价格低于一般的商业快递;并且物流速度快,丢包率较低。这决定了在价格和服务上具备一定的优势,但与部分快递如邮政小包相比,在运费成本上优势并不明显。而且专线物流的产品选择相对有限,这在一定程度上也使得专线物流的使用受到限制。

1. 服务向两端延伸

跨境专线物流运营不同国家和地区之间点对点的货运线路,其运输线路及班次一般是固定的。传统的跨境专线物流仅包含货运站点之间的运输服务,但随着跨境电商服务需求升级,跨境专线物流的业务链条进一步向上游的货物揽收和下游的末端派送延伸,服务逐渐包括:货物揽收、装卸打包、运输、在线追踪订单、清关、本地派送等"一条龙"服务。

2. 同质化竞争明显

尽管目前市场上提供跨境专线物流的服务商非常多,但其后端的货物实际承运人基本为国际主流的海运及空运公司,前端代理销售虽然是丰富的国际物流专线产品,但在服务质量上并无明显差异,同质化竞争明显。

3. 进口与出口专线运力不平衡

第一,国内跨境电商交易规模存在顺差,跨境专线物流出口运费与进口运费价格存在偏差。第二,国内跨境电商进口消费市场主要集中在一二线城市,而跨境电商出口则集中在深圳、广州、义乌、杭州、宁波等沿海城市。因此,跨境专线物流运力存在区域不平衡。

(二)主要的专线物流

1. Special Line-YW

Special Line-YW,燕文航空挂号小包,是国内最大的物流服务商之一北京燕文物流有限公司旗下的一项国际物流业务。Special Line-YW 是综合市场上优质邮政资源推出的一款通达41个国家和地区的标准型航空挂号产品。揽收处理即上网,时效稳定,可全程追踪投递,时效为6~25个工作日,使用速卖通,表现稳定并被高度认可,性价比突出,可发带电货物。

运费根据包裹重量按 g 收费,经济小包最低收费 10g,单件包裹限重 2kg。Special Line-YW 的体积和重量限制见表 4-8。

表 4-8 Special Line-YW 的体积和重量限制

包裹形状	重量限制	最大体积限制	最小体积限制
方形包裹	2kg	长+宽+高≤90cm;单边长度≤60cm	至少有一面的长度≥14cm;宽度≥9cm
圆柱形包裹		单边长度≤60cm;长度+2×直径<90cm	长度+2×直径≥17cm;单边长度≥10cm

2. Aramex

Aramex 专线，也称中东专线，是发往中东地区的国际快递的重要渠道。Aramex 作为中东地区最知名的快递公司之一，成立于 1982 年，是第一家在纳斯达克上市的中东国家公司，提供全球范围的综合物流和运输解决方案。Aramex 与中外运于 2012 年成立了中外运安迈世（上海）国际航空快递有限公司，提供一站式的跨境电商服务以及进出口中国的清关和派送服务。Aramex 目前支持中东、印度次大陆、东南亚、欧洲及非洲航线。

对于快递的单件货物，重量不超过 30kg；长、宽、高之和 ≤ 274cm，且单边尺寸 ≤ 158cm；货物价值 ≤ 50000 美元。

3. Ruston

中俄航空 Ruston（Russian Air），一般称为俄速通，是由黑龙江俄速通国际物流有限公司提供的中俄航空小包专线服务，采用对俄航空包机专线运输，物流时效国内领先。俄速通成立于 2013 年，成立伊始参与了"哈尔滨对俄跨境电商大通道"的建设与运营，将哈尔滨对俄包机航线打造成为我国对俄跨境电商包裹物流的金牌航线。目前俄速通已成为行业内公认的对俄跨境流通第一品牌。

Ruston 包机直达俄罗斯，80% 以上包裹 25 天内到达买家目的地邮局，支持发往俄罗斯全境邮局可到达区域。运费根据包裹重量按克计费，1g 起重，单件包裹限重 2kg。

4. Russia Express-SPSR

Russia Express-SPSR，中俄快递 -SPSR，由其服务商 SPSR Express 2001 年设立，迅速成为俄罗斯最大的快递服务商，有"俄罗斯顺丰"之称。2015 年 2 月，SPSR Express 与中国阿里巴巴公司进行了商业洽谈，"中俄快递—SPSR"面向速卖通商家提供经北京、香港、上海等地出境的多条快递线路，可寄送重量 100g~31kg，尺寸在长、宽、高之和小于 180cm、单边不超过 120cm 以内的包裹，运送范围为俄罗斯全境。2015 年 5 月 SPSR Express 与中国京东签订了合作协议，应用"仓到仓"物流新模式，实现京东自营广州仓到俄罗斯 SPSR 仓（10h），再经 1~2 天实现妥投。

六、海外仓

2015 年 5 月份商务部《"互联网 + 流通"行动计划》推出，不少电商平台和出口企业通过建设海外仓布局境外物流体系。海外仓的建设可以让出口企业将货物批量发送至国外仓库，实现该国本地销售、本地配送。

海外仓最大的作用就是备货、快速发货。为解决物流贵、慢的难题，跨境电子商务卖家不得不另辟蹊径，考虑海外设仓。卖家将货物存储到当地仓库，当买家有需求时，第一时间做出快速响应，及时进行货物的分拣、包装以及递送。

这种新的国际物流形式有利于解决发展跨境电子商务的种种痛点，鼓励电商企业"走出去"。客户下单后，出口企业通过海外仓直接本地发货，大大缩短配送时间，也降低了清关障碍；货物批量运输，降低了运输成本；客户收到货物后能轻松实现退换货，也改善了购物体验。在各大跨境电子商务和出口企业建设海外仓的同时，相关政府部门应完善跨境电子商务相关的法律、税收服务建设。

海外仓集货物流是指为卖家在销售目的地进行仓储、分拣、包装及派送的一站式控制及管理活动。海外仓集货物流包括的主要环节有：预定船期或航班、头程国内运输、头程海运或空运、当地清关及报税、当地二程拖车运输、目的地仓库仓储、本地配送。海外仓的管理方式能够通过缩短送货时间达到改善客户购物体验的目的。

（一）海外仓的选品

随着跨境电子商务的发展，本地化服务的进一步升级，海外仓成为越来越多跨境电子商务企业的选择。但是，并不是所有类型的物品都适合海外仓模式。在做海外仓的时候必须对海外仓的物品有明确的定位。

一般来说，以下三种类型的物品可以考虑做海外仓：

（1）体积大、重量大的物品。此类产品体积和重量都超过了小包规格的限定，采用国际快递成本过高，采用海外仓模式可以弥补费用。

（2）单价高和利润高的物品。海外仓的本地配送服务相较于国际物流的多环节长途运输而言，丢包率和破损率都相对较低，采用海外仓模式可以有效降低高价值物品在物流环节发生的意外破损或丢失概率。

（3）畅销品。这类物品市场需求大，货物周转速率高，货物积仓风险小，既能提高海外仓的利用效率，又能使卖家尽快回笼资金。

除了以上需要考虑的因素外，在分析物品定位的时候，还要考虑目的国的政治、经济、文化等其他可能影响产品的因素，从大数据平台获取数据信息，明确了解产品的受众，只有这样才能做出真正给企业带来利润的海外仓物品。

根据风险和收益的平衡关系来看，目前海外仓选品主要有四种情况：

1）高风险、高利润产品。体积大重量超重的物品，国内小包无法运输或运费太贵，如灯具、户外用品等。

2）高风险、低利润产品。国内小包或快递无法递送，如危险品、美容美甲用品、化妆品等。

3）低风险、高利润产品。日用快消品，符合本地需求、能快速送达的物品，如工具类物品、家居必备用品、母婴用品等。

4）低风险、低利润产品。在国外市场热销的产品，批量运送以降低运输成本，如3C配件、时尚服饰等。

相较而言，在这四种情况中，1）类产品和3）类产品更适合做海外仓。

（二）海外仓的费用结构

海外仓费用主要包括头程费用、处理费、仓储费、尾程运费和关税、增值税等费用。其中，头程费用主要包括空运、海运散货、海运整柜、当地拖车等；处理费主要是出入库费用；仓储费需要考虑淡旺季的需求；尾程运费取决于配送的方式。

1. 头程费用

头程费用是指从中国把货物运送至海外仓库过程中所产生的费用。

采用航空运输方式的费用包括：运费、清关费、报关费、文档费、拖车费和送货费等其他费用。

采用海运货轮运输的方式，有集装箱拼箱和集装箱整箱两种。集装箱拼箱方式以实际体积计算运费，集装箱整箱方式以箱为交接单位并计算运费。

2. 税金

税金是指货物出口到某国，按照该国进口货物政策而征收的一系列费用。通常所说的关税主要是指进口关税，是一个国家海关对进口货物和物品征收的税。进口关税的征收会增加进口货物的成本，提高进口货物的市场价格，从而影响货物的进口数量。世界各国都把征收关税作为限制货物进口的一种手段。适当使用进口关税可以保护本国工农业生产，也可以作为经济杠杆调节本国的生产和经济的发展。有些国家不仅有进口关税，还有一些特定的费用，如增值税。

3. 当地派送费用

当地派送费用也称二程派送费用，是买家下单后，其物品由仓库打包配送至买家地址所产生的费用。

由于各国物流公司的操作不尽相同，该费用以具体国家具体物流公司的派送价格和规则为准。

4. 仓储管理服务费

仓储管理服务费主要包含仓储费和订单处理费两大部分。

仓储费是产品储存在仓库中而产生的费用。如果租用第三方物流公司的仓库，第三方物流公司通常按周收取费用，以提高产品的周转率。

订单处理费是买家下单后,完成订单拣货打包而产生的费用。通常订单处理费会根据处理的订单数量、体积及重量划分不同的价目表。

(三)亚马逊FBA

亚马逊FBA是指由卖家把商品运送到亚马逊仓库(称为FBA头程),亚马逊负责存储并管理商品,根据卖家订单对商品进行捡货包装并提供快捷配送,并且根据当地语言提供退换货等服务,亚马逊收取服务费用。

在费用方面的话,如果产品在国外畅销,那么FBA的物流费用相对较低。一旦货物滞销,会追加货物滞留费用,且随时间越长费用越高。如果不想支付支流费用,可将货物发回,这种方式不仅要承担物流成本,还要交进口税;或者让亚马逊销毁,则需要支付销毁费用。如果亚马逊对滞销货物感兴趣,还可以将货物打折卖给亚马逊。总的来说,亚马逊FBA的选品充分反映了海外仓的风险。

1. 亚马逊FBA的优点

(1)提高Listing排名,帮助卖家成为特色卖家,抢夺购物车,提高客户的信任度,提高销售额。

(2)物流经验丰富,仓库遍布全世界,智能化管理。

(3)得益于仓库大多靠近机场,配送时效快。

(4)7×24h亚马逊专业客服。

(5)减少由物流引起的差评纠纷。

(6)对单价超过300美元的产品免除所有FBA物流费用。

2. 亚马逊FBA的缺点

(1)一般来说费用比国内发货稍微偏高,特别是非亚马逊平台的FBA发货。

(2)灵活性差。这可能是所有海外仓的共同短板,但其他第三方海外仓已经有专门的中文客服,FBA只能用英文和客户沟通,而且用邮件沟通,回复不如第三方海外仓客服及时。

(3)FBA仓库不会为卖家的头程发货提供清关服务。

(4)如果前期工作没做好,会出现标签扫描问题影响货物入库,甚至不能入库。

(5)如果是美国站点的FBA,退货地址也只支持美国。

(6)退货随意,客户退货不需要与FBA有太多的沟通,在一定程度上给卖家造成困扰。

3. FBA头程

亚马逊不负责头程物流,FBA头程是国内的物流服务商负责把卖家的商品运送至亚马逊

FBA 仓库，并提供清关、代缴税等一系列服务。对于选择亚马逊 FBA 的商家来说，FBA 头程运输的选择不仅能节约国际物流成本，而且能提升运输时效。因此，FBA 头程的选择至关重要。

FBA 头程运输方式主要有三种：空运、海运以及国际快递。

空运：使用航空运输将货物运输到当地，再使用当地的快递送至亚马逊仓库。空运专线费用相对较高，但有固定的航班时间，时效快捷。

海运：海运最大的优势就是价格低。国际海运发亚马逊 FBA 仓，时效要长，且会受到天气等方面的影响。该方式适合时效要求不高的货物，建议商家提前发货以防延误。

国际快递：四大国际快递，DHL、UPS、FedEx、TNT 等，一般 20kg 以上价格合适，时效快，适合紧急补货。美国 FBA 头程快递免预约入库，但要注意亚马逊不作为清关主体，不负责清关和缴税，一定要做好申报和关税预付，并且提前准备好当地清关进口商。

4. FBA 头程注意事项

选择 FBA 头程运输方式时，要综合考虑时效性和资金周转，以降低成本。

选品要考虑货品的轻重情况，采用轻泡货和重货搭配发货的方式，以避免因体积重过大而带来的额外的运输成本。

根据货品的特征和时效性要求，可采用多式联运的方式，既保证商品不断货，又减少运输成本。

商家在发 FBA 头程前，一定要先了解所选择的 FBA 仓所在国家和地区的政策与壁垒，为 FBA 头程运输做足准备。

【案例 4-7】

商务部：鼓励和支持企业完善海外仓配套服务

国务院联防联控机制今天下午举行新闻发布会，介绍稳外贸相关举措。商务部部长助理任鸿斌表示，跨境电商已经成为贸易高质量发展的新引擎、创新创业的新平台、对外开放的新通道。商务部会同相关部门主要做好五方面工作：

一是推动传统企业触网上线。跨境电商通过智能推送、信息宣传等多种技术手段和商业模式，高效对接供需，快速培育自主品牌，带动优质产品出口，赋能传统外贸和生产企业。下一步，还要继续指导综试区建设跨境电商线下园区，实现产业集聚、主体集群、功能集成。

二是充分发挥国际性平台的作用。目前境外的平台占据跨境电商主流市场，这部分国际平台知名度大、覆盖面广、市场占有率高，是我们企业出口的主要渠道。下一步，将继续支持各类外贸企业和生产企业与国际性的电商平台合作，实现共同的发展。

三是支持跨境电商平台走出去。近年来，国内的电商平台开始通过投资并购、自建平台等方式拓展海外市场，已经在俄罗斯、东南亚、中东、非洲等市场享有一定的知名度。下一步，将指导综试区完善公共服务,培育和发展自主跨境电商平台。

四是高质量推进海外仓建设。海外仓作为跨境电商重要的境外节点,是电商企业在境外实现本土化运作、配送、服务和市场拓展的重要依托。将鼓励企业完善海外仓配套服务,同时也将会给予一定支持。

五是完善跨境电商产业链和生态圈,跨境电商是全球化发展到一定阶段、互联网技术趋于成熟、国际贸易营商环境大幅改善、物流等配套服务完善高效的基础上形成的新业态。下一步,将继续指导综试区汇聚制造生产、电商平台、仓储物流、金融风控等各类企业,发展物流、支付、快递等服务行业,带动本地周边和产业链上下游企业触网上线,为跨境电商发展营造良好的环境。

(资料来源:新民晚报,2020年4月10日,记者/潘子璇。)

七、跨境电子商务进口物流模式

跨境电商进口物流主要有保税进口和直邮进口两种模式。

1. 保税进口模式

保税进口模式即保税仓备货模式,是一种典型的 B2B2C 模式。借助国内现有的保税区,商家提前将海外商品批量备货到国内保税仓,并经由海关报关检查,当国内客户下订单后,从保税仓直接打包发货,完成通关后采用国内物流配送到消费者手中。

在这种模式下如果商品放在保税仓过期了,需要在海关的监督下进行销毁,跨境电商平台和商家需要承担商品销毁的费用。所以保税进口模式适用于标品、热款商品等。

2. 直邮进口模式

直邮进口模式,是一种典型的 B2C 模式,消费者从国内或者国外的跨境电商网站上下单购买商品后,商品从境外发货,通过国际物流运输到境内关口,完成通关后使用国内物流配送到消费者手中。

直邮进口模式分为小包裹的直邮模式和大量商品的集货模式。前者是用户下订单后,直接由国际物流小包裹运输到国内,通关后再配送给消费者;后者是用户下单后,不着急发货,统一存放在海外仓,等到累积到一定数量时,再用批量的国际物流运输到国内进行清关,配送给消费者。

【延伸阅读】

环亚国际的跨境电子商务物流

近年来,跨境电商以开放、多维、立体的多边经贸合作模式拓宽了企业进入国际市场的路径。跨境电商有效地降低了产品价格，使消费者拥有更大的选择自由，不再受地域和区域限制。此外，与之相联的物流配送、电子支付、电子认证、IT服务、网络营销等都大大促进了跨境电商的高速发展，在"一带一路"倡议的指引下，河南环亚国际货运代理有限公司结合自身的特点和特色，成功完成从点到面、纵横发展的过程。

河南环亚国际货运代理有限公司（Henan Asiaworld International Transportation Co., Ltd.）（以下简称环亚国际），始创于2006年，是经中华人民共和国商务部、交通部、海关总署、民航总局批准的一级国际货运代理企业，并荣获中国航协一级货运资格认可证书。其主营业务包括：国际空运代理，国际快递代理，尼日利亚专线，美国FBA专线，是为客户提供集运输、仓储、配送于一体的专业的综合货运服务公司。

环亚国际以郑州为总部，先后成立了许昌分公司，广州分公司，义乌分公司和尼日利亚境内10个分公司为主的运营网络，实现中非"门到门"服务网络的覆盖。环亚国际可根据客户个性化需求提供接取送达、货物包装、报价保险、签单返回、运费到付、信息追踪等增值服务，为企业客户提供物流解决方案设计、供应链管理等全方位、"一站式"集成物流服务。公司成立以来一直秉承"诚信、快捷、周到、准时"服务宗旨，服务社会各企业。

环亚国际的尼日利亚专线和小包是其针对非洲跨境电子商务市场精心打造的物流服务品牌，具体的物流操作如下：

国内部分：国内各分公司接到客户订单后，安排上门取件或者由客户自行送货到各分公司仓库，然后贴标签、扫码入公司TMS跟踪系统。所有货物取件后送达公司物流中心，根据货物目的地、品名分类，打包装箱；同时，根据货物品名统一缮制报关文件。货物到达机场后，经过卸货、安检、入库、出重；出重数据上传到海关系统，再由报关人员向海关正式申报货物。公司根据机场数据缮制提单。待机场海关对货物放行后，货物装机，提单交至航司柜台，随飞机一起飞到目的地。

国外部分：飞机抵达目的地机场前，国内公司将对应的箱单、发票、合同、提单等一系列清关资料发送至国外当地，供清关用。国外机场清关放行后，公司安排专车去机场提货至公司海外仓。海外仓对货物拆箱、分拣后生成订单入公司系统，并根据客户配送要求决定是否送货上门。

环亚国际尼日利亚小包可直接对接国外DHL系统。国内收件时张贴DHL标签，在国外直接对接当地DHL系统，DHL工作人员直接上门扫描取件，不需要再换单，然后由DHL公司分送至客户手上，扫描签收完成。小包裹通过国际货运航班运输到达目的国后，不换单直接对接海外DHL公司的意义深远，也是环亚国际首创类型的服务，其目的一是为客户降低运输成本，二是使用DHL对接非洲等国的偏远地区，可以为最终客户提供更为快捷安全的服务。

作为深耕中非跨境电子商务领域的物流企业，环亚国际深感任务和使命重大。公司自成立以来便动作不断，以服务、效率和创新为客户降低运输成本，为客户创造价值，完善平台、搭建物流体系、布局非洲供应链……旨在持续为行业客户创造更大价值。

环亚国际对中非跨境电子商务的客户价值首先体现在打破信息壁垒和不对称，实现了物流上下游高效连接。环亚国际借助跨境电子商务平台，为非洲偏远地区的采购商降低采购成本和运输成本，效率大幅度提升。环亚国际精心打造网络信息平台，通过采用空运、海运以及海空联运等多式联运方式，并结合当地快递运输的特点和优势，为制造商、供应商和采购商提供完整的物流方案，使跨境电子商务企业降低渠道成本、加快库存周转，为最终用户提升物流效率，并带动整个产业的进步。

环亚国际对中非跨境电子商务的客户价值还体现在增值服务上。在供应链上下游之间，环亚国际成为第三方服务平台、推广平台和社交平台，通过与环亚国际的合作，制造商、供应商和采购商可以非常灵活地安排国际展会产品的运输，结合国外当地热门的节日，快捷高效地把自己的产品推广到国际，同时借助电商平台信息互动的优势，快速建立企业的品牌形象和口碑，进一步影响目标客户。

（资料来源：河南环亚国际货运代理有限公司。）

习题

一、选择题

1. 跨境电子商务物流的特征主要表现在（　　）。

   A. 国际化　　　　　　　　B. 碎片化

   C. 电子化　　　　　　　　D. 快速化

2. 以下方法哪些可以用来控制跨境电子商务物流成本（　　）？

   A. 通过供应链管理降低成本　　B. 通过需求整合降低成本

   C. 通过物流信息系统降低成本　　D. 通过提升运输速度降低成本

3. 下列哪个不是专线物流的特点（　　）？

   A. 服务向两端延伸　　　　　　B. 同质化竞争

   C. 进口与出口专线运力不平衡　　D. 差异化竞争

4. 以下哪项是不能在虚拟环境下完全通过网络实现的（　　）？

   A. 信息流　　　　　　　　B. 商流

   C. 物流　　　　　　　　　D. 资金流

5. 跨境电子商务库存成本的构成（　　）。

A. 库存持有成本　　　　　　　　B. 库存服务成本

C. 缺货成本　　　　　　　　　　D. 订货成本

二、判断题

1. 各跨境电子商务平台对单品 SKU 的排名主要是需求量与销售量。(　　)

2. 多元化的跨境电子商务物流体系为降低物流成本、有效支撑跨境电子商务发展发挥了重要的作用。(　　)

3. 从系统论观点以及供应链管理思想出发跨境电子商务是跨境电子商务物流的一个子系统。(　　)

4. 自建物流是中小跨境电子商务平台的物流服务主体。(　　)

5. 跨境电子商务物流对物流的要求区别于传统物流的差异性之一体现在物流服务的层次不同。(　　)

三、简答题

1. 简述跨境电子商务与物流的关系。

2. 简述跨境电子商务物流与传统物流的差异。

3. 简述跨境电子商务物流的特征。

4. 跨境电子商务物流的模式主要有哪些?

5. 简述影响跨境电子商务物流成本的因素。

本章参考文献

[1] 速卖通大学. 跨境电子商务 [M]. 2版. 北京：电子工业出版社，2015.

[2] 速卖通大学. 跨境电子商务物流 [M]. 北京：电子工业出版社，2016.

第五章
跨境电子商务的监管制度

第一节 跨境电子商务的通关类型和通关流程

一、跨境电子商务的通关类型

（一）快件清关

确认订单后，国外供应商通过国际快递将商品直接从境外邮寄至消费者手中无海关单据。

优点：灵活，有业务时才发货，不需要提前备货。

缺点：与其他邮快件混在一起，物流通关效率较低，量大时成本会迅速上升。

适合：业务量较少，偶尔有零星订单的阶段。

（二）集货清关（先有订单，再发货）

商家将多个已售出商品统一打包，通过国际物流运至国内的保税仓库，电商企业为每件商品办理海关通关手续，经海关查验放行后，由电商企业委托国内快递派送至消费者手中。每个订单附有海关单据。

优点：灵活，不需要提前备货，相对邮快件清关而言，物流通关效率较高，整体物流成本有所降低。

缺点：需要在海外完成打包操作，海外操作成本高，且从海外发货，物流时间稍长。

适合：业务量迅速增长，每周都有多笔订单的阶段。

（三）备货清关（先备货，后有订单）

商家将境外商品批量备货至海关监管下的保税仓库，消费者下单后，电商企业根据订单为每件商品办理海关通关手续，在保税仓库完成贴面单和打包，经海关查验放行后，由电商企业委托国内快递派送至消费者手中。每个订单附有海关单据。

优点：提前批量备货至保税仓库，国际物流成本最低，有订单后，可立即从保税仓库发货，通关效率最高，可及时响应售后服务要求，用户体验较好。

缺点：使用保税仓库有仓储成本，备货会占用资金。

适合：业务规模较大，业务量稳定的阶段。

可通过大批量订货或提前订货降低采购成本，可逐步从空运过渡到海运降低国际物流成本，或采用质押监管融资解决因备货引发的资金占用问题。

二、跨境电子商务的通关流程

（一）出口通关流程

1. 申报

1）电子商务企业（以下简称"电商企业"）或个人、物流企业应在电子商务出口货物申报前，分别向海关提交订单、支付、物流等信息。订单信息应包括订单号、运单号、商品名称、数量、金额等信息，支付信息应包括支付金额等信息，物流信息应包括运单号、承运货物的订单号、运抵国等。

2）以电商企业对企业（以下简称"B2B"）模式出口的货物，电商企业应向海关提交《中华人民共和国海关出口货物报关单》（以下简称《出口货物报关单》）或《中华人民共和国海关出境货物备案清单》（以下简称《出境备案清单》），办理出口货物通关手续。《出口货物报关单》及《出境备案清单》中相应增加"电子商务"字段，以示区分跨境电子商务出口货物。

3）以电商企业对个人（以下简称"B2C"）模式出口的货物，电商企业应向海关提交《中华人民共和国海关跨境贸易电子商务进出境货物申报清单》（以下简称《货物清单》），办理出口货物通关手续，海关不再将《货物清单》汇总成《出口货物报关单》或《出境备案清单》，《货物清单》数据在放行结关后纳入统一的海关数据归口管理。对不涉及出口征税、出口退税、许可证件管理且金额在人民币 5000 元以内的电子商务出口货物，电商企业可以按照《进出口税则》4 位品目进行申报；对超过 5000 元以及涉及出口征税、出口退税、许可证件管理的电子商务出口货物，按现行通关管理规定办理通关手续。

4）电商企业需修改或者撤销《货物清单》的，按照海关现行进出口货物报关单修改或者撤销有关规定办理。

5）以 B2B 模式出口货物的转关手续，按照海关现行货物转关管理规定办理；以 B2C 模式出口货物的转关手续，采用直接转关方式，品名以总运单形式输入"跨境电子商务商品一批"，并附商品清单，出口货物舱单按照总运单进行管理和核销。

6）除特殊情况外，《出口货物报关单》《出境备案清单》和《货物清单》应采取通关无纸化作业方式进行申报。

2. 查验

海关按照现行风险管理和查验管理规定的要求，通过利用信息技术等手段，对出口货物进行布控和查验，同时实施不限时间、不限频率的机动查验。海关实施查验时，电商企业、海关监管场所经营人应按照有关规定提供便利，配合海关查验。电商企业、物流企业、海关监管场所经营人发现涉嫌违规或走私行为的，应主动报告海关。

3. 征税

以 B2B、B2C 模式出口的货物，出口关税及出口环节代征税按照现行规定征收。

4. 放行

1）电子商务出口货物的查验、放行手续应在海关监管场所内实施。

2）电子商务出口货物放行后，电子商务企业应按照规定接受海关后续管理。

3）以 B2B 模式出口的货物发生退换货等情况，按照海关现有规定办理；以 B2C 模式出口的货物发生退换货等情况，退运货物应通过原出口的海关监管场所退回，并接受海关监管。

（二）进口通关流程

1. 申报

1）电商企业或个人、支付企业、物流企业应在电子商务进口货物、物品申报前，分别向海关提交订单、支付、物流等信息。订单信息应包括订单号、运单号、商品名称、数量、金额等，支付信息应包括支付类型、支付人、支付金额等，物流信息应包括运单号、承运物品的订单号、收件人、启运国等。

2）以 B2B 模式进口的货物，电商企业应向海关提交《中华人民共和国海关进口货物报关单》（以下简称《进口货物报关单》）或《中华人民共和国海关进境货物备案清单》（以下简称《进境备案清单》）办理进口货物通关手续。《进口货物报关单》及《进境备案清单》中应相应增加"电子商务"字段，以示区分跨境电子商务进口货物。

3）以 B2C 模式进口的物品，物品所有人或者其委托的电商企业、物流企业应向海关提交《中华人民共和国海关跨境贸易电子商务进出境物品申报清单》（以下简称《物品清单》），采取《物品清单》方式办理电子商务进口物品通关手续。

4）电商企业、物流企业或个人需修改或者撤销《物品清单》，按照海关现行的进出口货物报关单修改或者撤销等有关规定办理。

5）以 B2B 模式进口货物的转关手续，按照海关现行的货物转关管理规定办理，其中进境是指运地为特殊监管区域或保税物流中心的，按照直接转关方式办理；以 B2C 模式进口物品的转关手续，采用直接转关方式，品名以总运单形式输入"跨境电子商务商品一批"，并随附物品清单，进口舱单按总运单进行管理和核销。

6）除特殊情况外，《进口货物报关单》《进境备案清单》和《物品清单》应采取通关无纸化作业方式进行申报。

2. 查验

海关按照现行风险管理和查验管理规定的要求，通过利用信息技术等手段，对进口货物、物品进行布控和查验，同时实施不限时间、不限频率的机动查验。海关实施查验时，电商企业或个人、海关监管场所经营人应按照有关规定提供便利，配合海关查验。电商企业或个人、物流企业、海关监管场所经营人发现涉嫌违规或走私行为的，应主动报告海关。

3. 征税

以 B2B 模式进口的货物，进口关税及进口环节代征税按照现行规定征收；以 B2C 模式进口的物品，以实际成交价格作为完税价格，按照行邮税计征税款。

海关凭电商企业或其代理人出具的保证金或保函按月集中征税。

4. 放行

1）电子商务进口货物、物品的查验、放行均应在海关监管场所内实施。

2）电子商务进口货物、物品放行后，电商企业应按照规定接受海关后续管理。

3）以 B2B 模式进口的货物发生退换货等情况，按照海关现行规定办理；以 B2C 模式进口的物品发生退换货等情况，退运物品应通过原进口的海关监管场所退回，并接受海关监管。

（三）特殊监管区域或保税物流中心保税进出境货物、物品的监管和进出区管理

1）电子商务进出口货物、物品在特殊监管区域或保税物流中心辅助管理系统上备案商品料号级账册，实施料号级管理。

2）B2B 模式通过特殊监管区域或保税物流中心进出口的电子商务货物，按照《跨境电子商务综合试验区海关监管方案》规定的进出口通关作业流程办理申报、查验、征税和放行手续。

3）B2C 模式电子商务进口物品，一线进特殊监管区域或保税物流中心，申报、查验和放行手续按现有规定办理，二线出特殊监管区域或保税物流中心，按照《跨境电子商务综合试验区海关监管方案》规定的进口通关作业流程办理申报、查验、征税和放行手续。

4）B2C 模式电子商务出口货物，二线进特殊监管区域或保税物流中心，申报、查验、征税和放行手续按现有规定办理，一线出特殊监管区域或保税物流中心，按照《跨境电子商务综合试验区海关监管方案》规定的出口通关作业流程办理申报、查验和放行手续。

第二节 跨境电子商务的海关监管

跨境电子商务的现行海关监管有一般贸易货物通关监管、快件及邮递物品通关监管、跨境产业园区监管、非商平台跨境电子商务监管等几种模式。当前,跨境贸易电子商务迅猛发展,给海关传统监管带来了严峻的挑战。为适应跨境贸易电子商务的发展,海关提出一般出口、特殊区域出口、网购保税和直购进口等四种新型通关监管模式。由海关总署开发的全国统一的跨境贸易电子商务出口通关系统于 2014 年 7 月 1 日正式上线运行,并率先在广东投入使用。这个通关系统依托电子口岸平台,实现与电商、物流、支付三方企业的高效对接。通过"清单核放、汇总申报"的方式,实现便捷通关和有效监管,提高通关效率,降低企业成本。

目前,业内主要出现了三种跨境电子商务服务平台,分别是跨境电子商务通关服务平台、跨境电子商务公共服务平台以及跨境电子商务综合服务平台。虽然这三种平台都服务于传统中小型外贸企业及跨境进出口电商企业,但却是分别由海关、政府和企业建设的,在整个进出口流程中把控着不同的环节、承担着不同的职能。三种平台之间相互联系,形成信息数据之间的统一交换和层层传递(见表 5-1)。

表 5-1 三类跨境电子商务服务平台对比

平台名称	概念解读	服务对象	监管部门	建设意义
跨境电子商务通关服务平台	为外贸企业进出口通关提供便利服务的系统平台	传统中小型外贸企业、跨境进出口电商企业	海关总署、地方海关	应对当前外贸订单碎片化趋势明显,小包裹、小订单急剧增多,政策空缺无监管实施的对策之一
跨境电子商务公共服务平台	对接各政府部门监管统计系统的公共信息平台	传统中小型外贸企业、跨境进出口电商企业	商务部等政府部门	沟通政府职能部门、对接海关通关服务平台,是政府职能部门面向外贸企业的服务窗口
跨境电子商务综合服务平台	囊括了金融、通关、物流、退税、外汇等代理服务	传统中小型外贸企业、中小型跨境电子商务企业、跨境电子商务平台卖家	(由企业建设)	为中小型外贸企业和个人卖家提供一站式服务,属于新兴的代理服务行业

(资料来源:亿邦动力网。)

跨境电子商务属于新生事物。海关应主动适应进出口新型业态的变化发展,积极探索适合国情的电子商务监管模式。各地海关在探索监管模式的过程中,逐步形成了"集中监管,清单核放、汇总申报,平台管理"的海关基本监管模式,即电子商务进出境货物、物品进入跨境贸易电子商务监管中心,由海关实施监管。电子商务企业或者个人向海关提交电子申报清单办理商品通关手续。同时,电子商务企业或者个人、监管中心经营人、支付企业、物流企业通过

"电子商务通关服务平台"向"电子商务通关管理平台"传送交易、支付、仓储和物流等数据。海关通过相关数据与电子申报清单的比对分析进行监控管理。

进口方面，逐步形成了两种海关监管模式。一是建立阳光跨境直购渠道，即国内消费者向卖家下单后，商品以国际小包或者国际快递的形式进入境内，海关通过与跨境电子商务平台的合作，提前掌握商品的相关信息，优化快件和邮包的监管手段，做到监管快捷便利，税费应收尽收。二是充分发挥海关特殊监管区域的保税功能优势。电子商务企业将商品批量以保税状态进入海关特殊监管区域物品专用仓库，节省国际邮件运输成本，然后由消费者在购物网站下单购买，商品的订单和支付单信息发送至"电子商务通关服务平台"，进一步完善运单信息后提交海关审核，海关按进口物品征税放行后，商品以包裹状态运出特殊监管区域交至国内消费者手中。

出口方面，为解决中小微企业不能结汇、退税问题，海关通过将出口货物、物品集中到监管的园区，优化园区内海关、电商企业、物流企业之间的流程，实现园区内"现场通关"。企业的货物可以先用清单形式出关，再将某个时间段的出口总数向海关统一申报，形成报关单后办理出口退税业务。

一、通关管理

1）对跨境电子商务直购进口商品及适用"网购保税进口"（监管方式代码1210）进口政策的商品，按照个人自用进境物品监管，不执行有关商品首次进口许可批件、注册或备案要求。但对相关部门明令暂停进口的疫区商品和对出现重大质量安全风险的商品启动风险应急处置时除外。

适用"网购保税进口A"（监管方式代码1239）进口政策的商品，按《跨境电子商务零售进口商品清单（2018版）》尾注中的监管要求执行。

2）海关对跨境电子商务零售进出口商品及其装载容器、包装物按照相关法律法规实施检疫，并根据相关规定实施必要的监管措施。

3）跨境电子商务零售进口商品申报前，跨境电子商务平台企业或跨境电子商务企业境内代理人、支付企业、物流企业应当分别通过国际贸易"单一窗口"或跨境电子商务通关服务平台向海关传输交易、支付、物流等电子信息，并对数据真实性承担相应责任。

直购进口模式下，邮政企业、进出境快件运营人可以接受跨境电子商务平台企业或跨境电子商务企业境内代理人、支付企业的委托，在承诺承担相应法律责任的前提下，向海关传输交易、支付等电子信息。

4）跨境电子商务零售出口商品申报前，跨境电子商务企业或其代理人、物流企业应当分别通过国际贸易"单一窗口"或跨境电子商务通关服务平台向海关传输交易、收款、物流等电子信息,并对数据真实性承担相应法律责任。

5)跨境电子商务零售商品进口时,跨境电子商务企业境内代理人或其委托的报关企业,应提交《中华人民共和国海关跨境电子商务零售进出口商品申报清单》(以下简称《申报清单》),采取"清单核放"方式办理报关手续。

跨境电子商务零售商品出口时,跨境电子商务企业或其代理人应提交《申报清单》,采取"清单核放、汇总申报"方式办理报关手续;跨境电子商务综合试验区内符合条件的跨境电子商务零售商品出口,可采取"清单核放、汇总统计"方式办理报关手续。

《申报清单》与《中华人民共和国海关进(出)口货物报关单》具有同等法律效力。按照下述6)~8)条要求传输、提交的电子信息应加施电子签名。

6)开展跨境电子商务零售进口业务的跨境电子商务平台企业、跨境电子商务企业境内代理人应对交易真实性和消费者(订购人)身份信息真实性进行审核,并承担相应责任;身份信息未经国家主管部门或其授权的机构认证的,订购人与支付人应当为同一人。

7)跨境电子商务零售商品出口后,跨境电子商务企业或其代理人应当于每月15日前(当月15日是法定节假日或者法定休息日的,顺延至其后的第一个工作日),将上月结关的《申报清单》依据清单表头同一收发货人、同一运输方式、同一生产销售单位、同一运抵国、同一出境关别,以及清单表体同一最终目的国、同一10位海关商品编码、同一币制的规则进行归并,汇总形成《中华人民共和国海关进(出)口货物报关单》向海关申报。

允许以"清单核放、汇总统计"方式办理报关手续的,不再汇总形成《中华人民共和国海关进(出)口货物报关单》。

8)《申报清单》的修改或者撤销,参照海关《中华人民共和国海关进(出)口货物报关单》修改或者撤销有关规定办理。

除特殊情况外,《申报清单》《中华人民共和国海关进(出)口货物报关单》应当采取通关无纸化作业方式进行申报。

二、税收征管

1)根据《财政部 海关总署 国家税务总局关于跨境电子商务零售进口税收政策的通知》(财关税〔2016〕18号)的有关规定,跨境电子商务零售进口商品按照货物征收关税和进口环节增值税、消费税,完税价格为实际交易价格,包括商品零售价格、运费和保险费。

2)跨境电子商务零售进口商品消费者(订购人)为纳税义务人。在海关注册登记的跨境电子商务平台企业、物流企业或申报企业作为税款的代收代缴义务人,代为履行纳税义务,并承担相应的补税义务及相关法律责任。

3）代收代缴义务人应当如实、准确地向海关申报跨境电子商务零售进口商品的商品名称、规格型号、税则号列、实际交易价格及相关费用等税收征管要素。跨境电子商务零售进口商品的申报币制为人民币。

4）为审核确定跨境电子商务零售进口商品的归类、完税价格等，海关可以要求代收代缴义务人按照有关规定进行补充申报。

5）海关对满足监管规定的跨境电子商务零售进口商品按时段汇总计征税款，代收代缴义务人应当依法向海关提交足额有效的税款担保。

海关放行后30日内未发生退货或修撤单的，代收代缴义务人在放行后第31日至第45日内向海关办理纳税手续。

三、场所管理

1）跨境电子商务零售进出口商品监管作业场所必须符合海关相关规定。跨境电子商务监管作业场所经营人、仓储企业应当建立符合海关监管要求的计算机管理系统，并按照海关要求交换电子数据。其中开展跨境电子商务直购进口或一般出口业务的监管作业场所应按照快递类或者邮递类海关监管作业场所规范设置。

2）跨境电子商务网购保税进口业务应当在海关特殊监管区域或保税物流中心（B型）内开展。

四、检疫、查验和物流管理

1）对需在进境口岸实施的检疫及检疫处理工作，应在完成后方可运至跨境电子商务监管作业场所。

2）网购保税进口业务：一线入区时以报关单方式进行申报，海关可以采取视频监控、联网核查、实地巡查、库存核对等方式加强对网购保税进口商品的实货监管。

3）海关实施查验时，跨境电子商务企业或其代理人、跨境电子商务监管作业场所经营人、仓储企业应当按照有关规定提供便利，配合海关查验。

4）跨境电子商务零售进出口商品可采用"跨境电商"模式进行转关。其中，跨境电子商务综合试验区所在地海关可将转关商品品名以总运单形式录入"跨境电子商务商品一批"，并需要随附转关商品详细电子清单。

5）网购保税进口商品可在海关特殊监管区域或保税物流中心（B型）间流转，按有关规定办理流转手续。以"网购保税进口"（监管方式代码1210）海关监管方式进境的商品，不得转入适用"网购保税进口A"（监管方式代码1239）的城市继续开展跨境电子商务零售进口业务。网购保税进口商品可在同一区域（中心）内的企业间进行流转。

五、退货管理

在跨境电子商务零售进口模式下,允许电子商务企业或其代理人申请退货,退回的商品应当在海关放行之日起30日内原状运抵原监管场所,相应税款不予征收,并调整个人年度交易累计金额。

在跨境电子商务零售出口模式下,退回的商品按照现行规定办理有关手续。

六、其他事项

1)从事跨境电子商务零售进出口业务的企业应向海关实时传输真实的业务相关电子数据和电子信息,并开放物流实时跟踪等信息共享接口,加强对海关风险防控方面的信息和数据支持,配合海关进行有效管理。

跨境电子商务企业及其代理人、跨境电子商务平台企业应建立商品质量安全等风险防控机制,加强对商品质量安全以及虚假交易、二次销售等非正常交易行为的监控,并采取相应处置措施。

跨境电子商务企业不得进出口涉及危害口岸公共卫生安全、生物安全、进出口食品和商品安全、侵犯知识产权的商品以及其他禁限商品,同时应当建立健全商品溯源机制并承担质量安全主体责任。鼓励跨境电子商务平台企业建立并完善进出口商品安全自律监管体系。

消费者(订购人)对于已购买的跨境电子商务零售进口商品不得再次销售。

2)海关对跨境电子商务零售进口商品实施质量安全风险监测,责令相关企业对不合格或存在质量安全问题的商品采取风险消减措施,对尚未销售的按货物实施监管,并依法追究相关经营主体责任;对监测发现的质量安全高风险商品发布风险警示并采取相应管控措施。海关对跨境电子商务零售进口商品在商品销售前按照法律法规实施必要的检疫,并视情况发布风险警示。

3)跨境电子商务平台企业、跨境电子商务企业或其代理人、物流企业、跨境电子商务监管作业场所经营人、仓储企业发现涉嫌违规或走私行为的,应当及时主动告知海关。

4)涉嫌走私或违反海关监管规定的参与跨境电子商务业务的企业,应配合海关调查,开放交易生产数据或原始记录数据。

海关对参与制造或传输虚假交易、支付、物流"三单"信息、为二次销售提供便利、未尽责审核消费者(订购人)身份信息真实性等,导致出现个人身份信息或年度购买额度被盗用、进行二次销售及其他违反海关监管规定情况的企业,依法进行处罚。对涉嫌走私或违规的,由海关依法处理;构成犯罪的,依法追究刑事责任。对利用其他公民身份信息非法从事跨境电子商务零售进口业务的,海关按走私违规处理,并按违法利用公民信息的有关法律规定移交相关部门处理。对不涉嫌走私违规、首次发现的,进行约谈或暂停业务并责令整改;再次发现的,一定时期内不允许其从事跨境电子商务零售进口业务,并交由其他行业主管部门按规定实施查处。

5)在海关注册登记的跨境电子商务企业及其境内代理人、跨境电子商务平台企业、支付企业、物流企业等应当接受海关稽核查。

第三节 跨境电子商务的税收征管

一、跨境电子商务的征税依据

从税收征管的角度看,对跨境电子商务的税收监管涉及不同的税收管辖权主体,对其征收的税种除了应征收国内电子商务的税种外,还要征收进出口环节的关税和其他相关税收。由于我国当前还没有专门针对电子商务的税收法律法规,有不少研究者据此认为,我国对电子商务征税存在"税收真空"。其实,电子商务属于商业活动中的销售行为,按照我国税收制度的规定,对此类销售行为应该依法征收增值税(或营业税)、消费税。以增值税为例,在我国增值税体系中,分为个体工商户和其他个人两种类型。对于个人网商,可适用《中华人民共和国增值税暂行条例实施细则》为个人销售设定的起征点,即个人网商月销售额5000~20000元的,免征增值税;按次纳税的,为每次(日)销售额起征点为300~500元。同理,在电子商务活动中涉及消费税的应税消费品和营业税的应税劳务,也应依法征收消费税和营业税。

跨境电子商务属于国际贸易,对于传统贸易中进出口商品征税的基本制度同样适用于跨境电子商务。对海关征税而言,进出口商品的价格审定、商品归类、原产地规则、关税税率适用、进口货物保税等方面的基本规定与传统方式下的进出口商品并无二致。从监管方式看,海关增列了专门针对跨境电子商务的监管方式代码"9610"(全称"跨境贸易电子商务",简称"电子商务"),适用于境内个人或电子商务企业通过电子商务交易平台实现交易,并采用"清单核放、汇总申报"模式办理通关手续的电子商务零售进出口商品(通过海关特殊监管区域或保税监管场所一线的电子商务零售进出口商品除外)。以"9610"海关监管方式开展电子商务零售进出口业务的电子商务企业、监管场所经营企业、支付企业和物流企业等,都应按照规定向海关备案,并通过电子商务通关服务平台实时向电子商务通关管理平台传送交易、支付、仓储和物流等数据。

二、跨境电子商务对海关征税的影响

(一)对确定税收要素的影响

在传统贸易中,从事商品生产销售或提供劳务的单位和个人,拥有固定的经营场所,应向

征税机关进行税务登记，便于征税机关进行税款的征收、管理和稽查。而在跨境电子商务中，交易在网上进行，交易双方的身份都可以虚拟化，也并不必然需要固定的场所，作为征税机关的海关很难查实纳税人的真实信息，无法确定纳税人的真实身份，也无从进行后续的管理和稽查，对纳税人档案归集、纳税风险评估、纳税指导和其他属地化管理措施都很难开展。

同时，征税对象难以确定。目前对有形商品的进境由海关征收关税、增值税和消费税，而服务和数字化产品进口不属于海关征税的范围。但问题是，在信息技术高度发达的今天，传统的有形商品大多可以转化为服务和数字化产品，有形商品、服务、数字化产品的界限已经变得十分模糊，在此情况下，进口服务或数字化产品是否属于海关税收的征税对象就变得很难确定。例如，境内单位进口一批货物，并由境外卖方提供与进口货物相关的技术指导和服务，在传统贸易方式下，技术指导和服务的价格作为特许权使用费应计入货物价格一并征税，而在电子商务中，技术指导和服务完全可以通过网络提供，并在一个独立的合同项下进口，该项服务是否属于海关征税的对象，也变得不确定。

另外，税率适用也难确定。在关税中，税率的确定取决于商品的归类、原产地等因素。但从原产地看，传统贸易中进出口货物的原产地比较容易确定，而在电子商务条件下，由于互联网没有清晰明确的国境界限，很难判断电子商务交易双方所处的国家，且因为电子商务所独有的虚拟性和无形性，使得海关难以准确判断货物或者服务的提供地和消费地，特别是对于数字化产品，即使海关发现了进口行为，也难以准确判断其来源地及适用税率。

（二）对海关审价的影响

审价是指由海关对进出口商品的完税价格进行审定，海关审价的主要依据是进出口合同、发票、箱单、提货单、运费单据、保险费单据、企业会计凭证、账簿、财务报表等资料，依据这些资料，海关审核纳税人申报的进出口货物价格的真实性和合理性，并确定完税价格。海关审价是海关征税工作十分重要的一环。在传统贸易中，海关审价所依据的这些资料都以纸质形态存在，经过贸易双方签字确认，法律事实清楚，而且纸质单证有明确的保存期限，便于通关后期对企业开展核查与稽查。但在电子商务活动中，纸质文件和单证资料都已被电子化的文件所取代，由于电子资料很容易被修改或删除，使得海关的审价稽查作业有可能遭遇资料失实甚至消失的困境，同时还面临如何固定电子化资料作为证据、以备后期检查稽核等问题。

（三）对海关监管的影响

跨境电子商务通过网络平台实现，商业洽谈、下单、合同签订、支付结算都在网上完成，而网络安全正越来越得到重视，为此催生了越来越复杂严格的信息安全和保密技术。跨境电子商务在网络谈判、合同签订、货款支付等环节一般都会采用身份认证、口令秘钥等措施。这些技术在保证安全的同时，却造成了海关征税和监管的困难。除此之外，网上支付和电子支付的方式和渠道日益增加，一些网上支付平台和银行，尤其是国外的银行和支付平台，对客户信息实行保密，使得我国海关难以获得所需要的信息，也不利于海关对相关企业和个人的资金流实施监控，进一步削弱了海关的监管能力。

三、跨境电子商务的税收征管

（一）行邮税

我国海关对于进口商品有两种征税规则：一种是企业购买国外商品进入中国并用于商店销售，海关对其征收关税和进口环节增值税；另一种则是由个人带入或者邮寄的物品，就征收行邮税。

行邮税是行李和邮递物品进口税的简称，是海关对入境旅客行李物品和个人邮递物品征收的进口税。由于其中包含了进口环节的增值税和消费税，故也为对个人非贸易性入境物品征收的进口关税和进口工商税收的总称。课税对象包括入境旅客、运输工具，服务人员携带的应税行李物品、个人邮递物品、馈赠物品以及以其他方式入境的个人物品等。行邮税税率非常低，大约10%的水平，而一般贸易进口税率比行邮税要高30%左右。行邮税的征收最早源于我国海外侨胞回国给国内亲属带东西，或者往国内邮寄物品。

《中华人民共和国进出口关税条例》第五十六条规定："进境物品的关税以及进口环节海关代征税合并为进口税，由海关依法征收。"行邮税的征管工作是海关征税工作的重要组成部分，也是海关贯彻国家税收政策的一个重要方面。通过征收行邮税，对一些国内外差价较大的重点商品根据不同的监管对象予以必要和适当的调控，既能有效地发挥关税的杠杆作用，又能增加国家的财政收入，为国家建设累计资金。

在跨境电子商务税收新政出台之前，跨境电子商务零售进口一直按照"行邮税"征收，执行10%、20%、30%和50%四档税率，同时还享有一定的免税额，即对税额在50元人民币以下的邮递物品予以免征。

（二）跨境电子商务"税收新政"

1. 跨境电子商务税收新政出台背景

一是进口跨境电商野蛮式增长，挤占其他贸易形式的市场份额。我国跨境电商交易额从2011年的1.6万亿元快速增长至2017年的7.5万亿元；与此同时，2011—2017年跨境电商交易额占我国进出口贸易总额的比重也在稳步提升，由2011年的7.5%增至2016年的27.0%。这些数据表明跨境电商在我国对外贸易中的地位越来越重要。"税收新政"之前跨境电商在国家税收红利的保护之下快速发展,挤占了国内商品销售和一般贸易进口的市场份额,对其他贸易形式造成了冲击。

二是"税收新政"之前跨境电商的快速发展导致国家税收的流失。"税收新政"之前,跨境电商企业所进口的商品按照行邮税方式征收,税费在50元以下的还可以免关税;而一般贸易进口的商品需要缴纳关税、增值税和消费税;国内贸易的商品也需要按照我国税法的规定缴纳相应的增值税和消费税,我国国内增值税税率约为17%,消费税税率约为30%。因此,一般贸易进口的商品和国内贸易的商品所承担的税赋都要高于进口跨境电商商品的税赋,在进口跨境电商快速发展,挤占一般贸易和国内贸易市场份额的情况之下,我国的税收收入也在逐渐流失。

三是"税收新政"之前的税收标准造成地区之间税赋的不平等。2013年,我国在上海、杭州、宁波、郑州、重庆五个城市设立跨境电子商务的示范城市,随后陆续有广州、深圳前海、福州、平潭、天津等地加入,这些试点城市在发展进口跨境电子商务时享受的是国家的优惠税收待遇,即行邮税,而其他非试点城市则无法享受此优惠的税收待遇。因此,"税收新政"之前的纳税标准造成了试点城市与非试点城市之间税赋的不公平,加剧了地区之间经济发展的不平等性。

2. 跨境电子商务税收新政内容

2016年3月24日,财政部、海关总署、国家税务总局联合发布《关于跨境电子商务零售进口税收政策的通知》(财关税〔2016〕18号),宣布自2016年4月8日起,中国将实施跨境电子商务零售(企业对消费者,即B2C)进口税收政策,并同步调整行邮税政策。

"税收新政"实施以后,零售进口的跨境电商商品应按规定缴纳相应的关税、增值税和消费税。每个消费者单笔交易的最高限制金额为人民币2000元,年度交易的最高限制金额为人民币20000元。如若单个不可分割商品价值超过2000元限制金额的,以及累加后超过个人年度限制金额的单次交易,均需要按照一般贸易进口货物全额征收相应的税收。

1)2000元以内的商品。关税税率暂设为0,但需要征收法定增值税和消费税的70%。

增值税 =17%(一般贸易增值税)×0.7=11.9%

消费税 =30%(一般贸易消费税)×0.7=21%

2)2000元以上的商品。如果单个商品价值超过2000元,或者单次交易金额超过2000元,则按照一般贸易方式征收全额税收。

同时,对个人行邮税率进行调整,由之前的10%、20%、30%、50%四档行邮税率,调整为15%、30%、60%三档。从表5-2可以发现各税目下的相关商品种类有所细化,最明显的变动就是高尔夫球具和高档手表的税率从30%提高到60%;原来属于税目4的商品税率,从50%提高到60%。原来税目1和税目2的商品税率,分别从10%和20%,提高到15%和30%。

表 5-2　2016 年行邮税税率表

税改前			税改后		
税目	适用商品种类	税率	税目	适用商品种类	税率
1	食品、饮料、书刊、影片、录音录像带、金银制品、计算机、摄像机、相机等信息产品	10%	1	书报、刊物、教育用影视材料；计算机、视频摄录一体机、数字照相机等信息技术产品；食品、饮料；金银；家具；玩具、游戏品、节日或其他娱乐用品	15%
2	纺织品、电视摄像机、其他电器、自行车、手表、钟表及其配件和附件	20%	2	运动用品（不含高尔夫球及球具）、钓鱼用品；纺织品及其制成品；电视摄像机及其他电器用品；自行车；税目1、3中未包含的其他商品	30%
3	高尔夫球及球具、高档手表等	30%			
4	烟、酒、化妆品	50%	3	烟、酒、贵重首饰及珠宝玉石；高尔夫球及球具；高档手表；化妆品	60%

（资料来源：李孟哲.跨境电子商务税收新政影响及对策分析.2016.）

2018 年，海关总署对进境物品行邮税税率进一步调整，税目 1 的税率保持不变，税目 2、3 的税率分别由 30% 和 60% 调整为 25% 和 50%。2019 年，行邮税税率再次调整，税目 1、2 的税率将分别由现行 15%、25% 调降为 13%、20%。调整后，行邮税税率分别为 13%、20%、50%。可以看出，国家不断降低日用消费品的行邮税税率，这将有助于这些领域商品进口的扩大，进而更大程度地满足国内消费者的消费需求。

此外，为促进跨境电子商务零售进口行业的健康发展，营造公平竞争的市场环境，2018 年 11 月 29 日，财政部、海关总署与税务总局联合发布《关于完善跨境电子商务零售进口税收政策的通知》，将跨境电子商务零售进口商品的单次交易限值由人民币 2000 元提高至 5000 元，年度交易限值由人民币 20000 元提高至 26000 元；二是完税价格超过 5000 元单次交易限值但低于 26000 元年度交易限值，且订单下仅一件商品时，可以自跨境电商零售渠道进口，按照货物税率全额征收关税和进口环节增值税、消费税，交易额计入年度交易总额。但年度交易总额超过年度交易限值的，应按一般贸易管理。

第四节　跨境电子商务的金融监管

一、我国跨境电子商务金融监管的发展历程

（一）引入起步阶段（1998—2007 年）

20 世纪 90 年代末，阿里巴巴、卓越网等国内电子商务网站开始盈利，一些政府部门、企

业开始尝试电子商务与外贸结合。1998年7月，外经贸部在其官网开通"中国商品市场"用于我国企业展示、推销产品，引起国内外客商关注并促成多宗对外贸易。2000年10月，阿里巴巴推出"中国供应商"服务，帮助中国企业拓展出口贸易。2001年12月，中国化工网与德国Chemical Week Buyers' Guide平台合作组建跨境交易平台，开启我国跨境电子商务时代，此阶段跨境支付是通过与国外银行合作共享账号的方式解决。

下面介绍一下银行支付和第三方支付的标志性事件。

（1）银行支付的四个标志性事件。一是1999年9月，招商银行率先启动国内网上银行，实现让用户借助互联网办理支付、汇款等业务，随后银行业网上银行或电话银行逐步成长，助推电子商务发展。二是2002年3月，中国银联成立并开展跨行交易、电子支付等服务，到2008年年初拓展到美国、日本等26个国家和地区。三是2005年，中国人民银行主导的人民币的大额实时支付系统（High Value Payment System，HVPS）基本在国内普及，成为国内清算行和代理行开展跨境及离岸人民币清算服务的主渠道。四是2006年6月，上海浦东银行与阿里巴巴合作提供安全在线支付手段，解决传统B2B信息网上撮合、资金网下结算交易脱节问题，创新产品Email汇款来完成收款汇款。

（2）第三方支付方面的四个标志性事件。一是1999年首信易支付等第三方支付企业诞生。二是2004年支付宝成立，解决当时网上信用薄弱的商户结算问题。三是2005年9月eBay电子支付平台贝宝（中国网站）与其平台对接。四是2007年支付宝开始办理境外收单业务，为境内个人在境外网站购买商品提供代理购付汇服务。

此阶段金融服务监管主要是针对银行类支付。2001年，中国人民银行印发《网上银行业务管理暂行办法》（该《办法》于2007年废止）来加强网上银行管理；2005年10月，中国人民银行印发《电子支付指引》，规定"银行通过互联网为个人客户办理电子支付业务，除采用数字证书、电子签名等安全认证方式外，单笔金额不应超过1000元人民币，每日累计金额不应超过5000元人民币"，满足当时网上交易额度不大的现实；2006年，银监会印发《电子银行业务管理办法》《电子银行业务安全评估指引》等来规范电子银行。

（二）快速成长阶段（2008—2014年）

2008年世界金融危机后贸易保护主义抬头。据统计，从2008年11月至2013年5月，全球共实施3334个贸易保护措施。与此同时，TPP（跨太平洋伙伴关系协定）、BIT（双边投资协定）等区域经济合作谈判不断升温。在这种局面下，2012年3月商务部印发《关于利用电子商务平台开展对外贸易的若干意见》，鼓励企业开展跨境电子商务；同年5月国家发改委印发《关于组织开展国家电子商务示范城市电子商务试点专项的通知》，把跨境电子商务服务试点作为重点试点领域,并批准上海、重庆、杭州、宁波、郑州等 5 个城市为首批试点。跨境电子商务迎来发展契机,也伴随金融服务监管的一并加强。

本阶段的主要特点有:

(1)第三方支付着力解决跨境支付。2009 年深圳财付通成为第二家被允许开展境外收单业务的第三方支付机构。2010 年 4 月,阿里巴巴斥资 1 亿美元在当时最大的外贸小单在线交易市场全球速卖通营业,并将美国 PayPal 作为其支付合作伙伴。2010 年 12 月,PayPal 与重庆市政府签订协议联手打造电子商务国际结算平台。2011 年深圳财付通与美国运通合作解决网购跨境支付问题。2013 年,财付通、支付宝等 17 家第三方支付机构成为外汇局首批跨境电子商务支付业务试点企业。2014 年,淘宝、京东等主流购物平台基于用户信贷需求,先后推出"花呗""白条"等新型信用支付工具。

(2)银行支付与第三方支付处于合作竞争并存的状态。2010 年 12 月,中国银行和支付宝合作首推银行卡快捷支付,同年上海浦发银行与中国移动拓展手机支付市场,随后手机银行 App 进入大规模发展阶段。2012 年开始进入为期三年左右的跨境人民币支付系统建设阶段。2014 年,中信银行与支付宝、微信开展虚拟信用卡业务(随后该业务被中国人民银行叫停)。同年,四大国有银行下调快捷支付额度,一定程度上对第三方支付形成限制。

(3)金融监管服务体现出两大改变。一是中国人民银行加强对非金融机构的支付监管。2010 年出台《非金融机构支付服务管理办法》及其实施细则,正式将其纳入中国人民银行监管范畴,对其实施业务许可,明确不能开展银行结算业务。2011 年 5 月颁发第一张支付业务许可证书。2013 年印发《支付机构客户备付金存管办法》。2014 年公布支付机构客户备付金存管银行清单。二是外管局推行试点来解决原跨境支付问题。2013 年 2 月印发《关于开展支付机构跨境电子商务外汇支付业务试点的通知》(汇综发〔2013〕5 号)(以下简称"5 号文"),指出在上海、浙江、深圳、北京、重庆等 5 个地区开展试点,允许开展跨境代收业务和跨境代付业务,范围扩大至货物贸易和服务贸易,交易金额原则上分别不超过等值 1 万美元和 5 万美元,要求实名认证制,审核真实交易背景,解决了国内第三方支付机构只能与国外银行或支付机构合作实现跨境支付的问题。

(三)高速发展阶段(2015 年以来)

2015 年以来,我国经济进入新常态,"互联网+"和"大众创业、万众创新"的氛围浓厚,政府对跨境电子商务重视程度越来越高,先后出台《关于大力发展电子商务加快培育经济新动力的意见》《关于促进跨境电子商务健康快速发展的指导意见》《关于促进农村电子商务加快发展的指导意见》等,特别是 2016 年 1 月国务院会议决定积极稳妥扩大跨境电子商务综合试点,在新设跨境电子商务综合试验区复制推广构建六大体系,建设线上"单一窗口"和线下"综合园区"两个平台等经验。此外,伴随人民币加入SDR、亚投行和丝路基金成立,以及采用国际通用报文标准的CIPS(人民币跨境支付系统)一期上线等,人民币国际支付结算、计价和融资能力增强,为我国跨境电子商务提供强力支撑。期间,商业性跨境电子商务平台先后有网易公司"考拉海购"、顺丰速运顺丰海淘、"京东全球购"等上线;政府主导跨境电子商务平台有2016年3月启动的"上海市跨境电子商务示范园区"等。

(1)第三方支付推进线下布局,其准金融性质更突出。2015年跨境电子商务支付业务试点企业增至22家。百度、腾讯等开始发展云支付。2015年上半年阿里、腾讯、支付宝等宣布将推"刷脸"类支付计划。第三方支付服务进一步向融资、授信以及网络贷款多元化转变。

(2)银行支付的便捷性和竞争力进一步提升,主要表现在三个方面。一是技术提升。2015年1月,平安银行在深圳、昆明试点光子支付,实现无卡、无网和无额度限制的移动支付转账。2015年4月,民生银行与EyeStart、联想合作推出有支付功能的虹膜手机。2016年招商银行推出利用生物技术但仍需人工协助的"刷脸"转账业务。二是服务提升。2015年11月,中国银行在银行系统首推跨境电子商务支付结算产品,实现融支付、收单、国际收支申报等多种功能于一体。2015年中国工商银行成为首家提供横跨亚、欧、美三大时区的24小时不间断人民币清算服务的中资银行。三是减少手续费。中国工商银行、中国农业银行、中国银行、中国建设银行、交通银行五大行自2016年2月25日起对手机银行转汇款和5000元以内银行转账汇款免手续费,随后更多银行加入减免手续费的行列。

2020年8月,商务部官网发布了《关于印发全面深化服务贸易创新发展试点总体方案的通知》,提出在京津冀、长三角、粤港澳大湾区及中西部具备条件的试点地区开展数字人民币试点。数字人民币将使得跨境交易速度更快,手续费更低,并能够极大降低结算成本。

(3)虽然金融服务监管鼓励创新,但是更强调金融系统安全。一是2015年国家外汇管理局印发《支付机构跨境外汇支付业务试点指导意见》(汇发〔2015〕7号)(以下简称"7号文"),将试点工作推广到全国,单笔限额由等值1万美元提至5万美元,同时废止"5号文"。二是中国人民银行2015年12月印发的《非银行支付机构网络支付业务管理办法》于2016年7月1日起施行,要求支付账户实名制、余额付款交易限额、分类监管、不得为金融机构和从事金融业务的其他机构开立支付账户等。该《办法》针对个人支付账户"余额"付款交易提出10万元、20万元的年累计限额,及1000元、5000元的单日累计限额,而对个人通过支付机构进行银行网关支付、银行卡快捷支付的则无此限额。三是2015年中国人民银行印发《关于改进个人银行账户服务加强账户管理的通知》,突出账号实名制和保护消费者核心权益,鼓励金融机构对通过网上银行、手机银行办理的一定金额以下的转账汇款业务免收手续费。四是中国人民银行2016

年 4 月发布《非银行支付机构分类评级管理办法》，加强对非银行支付机构监管，防止支付风险。五是国务院 2015 年印发《关于实施银行卡清算机构准入管理的决定》，进一步规范我国支付行业的发展和转型。

二、第三方支付跨境交易模式与监管

（一）第三方支付跨境交易模式

跨境电商交易主要包括 B2B、B2C 和 C2C 三种模式，B2B 模式以企业为交易主体，涉及的交易金额较大，因此多通过银行进行支付，B2C 和 C2C 交易模式的买方是个体消费者，第三方支付是其主要的结算方式。跨境电商支付主要包括银行支付和第三方支付：

1. 银行支付模式

大额 B2B 交易一般是线上达成交易意愿、线下支付结算，如阿里巴巴国际站的买方在平台上搜索到需要的产品后下单，若交易金额较大，买方需要到银行购汇，线下通过银行汇款的方式将货款支付给卖方，卖家收到货款后发货。若交易金额不大，也可使用多币种信用卡进行支付。

2. 第三方支付模式

第三方支付是指通过具有一定信誉保障的第三方支付机构在网上进行支付，支付宝、财付通是使用最多的第三方支付模式。在跨境交易中，因 B2C 和 C2C 模式中单笔交易金额小、交易频次高，所以第三方支付是最常用的跨境支付方式，如国际支付宝、eBay 等。与银行支付模式相比，第三方支付跨境交易较传统国际贸易有明显优势，通过第三方支付平台进行跨境交易，不仅可免去兑换外币的困扰，节省货币转换费和购汇点差等换汇成本，而且交易快捷方便，支付成功率较高，安全性也有保障，能极大提升跨境购物用户体验。

第三方支付模式具体包括：

（1）境内买家向境外购付汇模式。

1）境内第三方支付平台以境内买家名义代理购付汇。境内买家与境外卖家达成买卖协议后，境内买家将等值人民币支付给境内第三方支付平台，第三方支付平台向境外卖家发出买家已付款信息并通知卖家发货，买家收到货后通知第三方支付平台付款，第三方支付平台以买家名义向外汇指定银行等申请购汇，再以第三方支付平台名义向卖家付汇。实施此类模式的机构主要有支付宝等。

2）境内第三方支付平台以平台名义统一购付汇。境内买家与境外卖家达成买卖协议后，境内买家将等值人民币支付给境内第三方支付平台，第三方支付平台向境外卖家发出买家已付款信息并通知卖家发货，买家收到货后通知第三方支付平台付款，第三方支付平台以平台名义向外汇指定银行等申请购汇并向卖家付汇。实施此类模式的机构主要有广银联等。

3）境内买家自行购汇通过境外第三方支付平台付汇。境内买家与境外卖家达成买卖协议后，境内买家自行购汇后向境外第三方支付平台直接支付外汇，第三方支付平台向境外卖家发出买家已付款信息并通知卖家发货，买家收到货后通知第三方支付平台付款给卖家。实施此类模式的机构主要有 PayPal、Moneybanker 等。

（2）境内卖家从境外收结汇模式。

1）境内第三方支付平台统一结汇。境内卖家与境外买家达成买卖协议后，境外买家将外汇支付给境内第三方支付平台，第三方支付平台向境内卖家发出买家已付款信息并通知卖家发货，买家收到货后通知第三方支付平台付款，第三方支付平台以平台名义申请结汇后向境内卖家支付人民币。实施此类模式的机构主要有快钱、收汇宝等。

2）境内卖家自行结汇。境内卖家与境外买家达成买卖协议后，境外买家将外汇支付给境外第三方支付平台，境外第三方支付平台向境内卖家发出买家已付款信息并通知卖家发货，买家收到货后通知境外第三方支付平台付款，收到外汇的境内卖家以自己名义申请结汇。实施此类模式的机构主要有 PayPal、Moneybanker 等。

（二）跨境第三方支付面临的主要问题

跨境电商中信息传递和资金支付都是通过虚拟的网络情景来实现的，其中作为跨境电商交易中最重要和最关键的一个环节，即资金支付的规范顺畅且安全是跨境电商参与者尤其关注的。我国的网民跨境支付中第三方支付平台在跨境支付（包括第三方支付平台、商业银行、专业汇款公司等渠道支付）中地位非常突出。因为第三方支付平台作为一种线上支付工具，其具有线下交单所不具备的高效性与便捷性，更加符合当今网络消费者的需求。虽然第三方支付机构的发展势态良好，在我国国际贸易 B2C（Business to Customer）模式中扮演着越来越重要的角色，且有利于促进资本的国际自由流动。但是通过第三方支付机构来完成线上支付也存在着不可忽视的问题。

首先，第三方支付机构作为独立于买卖交易双方的支付平台，其本质属于第三方服务平台而非金融机构，但其服务范围却涵盖了资金托管、信用担保和规避风险等内容。在跨境支付过程中，由于收货时间、物流环节以及国际结算周期都会增加，若某一环节出现失误，就会使得大量的资金寄存与托管在第三方支付平台上，从而造成资金沉淀和资金风险。若第三方支付机构将这些沉淀资金进行非法违规投资和贷款，这将无疑破坏了境内的资金秩序，并且将影响人民币境外资金流动率和使用率。

其次，存在着由于第三方支付平台相关技术问题引发的风险。一是由于支付平台存在多个区域网络，由于个别网段维护不力导致整个系统受损。而这时如果系统未能及时修补存在的漏洞，或是开放了不必要的系统服务，都可能会对平台造成安全威胁。二是个别平台的软件设计存在逻辑缺陷（如订单编号过于简单，其他人可以通过试错、穷举方式查看他人订单等），容易为不法分子所利用。三是用户名加密码、短信验证码和数字证书等任何一种身份认证方式都可能存在被偷窥、盗取、屏蔽等问题，需要完善多因素身份验证机制。四是支付平台员工需要接受安全技术培训与强化安全服务意识。由于员工操作失误或者安全服务技术不到位，以及为客户保密的意识不强等，容易引发支付安全方面的纠纷。

最后，第三方跨境支付机构以互联网为依托，为国际买卖双方进行资金代收和代付的业务。双方只要拥有一个账号便可以完成交易，第三方支付机构并不会对双方的真实信息进行核实，这一定程度上容易造成跨境贸易的风险，一旦风险造成损失，由于国际交易的特殊性，受损的一方也难以跨境索取相关赔偿。即电子商务下的信用查询制度不完善，交易安全性无法保障。电子商务的发展是基于虚拟的互联网平台，这样的虚拟环境对实体经济与贸易产生了巨大的影响。然而，人们使用虚拟的交易平台进行大宗商品交易时，对国际贸易双方的信誉信息却无法进行可靠查询，这在一定程度上会成为跨境电商发展的阻碍，因为企业信用或者是个人信用在线上交易过程（特别是线上跨境交易过程）中是保障交易安全的重要参考指数。

因此，利用电子商务进行线上跨境交易（尤其是通过第三方线上支付），除了利用技术手段以及法律法规来保障外，还需要一个强大的征信体系，使贸易双方的信用情况能够在交易过程中被及时获取。然而现实状况是，我国的征信体系发展落后于其他信用体系完善的国家，国内交易客户信誉（主要是指交易中的信誉）状况无法公开统一查询，且与国外客户交易的信誉信息也无法互联互通，从而不能及时认证交易双方的信息，这将在一定程度上为虚假诈骗提供有利的条件。当前电子商务下的信用缺失主要表现在交易过程中的方方面面。例如互联网平台的虚拟性，容易产生产品的质量、性能与卖方描述不相符的现象。这可能是由于卖家往往通过夸大产品性能、美化产品图像，从而增加买方的购买欲望等导致，而这往往也会导致广告信用危机（孙珂等，2016）。总之，这些由于信用缺失而导致的问题，将在很大程度上制约我国电子商务的进一步发展。

（三）第三方支付监管的国际经验

1. 美国模式

强调功能性监管，重点监管交易过程。美国对第三方支付业务实行多层级的功能性监管，主要分为联邦和州两个层级。监管重点是支付交易过程，而非从事第三方支付的机构。从监管法律来看,《统一货币服务法》《货币汇兑法》等联邦政府法律明确了第三方支付服务商的性质,并建立了准入和许可登记制度。同时,美国有45个州制定了有关第三方支付监管法规。

从资金监管来看,美国联邦存款保险公司作为主要监管机构,要求沉淀资金必须存放在第三方支付服务商在银行开设的无息账户中,每个账户上限为10万美元;沉淀资金所产生的利息抵扣保险费用,在存款银行倒闭时生效,而在第三方支付服务商倒闭时不生效。此外,美国各州均要求沉淀资金应以高度安全的方式持有,确保资金在最终使用前"确实存在"。

从反洗钱等跨境交易监管来看,美国要求支付机构必须在成立之日起180日内到美国财政部金融犯罪协法网络(FinCEN)登记备案,此后必须每两年重新登记一次;要建立严格的客户身份识别程序、制定有效的反洗钱遵循方案,对超过一定额度的现金交易必须要进行详细的记录和申报。同时,第三方支付公司作为货币服务企业,需要在美国财政部的金融犯罪执行网络注册,接受联邦和州两级的反洗钱监管,及时汇报可疑交易,记录和保存所有交易。此外,美国对第三方支付机构实施综合评级和单项评级。

美国对第三方支付机构的监管要求见表5-3。

表5-3 美国对第三方支付机构的监管要求

项　　目	内　　容
法律地位	货币服务机构
市场准入	许可证制度
资本要求	资本净值、特别保证金
备付金要求	禁止擅自动用特别保证金
客户权益保护要求	交易安全、知情权和隐私权
反洗钱要求	客户识别制度、可疑交易报告制度、记录保持制度
退出机制	撤销、暂停、终止、禁止令

2. 欧盟模式

强调机构监管,通过电子货币强化监管。欧盟对第三方支付业务实行的是机构监管,规定第三方支付公司必须取得银行业执照或电子货币公司执照才能开展业务。基于这种定位,欧盟对第三方支付公司的监管主要是通过对电子货币的监管实现的。从监管法律来看,欧盟针对电子货币监管出台了相应法律,主要包括三个垂直指引:《电子签名共同框架指引》明确电子签名的法律有效性和适用范围;《电子货币指引》和《电子货币机构指引》要求非银行的电子支付服务商必须取得相关营业执照,在中央银行的账户留存足额资金,并将电子货币的发行权限定在传统的信用机构和受监管的新型电子货币机构。

从资金监管来看,欧盟指定欧央行为监管主体。为保护沉淀资金安全,《电子货币指引》要求第三方支付机构妥善保管备付金,与自有资金严格隔离,单独存放于银行账户。从反洗钱等跨境交易监管来看，欧盟倾向于将第三方支付机构视为一类新的机构专门立法监管。例如，欧洲监管局联合委员会要求第三方支付机构和电子货币经销商若业务量或交易额突破 300 万欧元，须指定一个机构作为其合作方；英国要求支付机构必须采取合理措施组织和侦查洗钱与恐怖融资等金融犯罪行为，制定反洗钱内部控制制度、客户身份识别制度、大额交易和可疑交易报告制度、客户身份资料和交易记录保存制度等洗钱预防措施。

欧盟对第三方支付机构的监管要求见表 5-4。

表 5-4 欧盟对第三方支付机构的监管要求

项 目	内 容
法律地位	电子货币机构
市场准入	许可证制度、豁免制度
资本要求	初始资本金、持续自有资金
备付金要求	使用备付金数量不得超过自有资金的 20 倍
客户权益保护要求	交易安全、知情权和隐私权
反洗钱要求	客户识别制度、可疑交易报告制度、大额交易和可疑交易报告制度、客户身份资料和交易记录保存制度
退出机制	撤销

3. 亚洲模式

主要实行业务许可制度，发挥行业自律作用。亚洲部分国家对第三方支付业务实行的是业务许可制，主要发挥行业自律作用，但监管机构仍对第三方支付机构的跨境交易做出了一些规定。从监管法律来看，新加坡分别在 1998 年和 2006 年颁布了《电子签名法》和《支付体系监督法》，新加坡金融管理局作为监管主体，对被指定为重要支付系统的支付机构实施准入制监管。韩国在亚洲金融危机后成立了新的金融监管委员会，并于 1999 年颁布《电子签名法》。

从资金管理来看，新加坡、韩国、日本等亚洲国家采取的监管原则同美国、欧盟基本一致，主要通过以下措施防控第三方支付机构的跨境交易风险：一是限制客户资金的可交易范围；二是自有资金和客户资金的账户分离；三是采取境外支付机构准入登记制度；四是要求境外支付机构必须是在其母国注册的同类外国公司、财务状况良好、具备跨境支付业务的处理能力和符合监管要求的组织结构。

亚洲部分国家对第三方支付机构的监管要求见表 5-5。

表 5-5 亚洲部分国家对第三方支付机构的监管要求

项 目	新 加 坡	日 本
法律地位	储值工具控制人	资金转移机构
市场准入	许可证制度、豁免制度	登记制度
资本要求	—	—
备付金要求	备付金可用于投资高流动性和低风险资产	禁止擅自挪用风险准备金和发行保证金

（续）

项　目	新　加　坡	日　本
客户权益保护要求	信息披露	交易安全、隐私权
反洗钱要求	客户识别制度、可疑交易报告制度、交易记录保存制度	客户识别制度、可疑交易报告制度
退出机制	撤销、取消	—

三、跨境电子商务的外汇支付管理

所谓支付机构跨境电子商务外汇支付业务，是指支付机构通过银行为小额电子商务（货物贸易或服务贸易）交易双方提供跨境互联网支付所涉的外汇资金集中收付及相关结售汇服务。

近年来，国内以电子商务和网络支付为核心的现代数字化商业模式发展迅猛，催生了一些规模较大、发展较为成熟的支付机构。这些支付机构随着业务扩展，产生了进入跨境互联网支付服务的迫切需求。为规范和便利个人和机构进行跨境外汇互联网支付，帮助培育我国外贸新增长点，2013年2月，外汇局发布了"5号文"（已废止），决定在北京、上海、杭州、深圳和重庆五个城市先行开展支付机构跨境电子商务外汇支付业务试点。9月，随着国内17家支付机构获得外汇局核准，跨境电子商务外汇支付业务正式拉开帷幕。

为了支持和规范跨境电子商务和支付机构跨境业务发展，试点政策在一定程度上突破了现行外汇管理规定，具体体现在以下几个方面：

（一）用户实名制管理要求

支付机构跨境电子商务外汇支付业务用户仅限境内个人和境内机构，采取实名认证制，严格审核用户身份信息的真实性，并核验用户银行支付账户开户人信息与客户身份信息的一致性。此外，支付机构可自主发展境外特约商户，但须按照"了解你的客户"原则保证境外特约商户的真实性、合法性，并对境外商户引发的交易风险承担责任。

（二）真实交易背景要求

支付机构只能对真实跨境电子商务交易（货物贸易及部分服务贸易）提供跨境外汇支付业务，不得开展无交易背景的跨境外汇支付业务和结售汇业务。其中，货物贸易单笔金额不得超过等值1万美元；服务贸易仅限留学教育、酒店住宿和航空机票，单笔金额不得超过等值5万美元。

（三）外汇备付金账户管理要求

支付机构必须在境内合作银行开立外汇备付金账户，并通过该账户办理跨境代收/代付业务，且须对外汇备付金账户资金与支付机构自有外汇资金进行严格区分，不得混用。

（四）逐笔还原申报要求

在跨境收付和结售汇环节，支付机构必须向合作银行提供逐笔交易信息，银行则须据此以交易主体名义进行跨境收支和结售汇信息的逐笔还原申报。

（五）银行汇率标价要求

支付机构为客户集中办理结汇及购汇业务时，必须按照银行汇率直接向客户标价，不得自行变动汇率价格；对支付过程中的手续费、交易退款涉及的汇兑损益分担等，应与客户事先达成协议。

（六）风险控制要求

支付机构需要按照交易性质，审核客户身份以及每笔交易的真实性，并留存明细材料备查；同时，按月向所在地外汇局提交总量报告，并对每月累计交易额超过等值20万美元的客户交易情况提交累计高额支付报告。

四、跨境电子商务的外汇支付管理的优化完善

试点业务开展1年多以后，外汇局在对试点业务进行调研总结的基础上，结合第三方支付的立法推进及支付机构的业务诉求，于2015年1月出台了"7号文"，进一步推进支付机构跨境外汇支付业务的试点。与"5号文"相比，"7号文"着重在业务支持、风险管理、数据采集等方面进行了优化完善。

（一）坚持实名审核要求

客户实名要求是对第三方支付业务的基本要求，也是试点业务坚守的基本原则。各支付机构应严格规范客户、商户实名认证程序，并履行尽职调查职责，以确保在可疑交易发生时，可追溯到具体个人或机构。

（二）进一步放宽试点业务

相比"5号文"，"7号文"以风险可控为底线，通过放宽试点地区范围、单笔交易限额等，进一步便利试点业务开展。第一，放开试点地区限制，强调"试机构，不试地区"，全国符合条件的支付机构均可以申请参与试点业务。第二，提高试点业务单笔交易限额。试点业务定位于支持小额跨境电子商务的互联网支付。此前22家试点支付机构办理的货物贸易单笔交易金额限定在等值1万美元以下，服务贸易单笔交易金额限定在等值5万美元以下。相对较低的交易限额限制了试点政策支持的电子商务类型，即主要支持了C2C业务，对B2C、B2B业务支持相对有限。"7号文"将试点项下货物贸易单笔交易限额提高至等值5万美元，与服务贸易单笔交易

限额持平。

(三) 规范试点流程

跨境互联网支付关系到企业及个人网络交易的资金安全、信息安全，涉及金融稳定问题。对于此类业务核发牌照管理是多数国家的做法。"7号文"保留了对支付机构试点业务办理的必要辅导和验收程序，要求支付机构在开办试点业务前，应到外汇局办理"贸易外汇收支企业名录"登记。但从便利市场主体的角度，"7号文"简化了业务审批流程，由注册地分局具体负责对支付机构试点业务的验收，并据此进行"贸易外汇收支企业名录"的事前登记和出具正式批复文件。银行凭正式批复文件为支付机构办理试点相关业务。

(四) 放宽外汇备付金账户户数限制

客户备付金是指支付机构为办理客户委托的支付业务而实际收到的预收待付货币资金。要求支付机构在备付金银行开立备付金专用存款账户，并将客户备付金全额缴存至备付金专用存款账户，是保障客户备付金资金安全的重要监管措施。根据中国人民银行（微博）公告〔2013〕第6号，"7号文"从便利支付机构业务开展的角度，在坚持1个备付金存管账户的基础上，取消了"5号文"对备付金专用存款账户总户数的限制，支付机构可根据经营需要选择开立备付金专用存款账户。备付金专用存款账户总户数限制的取消，利好支付机构业务操作和资金归集。但上述政策的放宽是以坚持风险底线为前提的。"7号文"要求，各试点支付机构须规范外汇备付金账户使用，试点业务均应通过外汇备付金账户办理，不得借用其他账户收付试点业务相关的外汇资金；同时，要对客户外汇备付金与自有外汇资金严格区分，不得混用，并限定通过外汇备付金存管账户办理"出金"业务。"7号文"有关外汇备付金管理的未尽事宜，遵照《支付机构客户备付金存管办法》管理。

(五) 重视交易信息报送及保存工作

互联网金融与大数据分析紧密结合，信息采集和分析是其基础性工作。外汇局对于试点业务的监管同样以信息采集分析为基础。"7号文"坚持主体信息和交易信息的采集报送原则，各支付机构应在银行配合下完成涉外收支数据、结售汇信息等的申报工作，同时保留充分的交易信息备查。

(六) 强调对试点业务的监督核查

"7号文"单独增加了一章"监督核查"，强化监管要求。从分工上，明确注册地分局对试点支付机构负主要核查职责，但其他分局有义务对辖内试点业务办理情况进行监督管理。从监管形式上，外汇局将以非现场监测分析为日常监管主要手段，并结合进行不定期现场核查。根据监督核查结果，注册地外汇局有权缩小支付机构的试点业务范围、交易限额，暂停甚至取消支付机构的试点资格。

2019年4月，国家外汇管理局又发布《国家外汇管理局关于印发〈支付机构外汇业务管理办法〉的通知》（汇发〔2019〕13号，以下简称《通知》），在保持政策框架整体稳定不变的基础上，主动适应跨境电子商务新业态的业务特点，完善支付机构跨境外汇业务相关政策，进一步促进跨境电子商务结算便利化。该《通知》主要内容包括：一是支付机构可以凭交易电子信息，通过银行为市场主体提供经常项下电子支付服务。二是明确支付机构可为境内个人办理跨境购物、留学、旅游等项下外汇业务。三是支付机构应建立有效风控制度和系统，加强交易真实性、合规性审核；银行应对合作支付机构相关外汇业务加强审核监督。四是在满足交易信息采集、真实性审核等条件下，银行也可参照申请凭交易电子信息为市场主体提供结售汇及相关资金收付服务。

习题

一、选择题

1. 跨境电子商务零售进口商品的单次交易限值为人民币（　　）。

A.3000元　　　　B.2000元　　　　C.1000元　　　　D.5000元

2. 在跨境电子商务"税收新政"出台之前，跨境电子商务零售进口一直按照行邮税征收，执行（　　）四档税率。

A.10%、20%、30%和50%　　　　　　B.10%、30%、40%和50%

C.20%、30%、40%和50%　　　　　　D.10%、20%、30%和60%

3. 跨境电子商务通关类型有（　　）。

A.快件通关　　　B.集货通关　　　C.备货通关　　　D.快速通关

4. 海关放行后（　　）日内未发生退货或修撤单的，代收代缴义务人在放行后第31日～第45日内向海关办理纳税手续。

A. 30　　　　　B. 15　　　　　C. 45　　　　　D. 60

5. 外汇局于2015年1月出台了"7号文"，将试点项下货物贸易单笔交易限额提高至等值（　　）美元，与服务贸易单笔交易限额持平。

A. 1万　　　　　B. 3万　　　　　C. 5万　　　　　D. 7万

二、判断题

1. 以B2B、B2C模式出口的货物，出口关税及出口环节代征税按照现行规定征收。（　　）

2. 美国对第三方支付监管的重点放在从事第三方支付的机构。（　　）

3. 跨境电子商务属于国际贸易，对于传统贸易中进出口商品征税的基本制度同样适用于跨境电子商务。（　　）

4. 集货清关的缺点是使用保税仓库有仓储成本，备货会占用资金。（　　）

5. 跨境电商公共服务平台的监管机构为海关总署和地方海关。（　　）

三、简答题

1. 进口通关流程有哪些？

2. 何谓跨境电子商务综合服务平台？

3. 欧盟对第三方支付的监管模式是什么？

4. 为了支持和规范跨境电子商务和支付机构跨境业务发展，试点政策在一定程度上突破了现行外汇管理规定，具体体现在哪几个方面？

5. 境内卖家从境外收结汇模式包括哪些？

本章参考文献

[1] 巴曙松，杨彪．第三方支付国际监管研究及借鉴[J]．财政研究，2012（4）．

[2] 张建国，王浩．海关视角下跨境电子商务的税收政策选择[J]．海关与经贸研究，2014（1）．

[3] 谢波峰．对当前我国电子商务税收政策若干问题的看法[J]．财贸经济，2014（11）．

[4] 毛道根．跨境电子商务中的海关税收征管问题探讨[J]．对外经贸实务，2015（12）．

[5] 邢越，朱本桂，符合．第三方支付跨境业务外汇监管探析[J]．海南金融，2013（2）．

[6] 李孟哲．跨境电子商务税收新政影响及对策分析[J]．国际商务财会，2016（5）．

[7] 中国（杭州）跨境电子商务综合试验区海关监管方案[J/OL]．浙江省人民政府官网．

[8] 海关总署公告2016年第26号（关于跨境电子商务零售进出口商品有关监管事宜的公告）[J/OL]．海关总署官网．

[9] 支付机构跨境电子商务外汇支付业务试点指导意见[J/OL]．国家外汇管理局官网．

[10] 鲁政委．美国对互联网金融的监管——以第三方支付为例（PayPal案例）[J/OL]．http://mt.sohu.com/20150323/n410170906.shtml．

[11] 中国电子商务研究中心．2014年中国电子商务市场数据监测报告[J/OL]．www.100EC.com．

[12] 肖成志，祁文婷．跨境电子商务与金融服务监管研究[J]．西南金融，2016（8）．

[13] 马芳．第三方支付机构跨境交易监管的国际比较和经验借鉴[J]．金融纵横，2018（8）．

[14] 崔彩周．第三方支付在拓展跨境电子商务中面临的困境及破解思路[J]．商业经济研究，2017（8）．

第六章
跨境电子商务的法律问题

近年来,国内消费者网购海外商品呈爆炸式增长,跨境电子商务作为未来国际贸易的主导形式,已经成为我国企业扩大海外营销渠道、实现我国外贸转型升级的重要途径。但随着跨境电子商务的快速发展,有关法律法规和政策的缺失和不匹配已日益成为困扰行业发展的重大问题,主要体现在用以规范传统贸易方式的法律法规已无法满足跨境电子商务的需要。因此,本章主要从跨境电子商务中的消费者权益保护、知识产权保护、争议解决机制等方面详细阐述。

第一节 跨境电子商务中的消费者权益保护

我国已进入消费需求持续增长、消费结构加快升级、消费拉动经济作用明显增强的重要阶段。以传统消费提质升级、新兴消费蓬勃兴起为主要内容的新消费,及其催生的相关产业发展、科技创新、基础设施建设和公共服务等领域的新投资新供给,蕴藏着巨大发展潜力和空间。电子商务在带给我们便捷、丰富的消费商品和服务的同时,传统交易下所产生的纠纷及风险并没有随着高科技的发展而消失,相反网络的虚拟性、流动性、隐匿性及无国界性对交易安全及消费者权益的保护提出了更多的挑战,引发了不少的问题,增加了消费者遭受损失的机会。在跨境电子商务交易中,境内关于消费者保护的一些规定比如"七天无理由退货"很难实现,影响消费者的购物体验,所以境外品牌商在做跨境电子商务时,也在尽可能参照国内商家对消费者的服务标准来保护消费者权益。但问题是按照现行的规定,消费者享受行邮税购买的货物被退回是无法再次销售的,否则涉嫌走私。因此,跨境电子商务的消费者权益保护成为跨境电子商务方面立法面临的新问题。

一、网络消费者享有的权利

现实生活中,消费者享有诸如知情权、人格尊严权等相关权利,且受法律认可并且保护。网络消费者所享有的权利主要包括以下几个方面:

(一)消费者的知情权

知情权是消费者的一项权利。我国《消费者权益保护法》第八条规定:"消费者享有知悉其购买、使用的商品或者接受的服务的真实情况的权利。消费者有权根据商品或服务的不同情况，要求经营者提供商品的价格、产地、生产者、用途、性能、规格登记、主要成分、生产日期、有效日期、检验合格证明、使用方法说明、售后服务的内容、规格、费用等有关情况。"但是，消费者知情权的实现是与传统交易方式中的一系列环节相配套的。在传统的交易方式中，消费者可以直接面对经营者，充分了解经营者的服务和商品的功用；而在电子商务领域，由于消费者通过网上宣传了解商品信息，通过数据电文与经营者进行远程通信联系，通过网络订货，通过电子银行结算，由配送机构送货上门。消费者看不到商品，完全依据经营者提供的信息进行选择和判断，无法掌握商品真实可靠的信息。因此，消费者的知情权显得更加重要，在电子商务领域经营者负有提供信息使消费者知情的义务。

（二）人身安全权

消费者的人身安全权，就是指消费者在网上所购买的物品不会对自己的生命和健康构成威胁。在传统商务模式中对消费者安全权的定义是经营者必须保证所提供的商品或服务不存在危及人身及财产安全的缺陷，对可能危及人身、财产安全的商品和服务应当向消费者做出真实的说明和明确警告，并标明正确使用产品或接受服务的方法及防止危害产生的方法。现在网络商店所提供的商品种类越来越多样化，消费者所选购的范围也越来越广，这就要求网络商品的提供者对产品的安全性有足够的保障。与传统的消费者一样，从网上购买产品的消费者也应有获得质量合格的产品的权利。质量不合格的产品也许就会给消费者的人身带来损害，如从网上购买的食品过期或变质，就很可能伤害消费者的人身健康；网上买来的家用电器缺乏安全保障，一旦出事也会给消费者带来人身伤害。给消费者的生命和健康带来损害，就是侵犯了消费者的人身安全权，违反了我国《消费者权益保护法》和《民法通则》的相关规定，会令消费者丧失对网上购物的信心。

（三）财产安全权

消费者的财产安全权，是指消费者的财产不受侵害的权利。通过网络银行支付货款对消费者的财产安全权有一定的威胁。由于国际互联网本身是个开放的系统，而网络银行的经营实际上是变资金流动为网上信息的传递，这些在开放系统上传递的信息很容易成为众多网络"黑客"的攻击目标。目前有些消费者不敢通过网络上传自己的信用卡账号等关键信息，也是基于这个原因，就是担心自己的财产受到侵害，这同时也严重制约了网络银行的业务发展。交易安全问题又是电子商务中的基础问题。由于传统商务方法已经无法保障交易安全，以法律来保障消费者进行电子支付过程中的财产权，在我国目前尚有困难。因此目前主要是只从技术上来保证消费者信用卡的密码不会被泄露，但如果网络银行达不到规定的要求，就要承担赔偿责任。

（四）网上隐私权

网上隐私权是指公民在网上享有的私人生活安宁与私人信息依法受到保护，不被他人非法侵犯、知悉、搜集、利用和公开的一种人格权，也指禁止在网上泄露某些个人信息，包括事实、图像等。传统消费活动中，消费者无须披露个人信息，经营者也不便整理利用有限的信息，因而隐私权保护不属于消费者权益保护中的突出问题。但在网络环境下，在经营者预先设置的表格中填上个人信息是申请电子邮件、购买商品、访问一些专业网站等许多网络活动的前提条件。追求商业利益最大化的网上经营者往往利用计算机惊人的整理和分类信息的能力，对消费者的个人信息资料进行收集整理并应用于以营利为目的的经营活动中，从而使消费者在不知情的情况下将自己的身份、家庭情况、兴趣爱好、信用状况、医疗记录、职业记录、上网习惯、网络活动踪迹等个人信息暴露于外人，侵犯了消费者对其个人隐私享有的隐瞒、支配、维护、利用权。

（五）公平交易权

《消费者权益保护法》第十条规定了消费者的公平交易，即获得质量、价格、计量等公平交易条件。从消费活动的全过程看，消费者购买商品或者接受服务，往往由于多种因素的影响而处于弱者地位，因此更需要突出强调其公平交易权，以便从法律上给予特别保护。在市场交易中，经营者如果违背自愿、平等、公平、诚实信用的原则进行交易，则侵犯了消费者的公平交易权。在进行电子商务交易时，不能因购物空间的改变和特殊而随意采用欺诈性价格或隐瞒商品及服务的真实品质。电子商务中消费者仅能根据网上的商品信息自行判断性价比是否适当，但由于信息不对称等容易导致消费者受虚假信息蒙蔽而发生不公平交易。

（六）消费者的索赔权

当消费者享有的法定权利被侵犯时，就会在此基础上派生出索赔权，又称损害赔偿权或求偿权，即法律赋予消费者有利益受损时享有的一种救济权。由于网络媒体不受时间和地域限制，其传输信息的速度非常快，涉及面十分广，有关部门要对其进行有效监管难度非常大。当侵权行为发生后，消费者往往因为无法得知经营者的真实身份，或经营者处于异地导致过高的诉讼成本，以及举证困难、法律适用不确定等原因，而放弃索赔权。因此，当网上消费纠纷产生后，有关部门在处理时要坚持举证责任倒置的原则，即由经营者承担举证责任。为了减轻消费者的负担，降低投诉成本，可以考虑建立一个统一的全国性网上投诉中心和全国联网的"经济户口"数据库。这样，当消费者因自己的合法权益遭到侵犯时，可以通过网络快速、经济地向主管部门投诉。主管部门在接到投诉后，应及时进行调查取证，在适当的期限内进行处理，并将处理的结果反馈给消费者，从而达到维护消费者合法权益的目的。

(七)消费者自由退换货的权利

消费者能否退换货涉及其与经营者之间权利义务的平衡问题。一方面让消费者享有在一定期限内的商品退换货保证,既是经营者的一种销售手段,也是消费者应有的权利。然而,在电子商务环境下,由于网络交易的特殊性,消费者没有机会检验商品,从而做出错误购买决定的可能性较大;另一方面经营者的权益也可能受到消费者退换货的影响。《消费者权益保护法》及相关法律法规所规定的消费者退换货的权利在数字化商品面前就遭遇了尴尬。数字化商品一般包括音乐 CD、影视 DVD、软件、电子书籍等,这些都是通过线上传递的方式交易,并且消费者在购买这些数字化商品前,大多有浏览其内容或使用试用版本的机会。但是,若根据传统的消费者保护原则,消费者在通过线上传递的方式购买了数字化商品之后,又提出退货的要求,则很可能产生对商家不公平的情形。因为商家无法判断消费者在退还商品之前,是否已经保留了复制品,而消费者保存复制品的可能性又非常大。此外,与电子商务中消费者退换货的权利相关的问题还很多。例如,在商品送货上门之后,相应的配送费用应由谁来承担;如果是因为网上的商品信息不够充分,致使消费者在收到货物后发现与所宣传的不完全符合或存在没有揭示过的新特点,能否视为欺诈或假冒伪劣等而适用"三倍返还价款"的处罚;如果由于商品本身的特性导致无法达成共同的网络认识,消费者购买或使用后才发现,双方又无退换货的约定和法律法规依据,消费者能否提出退货的要求,是否会被视为违约等。因此,传统的《消费者权益保护法》中关于退换货的规定,在电子商务中是一个需要重新审视的问题。

(八)消费者选择权

网上购物过程中,网站一般都订有格式条款,其内容由商家事先制定,给消费者提供的只是"同意"或"不同意"的按钮。这些格式条款,由于内容早已确定,没有合同另一方的意思表示。常见的对消费者不公平的格式条款主要有以下几种类型:①经营者减轻或免除自己的责任;②加重消费者的责任;③规定消费者在所购买的商品存在瑕疵时,只能要求更换,不得解除合同或减少价款,也不得要求赔偿损失;④规定因系统故障、第三人行为(如网络黑客)等因素产生的风险由消费者负担;⑤经营者约定有利于自己的纠纷解决方式等。总之,这些格式条款的使用剥夺或限制了消费者的合同自由,消费者面对"霸王条款",因为不了解相关知识,无暇细看或者即使发现问题也无法修改格式条款等情形,面临不利的境地。

另外,一些经营者采用强制链接、浏览等方式导致消费者选择权受损。经营者为了开展业务,往往与多个网站建立友好链接,这本来是为消费者提供的方便之举,但是一些不法经营者却将这种友好链接设定为强制链接,消费者只要上了一个网站,就必须进入其他相关网站浏览。

更甚的是，个别网站还强行修改消费者的浏览器设置，将其网站设为主页，使消费者每次上网必须先浏览其产品。

二、网上消费者权益保护的基本原则

（一）同等水平保护原则

电子商务与传统商务模式在很多方面存在差别，通过网络这种特殊介质进行交易的消费者应当遵循同等水平保护原则，即消费者在网络交易中获得的保护应不低于在传统交易领域获得的保护。从理论上讲，所有消费者是平等的，那么国家对电子商务中消费者权利遭受侵害时所提供的保护水平也应该是一致的，因此实行同等水平保护准则是很有必要的。2000年欧盟在《电子商务指令》中也对"同等水平保护原则"予以确认，即不降低欧盟各项立法所确立的关于公共健康和消费者权益的保护水平。在电子商务领域，同等水平保护原则可归纳为两个含义：一是对于既有立法和规则可以调整的网络消费问题，应当在既有立法和规则的框架下予以适用；二是对于网络消费者权益保护中出现的新问题，应当明确同等水平保护并非适用同一规则，应当针对这一领域构建新的法律规则。

（二）特别保护原则

消费者的特别保护原则是消费者权益保护法的一项重要原则。它是指国家给予经济上处于弱者地位的消费者特别保护的原则。对于消费者来说，有关商品和服务的交易条件是由生产经营者事先规定的，消费者只能处于单纯地表示接受合同内容的被动地位，而无讨价还价、参与合同内容形成的权利，合同双方当事人的平等地位缺乏实质性保障。由于网络消费与传统的消费环境不同，在网购中消费者的合法权益更容易受到侵害，所以网购中的消费者合法权益更应该得到特别保护。同时，由于电子商务交易主体的多样性，不仅有买卖双方，而且还包括网络交易平台提供者、金融机构以及快递物流公司等，这些主体为买卖合同的达成提供了交易平台、付款渠道以及商品的运输，使网购主体复杂化的同时也产生了更加复杂的网购纠纷。消费者难以依靠自己的力量寻找和追究侵害消费者权利的具体责任者，一般民事诉讼费用高昂、消耗时间，也使受害的消费者只有默认亏损，而无法采用诉讼的救济手段。因此，网络消费者的弱势地位也要求对其予以特别保护。

（三）综合辅助保护原则

网络经济的特殊性决定了对电子商务中消费者权益的保护不能局限于单一的模式，纯粹的法律保护不能充分保护消费者的权益。对网络交易中消费者权益的保护，需要在法律保护之外采取综合的辅助保护模式，强化消费者组织及社会公益团体的作用，形成政府监管、行业自律与消费者自我保护相结合的保护体系。在综合辅助保护原则下，消费者的自我保护不可或缺。消费者应当具备理性消费意识，在处理纠纷时应当理性维权。消费者自我保护意识的提升是其维护自身利益的首要保障，具体而言，应当包含自我控制和自我选择两方面内容。自我控制是指消费者应当加强网络技术知识的积累，适当运用网络软件和技术手段对网络交易环境进行清扫，确保个人信息及账户的安全。自我选择是要求消费者知悉经营者的经营策略及营销陷阱，使自己不被蒙蔽或受到欺诈，能够实现自主选择。另外在产生纠纷时，消费者应当采取理性维权的方式，在不激化矛盾的前提下妥善处理纠纷，达到预定目标。综合辅助保护原则构建了行业自律、政府管理和消费者自我保护三位一体的保护模式。如果能够切实贯彻这一原则，将会极大地促进电子商务的发展和网络消费者权益的保护。

三、跨境电子商务中消费者权益保护存在的问题

相对于传统交易，跨境电子商务具有交易主体虚拟化、交易过程无纸化、支付手段电子化、交易空间国际化等特点，这些特点使经营者与消费者之间的力量对比更加悬殊，网络消费者的知情权、自主选择权、公平交易权、安全权等更容易遭到网络经营者的侵犯。我国现阶段跨境电子商务中对消费者权益保护面临的问题主要表现在以下方面：

（一）网络消费欺诈

网络消费欺诈是指经营者以非法占有为目的，在网络上实施的、利用虚构的商品和服务信息或者其他不正当手段骗取消费者财物的行为。需要强调的一点是：该概念中的经营者包含了真实的经营者和假冒经营者身份的欺诈行为人。因为，在网络环境下，若销售者对其身份信息披露不全或虚构身份信息，购买者则很难辨认或无法判断销售者的真实身份。

（二）网络虚假广告

网络虚假广告是指经营者为达到引诱消费者购买商品或接受服务的目的而发布的关于其商品或服务的不真实信息，如夸大产品性能和功效、虚假价格承诺、虚假服务承诺等。网上广告因其特殊性，给相关部门的审查和监管带来了一定难度。而网络广告是网络消费者购物的重要依据，消费者的购物决定在很大程度上根据广告文字和图像判断而做出。消费者很难判别广告信息的真实性、可靠性，其知情权和公平交易权难以得到保障。

（三）网络支付安全

网络交易是一种非即时清结交易，通常由消费者通过信用卡或其他支付手段付款，经营者

收到货款后才发货或提供服务，这区别于生活中即时清结的消费交易。网络的开放性增加了消费者财产遭受侵害的风险，消费者在使用电子货币支付货款时可能承担以下风险：网上支付信息被厂商或银行收集后无意或有意泄露给第三者，甚至冒用；不法分子盗窃或非法破解账号密码导致电子货币被盗、丢失；消费者未经授权使用信用卡造成损失；信用卡欺诈；支付系统被非法入侵或病毒攻击等。

（四）消费者损害赔偿权难以实现

损害赔偿权实际是法律赋予消费者在利益受损时享有的一种救济权。网络的特性和相关法律的缺失使网络经营者和消费者之间产生大量的纠纷。当消费者得知自己的权益受到侵害后，由于不能得知经营者的具体信息和网上商店经营者容易变动等原因，造成消费者不便寻求救济。而电子交易取证举证困难、过高的诉讼成本、法院管辖权的不确定，也容易使消费者放弃主张损害赔偿权。网络与电子商务的发展速度越来越快，如何更好地保障网络交易的发展，保护网络消费者的合法权益，保证网络消费者在遭受侵权后迅速、方便地寻求救济，成为立法面临的新问题。

（五）消费者的知情权难以保障

在传统交易过程中，消费者通过实地看货、了解情况、验货试用、讨价还价、进行交易、实地收货等方式获得商品或服务的具体信息，以此来保障自己的知情权。而电子商务交易过程则使消费者了解商品或服务的过程虚拟化，消费者往往不能真实感触商品的实际情况，而只能通过经营者的描述来了解商品的信息，这就容易导致经营者故意夸大产品性能和功效、提供虚假价格、实施虚假服务承诺。这种方式容易使消费者遭受经营者的欺骗而不知情，消费者的知情权得不到保障。

（六）买卖双方地位不平等

在电子商务交易过程中，电子商务经营者往往为了节约时间和流程，为消费者提供格式合同，这些格式合同的大多数交易条款或服务条款都是经营者事先拟定好的，往往是经营者利用优越的经济地位制定的有利于自己而不利于消费者的"霸王条款"，诸如免责条款、失权条款、法院管辖条款等，都是将合同上的风险、费用负担等尽可能地转嫁到消费者身上。这些条款没有给消费者讨价还价的余地，消费者只有选择"同意"按钮后才能继续下一步。当消费者点击"同意"后，如果在交易后产生了纠纷，商家就会以此来对抗消费者的投诉，使消费者处于很不利的地位。

（七）消费者的隐私权保护问题

我国现行《消费者权益保护法》中没有关于保护消费者隐私权的规定，这是因为在传统交易方式中，消费者的隐私权受到侵害的情况并不常见。由于电子商务交易的特殊性，消费者在进行电子交易的过程中，往往要填写个人资料，如姓名、性别、年龄、住址、电话号码、身份证号等，但是一些网站服务方并未遵守其承诺，保护消费者的隐私，反而常常泄露消费者的信息，用来牟取利益。消费者的隐私权极易受到侵害。通过电子商务交易得知消费者邮箱地址的电子商务经营者往往向消费者的邮箱大量发送广告信息，造成数量巨大的垃圾邮件，甚至使消费者的邮箱遭到病毒侵袭，影响消费者的正常生活，同时也侵害了消费者网络通信权的体现。

四、国内外网上消费者权益保护的立法现状

（一）国内网上消费者权益保护的立法现状

随着科技的发展，社会的进步，我国关于电子商务、网上消费的立法工作和保护政策也有了一定的进展。在我国，对电子商务中消费者权益的法律保护的相关法律规范主要有《民法通则》《合同法》《消费者权益保护法》《产品质量法》《计算机信息网络国际联网安全保护管理办法》《电子签名法》等，其内容一般比较简单、散乱，可操作性不强，远远不能适应电子商务迅速发展所要求的对消费者权益保护的迫切需要。《消费者权益保护法》虽然为电子商务领域的消费者权益保护提供了基本的法律规则，但是尚有不足之处，不能完全适应电子商务迅速发展的现实需要。

（1）《消费者权益保护法》。2013年10月新修改的《消费者权益保护法》，虽然第四十四条对网络消费进行了明文规定，但也不尽完善。目前，我国并没有出台专门针对网络消费者权益保护的立法，《消费者权益保护法》仍然是保护网购消费者合法权益的主要法律依据。为依法制止侵害消费者权益行为，保护消费者的合法权益，2015年年初，国家工商行政管理总局公布了《侵害消费者权益行为处罚办法》。

（2）《合同法》中的有关规定。网络消费中买卖双方通过网络的方式达成合同，因此就要受到《合同法》的规制。在网购中一般卖方提供的都是格式合同条款，即一方为了能够重复使用而预先确立的，规定双方当事人之间的权利义务关系的条款，买方只有同意受该条款约束合同才能得以确立。大多数格式条款都是不利于消费者权益保护的，因此《合同法》第四十条规定：提供格式条款的一方免除其责任，加重对方责任，排除对方主要权利的，该条款无效。

（3）《产品质量法》和《广告法》的相关规定。网购最吸引消费者的地方在于价格远远低于实体店，但这种低价销售的商品大多数情况下存在质量瑕疵，而卖家也通常通过虚假宣传等手段来销售其商品，这就需要《产品质量法》和《广告法》的相关规定进行规制。2015年4月24日第十二届全国人民代表大会常务委员会第十四次会议修订了《中华人民共和国广告法》。2016

年 3 月 17 日国家工商行政管理总局令第 85 号公布《流通领域商品质量监督管理办法》(以下简称《办法》),其中第二章第十七条规定,销售者采用网络、电视、电话、邮购等方式销售商品的,消费者有权自收到商品之日起七日内退货。第五章附则特别指出,该《办法》所称的销售包括销售者通过实体店、网络、电视、电话、邮购、直销等方式提供商品。

(4)《中华人民共和国电子商务法》的相关规定。2019 年 1 月 1 日开始实施的《电子商务法》中对消费者权益进行了比较详细的描述。其中第五条规定提出电子商务经营者要履行消费者权益保护、环境保护、知识产权保护、网络安全与个人信息保护等方面的义务,承担产品和服务质量责任,接受政府和社会的监督。第十七条到第二十五条详细地提出电子商务经营者应当履行信息披露业务、真实宣传义务、公平交易义务、依法发送广告义务、搭售提示义务、诚信交付义务、合理退还押金义务、公平定力合同义务、及时受理投诉义务等,保障消费者的知情权、选择权、信息安全、资金安全等合法权益。并且第三十二条规定电子商务平台经营者应明确进入和退出平台、商品和服务质量保障、消费者权益保护、个人信息保护等方面的权利和义务。

(5)其他规范性法律文件。

(二)国外网上消费者权益保护的立法现状

从与网络消费规范的相关性角度来说,国际组织和国外其他国家的立法大致可以分为三类:①指导性原则方面的立法,旨在构建电子商务的政策法律环境,成为网上消费活动规范的基础。例如 1996 年 12 月,联合国国际贸易法委员会通过了《电子商务示范法》,此法案是第一个适用于世界范围的电子商务统一法规,为消除全球电子商务中所遇到的法律冲突、解决各国电子商务在立法中出现的一些新的冲突与规则的不统一做出了贡献。还有 1997 年美国的《全球电子商务纲要》,号召各国要着眼于全球商务的便利化。②网上消费所涉环节的具体立法,主要集中于电子合同、电子支付、数据保护、电子签章及认证等领域,这些法律法规成为消费者权益保护的具体制度建设中的重要组成部分。如 2001 年的《电子签章示范法》,对电子签名的可靠性问题做了更为具体的界定,迅速掀起了电子签名在各国国内立法的高潮。③规范网上消费活动的专门立法,重点在于消费者权益保护和消费行为的调整,这是网上消费活动规范的核心内容。美国的电子商务起步早、发展快,在世界上一直处于领先地位。而且,在电子商务发展政策的制定中,始终将保护电子商务中的消费者作为其重要组成部分。例如美国网络隐私权保护方面的很多成文法,如《信息自由法》《电子通信隐私法》《儿童在线隐私保护法》《2011 年个人数据隐私和安全法案》等。还有如《统一电子交易法》《诚实借贷法》《联邦电子资金划拨法》规定了一系列的信息披露制度,对消费者的知情权提供了保障。

【知识链接】

国外消费者权益保护制度

一、美国

消费者保护运动起源于美国,美国消费者权益保护一直走在世界前列,美国成立了世界上第一个消费者组织,颁布了第一部有关消费者保护的法律。美国的消费者保护立法进程的阶段性特征比较明显,从起初关注消费者基本健康发展到对消费者进行引导和教育,再到现在的全面保护,并且建立了消费领域的惩罚性赔偿制度。

目前,美国消费者法律保护按其内容分为以下几类:防止对消费者造成危害的法律,如《食品卫生法》《儿童保护与玩具安全法》等;促进公正竞争自由交易的法律,如《谢尔曼法》《联邦交易委员会法》等;促进计量、规格、标示规范化的法律,如《标准包装容器法》等;促进交易规范化的法律,如《消费者信用交易法》等。

消费者问题协议会及总统消费者保护问题特别顾问是美国联邦政府主要的消费者保护机关,美国的消费者保护厅是联邦机构中开展消费者保护工作最为活跃的机关之一,可以就相关问题直接向总统提出报告,美国1972年设立的消费者商品安全委员会主管着大部分的商品安全事项。

美国消费者保护最为突出的特点是建立了先进的群体性法律保护机制——集团诉讼机制,该机制主要是针对消费者小额分散性损害设立的。消费者由于侵害呈现出分散性、多样性的特征,因此在美国允许个别受害人以所有受害人的名义提起集团诉讼,诉讼请求往往是惩罚性赔偿。该诉讼采取退出制度,只要不是消费者明示退出,则该案的审理结果对全体受害消费者都具有法律效力。另外,美国的公益组织提起团体诉讼也比较多,通常是禁令之诉,如要求某一经营者停止侵害消费者的行为,其意义不在于赔偿,而是促使经营者诚信经营。

二、欧盟

传统的大陆法系在欧洲根深蒂固,与英美法系不同,欧洲各国在消费者的群体性保护上比较保守,其普遍认为大规模的消费者损害应当通过预防性规定、行政机关的监督予以避免,而不认可惩罚性赔偿,很少发生群体诉讼。一方面因为欧洲有运行良好的社会保障措施和完善的医疗保险制度,许多领域都有极其严格的规则,特别是有关消费者健康方面的;另一方面,一般的消费者损害可以由保险公司偿付后再由保险公司追偿,少数会采取个体损害赔偿诉讼的方式追偿。

针对单一事件、同一原因造成的消费者群体性损害,德国有示范诉讼予以应对。示范诉讼也被译为试验性诉讼、样板诉讼,是指因同一法律事实提起诉讼时,根据当事人的申请或是法院依职权就这些诉讼中共同存在的典型问题先行裁判,并以此构成平行诉讼的审理基础。示范裁决是对作为原告请求依据的事实问题和法律问题的判定,不产生通常民事判决和裁定的法律效力,但对个案审理产生约束效力。

三、日本

日本消费者保护制度以《消费者基本法》为依据,规定了国家、地方政府和经营者各自应承担的责任及消费者的权利和地位,与其他法律如《反垄断法》《访问销售法》等一系列直接或间接保护消费者的法律、法规,共同构成了一个有机的法律体系。《消费者基本法》由《消费者保护基本法》修订而来,主要突破点在于对消费者的定位由过去的被保护的消费者转变为自立的消费者,从侧重保护到"帮助其自立",从偏向于保护弱者到照顾到不同消费者的年龄和特点,明确了政策理念、行政机关和经营者的责任以及消费者发挥的作用等,同时也探讨了相关政策的制定、投诉的处理、纠纷的解决和体制的改革等相关问题。

日本的消费者保护制度最大的特点是,以强大的行政指导为中心,政府依据法律、法规对企业以及消费者团体进行指导,通常采用说服、教育、示范、劝告、建议等非强制性手段和方法。地方消费者保护机构经常举办有利于启发消费者自主意识的讲座和展览,搜集和提供消费者信息,处理与消费生活有关的咨询和投诉以及进行商品检测。政府坚持"对消费者提供必要的信息及教育机会"是消费者应当享有的权利,指明消费者应当努力学习有关消费生活的必要知识,收集必要信息,开展自主、合理的行动,致力于培养远离受害和事故、成为消费经济主体、为解决社会性课题做出贡献的消费者。

另外,日本政府会制订周密的《消费者基本计划》,设置周到的消费者生活咨询制度,实行卓有实效的消费者团体诉讼制度,配置合理的消费者行政及相关机构。在日本,内阁府设立消费者厅及各相关省厅和消费者委员会,各都、道、府、县设置消费生活中心,下属的各市、町、村也承担努力设置消费生活中心的义务。

(资料来源:根据互联网资料整理。)

五、加强跨境电子商务消费者权益保护的对策建议

(一)完善我国现有的消费者权益保护法律制度

我国《消费者权益保护法》虽然为电子商务领域的消费者权益保护提供了基本的法律规则,但尚有不足之处,不能完全适应电子商务尤其是跨境电子商务迅速发展的现实。政府制定的法律框架应着眼于保护消费者免受欺诈销售之苦,保护个人隐私、鼓励曝光、支持商业交易和促进解决纠纷。

(1)明确消费者的权利和经营者的义务。首先应当完善电子商务领域的消费者权利:①知情权的完善;②公平交易权的完善;③求偿权的完善;④隐私权的确立。其次应完善电子商务

中网络服务经营者的义务：①一般义务，网络服务经营者首先要履行的法律义务就是遵从国家的各项规定；②特别义务，包括提供详细的商品信息的义务，商品质量保障及售后服务的义务，保护电子商务消费者个人数据的义务。

（2）确定跨境电子商务运行模式和规范。这样可以使整个交易流程规范化、简易化，减少不必要的中间环节，让消费者能清晰明了地掌握物品和资金的流向。

（3）建立市场的准入机制。在鼓励电子商务发展的前提下，以立法的形式规范电子商务行为，明确电子商务网站的市场准入资格、市场经营行为、组成方式等，使电子商务网站具备"经营主体资格"，符合《消费者权益保护法》中的被投诉对象的条件。

（4）明确电子支付细则。在我国电子商务领域，尤其是电子支付方面的立法，还存在很大的"空白地带"。通过细化电子支付立法，保护消费者电子支付的合法性和安全性。

（5）提高互联网信息披露的真实性和完整性。充分借鉴发达国家对互联网信息管理的先进立法经验，禁止虚假网络广告，对电子商务信息披露的范围、披露方式、责任人（单位）做出明确的要求，确保提供给消费者的是对称的、清晰的、全面的交易条件。

（6）限制不公平的格式合同、"霸王条款"，给消费者营造公平的交易环境。

（二）加强对消费者隐私权的保护

网络技术的出现使得对个人隐私侵犯变得容易而且后果严重。在网络隐私权的法律保护上，应规定经营者在使用消费者的个人信息时，应取得消费者的许可或法定授权，并对法定授权使用的目的、范围，使用的机关、程序和内容等做出明确而可操作的规范。如德国1997年通过的《信息与通信服务法案》规定，同意服务供应人可以为提供电信服务目的而收集、处理或使用个人资料，但要求应先将其收集处理或使用的方式范围、地点与目的告知服务使用人。若要做其他使用，则必须符合法律的规定，或经服务使用人的同意，而且服务使用人有撤销其同意的权利。在达成必要的目的后，所收集的资料应立即删除。1999年2月欧盟部长会议提出的《信息高速公路上个人数据收集、处理过程中个人权利保护指南》也规定：要采取适当的步骤和技术保护消费者的个人隐私权，特别要保证数据的统一性和保密性，以及网络和基于网络提供的服务的物理和逻辑上的安全；在消费者申请或开始使用服务时，要告知其使用互联网可能会带来对个人隐私权的危害；告知消费者可合法使用的降低风险的技术方法；仅为必要的准确、特定和合法的目的收集、处理和存储消费者的个人数据；对适当的使用数据负有责任，必须向消费者明确个人权利保护措施；在消费者开始使用服务或访问网络服务经营者的各个站点时，告知其所采集、处理、存储的信息内容、方式、目的及使用期限等。

（三）建立消费者保护组织和行业自律组织

与现实交易相比，网上交易更具有难以用行政手段控制的特点，因此更需要社会力量的参与。在这方面主要有行业自律和消费者自律两种组织力量。行业自律要求提供网上交易服务的商家和从事网上交易的经营者，特别是同行业的经营者，采取切实可行的行为，制定业内一些交易规则，从消费者的利益出发，设计交易规则，自觉平衡商家与消费者之间的利益，对业内坑害消费者利益的行为进行惩处；消费者自律组织在我国即消费者保护协会，它既可以接受消费者的投诉，也可以代表消费者与商家谈判或者交涉，参与制定某些格式条款，维护合同内容的公平合理。在网络环境下，消费者保护协会可以继续发挥其应有的作用。

（四）完善安全保护措施和机制

网上交易安全是消费者普遍关心的一个热点问题。消费者往往希望能简单、快捷地完成交易，但又担心自己的经济利益因操作不当或黑客入侵而遭受损失。因此，我们必须采取行之有效的措施发现交易系统隐患，防范黑客的侵入；要逐步建立健全以信息安全、网络安全为目标，加密技术、认证技术为核心，安全电子交易制度为基础的，具有自主知识产权的电子商务安全保障体系；要建立一个专门、全国性的认证体系，权威、公正地开展电子商务认证工作，确认从事电子商务活动的企业身份的合法性、真实性和准确性。在电子商务中，采用一定的加密技术和措施，确认交易用户的身份和授权，可以保证数据传输的真实性和保密性。考虑到电子商务已经打破传统的地域限制，成为国际性的贸易手段，我们必须注意建立的核心密码技术标准应与国际标准兼容，并必须经国家密码管理机关审核和批准方可使用。

（五）拓宽纠纷解决渠道

由于大多数消费者希望快捷、方便，更愿意采取电子商务的形式消费，因此，效率、成本和便利性应成为电子商务中争议解决方式的首要价值因素。自治、行政、司法多种解决纠纷的途径应开拓工作新思路，创建网上在线解决纠纷的机制。互联网是争议产生的源头，也应让其成为争议解决的地方。

（六）消费者自我保护意识的引导

信息化社会，消费者应对计算机网络技术增加了解，及时采取技术措施，如防火墙技术、加密技术、认证技术、防病毒软件来保障交易工具的安全。在进行电子交易时，注意识别网站合法的备案标识，选择信用度高的电子商家进行交易，交易过程中保存必要的交易记录，索要并认真保管购物发票凭证，交易中提高安全警惕，让居心不良的经营者无机可乘。

（七）构建电子商务信用体系，加强网上交易的监督

我们需要建立一个涵盖电子商家的基本信息、产品信息、交易情况、信用情况的权威数据库，在各个电子商务网站做链接，对每次的交易做信用评价，供消费者检索查询，让消费者进行监督。同时，行政管理部门对经营者的投诉反馈记录也存在此数据库中。

六、争议较多的一些具体问题

（一）电子商务平台的责任问题

电子商务平台对经营者的经营行为承担什么责任？这个问题本身不应该通过《消费者权益保护法》来规定，应该通过电子商务的专门性法律法规来规范。如果确定电子商务平台要承担经营者的补充赔偿责任，那么电子商务平台企业就会像其经营者收取押金以控制自己的风险，结果会导致电子商务中小从业者的成本有所提高。

（二）个人信息与隐私保护问题

最近几年，随着智能手机的普及，基于地理位置的 IT 产品层出不穷，移动电子商务、物联网、大数据应用逐渐成为现实。位置服务一下子变得很普遍，而很多公众其实并不了解，也没有关注到自己的风险。例如，有人通过微信结识女性后实施犯罪，虽然这与微信本身作为工具没有关系，但作为信息产品，提示位置可能的风险，并在每次收集确定位置信息时要求用户确认，这是非常必要的，也可以减少风险的发生。今后个人信息的商用与隐私保护将是一道长期的难题，如何收集信息，如何允许合理进行数据挖掘，如何通过法律责任的设定迫使企业或者他人不敢乱搜集和滥用信息，需要进一步探讨。

（三）跨境电子商务消费者举证困难问题

由于在电子商务消费领域中存在的信息严重不对称，加之消费者的弱势地位以及维权意识、证据意识的缺失，使得消费者实际举证能力十分有限，对消费者维权造成严重威胁，动摇了消费者维权的信心。如何增强当事人的举证能力，进一步扩大举证责任倒置的范围，保护消费者合法权益，促进电子商务的良性循环发展，是需要深入讨论的问题。

（四）欺诈的惩罚力度问题

我国的侵权责任法之前已经规定了对欺诈进行惩罚性赔偿，但并没有限制为两倍。考虑到美国等国家的惩罚性赔偿的相关做法，如何合理设定欺诈的惩罚力度，既能够补偿消费者诉讼

的成本和损失，又可以起到良好的惩戒作用，对立法工作提出了挑战。

（五）国际维权歧视问题

由于信息化时代全球产品和服务差异日益缩小，很多时候都是同步的，中国消费者购买的产品和服务，与其他国家消费者常常是相同的。但近年来多次发生这样的情况：同样的商品，中国消费者花费的钱更多、享受的服务更少，出现质量损害后，获得的赔偿额又很少，这种歧视引起了广大消费者的广泛不满。

日本著名流通专家田岛义博教授曾说过："高科技时代的到来，也增加了侵害消费者礼仪的危险。"我国的电子商务目前正处于起步阶段，消费者权益保护的法律并不完善。要想从根本上解决这一问题，除了需要政府部门加强监督、管理力度外，还需要制定更加完善的相关法律法规进行约束。

从实践来看，完善电子商务中的消费者权益保护有很深远的意义。首先，可以从根本上维护人权。消费者的隐私权是人权的一部分，保护消费者的隐私就是维护人权。其次，能监督企业的经营行为，以优质的服务赢得客户，以达到公平交易。再次，可以保证社会秩序井然有序。某些企业为了获得更大的效益，往往会以损害消费者利益为前提，但社会是由消费者组成的，要保证社会秩序井然有序地发展，就得好好地解决消费者权益问题。最后，能推动整个电子商务业的发展。在电子商务高速发展的今天，消费者权益保护面临着如何应对网络经济、电子商务这些新的交易方式给消费者带来的问题。电子商务的发展离不开消费者的积极参与，因此，消费者权益保护对电子商务的发展具有非常重要的作用。

【知识链接】

美国和欧盟的消费者权益的保护模式

美国对于消费者权益的保护，基本上仍采取行业自律的方式进行，通过给商业网站发放可信赖标志的方式维护消费者的合法权益。针对国际贸易的电子商务环境，美国主要是与经济合作与发展组织（OECD）合作，共同制定了《OECD电子商务消费者保护指南》（以下简称《指南》），该《指南》的核心内容主要是要求经营者履行网上披露义务，向消费者提供关于企业、产品或服务、市场交易条款和条件等准确无误的信息。为保障消费者知情权，要求经营者披露的义务至少包括三个方面：

1. 商家自身信息

1）身份信息，包括法人名称、贸易商号名称、主要营业地地址、电子邮件地址或电子通信方式或电话、登记地址、相关政府登记资料及许可证号码。

2）通信信息，使得消费者可以迅速、简便、有效地与商家进行联络。

3)争议解决信息。

4)法律处理服务信息,司法执法部门可以联络到的地址。

5)当商家公开声明其为某种自律性方案、商业协会、争议解决机构或认证组织的成员时,应当向消费者提供这类组织的联络资料,使消费者能确认商家的会员身份并得到这些组织的操作细节。

2. 提供的货物、商品信息

商家对所提供的货物、商品的描述应当是正确的,足以使消费者做出是否完成交易的决定,并使消费者能对这些信息进行保留。

3. 交易信息

提供交易条款、价格、费用的足够信息,这类信息应当清晰、正确、易于得到,并提供消费者在交易前进行审查的机会,包括:

1)商家所收取全部费用的详细列明。

2)通知消费者存在商家不收取但消费者日常发生的费用。

3)交货或履行条款。

4)支付条款、条件与方式。

5)购买的限制,如需要父母或监护人的批准、地理限制或时间限制。

6)正确使用方法的提示,包括安全、人身健康的警示。

7)售后服务信息。

8)撤回、撤销、归还、调换、取消、退款方面的详细规定。

9)担保与保证。

美国没有更多这方面的立法,因为这些规定是通过行业自律的方式,因此在救济时也更多的是通过行业内的非诉讼机制解决,并没有更多的法律上的直接救济。

欧盟的《关于内部市场中与电子商务有关的若干法律问题的指令》(以下简称《指令》)对于网络环境下消费者的知情权保护做出了很多规定。该《指令》第5条明确规定了信息的一般披露义务:除了欧盟法律规定的其他信息披露要求外,成员国应当保证服务的提供者提供并使服务接受者和有权机关能够容易地、直接地和永久地获取不少于如下的信息:

1)服务提供者的名称。

2)服务提供者设立地的地理地址。

3)服务提供者的具体信息,包括能与之迅速取得联系和以直接有效的方式与之通信的电子邮件地址。

4)在服务提供者有商业登记或类似公共登记的情况下,服务提供者的商业注册机构、其注册号码或确认其身份的类似信息。

另外，还要求企业为消费者提供额外的信息，这些额外的信息包括：解除合同的权利行使的条件和程序；售后服务和保证以及投诉地点；在解除合同的情况下，归还原物于供应商的要求和谁负责返还原物的费用的信息。这些信息必须以书面或者其他可为销售者获得和阅读的媒体提供给消费者，而且必须是缔约前至少是在货物交付前或服务提供前提供给消费者。

欧盟在《远程销售合同指令》中明确规定，在任何远程合同缔结前的适当时候，销售者必须清楚无误地提供自己的身份信息、有关产品或服务的主要特点、价格、运输费用、增值税额（如不含在售价中）以及支付、运输、交货和履行安排等信息。同时，该《指令》还赋予消费者对知情权救济的一项权利——撤销权，即消费者在缔结远程销售合同时享有为期至少七天的撤销订单而无须负担任何费用的撤销权。

对于欧盟的这两个指令，各成员国都通过国内立法的方式将其引入国内法，并提供救济手段。如在德国，通过修订《德国民法典》的方式，将该指令的内容直接纳入了国内法范畴。《德国民法典》确认企业主违反上述义务的性质属于不作为，应当承担缔约过失责任下的损害赔偿责任，故保护水平很高，能更好地保护网络购物下消费者的知情权。

（资料来源：根据互联网资料整理。）

第二节　跨境电子商务中的知识产权保护

知识产权具有垄断性、地域性、时间性、无形性、政府确认性等特征，互联网的无国界特征使得地域性的知识产权受到了严峻的挑战。我国正处于蓬勃发展跨境电子商务阶段，但从发展过程看，知识产权问题一直是困扰我国企业的一个难题。商品境外来源复杂，进货渠道多，有些来源于国外品牌工厂，有些来源于国外折扣店，有些来源于国外买手等；此外，境内收货渠道复杂，且多为个人消费，无规律可言；而商品进境时品牌众多，与其他进口渠道比较，其涉及的商品品牌将大幅增加，且商品种类也较丰富。这些特点都会给海关开展知识产权确权带来一定困难，需要确权的数量、难度也会大大增加。

一、知识产权在跨境电子商务中的作用

知识产权因为自身的价值特性，成为消费者降低寻找成本和获得优质服务、提升生活体验品质的重要因素。跨境电子商务作为利用电子数据处理技术进行贸易活动的电子化商务运作模式，其核心是数据信息，而这些数据信息的内容大多是一连串的文字、图形、声音、影像、计算机程序等作品，这些客体都涉及商标、作品等不同种类的知识产权。

在跨境电子商务活动中，知识产权已成为传递品牌信赖的标志，买家主要通过专利、商标、版权识别消费产品的信息、可靠度进行比较。在无法亲眼看见货物的情况下，绝大多数买家只能通过知识产权辨别远在万里之外的商家的信誉和商品的品质。因此，知识产权（特别是商标）在跨境电子商务营销活动中就显得特别重要，知识产权的价值相应增加。在跨境电子商务平台上，知识产权的价值更加凸显，用有知识产权的产品，销售火爆，不含知识产权（如商标、专利技术）的产品，点击率低，无人问津。

在跨境电子商务领域，客户既通过知识产权（商标），也通过第三方服务商（ISP）搭建的交易平台识别远在大洋之外的商品品质、信誉信息，而平台商和卖家的知识产权能力建设关系到跨境电子商务产业的持久、健康发展。跨境电子商务不仅为中小企业带来了新活力、新契机，也为电子商务自身注入了血液，但是知识产权是中小企业通过跨境电子商务模式走向海外的短板。

跨境电子商务知识产权问题仍然是电子商务知识产权问题，具有电子商务知识产权问题的共同属性，但在"跨境"的经营环境下，它又具有显著的独特性。这对平台商和卖家的知识产权能力和风险防控建设提出了更高的要求。换言之，如果知识产权做得不够完善，那么产生的或许仅仅是短暂的繁荣，知识产权问题很可能影响平台商和卖家在国际市场中的信誉和形象，成为跨境电子商务可持续发展的重要障碍。

二、跨境电子商务侵权的表现形式

（一）商标权侵权

跨境电子商务平台中，商标权保护的问题最为突出，也最需要解决。商标权遭遇侵权主要有以下几种情形：网络销售侵犯注册商标专用权的商品，在相同或类似商品上使用与他人注册商标相同或者近似的商标，商标被注册为域名，商标被使用于企业名称等。而且这几种情形并不是单独的，有时候会同时发生。随着电子商务向纵深的不断发展，商标侵权行为将越来越多地以综合化和新类型化的形式出现。这将给商标保护带来一定的困难。在电子商务平台上，既有网络店家销售假货的问题，也有使用侵权商标、标志、图案的问题，还有使用侵权网店名称、网店标志等问题。

（二）著作权侵权

跨境电子商务过程中，通常要将享有著作权的作品进行数字化，如将文字、图像、音乐等通过计算机转换成为计算机可读的数字信息，以进行网络信息传输。将数字化的作品上传到网络后，由于网络的无国界性，任何人都可以在任何地点、任何时间通过网络下载得到该作品。

除了自己下载以外，侵权行为人还可以通过电子公告板、电子邮件等传播、交换、转载有著作权的作品，并利用享有著作权的作品在网上牟利，这显然侵犯了著作权人的网络传播权，使著作权人的利益受到损失。具体表现为：网络店家在第三方电子商务平台中销售未经授权的出版物；在网店中使用未经授权的广告描述、广告语与原创性广告图片、产品图片等。

（三）专利权侵权和假冒专利

在跨境电子商务中，涉及专利侵权的主要行为类型是为销售专利产品或者使用其专利方法。与版权和商标侵权的易判断性不同，专利权保护缺乏像著作权中信息网络传播权那样详细而清晰的规范，加上专利权权属的判定是非常专业的问题，而第三方电子商务平台仅仅掌握产品的信息，而无法掌握产品的实物，因此，交易平台与第三方电商很难对相关权属做出判断，也无法清晰界定自己的责任范围。

三、我国跨境电子商务知识产权保护现状

在传统的国际贸易活动中，大多是国外买家采取大批量订货的方式完成，进口商通常在进口商品前主动进行知识产权调查和风险防范，进行知识产权的把关，国内出口商虽然没有过多关注知识产权问题，也不会存在知识产权侵权风险。然而，与传统的外贸模式不同，跨境电子商务中，卖家以中小企业为主，甚至很多自然人，他们往往缺乏有关知识产权方面的专业知识，而面对的国外买家也具有不特定性，因此知识产权问题变得突出。目前，知识产权方面的纠纷构成了电子商务的主要问题。在电子商务产业高速发展的形势下，侵犯知识产权的行为不断发生，严重影响中国商家的国际形象和跨境电子商务产业的长足、健康发展。国内电子商务和知识产权属于新兴领域，原有问题本已千头万绪、梳理不清，而跨境电子商务知识产权尤显棘手。

国内跨境电子商务行业的市场秩序比较混乱，侵犯知识产权、贩卖假冒伪劣产品等违法行为时有发生，海外消费投诉众多，"劣币驱逐良币"现象严重，中国卖家集体知识产权形象不佳，严重影响国外卖家对中国产品的消费信赖。一方面是我国有部分的假冒伪劣产品以及违反知识产权的产品通过快递出口这种方式逃避国家监管，进入国际市场，影响我国商品的国际形象；另一方面是国内企业对知识产权，特别是国际知识产权及相关法律重视及了解度不够，在知识产权纠纷中往往是失利方。在跨境电子商务活动中，国内中小卖家知识产权意识和能力不足，电子商务的知识产权风险往往成为其面临的主要风险因素。国内只有一些大公司有财力进行知识产权保护的投入，更多中小企业无意识、无动力、无能力做跨境电子商务知识产权能力沉淀和风险防范工作，纠纷及败诉越多越影响中国卖家的集体形象，影响买家对中国产品的信赖和忠诚度。换言之，如果知识产权做得不够完善，那么产生的或许仅仅是短暂的繁荣，知识

产权问题很可能影响平台商和卖家在国际市场中的信誉和形象，成为跨境电子商务可持续发展的重要障碍。

四、跨境电子商务知识产权保护面临的问题

（一）各方侵权认识不足

一是消费者辨别能力低，因为国内食品安全等问题，国人对国外产品信任度高，对国外高品质商品需求量大，但国外产品也存在侵犯知识产权问题，也有假冒伪劣商品，对此风险，消费者普遍认识不足；二是商家知识产权保护观念淡薄，尊重他人知识产权、维护自身合法权益的意识和能力普遍缺乏，跨境电子商务多为邮件小包，价值较低，即使海关查货侵权商品也只能予以收缴，但无法适用罚款等其他制裁措施，商家侵权成本低廉，使得重视不足、一再尝试。

（二）海关对侵权行为认定困难

跨境电子商务这种新型业务形态有别于传统的进口货物，呈现出境内境外两头复杂特点，即商品境外来源复杂，进货渠道多，有些来源于国外品牌工厂，有些来源于国外折扣店，有些来源于国外买手等；此外，境内收货渠道复杂，且多为个人消费，无规律可言；而商品进境时品牌众多，与其他进口渠道比较，其涉及的商品品牌将大幅增加，且商品种类也较丰富，而海关执法人员对相关品牌认识不足，难以确认是否有侵权行为。这些特点都会给开展知识产权确权带来一定困难，需要确权的数量、难度也会大大增加。

（三）侵权责任划分困难

跨境电子商务是指交易主体（企业或个人）以数据电文形式，通过互联网（含移动互联网）等电子技术，开展跨境交易的一种国际商业活动。涉及境内外电商平台、商家以及支付、报关、仓储、物流等环节，而电商平台又可分为自营型电子商务平台、第三方电子商务平台，主体多元、形式多样、结构复杂。其中在所有类型的平台中，第三方电子商务平台涵盖的知识产权客体极为广泛，成为知识产权侵权纠纷的"重灾区"。而在第三方电子商务平台纠纷案件中，争议最大、最缺乏法律规范规制的就是第三方电子商务平台的责任问题，诸如审查义务、归责原则等。实际上，从一般的电子商务到跨境电子商务的知识产权保护责任划分问题，一直争议不断，难以划分。

（四）国际争端解决困难

一是司法管辖权认定困难。跨境电子商务的支撑载体是国际互联网，就网络空间中的活动者来说，他们分处于不同的国家和管辖区域之内，跨境电子商务的随机性和全球性使得几乎任

何一次网上活动都是跨国的,很难判断侵权行为发生的具体地点和确切范围,使得司法管辖区域的界限变得模糊、难以确定。二是国与国之间立法差异较大。在跨境电子商务中,还没有国际组织统一的立法指导,各国根据自己国家的实际需要,制定不同的立法标准,而我国更是缺少相关的法律法规,有关的立法在知识产权的保护方面还存在很多分歧。三是国际维权困难。跨境电子商务涉及大量的中小电商企业,有的甚至是个人,这部分商家个人缺少对国外法律的认知,加上跨国诉讼费用高昂,在出现涉及侵权问题时,国际维权困难。如 2015 年年初,国际第三方支付平台 PayPal 被爆出有大量中国跨境电子商务商家的账户因为侵权诉讼遭到冻结。由于不了解美国相关法律且在美国打官司费用高昂,大部分商户没有选择积极应诉,但随之而来的是他们的 PayPal 账户及资金被冻结甚至清零。

五、跨境电子商务中知识产权保护的建议

(一)完善我国现有跨境电子商务知识产权法律体系

将跨境电子商务活动纳入法律管制的范畴,制定专门性的电子商务操作规范性法制,强调电子商务过程中对知识产权的法律保护,使合法与非法行为有一个明确的界定,减少新形势下出现的新种类知识产权的权利不稳定及"游离"状态。

(二)建立健全跨境电子商务行业自律机制和信用体系

在跨境电子商务知识产权保护相关法律法规不健全的情况下,海关、工商等政府机关可以帮助建立起适应时代要求的跨境电子商务行业协会,制定跨境电子商务知识产权保护自律规范和内部监督机制。同时,依托海关监管和行业协会自律,通过建立电子商务认证中心、社会信用评价体系等,建立和健全跨境电子商务信用体系和信用管理机制。通过行业自律和信用管理打击侵犯知识产权和销售假冒伪劣产品等行为。

(三)完善海关监管体系

一是尽快出台海关跨境电子商务知识产权保护监管制度和标准作业程序,尽量减少需要一线关员主观认定结果的操作程序,降低执法难度和执法风险。二是探索跨境电子商务知识产权保护监管的风险分析和后续稽查制度。一方面要加强前期信息收集工作,将跨境电子商务平台上的商品种类、品牌、价格等纳入情报搜集范围。针对重点商品的来源地、商标、包装图案进行风险分析比对,确认监管重点。另一方面,将后续稽查制度纳入监管工作,尽快出台跨境电子商务的稽查办法,加强对跨境网购商品的后续流向监管,弥补查验放行阶段的监管漏洞。

(四)借助电商平台进行数据监控和管理

一是海关执法单位加强与电商平台沟通和数据对接,对商品信息流进行合理监控管理,要求跨境电子商务运营者提供相关授权证明或采购单据等内容,切实加强货物来源渠道的管理,保留必要的货物来源证明材料。二是发挥跨境电子商务平台的管里责任,强化事前审查、事中监控、事后处理等一系列控制制度。

(五)加强国际合作

一是我国商务、海关等部门积极与相关国家推进跨境电子商务知识产权保护规则、条约的研究和制定,包括跨境电子商务侵犯知识产权行为的认定、产生纠纷的解决办法、产品的监管和溯源机制等,建立跨境电子商务国际合作机制,为国内企业开展跨境电子商务创造必要条件。二是积极利用WTO等相关国际组织的标准和协商体系,帮助国内企业处理跨境电子商务贸易纠纷。

(六)强化人才培养

知识产权保护问题涉及贸易、法律等方面的专业问题,特别是涉外的知识产权的纠纷和诉讼都有很强的专业性。国家和企业应共同努力,大力培养知识产权专业人才,并给他们充足的空间与资源,发挥其在知识产权战略中的核心作用,造就一支包括各类专业人才和管理人才在内的知识产权队伍。海关更是要加大培养既精通知识产权保护管理,又了解跨境电子商务特性的业务专家,更好地为跨境电子商务知识产权保护的海关监管做出贡献。

知识产权问题已经成为电子商务发展中的核心问题,关系到电子商务的可持续发展,关系到国家和地方经济转型升级。加强知识产权在电子商务领域运行规律的研究,全面分析研究跨境电子商务知识产权风险,力求认清知识产权在电子商务活动中的作用机理和运行规律,化解行业发展风险,是紧迫的课题。因此,海关将加强对跨境电子商务运营者货物来源渠道的管理,保留必要的货物来源证明材料,便于开展确权;依托海关总署知识产权海关保护系统,加强知识产权授权许可白名单建设,便利合法授权商品快速通关;加强知识产权违法惩戒力度,实施行政处罚案件信息公开,提高企业违法成本,同时建立企业知识产权诚信机制,努力构筑跨境电子商务知识产权保护体系。

【知识链接】

没有国际商标,靠什么撬开市场?

以美国、加拿大和欧盟等国家和地区为例。其知识产权管理十分严格,侵权商品极难入境,更不要妄谈走向市场。鉴于此,目前国内领头的几家跨境电子商务平台,如天猫国际、京东全球购等，对国际商标都有要求。由于商标具有地域限制，国内商标失效，产品要想推向全球，就必须注册国际商标。

当然，除了顺利入驻跨境电子商务平台，进军国际市场，提前注册国际商标更重要的作用是能保护品牌，避免遭遇侵权或恶意抢注，导致品牌形象和商家利益受损。"海信"就是个活生生的反面教材。西门子公司在德国抢注的"HiSense"商标和海信的"Hisense"商标只有字母"S"的大小写区别。然而就是这一点差别，导致海信"命门"被西门子抓住，进入欧洲市场步步受制。如果海信早几年就抢先在德国把商标注册下来，怎么会有后面的麻烦？

近年跨境电子商务越来越火，但大多数人却忽略了跨境交易的一个"命门"——国际商标。某涉外知识产权专业人士称，对跨境电子商务而言，国际商标的重要性甚至超过了产品本身。

在进入国际市场之前，就应抢先进行国际商标布局，以防后患。但目前国际商标注册程序极为烦琐，普通商家在面对大量申请文件和专业术语时往往无处下手，最好的选择是委托专业涉外知识产权代理机构，一劳永逸。

（资料来源：飞象网 http：//www.cctime.com/html/2016-3-29/1153444.htm。）

第三节　跨境电子商务中的争议解决机制

随着跨境电子商务贸易往来的日益增多，与之相关的争议也在急剧增加。因其具有全球性特点，相关问题十分复杂，而目前还缺少有效的争议解决机制，借助现行的国际商事争议机制根本无法适应快捷、高效、低成本解决争议的需求，这严重阻碍了跨境电子商务的进一步发展。因此，构建跨境电子商务交易全球性网上争议解决体系已经势在必行，对相关问题进行探讨具有重要的现实意义。

一、跨境电子商务网上争议解决概述

（一）跨境电子商务网上争议解决概念

跨境电子商务网上争议解决（以下简称跨境网上解决），是指借助电子通信以及其他信息和通信技术进行和协助进行争议解决程序的一种跨境争议解决办法。这是国际贸易法委员会给出的定义，在理解跨境网上解决的概念时需要明确通信和电子通信的概念，通信一词源自于联合国国际贸易法委员会通过的《联合国国际合同使用电子通信公约》（以下简称《公约》），该《公约》第四条第一款对通信的定义是：是指当事人在一项合同的订立或履行中被要求做出或选择做出的包括要约和对要约的承诺在内的任何陈述、声明、要求、通知或请求。电子通信是指当

事人以数据电文方式发出的任何通信。跨境网上解决依托现代先进通信技术，用于解决跨境电子商务交易，包括企业与企业之间以及企业与消费者之间在交易中发生的多种争议。

（二）跨境电子商务网上争议的特性

跨境电子商务条件下的消费者争议类型比较单一，一般以合同争议为主，主要包括以下几种类型：卖方不交货的争议；卖方交货迟延的争议；卖方所交付产品的质量问题争议；卖方所述产品信息虚假的争议等。由于跨境电子商务的特殊性，相关的消费者争议存在如下特点：①争议数额较小。据统计，最典型的跨境电子交易是在网上购买、书籍、衣服等，平均每笔交易额仅在100~150美元。②争议数量巨大。随着消费者跨境电子交易数量急剧上升，与此相关的争议也日益大量涌现。③争议主体具有跨国性。消费者借助网络可以在全球自由选择商家，买卖双方往往相距甚远且缺乏足够的了解。④消费者作为争议主体。这一特殊身份要求争议解决机制对其有特殊的考虑或者保护。因此，一旦产生争议，这些因素将给争议的解决带来额外的难度。

（三）跨境电子商务争议解决的必要性

企业与企业以及企业与消费者之间的电子商务交易发展迅速，其主要原因是全球，互联网空前普及、宽带接入迅速加快及移动商务的兴起。推动电子商务增长的一个主要动力是，上网人数不断增加，而且人们正越来越愿意运用互联网作为交易平台。跨地区、跨国界的小额量大交易日益频繁，伴随而来大量的网上纠纷，一套适用于小额量大交易的跨境电子商务交易网上争议解决机制的出台迫在眉睫。

传统争议解决机制包括通过法院提起诉讼、网上调解、网上仲裁等，不适合处理这类小额量大的跨境电子商务争议，不能直接用来切合实际地处理许多低值交易，包括企业与企业交易和企业与消费者交易所产生的争议。因为这类争议解决机制与交易价值相比成本过高，耗时过多。例如中国国际贸易促进委员会和中国商会，这两个机构采用了《中国国际经济贸易委员会网上仲裁规则》（以下简称《规则》），但该《规则》大多适用于企业与企业之间较大宗的电子商务争议，同时程序较为复杂，周期较长，费用高，不适宜解决这类小额量大的交易。这种争议在全世界大量发生，需要迅速、有效和低成本的争议解决对策。

跨境网上解决是一种争议解决的手段，其可适用于企业与企业之间以及企业和消费者之间交易中发生的争议。对于使用互联网进行的交易所涉及的争议，适用网上解决办法是合乎逻辑的。跨境网上解决在处理小额量大交易时尤为重要，因为这种交易需要高效而担负得起的争议解决程序。对跨境网上解决应当采用特定的法律标准，而不仅仅是调整现行的仲裁规则和电子通信规则。

二、传统争议解决方式

（一）诉讼方式

消费者跨境电子商务争议在本质上属于跨国商事纠纷，传统上跨国诉讼是解决跨国商事纠纷的主要方式。消费者可根据国际私法规则选择某国法院启动诉讼，法院按照涉外民事诉讼程序做出判决。如果消费者胜诉，可以通过经营者自愿执行判决或者申请某国法院承认和执行判决的方式来维护自身利益。

然而，鉴于消费者跨境电子商务争议的相关特点，跨国诉讼机制并不适合这类争议的解决。首先，判决的域外执行非常困难。即使消费者得以在本国法院解决争议，但判决往往需要到卖方所在国或者卖方财产所在国去跨国执行。其次，跨国诉讼程序复杂且会导致高额法律费用。消费者每笔跨境电子交易的平均金额基本上在100美元左右，以跨国诉讼解决争议的成本将远远超过争议金额本身。最后，诉讼管辖权的确定非常困难。一笔跨境电子交易往往涉及多国因素，如买卖双方所在地、网络服务器所在地都位于不同国家，导致管辖权很难确定，目前还没有形成普遍的规则。

（二）非诉方式

除跨国诉讼之外，国际商事仲裁、调解以及其他一些非诉方式也被应用于消费者跨境电子商务争议的解决上。这些方式或许能在一个或几个方面弥补跨国诉讼的缺陷，但是仍非解决消费者跨境电子商务争议的理想方式。

首先，国际商事仲裁作为另一种被广泛用于解决跨国商事争议的方式，与跨国诉讼相比，在自治性、民间性、专业性、保密性、一审终局性上都具有独特优势。尤其是跨国执行性上，根据联合国国际贸易法委员会1958年《关于承认和执行外国仲裁裁决的纽约公约》（以下简称《纽约公约》），国际商事仲裁裁决可以在100多个国家得到承认和执行。这在很大程度上弥补了诉讼判决在跨国执行上的缺陷。然而，即便如此，仲裁裁决的跨国执行依然涉及复杂的跨国司法程序，消费者需要为此支付高额的法律成本。而且，适用国际商事仲裁解决争议的成本本身也比较高昂。因此，对于跨境电子交易的当事人而言，与跨国诉讼类似，国际商事仲裁更似一种理论上的可能性，而非一项切实可行的选择。其次，调解作为一种无拘束力的争议解决方式，与诉讼和仲裁相比，具有气氛友好、程序便捷、成本低廉、结果可控、可实现双赢等优点。但是，跨境交易的当事人分处不同国家的事实使得传统调解所需要的面谈等较难实施。而且，调解完全取决于当事人的调解意愿。如果一方不配合，和解协议很难达成。即使达成之后，和解协议不具备任何强制执行力。另外，一般各国均设置有消费者协会、工商协会、公共行政管理机关等，可以受理消费者对经营者的投诉。这些机构借助其对经营者的管理权限，可为消费者争议提供解决方案。但是，这些机构主要针对一国国内的消费者与经营者纠纷，权限一般仅局限于本国经营者，因此在解决跨境电子交易争议时面临很大的局限性。最后，也有一些电子商务企业设有内部申诉机制，受理顾客对交易的投诉，但争议能否顺利解决完全取决于该企业的自律性。

综上所述，上述方式并未给消费者跨境电子商务争议提供适当的解决办法。如果只能依靠传统手段解决争议，消费者的交易信心很难建立。经营者也会倾向于仅将其货物或服务限制在某一地理范围内，这最终将导致跨境电子商务发展的迟滞。因此，建立一个公平有效的争议解决机制已经刻不容缓。目前，国际社会普遍认为，网上争议解决机制是解决消费者跨境电子商务争议的最佳方式。

三、网上争议解决的现有各种模式

网上争议解决的模式，是指利用互联网和信息技术对网上争议进行解决的各种方法和手段。现有的网上解决争议模式主要有网上调解、网上仲裁、投诉处理机制和信誉标记、其他专业化的网上解决系统等。跨境网上解决模式属于一种新的网上争议解决模式，为了能对跨境网上解决模式有一个更全面的认识，并同现有的网上争议解决模式相区别，现对现有的网上争议解决模式加以总结和说明。

（一）网上调解

调解是指当事人请求一名或多名第三人（调解人）协助他们设法友好解决他们由于合同引起的或与合同的或其他的法律有关的争议的过程，而不论其称之为调解、调停或以类似含义的措辞相称。网上调解和调解的不同之处在于，网上调解依托的是现代互联网技术和信息技术。一方当事方向另一方当事方发送（网上）邀请或向网上仲裁机构请求与另一方当事方联系时，网上调解即告启动。提出这种请求之前可以先向网上解决机构提交投诉，也可以不提交。调解邀请书的内容必须是确定的，并列入一电子表格。当事方必须填写表格并提交给网上解决机构。被邀请的当事方向提出邀请的当事方告知同意调解时，网上调解即告开始。

网上调解使用的工具主要有：电子邮件等电子通信，如网上调解实验；或者通过网上解决平台进行；或者两者兼用，如法国涉及通过网上争议平台和电子邮件进行通信。有的程序是通过移动电话进行的，如阿富汗冲突调解委员会所提供的争议解决机制，鼓励在解决争议程序中使用移动电话和其他装置。当事方可用移动电话拨打一个特殊号码启动程序，争议各方可将自己的案件记录下来。小组将通过电话开会，审理每个案件，随后便可做出决定。在网上调解中，一般通过技术手段提供两个通信途径：一个用于当事方和调解人进行私下对话，另一个用于与所有参与者包括调解人进行公开对话。

（二）网上仲裁

仲裁一般是指交易双方在订立合同时或者在争议发生后约定，在发生争议时将有关争议交给双方同意的仲裁机构进行裁决的方式。仲裁通常为行业性的民间活动，是一种私行为，即私人裁判行为，而非国家裁判行为，它与和解、调解、诉讼并列为解决民（商）事争议的方式。《联合国国际贸易法委员会仲裁规则》虽然提供了一套全面的仲裁规则，但是并未对仲裁给出一个确切的定义。

网上仲裁，又称为在线仲裁，是指仲裁程序的全部环节或者主要环节，依托现代信息技术在互联网上进行。意味着向仲裁庭提出仲裁申请（包括仲裁协议的订立），以及其他仲裁程序（如仲裁案件的立案、答辩或者反请求、仲裁员的指定和仲裁庭的组成、仲裁审理和仲裁裁决的做出），主要地均在网上进行。网上仲裁庭可利用现代信息技术（如电子邮件、网上聊天室、视频会议系统等），将位于不同国家的当事人和仲裁员联系在一起，由当事各方陈述其各自的观点，仲裁员也可向各方当事人就争议的事实问题和法律问题提问，仲裁庭的合议以及仲裁裁决的做出和传递，也在网上进行。

在网上仲裁中，仲裁协议是仲裁的依据。在实务中，网上商家可以选择在当事各方之间订立的合同中或一份独立的文件中（如适用于交易的一般条款和条件）列入仲裁协议，即点击相应案件或点击确认框确认其同意条款和条件。如果仲裁协议完全是在网上订立的，如在网上接受一般条款和条件，则可能产生的问题是，其形式是否满足《纽约公约》第二条第二款的要求，即关于书面协定的规定。

网上仲裁一般使用的是电子文档管理。电子文档管理是一种封闭式的系统，只限于当事方和仲裁员使用（即网站）或仅供仲裁机构使用（即内联网）。电子文档管理的范例包括美国仲裁协会组织的美国仲裁协会的，以及设在国际商会的国际仲裁法院的。美国仲裁协会是一种网上解决平台，用于提交投诉、上传和下载文件、审查案件进展情况，并通过信息中心与国际争议解决中心联系。除了在网上提交申请之外，客户还可以付款、进行网上管理、查阅规则和程序、以电子方式传送文件、选择中立方、使用为案件专门设立的信息栏，以及查看案件的状况。通过系统，仲裁员和当事方可在网上联系，并可以方便地在安全的网上环境中管理其仲裁案件，使仲裁的所有参与方均可通过一个安全的网站以电子方式进行联系，进行仲裁，在国际商会安全的网上解决平台储存和组织文件，并随时查阅其仲裁信息。除此之外，它还提供一些论坛，使某些经授权进入各论坛的参与者能够彼此联系。

(三)投诉处理模式与信誉标记模式

投诉处理机制和信誉标记属于常用正规解决办法之外的模式。投诉处理是一种无第三方干预的便于对消费者投诉进行谈判的程序。现有的投诉处理模式的范例来自 eConsumer.gov、欧洲消费者中心网和国际消费者咨询网。eConsumer.gov 是国际消费者保护和执行网的一项举措,它提供了一个网上门户,使个人能够就与外国公司进行的网上交易和相关交易提交投诉。欧洲消费者中心网协助消费者提出投诉并与商家达成友好解决,也协助消费者通过适当机制(第三方)达成解决。国际消费者咨询网是亚洲区域的一种区域投诉处理机制,其功能有:接收国内消费者提出跨国界投诉;向其提供相关信息或建议;将投诉一事通知设在争议相关企业所在的另一国的消费者咨询联络处;以及促进该企业通过该消费者咨询联络处解决争议。该机制圆满地解决了许多企业对消费者的低值交易争端。

电子商务中的信誉标记通常是指网站上显示的一种形象、标识或印章,用于表示网上商家的可信度。信誉标识证明网上商家是一个专业组织或网络的成员,且设有赔偿机制。目前还有全球信誉标记联盟和亚太信誉标记联盟等组织,其目的是进一步促进并加强全球信誉标记系统。

(四)其他专业化网上解决系统

专业化网上解决系统还包括互联网名称和数字地址分配机构的《统一域名争议解决政策》(以下简称《政策》)和世界知识产权组织的域名争议解决办法。互联网名称和数字地址分配机构在网上解决域名争议方面的解决办法是公认的。域名争议按照互联网名称和数字地址分配机构的《政策》解决。该《政策》的目的是为域名在所有权方面的争议提供有效的解决办法,并且可以指定某些争议解决机构进行仲裁。这些系统在适用法、管辖权和强制执行等方面已经有了相关的强制性规则。

四、跨境电子商务的主要纠纷类型

就目前而言,跨境电子商务的纠纷类型主要包括知识产权侵权、运输纠纷、退换货纠纷,以及购买评价纠纷四种类型。

(一)知识产权侵权

目前跨境电子商务中知识产权侵权主要包括图片展示的盗图现象、产品专利侵权等。由于跨境电子商务的准入门槛较低,所以很多刚起步的生产型和出口型企业都会选择通过跨境电子商务的途径拓展对外贸易。但基于网络技术的发展是一把"双刃剑",一方面潜在客户无法通过网络直接检验商品,给了卖方伪造产品外形图片、夸大虚拟陈述产品质量的机会;另一方面,网络是一个完全开放和透明的环境,如果出口的产品有任何侵犯他人知识产权的行为,很容易就会被权利人发现并可能面对巨额索赔。

（二）运输纠纷

跨境电子商务虽然缩短了买卖双方的空间距离，简化了交易成交流程，加快了整个交易周期，但货品从一个关税区通过运输到另一个关税区（现在我国的跨境电子商务交易仍以实物交易为主，纯数字交易数量较小），仍然需要一个比较漫长的过程。因此，在实践中，卖方和买方之间往往会因为发货时间、运输的长短问题或者运输过程中造成的损害发生纠纷。这一纠纷的比例，在部分企业中大概占所有纠纷类型的60%左右。

（三）退换货纠纷

不同于实体商店也不同于传统大宗贸易，跨境电子商务的买家只能通过文字与图片来了解商品，为保障消费者权利，一般跨境电子商务平台都会允许买方在收到商品后的一段时间内进行退换货。而在退换货过程中，双方往往就商品已经被使用、是否为人为破坏、退换货的费用承担等问题产生纠纷。

（四）购买评价纠纷

"购买评价"是电子商务平台为了让买卖双方更加了解对方，并让其他还未购买商品的潜在买家能够更加了解商品与描述是否相符、商品质量是否存在问题的一种新型机制。这种评价方式在传统货物买卖中很难体现，但借助网络技术，使得购买评价成为买家决定是否购买网上商品的重要因素。正因为购买评价有着如此重要的作用，所以买卖双方往往会因为购买评价产生纠纷。例如卖方认为买方的购买评价存在诽谤、互打差评等。

五、跨境电子商务争议解决机制构建

随着跨境电子商务交易量的逐步增多，有关的贸易纠纷必然会随之而来。因为跨境电子商务既不同于以往的国际贸易，又不同于普通的国内消费者买卖，对于买卖双方而言是一种更为新颖的买卖模式。如何建立完善的跨境电子商务争议解决机制，更快捷、更经济、更公正地解决跨境电子商务贸易纠纷，成为一个亟需解决的问题。

西方经济发达国家的跨境电子商务发展较早，其对构建跨境电子商务交易网络争议解决体系的尝试也较早，如美洲国家组织提出的B2C模式，这对当前我国构建该体系的整体框架设计有一定的借鉴意义。由于该体系的建立需要解决很多全球性问题，单纯一国、一地区是无法完成这一任务的，更适合由全球性国际组织来具体负责相关创设工作，目前该体系的整体框架模式的设计构象均基于联合国国际贸易法委员会制定的相关法律标准。争议解决机制是否有效、是否能够解决全球性问题，需要十分严密的组织框架，能够通过集中管理来满足各国家的多元需求，全球性网上争议解决体系应采用设计中心结构和分支结构的模式，在此问题上世界各国（地区）基本达成了共识，即由参与国委派代表组成专门的管理委员会，完成中心管理结构的创设，由该机构制定相关规则，并由秘书处负责执行，各参与国应分别设立分支机构，辅助秘书处完成上述工作。但是就很多细节问题还存在很大的争议，如网上争议解决平台的设立，是设立全球统一的网上争议解决平台，还是设立多个平台同时运行，前者的优点在于便于管理，所提供的服务水平相同；后者能够为争议方提供多种选择，有利于提供服务水平。在初创阶段，建议将现有争议解决结构纳入争议解决体系中，以便尽快完成该体系的构建。

（一）目标设定

跨境电子商务纠纷解决机制与物流服务、支付服务等一样，都是跨境电子商务交易的衍生服务。因此，建立跨境电子商务争议解决机制的主要目的在于优化跨境电子商务的经营环境，充分保障消费者的权利，完善跨境电子商务的服务网络和服务体系，预防和减少由互联网跨境交易而引发的纠纷。该纠纷解决机制整合了协商、调解、仲裁等多元化的纠纷解决方式和途径，为企业、平台以及消费者提供全方位的纠纷解决服务。

（二）构成要素

在争议解决机制中引入网络技术不仅是技术问题，更涉及实质性的法律问题。建立网上争议解决机制的要素包括争议解决平台建设、执行机制、实体法的适用性、仲裁协议有效性等方面。

1. 平台建设

跨境电子商务纠纷解决机制从本质上仍然是法律体系下的纠纷解决机制，应当需要遵循法律的一般原则，即正当程序原则，因而跨境电子商务平台与纠纷解决平台二者的关系成为跨境电子商务纠纷解决机制设立的一个重要问题。目前国际上有两种模式：

一种是跨境电子商务平台与纠纷解决平台合二为一的模式。最有名的就是 eBay 模式。eBay 拥有自己的内部纠纷解决系统解决买卖双方之间发生的纠纷，其处理方式是为双方提供在线谈判程序，通过互相交流沟通解决分歧。但 eBay 的内部纠纷解决系统并不是完全可复制，因为对于中小型的跨境电子商务平台而言，要建立起完善的内部纠纷解决制度并拥有专业的纠纷解决调查小组和办案人员并不是容易的事。

另一种是跨境电子商务平台与纠纷解决平台相互独立的模式，如著名的 SquareTrade 公司模式。SquareTrade 是一家专门从事解决网上交易纠纷的公司，成立于 1999 年，致力于为电子产品提供质保服务，与早期的 eBay 合作，帮助其解决电子商务的纠纷问题，是美国最大的第三方质保服务提供商。目前已与亚马逊、好市多、山姆会员店、史泰博、乐购等很多大型线上线下购物平台建立了合作。2014 年敦煌网与 SquareTrade 达成战略合作，目的是减少由于产品质量问题产生的售后纠纷投诉、降低由于售后纠纷带来的不必要损失、缩短卖家处理售后问题的时间以及提升卖家店铺内 3C 产品的销量等。

因此，跨境电子商务争议解决平台可以构建内部争议解决平台，通过内部争议解决平台提供买卖双方友好协商的环境，为快速解决争议提供便利。在协商、谈判无法达成有效协议时，则可以通过与独立第三方解决平台的合作，由买卖双方选定中立人进行网上调解或仲裁。

2. 执行机制

网上争议解决平台做出争议解决结果决定时，需要对这一结果进行有效执行，这也是争议解决机制得以持续存在的重要基础，而在当事人缺乏履行争议解决结果的自觉性，加之外界强制执行并不到位，整个争议解决就不具有存在的价值。因此，有必要将争议解决结果机制与执行机制结合起来，以此来满足跨境电子商务争议解决的需求。可以构建与之相适应的全球信誉标记机制，切实保障争议解决结果的执行。通过建立跨境电子商务平台信用等级制度、网络评价制度、互相评分制度等私人执行方式，鼓励当事人服从争议解决结果，自觉履行仲裁裁决或调解协议。

3. 法律适用性

争议解决过程中的法律适用问题是决定当事人权利义务关系的关键，也是买卖双方非常关注的问题。但鉴于各国法律有关电子贸易以及消费者立法的不同，适用一方当事人所在国的法律往往不被双方所接受。在国际法律实践中，进行网上仲裁、网上调解的双方当事人可以就争议应当适用的法律做出约定，同时也允许在争议中适用商人习惯法。网上争议解决机制采用公平原则、统一通用规则等商人习惯法规则作为实体法，从而避免在解释适用法规则时可能出现的复杂问题。

4. 仲裁的有效性

网上仲裁方面，由于世界各国有关消费者保护的立法多带有政策性规定，有些国家的国内法明令禁止争议发生前订立消费者仲裁协议。如何使网上仲裁规则既能有效地为参与跨境电子商务的消费者和商家提供权益保障，同时又不违反有些国家禁止争议发生前订立消费者仲裁协议的规定，成为需要探讨的问题。联合国国际贸易法委员会对该问题的提议是，采用双轨制为基础拟订网上争议解决程序规则草案，其中一个轨道以仲裁结束，另一个轨道则不以仲裁结束，而是以中立人提出的不具约束力的"建议"结束。

全球性网上争议解决体系应具备快捷、高效、低成本的特点,这些特点不仅体现在争议解决机制、争议解决程序方面,也体现在与之相适应的争议解决适用法上,如果和国际商事争议机制一样,适用法过于复杂,就会严重限制网上争议解决机制自身的优势。因此,为更好地促进跨境电子商务的健康可持续发展,必须建立一套系统的法律规则来统一解决网上争议问题,以国际统一立法为主,将适用法体系纳为全球性网上争议解决体系的重要组成部分。

综上所述,跨境电子商务是电子商务应用过程中较为高级的一种形式,是实现产品进出口的新型贸易模式,该外贸模式现已成为各国对外贸易新的经济增长点,完全颠覆了传统的进出口模式。目前我国跨境电子商务发展迅猛,公平有效的争议解决机制对于消费者跨境电子商务的发展至关重要。传统的国际商事争议解决方式无法满足消费者跨境电子商务争议的需要,网上争议解决方式目前被认为是解决此类争议的最佳途径。为进一步完善网上争议解决方式,需结合消费者跨境电子交易和网上争议解决的各自特点,解决裁判结果的可执行性、国际合作等一系列法律问题。《中华人民共和国电子商务法》对电子商务活动中的争议解决进行了规范说明,同样适用于跨境电子商务。

【知识链接】

敦煌网分享跨境电子商务如何避免与买家产生纠纷

每个新卖家在成长的过程中都会遇到各种状况,纠纷问题是其中一项让人头疼的事情。如何避免纠纷,并且高效、快速地解决纠纷?不要急,让我们来帮您!

一、如何避免纠纷?

1. 上传产品时

1)提前联系固定的货源,避免缺断货引起的成交不卖和虚假运单号。

2)检查产品描述是否存在歧义。

3)详细描述要完整、真实、准确,不要存在夸大或虚假成分。

4)图片与实物保持一致。

5)对于容易产生纠纷的关键点,在产品页面做出突出提醒。

2. 买家咨询时

1)积极回应买家询盘。

2)保留和买家的沟通记录。

3)若买家未咨询直接下单,需提前与买家沟通好产品颜色、尺寸、型号等产品属性,若买家未回复确认,卖家可联系客服取消订单,此种情况不计入成交不卖,可减少纠纷。

4)关注自己所出售的产品是否适合客户在当地使用。

3.发货前

1)检测产品的功能及质量,避免残缺品寄出。

2)产品包装专业、整洁。

3)产品包裹内容完整,与产品描述内容一致。

4)使用买家指定的物流方式发货。

5)如果订单产品数量较多,请拆分包裹发货,避免因过大包裹引发扣关。

6)对于大金额订单,如果您需要多批次发送,请告知客户每包货物的数量,并将所有货物尽快发出。

4.发货后

1)在系统里填写发货单号,保留发货底单、货运公司出具的证明等单据。

2)给买家发送邮件,告知发货单号和包裹查询地址,预计妥投时间。

3)定期更新货物的状态。与买家确认是否收到货或者货物状况。

4)配合客户清关。

5)货物签收后,提醒买家确认收货并给出好评。

5.买家开始协议纠纷时

1)及时响应买家。针对买家提出的问题主动解决,而不是等买家将纠纷升级时被动处理。

2)针对不同问题给出有效解决方案。

3)讲究沟通技巧,注重服务质量。

温馨提示:

在订单交易过程中,与客户保持顺畅沟通是避免纠纷的有效方法,后面即使出现问题,客户也愿意相信您有很好的解决问题的能力。这样,买家一旦出现问题,首先想到的是联系您进行协商,而不是直接产生纠纷。

二、如何处理纠纷?

买家开启纠纷,主要有两大原因:未收到货和货物与描述不符,针对这两种纠纷原因,我们的处理建议如下：

1. 未收到货（见图 6-1）

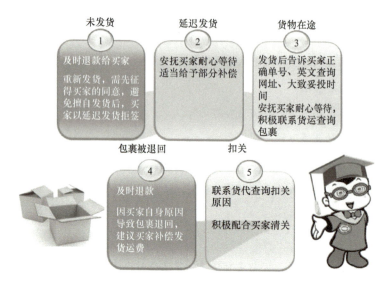

图 6-1　未收到货

2. 货物与描述不符（见图 6-2）

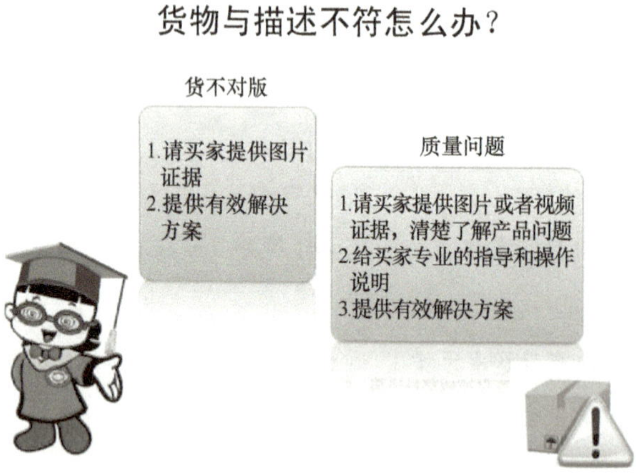

图 6-2　货物与描述不符

三、卖家协议纠纷期间的常见问题

1. 什么时间买家可以发起协议申请？

1）发货前协议：买家付款确认后即可提交退款申请。

2）发货后协议：四大快递开启纠纷时间为填写发货单号后的 5~90 天，一般快递和专线为 7~90 天，平邮为 10~90 天。

2. 买家发送协议可选择原因及对应的责任方

（1）发货前协议。

Items out of stock （断货）——卖家责任

Items not now required （我不想要了）——买家责任

Seller concerned about customs seizure （担心海关扣关）——买家责任

Seller cannot ship order at this price and quantity （无法按照买家的价格、数量发货）——卖家责任

Seller cannot ship items by desired method （买家选择的发货方式，我无法执行）——卖家责任

Specifications not as requested （无法按照买家选择的颜色、尺寸发货）——卖家责任

（2）发货后协议。

Item not as described （货物与描述不符）：

About design or style （货物与描述不符——产品设计样式）——卖家责任

Not satisfied wish seller's services （货物与描述不符——对卖家服务不满）——卖家责任

About used items （货物与描述不符——旧的、使用过的产品）——卖家责任

About imitation （货物与描述不符——品牌问题）——卖家责任

About missing parts （货物与描述不符——配件少）——卖家责任

About missing quantity （货物与描述不符——数量少）——卖家责任

About color （货物与描述不符——颜色不符）——卖家责任

About size （货物与描述不符——关于尺码）——卖家责任

About damaged item(s) （货物与描述不符——货物有损坏）——卖家责任

About faulty items not working （货物与描述不符——货物无正常使用）——卖家责任

About material （货物与描述不符——材质，即商品材料）——卖家责任

About model （货物与描述不符——型号）——卖家责任

Item not received （未收到货）：

Not satisfied with seller's services （未收到货——对卖家服务不满意）——卖家责任

Package is still on the way （未收到货——包裹仍旧在途）——第三方责任

Package was intercepted by customs （未收到货——货物被扣关）——纠纷判定扣关原因后确认真实责任方

Invalid tracking number （未收到货——运单号无效）——卖家责任

Receive well but need to return （无理由退货）——买家责任

3.卖家收到协议应该做什么？

（1）发货前协议

1）卖家断货或产品设置的颜色、数量、规格、尺码、价格等有问题时，请积极通过站内信和买家沟通，尽量协商换货或给予一些优惠解决问题，保证订单顺利进行的同时可以有效避免处罚，给买家带来良好的购物体验，增加买家重复下单率。

2）买家单方面不想要货物、下重单、担心海关问题，或未及时提供产品信息等买家原因发起退款协议，建议您在损失不严重的情况下同意买家的退款，避免后续买家拒签货物带来纠纷。

3）买家单方面原因发起退款协议，协议原因错误选择为卖家原因，可以在协议期间（7天内）联系客服核实，如核实订单退款真实原因为买家原因，可特殊申请协助取消订单。

4）货物已提交厂家制作，买家不想要了，您可以拒绝协议，选择"我已备货"，可继续填写发货记录。建议您尽量联系厂家看是否可以暂停制作，然后通过站内信和买家进行沟通，问一下买家具体不想要的原因，了解原因后，根据情况解决。如果买家执意不需要，建议您可以和买家说明情况，看是否可以做些许补偿。建议保留货物，看后期是否有其他买家需要。

5）协议买卖双方有7天协商时间，超过7天未协议一致，系统将自动退款取消订单，系统自动退款会计算成交不卖。

（2）发货后协议

1）没收到货物：产品运输过程中可能会出现货物丢失、货运单号无法查询或产品被扣关等情况，一旦出现这样的异常情况，买家就有可能发起退款或退换货协议申请。如果买家发起这类协议，请您积极通过站内信与买家进行协商，及时回复买家的询问，尽力安抚，并及时与货运公司联系解决物流方面的问题。如果产品没有妥投，请及时与您的买家协商退款，避免买家发起纠纷投诉到平台或者进行信用卡投诉。

2）收到的货物与描述不符：收到的货物与描述不符是指买家认为收到的产品与购买时产品页面上的描述不相符或者产品出现质量问题。如果买家发起这类退款或退换货申请，请您积极通过站内信与买家进行协商，及时回复买家的询问，尽量通过协商解决。例如通过部分退款或退货退款方式解决问题，避免买家将纠纷投诉到平台或者发起信用卡投诉。

3）协议买卖双方有10天协商时间，在协议纠纷阶段，卖家须在协议纠纷开启后的5个自然日内对买家的退款申请做出回应（同意/拒绝），逾期系统将根据买家的退款金额执行。VIP买家在开启协议纠纷后的3~10个自然日可以升级纠纷到敦煌网调解中心；非VIP买家在5~10个自然日可以升级纠纷到敦煌网调解中心。如买家未在协议纠纷开启后的10个自然日内请求敦煌网调解中心介入，也未在此阶段和卖家达成一致，10个自然日后系统将此协议纠纷升级为平台升级纠纷，调解中心介入后，会在升级后的10个自然日内出具裁决意见。

4.协议达成后续处理流程

1)退货退款的协议:买家退货之后长时间收不到货物或者填写的跟踪号没有货运信息。

平台在买卖双方达成退货退款之后,给买家7天的时间填写发货记录,买家填写之后,卖家有30天的时间收货,如果卖家在买家填写单号后第25天还未收到货物,可以在第25~30天内联系客服反馈,申请纠纷专员介入,逾期系统将默认卖家收到货物,自动退款给买家。

2)重新发货的协议,重发货物已经妥投,买家一直没有后台确认。

在您填写重新发货单号之后,平台会给买家90天的时间跟踪并查收货物。如果在这90天内货物已经成功妥投,建议您可以在货物妥投的30天后,联系纠纷专员反馈,纠纷专员会帮助联系买家确认处理并放款。

5.协议或纠纷对账户的影响

1)当买家因没有收到货物或对产品不满意发起协议时,此阶段视为买卖双方协商解决的阶段,还不是平台纠纷,平台工作人员不会介入,也不会计算卖家纠纷率,建议您在此阶段尽量和买家协商解决问题,避免协议升级为纠纷,影响您的账户纠纷率数据。

2)当买卖双方协议不成功,买家投诉到平台形成平台纠纷以后,平台纠纷专员将介入协助买卖双方解决问题,此阶段视为"纠纷阶段",由此纠纷引起的退款将影响到您的退款率,其中纠纷专员判断责任方为卖家的,会计算卖家责任纠纷率。

3)纠纷率对账户的影响:产品排序、订单放款、商户评级、账户经营。

(资料来源:http://bbs.dhgate.com/forum.php?mod=viewthread&tid=530116。)

【知识链接】

国务院办公厅关于促进跨境电子商务健康快速发展的指导意见

【发布单位】国务院办公厅

【发布文号】国办发〔2015〕46号

【发布日期】2015-06-16

各省、自治区、直辖市人民政府,国务院各部委、各直属机构:

近年来,我国跨境电子商务快速发展,已经形成了一定的产业集群和交易规模。支持跨境电子商务发展,有利于用"互联网+外贸"实现优进优出,发挥我国制造业的大国优势,扩大海外营销渠道,合理增加进口,扩大国内消费,促进企业和外贸转型升级;有利于增加就业,推进大众创业、万众创新,打造新的经济增长点;有利于加快实施共建"一带一路",推动开放型经济发展升级。为促进我国跨境电子商务健康快速发展,经国务院批准,现提出以下意见:

(1)支持国内企业更好地利用电子商务开展对外贸易。加快建立适应跨境电子商务特点的政策体系和监管体系，提高贸易各环节便利化水平。鼓励企业间贸易尽快实现全程在线交易，不断扩大可交易商品范围。支持跨境电子商务零售出口企业与境外企业合作，通过规范的"海外仓"、体验店和配送网店等模式，融入境外零售体系，逐步实现经营规范化、管理专业化、物流生产集约化和监管科学化。通过跨境电子商务，合理增加消费品进口。

（2）鼓励有实力的企业做大做强。培育一批影响力较大的公共平台，为更多国内外企业沟通、洽谈提供优质服务；培育一批竞争力较强的外贸综合服务企业，为跨境电子商务企业提供全面配套支持；培育一批知名度较高的自建平台，鼓励企业利用自建平台加快品牌培育，拓展营销渠道。鼓励国内企业与境外电子商务企业强强联合。

（3）优化配套的海关监管措施。在总结前期试点工作的基础上，进一步完善跨境电子商务进出境货物、物品管理模式，优化跨境电子商务海关进出口通关作业流程。研究跨境电子商务出口商品简化归类的可行性，完善跨境电子商务统计制度。

（4）完善检验检疫监管政策措施。对跨境电子商务进出口商品实施集中申报、集中查验、集中放行等便利措施。加强跨境电子商务质量安全监管，对跨境电子商务经营主体及商品实施备案管理制度，突出经营企业质量安全主体责任，开展商品质量安全风险监管。进境商品应当符合我国法律法规和标准要求，对违反生物安全和其他相关规定的行为要依法查处。

（5）明确规范进出口税收政策。继续落实现行跨境电子商务零售出口货物增值税、消费税退税或免税政策。关于跨境电子商务零售进口税收政策，由财政部按照有利于拉动国内消费、公平竞争、促进发展和加强进口税收管理的原则，会同海关总署、税务总局另行制定。

（6）完善电子商务支付结算管理。稳妥推进支付机构跨境外汇支付业务试点。鼓励境内银行、支付机构依法合规开展跨境电子支付业务，满足境内外企业及个人跨境电子支付需要。推动跨境电子商务活动中使用人民币计价结算。支持境内银行卡清算机构拓展境外业务。加强对电子商务大额在线交易的监测，防范金融风险。加强跨境支付国内与国际监管合作，推动建立合作监管机制和信息共享机制。

（7）提供积极的财政金融支持。鼓励传统制造和商贸流通企业利用跨境电子商务平台开拓国际市场。利用现有财政政策，对符合条件的跨境电子商务企业走出去重点项目给予必要的资金支持。为跨境电子商务提供适合的信用保险服务。向跨境电子商务外贸综合服务企业提供有效的融资、保险支持。

（8）建设综合服务体系。支持各地创新发展跨境电子商务，引导本地跨境电子商务产业向规模化、标准化、集群化、规范化方向发展。鼓励外贸综合服务企业为跨境电子商务企业提供通关、物流、仓储、融资等全方位服务。支持企业建立全球物流供应链和境外物流服务体系。充分发挥各驻外经商机构的作用，为企业开展跨境电子商务提供信息服务和必要的协助。

（9）规范跨境电子商务的经营行为。加强诚信体系建设，完善信用评估机制，实现各监管部门信息互换、监管互认、执法互助，构建跨境电子商务交易保障体系。推动建立针对跨境电子商务交易的风险防范和预警机制，健全消费者权益保护和售后服务制度。引导跨境电子商务主体规范经营行为，承担质量安全主体责任，营造公平竞争的市场环境。加强执法监管，加大知识产权保护力度，坚决打击跨境电子商务中出现的各种违法侵权行为。通过有效措施，努力实现跨境电子商务在发展中逐步规范、在规范中健康发展。

（10）充分发挥行业组织作用。推动建立全国性跨境电子商务行业组织，指导各地行业组织有效开展相关工作。发挥行业组织在政府与企业间的桥梁作用，引导企业公平竞争、守法经营。加强与国内外相关行业组织交流合作，支持跨境电子商务企业与相关产业集群、专业商会在境外举办实体展会，建立营销网络。联合高校和职业教育机构开展跨境电子商务人才培养培训。

（11）加强多双边国际合作。加强与"一带一路"沿线国家和地区的电子商务合作，提升合作水平，共同打造若干畅通安全高效的电子商务大通道。通过多双边对话，与各经济体建立互利共赢的合作机制，及时化解跨境电子商务进出口引发的贸易摩擦和纠纷。

（12）加强组织实施。国务院有关部门要制定和完善配套措施，做好跨境电子商务的中长期总体发展规划，定期开展总结评估，支持和推动各地监管部门出台相关措施。同时，对有条件、有发展意愿的地区，就本《意见》的组织实施做好协调和服务等相关工作。依托现有工作机制，加强部门间沟通协作和相关政策衔接，全力推动中国（杭州）跨境电子商务综合试验区和海峡两岸电子商务经济合作实验区建设，及时总结经验，适时扩大试点。在此基础上，逐步建立适应跨境电子商务发展特点的政策体系和监管体系。

地方各级人民政府要按照本意见要求，结合实际情况，制定完善发展跨境电子商务的工作方案，切实履行指导、督查和监管责任。组建高效、便利、统一的公共服务平台，构建可追溯、可比对的数据链条，既符合监管要求，又简化企业申报办理流程。加大对重点企业的支持力度，主动与相关部门沟通，及时协调解决组织实施工作中遇到的困难和问题。

（资料来源：http: //www.gov.cn/zhence/content/2015-06/20/content_9955.htm。）

习题

一、名词解释

1. 网上隐私权

2. 消费者知情权

3. 消费者的人身安全权

4. 跨境电子商务网上争议解决

二、选择题

1. 跨境电子商务条件下的消费者争议类型比较单一，一般以合同争议为主，主要包括以下几种类型（　　）。

    A. 卖方不交货的争议　　　　　　B. 卖方交货迟延的争议

    C. 卖方所交付产品的质量问题争议　D. 卖方所述产品信息虚假的争议

2. 消费者在购买、使用商品和接受服务时享有财产安全不受损害的权利，属于（　　）。

    A. 人身权　　　　B. 财产权　　　　C. 赔偿权　　　　D. 监督权

3. 经营者采用网络、电视、电话、邮购等方式销售商品，消费者有自收到商品之日起"7日内无理由退货"的权利，属于（　　）。

    A. 自由退换货的权利　　　　　　B. 财产权

    C. 赔偿权　　　　　　　　　　　D. 监督权

4. 电子商务中消费者遇到格式条款发生纠纷，应做出有利于哪一方的解释？（　　）

    A. 经营者　　　　B. 消费者　　　　C. 物流方　　　　D. 中间商

5. 网上合同中的"霸王条款"损害了消费者的什么权利？（　　）

    A. 人身权　　　　B. 财产权　　　　C. 赔偿权　　　　D. 选择权

6. 跨境电子商务侵权的表现形式有（　　）。

    A. 商标权侵权　　　　　　　　　B. 著作权侵权

    C. 专利权侵权　　　　　　　　　D. 假冒专利

三、判断题

1. 被邀请的当事方向提出邀请的当事方告知同意调解时，网上调解即告开始。（　　）

2. 跨境电子商务纠纷解决机制与物流服务、支付服务等一样，都是跨境电子商务交易的衍生服务。（　　）

3. 在国际法律实践中，进行网上仲裁、网上调解的双方当事人可以就争议应当适用的法律做出约定。（　　）

4. 专利权的侵权与版权和商标侵权一样容易判断。（　　）

5. 网络店家在网店中使用未经授权的广告描述、广告语与原创性广告图片、产品图片等不属于著作权侵权。（　　）

四、简答题

1. 网上消费者具有哪些权利？

2. 网上消费者权益保护的基本原则有哪些？

3. 跨境电子商务中消费者权益保护存在的问题有哪些？

4.跨境电子商务知识产权保护面临哪些问题?

本章参考文献

[1] 白红平.全球化进程中的电子商务若干法律问题研究[M].北京:法律出版社,2008.

[2] 陈剑玲.论消费者跨境电子商务争议的解决[J].首都师范大学学报(社会科学版),2012(2).

[3] 鄂立彬,黄永稳.国际贸易新方式:跨境电子商务的最新研究[J].东北财经大学学报,2014(2).

[4] 国世平.从国际消费维权角度分析中国消费维权[J].消费经济,2008(1).

[5] 鞠晔.略论电子商务领域消费者权益保护的基本原则[J].现代商业,2014(19).

[6] 李桂平.浅析网络交易中的消费者权益保护[J].中国经贸导刊,2010(19).

[7] 秦成德,王汝林.电子商务法[M].北京:对外经济贸易大学出版社,2010.

[8] 吴弘.电子商务发展的法律研究[M].上海:上海交通大学出版社,2006.

[9] 王昆鹏.论跨境电子商务网上争议解决[D].郑州:郑州大学,2012.

[10] 吴景明.消费者权益保护法[M].北京:中国政法大学出版社,2002.

[11] 薛源.跨境电子商务交易全球性网上争议解决体系的构建[J].对外经济贸易大学学报,2014(4).

[12] 杨立新.电子商务侵权法[M].北京:知识产权出版社,2005.

[13] 杨阳.论电子商务中消费者权益保护的法律问题[J].电子商务,2012(2).

[14] 叶华.浅谈中国外贸跨境电子商务的发展[J].湖北经济学院学报(人文社会科学版),2013(11).

[15] 赵宁,文龙祥.论网络购物领域中的消费者权益保护[J].中国电子商务,2010(7).

[16] 赵秋雁.电子商务中消费者权益保护法律研究[M].北京:人民出版社,2009.

第七章
跨境电子商务的安全体系

互联网的产生是源于计算机资源共享需求的开放性,但正是由于它的开放性,也使它面临着更复杂、更严重的安全问题。例如计算机病毒的破坏,黑客的入侵,交易主体的身份识别,交易过程的商业秘密,网络通信的安全,交易记录的保存和管理,交易双方的信用保证等。这使得许多企业和消费者对跨境电子商务应用仍然心存疑虑。目前,安全问题已成为制约跨境电子商务快速发展的主要问题。只有充分保障跨境电子商务交易的安全,才能吸引更多的市场主体参与。

第一节 跨境电子商务的安全问题

一、跨境电子商务面临的安全问题

当前,跨境电子商务所面临的安全性问题有很多,但归纳起来主要有以下几个方面:

(一)信息安全问题

互联网和 IT 技术的普及,使得应用信息突破了时间和空间上的障碍,信息的价值在不断提高。但与此同时,计算机病毒、系统非法入侵、网页篡改、数据泄密、网站欺骗、服务器瘫痪、漏洞扫描等信息安全事件时有发生。目前,信息已经成为企事业单位中的重要资源,也是一种重要的"无形资产",而且许多企事业单位的业务开展都依赖于信息系统的安全运行,这就使得信息安全的重要性日益凸显。然而,有资料显示,在跨境交易中,我国约有 1 亿名境内在线消费者曾受虚假信息侵害,累计被骗金额高达 150 亿元。因此,信息安全已成为跨境电子商务安全的一个主要问题。

1. 信息窃取

由于在信息传输过程中未采取加密措施或加密措施不严密,使得攻击者在数据包途经的网关或路由器上截获目标对象传送的信息,通过多次截取和分析,就可以发现其信息传送的规律和格式,进而破译信息的内容,造成目标对象机密信息的泄露。

2. 信息篡改

攻击者破译了信息的内容,并掌握了信息传送的格式和规律后,就可以通过各种技术手段对网络中传输的信息随意进行替换、篡改、删除,或者插入新的信息,然后再发往目的地,从而达到其非法目的。

3. 恶意破坏

由于攻击者可以截取信息,甚至直接进入目标对象的内部网络,从而可以对目标对象所发送的信息或者其网页、甚至内部数据库中的信息随意进行窃取或破坏,这种行为有的只是单纯的恶作剧,有的则是以牟利为目的的犯罪行为。

4. 信息假冒

由于攻击者掌握了信息的格式和规律,因而可以篡改所截取的信息,冒充合法用户向目标对象发送假冒信息,或诱使目标对象与自己进行恶意信息交换,以牟取非法利益或造成目标对象系统瘫痪。

5. 信息丢失

由于网络服务质量不可靠,通信质量较差,不同操作系统平台的数据转换、安全措施不严密,或者安全机制缺乏协同,都可能导致信息在传输过程中丢失,从而给跨境电子商务参与者带来不可估量的损失。

(二)计算机病毒问题

大多数使用过计算机的人都曾受到过计算机病毒的侵害。计算机用户一旦感染计算机病毒,轻则只是跟用户开个玩笑,例如在屏幕上显示一些文字或图片,或者播放一段音乐,重则破坏用户的操作系统、硬盘数据,甚至擦除主板 BIOS(Basic Input Output System,基本输入输出程序)芯片的内容。据调查,目前计算机病毒已成为威胁计算机安全的首要问题。

按照我国《计算机信息系统安全保护条例》,计算机病毒是"编制者在计算机程序中插入的破坏计算机功能或者数据的代码,能影响计算机使用,能自我复制的一组计算机指令或者程序代码"。也就是说,病毒也是一种程序,但它与其他程序的显著区别在于它具有高度的传染性。如同生物病毒可以从一个生物体传播到另一个生物体一样,计算机病毒可以借助各种渠道从已感染的计算机系统扩散到其他计算机系统。它们能把自身附着在各种类型的文件上,当文件被复制或从一个用户传送到另一个用户时,它们就随同文件一起蔓延开来。

1983 年,美国计算机专家弗雷德·科恩博士研制出一种在运行过程中可以自我复制的具有破坏性的程序,并在同年 11 月召开的国际计算机安全学术研讨会上首次将病毒程序在 VAX/750

型计算机上进行了实验。这是世界上有记录的第一个计算机病毒。

1988年，美国康奈尔大学23岁的学生罗伯特·莫里斯将其编写的蠕虫病毒送入互联网，一夜之间感染了互联网上6000余台VAX系列小型机和工作站，导致美国300多所大学、研究中心，甚至国会、国家航天局和几个军事基地的计算机系统都停止了运行，造成近1亿美元的经济损失。这是世界上首例公开披露的病毒攻击案。

1999年，同为23岁的中国台湾军人、大学毕业生陈盈豪制造的CIH病毒，导致全球许多国家总共6000多万台计算机瘫痪，其中韩国损失最为严重，共有30万台计算机中毒，占全国计算机总数的15%以上，损失高达2亿韩元以上。这是世界上首例破坏计算机硬件的病毒。令警方震惊的是，陈盈豪被捕时已基本完成了第2代CIH的编制，其破坏力将更加惊人。

一个典型的计算机病毒主要有以下几种特征：一是传染性，即具有把自身复制到其他程序的能力；二是非授权性，即其传播是未经用户许可的；三是隐蔽性，即其通常附在正常程序中或磁盘较隐蔽的地方，甚至以隐含文件的形式存在；四是破坏性，绝大多数病毒一旦侵入系统都会对整个系统造成不同程度的影响；五是潜伏性，大多数病毒都可以长期隐藏在系统中，只有在满足特定条件时才发作；六是不可预见性，不同种类的病毒，其代码也千差万别。

（三）黑客问题

近几年，黑客的破坏活动日益猖獗，对正常的社会经济秩序和信息安全构成了严重威胁。

黑客（Hacker）一词源自美国麻省理工学院，原指水平较高的计算机程序员，而现在则专指那些利用计算机和计算机网络，非法调阅、盗窃、截获或篡改他人机密数据资料，或从事其他破坏性活动的人。美国电子商务专家罗塞林德·雷斯尼克（Rosalind Resnick）和戴夫·泰勒（Dave Taylor）在其所著的《Internet商务指南》一书中称："任何将自己的计算机系统联上互联网的企业，意味着将自己暴露给黑客和电子兜风人。这些人以找乐或牟利为目的，不论是白天还是夜晚，随意破坏他人数据、偷窃密码和偷窃他人的程序。入侵者一旦破解了你系统中的一部分，就能进入剩余的大部分系统。"

黑客问题在发达国家尤为严重。据调查，美国每年因网络安全问题损失75亿美元，60%~70%的企业均曾遭到过攻击。根据区块链分析公司Chainalysis的数据，黑客在2019年攻破了11家大型加密货币交易平台，并窃取了价值超过2.83亿美元的加密货币，2018年失窃甚至高达8.755亿美元。而在淘宝平台，目前每天都会有近400万次恶意尝试登录。

然而，在一些西方国家里，甚至还有完全合法的黑客团体。这些黑客组织通常像黑手党一样拥有庞大的组织和雄厚的资金，经常召开黑客交流会，还在互联网上公开介绍黑客的技术手段，提供各种黑客工具软件，发行各种黑客书刊，导致越来越多的人加入到黑客的行列中。有些国家的政府机构和情报部门甚至招募黑客对其他国家或政党进行攻击，有的企业则高薪雇用黑客从事商业间谍活动。

1994年，俄罗斯黑客范德米尔·列文多次侵入美国花旗银行位于华尔街的中央计算机系统，从两家阿根廷分行和一家印度尼西亚分行中将数十笔资金转移到其同伙在美国和以色列的银行账户中，共窃走1200万美元。1997年，列文在伦敦被捕，次年被判三年徒刑，于美国佛罗里达州服刑。

1998年，美国一名黑客利用新闻组中的普通技术手段，轻而易举地从美国多个商业网站窃取了86 326个信用卡账号和密码，并标价26万美元将这些资料出售。直到FBI抓获这名黑客时，失窃网站仍浑然不觉。

2007年2月，一个黑客组织在澳大利亚启动了一种叫作"Pharming"的病毒，攻击了全球65家金融企业和电子商务企业，窃取用户的银行账户和密码等信息。花旗银行韩国分行20名顾客账户中的5000余万韩元被自动划走，英国巴克莱银行、苏格兰银行，美国捷运信用卡、eBay等很多著名企业也都在攻击中相继受损。

2007年4月~5月，爱沙尼亚因迁移苏联红军纪念雕像而引发了一场与俄罗斯之间的政治风波，俄罗斯黑客也借机发泄不满，向爱沙尼亚总统府、政府各部门、议会、各大银行和报社网站发起多次攻击，导致这些网站陷入瘫痪，几乎使爱沙尼亚国内银行系统也全部瘫痪，造成近千万美元的损失，这是世界上首次一个国家遭到黑客有组织地攻击事件。

2015年2月~5月，美国国家税务总局遭黑客袭击，10多万名美国纳税人的信息被盗，黑客利用这些资料成功申报了一些虚假的退税，税务总局因此损失5000万美元。

2020年3月~4月，德国北莱茵威斯特法伦州政府在未建立安全机制的情况下，使用网站分发新型冠状病毒紧急援助资金，遭到钓鱼攻击，核准了黑客伪造的3500~4000份资金请求，损失数千万欧元。

在我国，利用计算机和计算机网络进行犯罪的活动也日益增多。

早在1998年，一名黑客闯入上海某证券公司计算机系统，盗买了价值2.6亿元的股票。案发后有关部门专门对当时国内1564个证券营业部的23万多台计算机进行了抽查，结果发现几乎都存在不同程度的安全漏洞。

2011年，一名19岁的少年造就了我国最大规模的入侵政府网站案，其作案手法是入侵政府网站，用假证购买者的资料替换真实人员的信息。被黑网站涉及30个省区市，如广东人事考试网和药师网、湖北省人事考试网、河南省职称网等，盗卖涉及个人隐私的资料300多万条，涉案金额超过3亿元。

2014年11月，马某某通过"撞库"方式窃取1号店网站客户用户名密码信息638组，后被公安机关抓获,并于 2015 年 6 月以非法获取计算机信息系统数据罪获刑 6 个月。

2014 年圣诞节,黑客袭击了铁路购票网站 12306,窃取约 14 万名用户的账号、密码、身份证号码等敏感信息并在网上公开售卖。

2015 年 5 月,黑客以定做家具名义向江苏睢宁县淘宝店主王某的 QQ 账号发送伪造成家具图片样式的木马程序,盗走其支付宝内的 3996 元。该木马程序具有远程控制、键盘记录、结束进程等功能,并可避开主流杀毒软件。用户一旦被植入该木马程序,其计算机即被嫌疑人监控,当用户登录网银、支付宝等网站时即可截获账户密码等信息。

2016 年 1 月,耿某、李某对某大型网游公司和几个小型网游公司发动了 DDOS 攻击,帮助玩家获取游戏奖励牟利。据保守估计,因服务器瘫痪,玩家纷纷退出,受害公司每日损失高达 200 万~300 万元。

2016 年 8 月,杜某利用技术手段攻击了"山东省高考网上报名信息系统",通过植入木马病毒获取了网站后台登录权限,盗取了包括临沂市高考录取新生徐玉玉在内的大量考生报名信息。陈某则以每条 0.5 元的价格从杜某手中购买了 1800 条考生信息,然后雇用郑某等人冒充教育局、财政局工作人员拨打电话诈骗徐玉玉 9900 元,导致徐玉玉在前往派出所报案后返回途中猝死。

2018 年 8 月,华住酒店集团 1.3 亿条入住信息和 1.23 亿条官网注册资料泄露,包括用户姓名、银行卡号、手机号、电子邮箱、家庭住址、开房人姓名、入住时间、退房时间等核心信息。

2019 年 1 月 20 日凌晨,拼多多出现重大 Bug,用户可随意领取 100 元无门槛优惠券,且全场通用(特殊商品除外),短短数小时内就有大批用户涌入拼多多网站领取优惠券,并充值上万元话费、囤积数十万 Q 币,给拼多多造成约 1000 万元的损失。

二、跨境电子商务的安全隐患

(一)开放性

任何事物都具有两面性。互联网也不例外,它在给人们带来便利的同时,也留下了严重的安全隐患。开放性和资源共享是互联网最大的特点,也是最大的优点,但是这个开放的、缺乏有效控制机制的网络却相当脆弱,很容易遭到黑客攻击。

2016 年 8 月,国家工业和信息化部正式批复同意建设郑州互联网国际通信专用通道,使郑州市成为继杭州、重庆、南京、武汉、宁波等之后第 14 个获批建设该通道的城市。该通道在解决国际互联网通信拥塞问题、提升区域信息化和对外开放水平、促进跨境电子商务发展方面将发挥巨大作用,但也将对跨境电子商务的安全问题带来更大的挑战。

（二）传输协议

互联网采用 TCP/IP 协议来传输数据，但在互联网发展的早期阶段，安全问题并不突出，因而 TCP/IP 协议本身在开发时并未充分考虑数据的保密问题，也就没有采取任何安全措施以保护信息不被窃取，因而不可避免地存在许多漏洞。

（三）操作系统

目前在互联网上使用的操作系统主要有 Windows、Unix、Linux 等，但是没有一种操作系统是绝对安全的。据 Security Focus 公司的漏洞统计数据表明，绝大部分操作系统都存在或多或少的安全漏洞，即使号称软件开发史上最成功的 Windows 系列操作系统，也不断出现一些重大的安全隐患，攻击者可以利用这些漏洞入侵系统、窃取信息。事实上，从理论上讲，没有一种软件是没有漏洞的。2015 年，在加拿大温哥华举行的世界黑客大赛上，来自中国的安全研究团队 360 Vulcan Team 仅用时 17s 就率先攻破了 Win 8.1 系统和最新的 IE 11 浏览器。

（四）信息电子化

电子信息无法像传统信件那样进行签字盖章和信封保护，因此在存储、处理和传输过程中，如果遭到计算机病毒的侵袭、黑客的攻击、线路窃听以及各种物理性干扰（如线路质量、信号干扰以及暴风雨、地震等自然灾害），都可能影响到信息的完整性和可靠性。

（五）管理安全漏洞

完善的管理制度是降低电子商务风险的重要保证，良好的管理有时能够弥补系统本身的不足。常见的管理制度漏洞包括：

1. 人员管理

近年来我国的信息犯罪案件有不少都是内部人员作案，这说明企业平时缺乏安全意识，管理松懈，道德修养较差的职工就有可能铤而走险。有的企业则收买对方的网络管理人员，甚至趁竞争对手招聘员工的时候派人混入对方企业内部，伺机窃取其各种商业信息。

2. 口令设置

这个问题似乎并不重要，所以很多人在设置登录密码时比较随意，相当多的人都采用生日、姓名、电话号码等，而没有设置一个较为复杂的密码，而且绝大多数人设置一个口令后长期不变。很多用户都需要记忆多个口令，据估算，用户平均至少需要四个口令，特别是系统管理员，需要记住的口令就更多，如开机口令、系统进入口令、数据库口令、邮件口令、Telnet 口令、FTP 口令、路由器口令、交换机口令等。因此，不少用户选择口令只好用简单、重复使用的口令，以便于保管，但这样一来就极有可能出现口令泄露事件。曾有人专门做过一个试验，在互联网上选择几个网站，针对既定的用户名，采用穷举式攻击，70%的口令在30min左右就可以破解，最多也不超过1h。

3. 网络管理

大多数网络管理人员对网络安全不甚了解，很多企事业单位都没有设立专职的安全管理员，也很少进行安全测试和检查，更缺少安全监控，这就存在着管理漏洞。据调查，在我国现有的企业网站中，绝大部分没有建立完善的安全防范机制，90%的网站存在安全隐患，其中有40%问题严重，甚至有不少企业的信息系统在使用多年之后，系统管理员和用户的注册信息甚至仍处于默认状态。

4. 法律安全漏洞

电子商务是一种先进的、超前的商务运作模式，因而较难用法律条文有效地防范信息犯罪。而且信息犯罪属于跨国界的高技术犯罪，现有的科技手段也难以完全杜绝黑客的攻击，罪犯只需一台计算机、一条电话线、一个调制解调器就可以远距离作案。

（六）信息产品的安全隐患

目前，信息系统涉及众多的IT产品，包括操作系统、数据库平台、应用系统。不同类型的信息产品之间缺乏协同，特别是不同厂商的产品，不仅产品之间安全管理数据缺乏共享，而且各种安全机制缺乏协同，各产品缺乏统一的服务接口，从而造成信息安全工程建设困难，系统中安全功能重复开发，安全产品难以管理，也给信息系统管理留下安全隐患。

此外，国内许多关键信息产品和信息化技术严重依赖国外，从硬件到软件都不同程度地受制于人。目前，许多重要的信息系统基本上都是使用国外厂商的CPU、芯片等核心硬件，以及操作系统、数据库、中间件、办公文字处理软件、浏览器等基础性软件。一方面，这些软件或多或少均存在一些安全漏洞，恶意攻击者有机可乘；另一方面，一旦出现特殊情况，极易为进口产品的生产国所攻击和控制。

三、跨境电子商务安全的基本要素

一般说来，跨境电子商务安全的基本要素主要有以下几个方面：

（一）信息的保密性

保密性是指交易各方在网络上传送信息时不会泄露，即使泄露，信息也不会被非法获得的人所识别。交易中的商务信息均有保密的要求，例如信用卡账号和密码、交易合同的细节等。如果信用卡的账号和用户名被他人知悉，就可能被盗用；价格和付款信息被竞争对手获悉，就可能丧失商机。因此，在跨境电子商务交易中一般均有对信息进行加密处理的要求。

（二）信息的完整性

完整性也称不可修改性，是指信息在传输和存储过程中不会受到有意或无意的修改和破坏，确保信息内容和顺序的一致性和完整性。保证各种信息数据的完整性是跨境电子商务应用的基础，因为如果信息数据的完整性被破坏，将可能导致交易双方所拥有的信息出现差异，从而影响贸易各方的交易完成，甚至引发纠纷。

（三）信息的可靠性

可靠性是指电子商务系统的可靠性，即在计算机硬件故障、系统软件故障、程序错误、传输故障、网络故障、计算机病毒、自然灾害等潜在威胁的情况下，仍能确保电子商务系统的安全与可靠，同时在发生故障时能够恢复原有信息。保障计算机系统的安全是确保电子商务系统数据存储、处理与传输的可靠性的根基。

（四）信息的可认证性

可认证性是指交易双方在进行交易前能够确认发出信息者的身份，只允许合法的交易方参与交易，以防止信息被假冒和伪造。跨境电子商务交易的双方很可能自始至终都不会见面，通过手写签名和印章来鉴别交易伙伴的真实性是不可能的，要使跨境电子商务交易成功首先要能确认对方的身份。对商家而言，要考虑客户会不会是骗子，货发出后会不会无法收回货款；对客户而言，要考虑会不会遭到网上商店的欺诈，货款汇出后会不会收不到货物。因此，能够方便而可靠地确认对方身份是跨境电子商务交易顺利进行的前提。对于开展网上业务的商家、银行、信用卡公司等组织，为了做到安全、保密、可靠地开展网上业务活动，都必须对交易各方进行身份认证的工作，以确认交易各方身份的合法性、订货信息的真实性和准确性等。

（五）信息的不可抵赖性

不可抵赖性也称不可否认性，是指要求信息的发送方对已发出的信息无法抵赖，接收方对已收到的信息也无法抵赖，以防止一方在交易发生后却矢口否认。由于市场行情千变万化，交易一旦达成是不能被否认的，否则必然会损害另一方的利益。例如订购某种原材料，订货时价格较低，但收到订单后，价格上涨了，如果卖方能够否认收到订单的实际时间，甚至否认收到订单的事实，则买方就会蒙受损失。因此跨境电子商务交易过程中各个环节所产生的信息都必须是不可否认的。

第二节 电子商务安全技术概述

一、加密技术

加密技术是对信息进行保密的一种重要手段。顾名思义，所谓加密就是采用数学原理，利用计算机软件或硬件方法对原始信息（称为"明文"）进行重新组织，形成加密信息（称为"密文"），再通过网络把密文发送出去。合法的接收者由于掌握正确的密钥，可以通过解密得到明文，而非法的接收者则无法轻而易举地破译密文。在互联网上应用加密技术来保证信息交换的可靠性得到了人们普遍的认可，并已进入了应用阶段。目前的加密技术主要有两大类：一类是基于对称密钥加密的算法，另一类是基于非对称密钥加密的算法。它们都已经达到了一个很高的水平，同时加密算法在理论上也已经相当的成熟，形成了一门独立的学科。

（一）对称加密算法

对称加密算法（Symmetric Algorithm），也称为私钥或专用加密算法，即对信息的加密与解密使用相同的密钥，也就是说，一把钥匙开一把锁，其工作原理如图7-1所示。

图7-1 对称加密原理图

数据发送方将明文（原始数据）和加密密钥一起经过特殊加密算法处理后，使其变成复杂的加密密文发送出去。接收方收到密文后，若想解读原文，则需要使用加密时用过的密钥及相同算法的逆算法对密文进行解密，才能使其恢复成可读明文。在对称加密算法中，使用的密钥只有一个，收发双方都使用这个密钥对数据进行加密和解密，这就要求发送方和接收方在安全通信之前，商定一个密钥。加密密钥能够从解密密钥中推算出来，同样，解密密钥也可以从加密密钥中推算出来。

对称加密算法是应用较早的加密算法，技术已经比较成熟。根据对明文加密方式的不同，对称加密算法又可以分成两类：一类为流算法（Stream Algorithm），在这类算法中，明文按字符（或字节）逐次进行加密或解密运算；另一类为分组算法（Block Algorithm），即首先将明文进行分组，每组中含有多个字符，通常为8个字节或16个字节，然后再逐组进行加密或解密运算。

最古老也是最简单的流算法是旋转加密算法，也称为凯撒（Caesar）加密算法。这种算法是这样加密消息的：将每个字母替换为其后的第 n 个字母。例如，如果 n（密钥值）为 3，那么就用字母 D 代替字母 A，字母 E 代替字母 B，字母 F 代替字母 C，依次类推。对于字母表末尾的字母，则绕回到开头，用字母 Z 代替字母 W，字母 A 代替字母 X 等。因此，当使用密钥值为 3 的凯撒算法来加密明文消息"INTERNET"时，密文就为"LQWHUQHW"。这种加密算法是比较容易破解的，即使没有计算机协助，攻击者也能轻易破解，因为只需尝试所有可能的密钥值（只有 26 种），便能破解密文。因此，虽然流算法的运算速度比分组算法快，但分组算法更为常用。

最具代表性的分组算法是 DES（Data Encryption Standard）算法，该算法是 IBM 公司于 1972 年研制成功的。DES 对 64 位二进制数据加密，产生 64 位密文数据，其密钥为 64 位，实际密钥长度为 56 位，另外 8 位则用于奇偶校验。国际标准化组织（ISO）也已采用 DES 作为数据加密标准。

此后，在 DES 算法的基础上，又衍生出三重 DES（Triple DES，TDES）算法，它使用 3 个不同的 56 位密钥将文本加密三次。另外，其他比较常用的算法还有密码学家 James Massey 和中国学者朱学嘉博士于 1990 年提出的 IDEA 算法（International Data Encryption Algorithm）、比利时密码学家 Joan Daemen 和 Vincent Rijmen 于 1997 年提出的 AES（Advanced Encryption Standard）算法等，其中 AES 已取代 DES 成为美国政府认可的对称加密算法标准。

对称加密算法的特点是算法公开、计算量小、加密速度快、加密效率高。但不足之处也很明显，具体如下：

1）如何通过安全的渠道协商和传递密钥。直接的面对面协商可能是不现实而且难以实施的，所以双方可能需要借助于电子邮件、电话等相对不安全的手段来进行协商。而且，加密方在将密钥传递给解密方时，无论是采用电子邮件、电话、传真还是挂号信等方式，密钥都可能会泄露，因此，安全性得不到充分保证。

2）密钥管理过于复杂。每对用户每次使用对称加密算法时，都需要使用其他人不知道的唯一钥匙，这会使得收发双方所拥有的钥匙数量成几何级数增长，密钥管理也就成为用户的负担。例如，假设有 n 个用户需要进行对称加密通信，如果每一对发送方和接收方都有各自商定的密钥的话，就需要产生 $n+(n-1)+\cdots+1=n\times(n-1)/2$ 把密钥，也就是说，每个用户都要记住或保留 $n-1$ 把密钥。如果用户不是很多，对称加密算法是有效的，但是对于大型网络，用户很多，分布也很广，要所有用户都能记住所有密钥是不可能的，而保存起来又会增加密钥泄漏的可能性。

对称加密算法之所以在分布式网络系统上使用较为困难，主要就是因为密钥管理困难，使用成本较高。

（二）非对称加密算法

对称加密算法用相同的密钥加密和解密密文，即密钥要保密才能保证加密文本的保密。攻击者只要知道密钥，就能解密所有的加密消息，从而造成了一个两难问题，因为需要有交换密钥的安全方法，才能用这个密钥生成交换信息的安全方法。为克服对称加密算法的缺点，解决信息的公开传送和密钥管理问题，1976 年美国斯坦福大学教授 E. Hellman 与其研究助理 W. Diffie、博士生 R.C. Merkle 提出了公用 / 专用密钥的思想。

非对称加密算法（Dissymmetrical Algorithm），也称为公钥或公用加密算法（Public Key Algorithm），即对信息的加密采用不同的密钥，一个用于加密，另一个用于解密。每个用户都有一对密钥——一个公共密钥（公钥，Public Key）和一个私有密钥（私钥，Private Key），这两个密钥值在同一个过程中生成，称为密钥对。加密方用公钥对数据进行加密后，即可将公钥公开，任何人都可以看到，但只有私钥的拥有者才能解密，私钥则须严加管理，不能泄露。虽然公钥和私钥是成对出现的，但却不能根据私钥推算出公钥。其工作原理如图 7-2 所示。

图 7-2　非对称加密原理图

以一个简单的例子来说明如何使用非对称加密算法来交换信息。假设甲方需要通过电子邮件给乙方发送一个机密文档。首先，乙方通过电子邮件将自己的公钥发送给甲方，然后甲方用乙方的公钥对文档进行加密，并通过电子邮件将加密文档发送给乙方。由于任何用乙方公钥加密的消息只能用乙方的私钥解密，因此即使他人获得了乙方的公钥，文档也是安全的。乙方在收到加密消息后，用自己的私钥进行解密恢复原始文档即可。如果乙方需要将修改后的文档发回给甲方，他可以让甲方先将其公钥发送给他，然后再用该公钥对编辑后的文档加密，并通过电子邮件将加密文档发回给甲方，由于只有甲方的私钥才能解密该文档，因此文档仍是安全的，不会被他人破译。

最具代表性的非对称加密算法是 RSA 算法，其密码的长度可以不断加长。该算法是由美国麻省理工学院的 R.L. Rivest、A. Shamir 和 L.M. Adleman 三人合作于 1978 年研制成功的，分别取三名数学家姓氏的第一个字母构成。要破译 512 位密码的 RSA 需要 104 年，破译 1024 位密码需要 10^{11} 年，破译 2048 位密码则需要 10^{20} 年。而且，RSA 算法的密钥管理比较简单，n 个用户只需生成 n 对密钥。但是，由于 RSA 过分追求安全，使得加密算法非常复杂，如果加密信息量大的话，加密速度就会非常慢，大约比 DES 慢数千倍，令人难以忍受，并且密钥越长，运行的速度就越慢。因此，RSA 算法通常不适合于对文件加密，而只适用于对少量数据进行加密。此外，1985 年 Taher Elgamal 提出的 Elgamal 算法和 Neal Koblit、Victor Miller 提出的 ECC（Elliptic Curves Cryptography，椭圆曲线加密算法）也是比较常用的非对称加密算法。特别是 ECC，相比于 RSA，它可使用更小的密钥长度却能提供与 RSA 相当甚至更强的抗攻击性能，例如它的 160 位密钥所提供的抗攻击性与 1024 位密钥的 RSA 相当，224 位密钥提供的抗攻击性与 2048 位密钥的 RSA 相当。这对于非常重视数据传输安全的行业是十分重要的，如银行、证券业等。而且，ECC 总的运算速度比 RSA 快得多。ECC 的这些特点都使其必将取代 RSA，成为通用的非对称加密算法。

为了充分利用对称加密算法和非对称加密算法的优点，克服其缺点，人们又提出二者结合起来使用，即混合密码系统，也就是所谓的电子信封（Envelope）技术。这样就集成了二者的优点：一方面既实现了对称加密算法加密速度快的优点，克服了其安全性较差的缺陷；另一方面又实现了非对称加密算法密钥管理安全方便的优点，克服了其加密速度太慢的缺陷。

仍以上例来说明。甲方要通过电子邮件给乙方发送机密文档，此时甲方可以先生成一个临时密钥，用该密钥对文档加密，然后用乙方的公钥加密该临时密钥，再将经过加密的文档和临时密钥都发送给乙方。收到这两条信息后，乙方首先用自己的私钥对临时密钥进行解密，再用临时密钥来解密加密文档，从而恢复原始文档，如图 7-3 所示。

图 7-3　对称加密与非对称加密的结合

表 7-1 比较了几种常用算法的性能。

表 7-1　几种算法的性能对比

算　　法	类　　型	密钥长度 / 位	明文分组长度 / 位
DES	对称式	56	64
TDES	对称式	112、168	64
IDEA	对称式	128	64
AES	对称式	128、192、256	128
RSA	非对称式	依安全性而定，一般为 1024	1024
Elgamal	非对称式	依安全性而定，一般为 512 以上	512 以上
ECC	非对称式	依安全性而定，一般为 160	160

然而，密码学界有一个共识：加密技术本身都很优秀，但实现起来却往往很不理想。加密技术的多样化为人们提供了更多的选择余地，同时也产生了兼容性问题，即不同的商家可能会采用不同的标准。而且，加密算法历来是由掌握其核心技术的国家所控制的。例如美国国家安全局（NSA）只允许40位以下密钥的算法出口，其安全系数显然要差得多。

需要指出的是，世界上不存在永远不能破译的加密算法。例如，历史上曾经有三次影响较大的对DES的攻击实验：1997年，美国科罗拉多州的程序员Rocke Verser在全球数万名志愿者的协同工作下，历时96天，成功破解了56位密钥的DES；1998年，美国一个致力于保护公民隐私权的组织——电子边境基金会（Electronic Frontier Foundation，EFF）利用一台耗资25万美元专门制造的计算机，历时56h破解了56位密钥的DES；1999年，EFF只用22h15min就完成了同样的破解工作。在2004年国际密码学会议上，我国山东大学女教师王小云发表了破译MD4、MD5、HAVAL-128和RIPEMD算法的报告，意味着这些算法将被淘汰，令在场的国际顶尖密码学家为之震惊。随后，SHA-1算法也宣告被破解。

这说明，随着计算方法的改进、计算机运行速度的加快和网络的不断发展，越来越多的算法将会被破解，人们将不得不使用更长的密钥或更加先进的算法，才能保证数据的安全，因此，加密算法也需要不断发展和完善，提供更高的加密安全强度和运算速度。但实际上，只要破译时间超过了保密期，加密的目的也就达到了，也就是说，只要加密算法能在一定时期、一定条件下确保数据的安全，也就实现了其目的。

二、防火墙技术

所谓防火墙（Firewall），是一种将企业内部网（Intranet）和互联网（Internet）分开，以阻挡外部入侵的软件和硬件设备的组合。它既可以限制外部用户对内部网络的访问，也可以限制内部用户对一些非法或不健康网站的访问，而且可以对所有的访问进行跟踪和记录。不设置防火墙就相当于把门关紧了却不关窗户。目前，防火墙技术已成为保护网络安全的一种最为有效的工具之一，并已得到了广泛应用，其结构如图7-4所示。

（一）防火墙的设置策略

防火墙的设置通常按照两种策略来进行：

一是"凡是未被允许的就是禁止的"。在这种策略下，防火墙先是封锁所有通过的信息流，然后逐个审查要求通过的信息，符合条件的可以通过，不符合条件的则予以封锁。这种策略的出发点是安全性高于一切，而牺牲了网络的方便性、应用范围和效率，因为有许多安全的信息和用户往往也会被拒之门外。

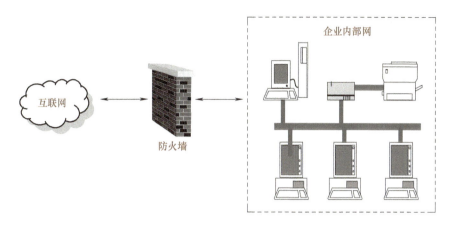

图7-4 防火墙结构示意图

二是"凡是未被禁止的就是允许的"。这种策略与前者刚好相反,防火墙先是转发所有的信息,起初防火墙几乎形同虚设,然后再逐项剔除有害信息,被禁止的内容越多,防火墙的作用就越大。这种策略的出发点是灵活性高于一切,但如果"漏网之鱼"太多的话,就会使安全风险增大。

(二)防火墙的类型

目前,防火墙系统的实现技术有很多,但主要可以分为两大类:包过滤(Packet Filter)型防火墙和代理服务(Proxy Service)型防火墙。

1. 包过滤型防火墙

这是一种最简单的防火墙。在互联网上,所有信息都是以数据包的形式传输的,数据包中包含发送方和接收方的IP地址。包过滤型防火墙将所有通过的数据包中发送方IP地址、接收方IP地址、端口号等信息读出,并按照预先设定的过滤原则对这些数据包进行校验和过滤,只有满足过滤条件的数据包才能通过并到达目的地,其余数据包则被丢弃,从而保证网络系统的安全。

包过滤型防火墙是一种通用、廉价和方便的安全手段。通用,是因为它不是针对各个网络服务分别采取不同的处理方式,而是适用于所有网络服务;廉价,是因为路由器价格比较便宜,大多数路由器都提供包过滤功能,而这类防火墙也大都集成在路由器中;方便,是因为它实施简单,便于维护,而且对用户透明,不需要密码即可登录。

2. 代理服务型防火墙

代理服务型防火墙采取的是一种代理机制,即由一个高层的应用网关作为代理服务器,接受外来的连接请求,进行安全检查后,再与内部网络应用服务器连接,使得外部服务用户可以在受控制的前提下使用内部网络的服务。也就是说，内外部网络之间的通信不是直接的，而是首先经过代理服务器的审核，通过后再由代理服务器代为连接，内、外部网络的计算机之间不能直接会话，从而避免了入侵者使用数据驱动类型的攻击方式入侵内部网。

代理服务型防火墙最突出的优点就是安全。由于它工作于最高层——应用层，因而可以对网络中任何一层数据通信进行筛选保护，而不是像包过滤型防火墙那样只对网络层和传输层的数据进行过滤。而且，它可以对所有通过防火墙的连接进行日志记录和审计，以便收集相关信息，检查安全漏洞。

3. 复合型防火墙

包过滤型防火墙虽有较好的透明性，但无法有效地区分同一 IP 地址的不同用户；代理服务型防火墙虽可以提供详细的日志及身份验证，但又缺少透明性。因此，在实际应用中，人们往往将这两种防火墙技术结合起来，以发挥二者的优势，克服各自的缺点，从而形成复合型防火墙。

三、病毒与黑客防范技术

如同治病不如防病一样，对病毒和黑客也应采取以预防为主的做法，这样就可以掌握工作的主动权，尽可能避免病毒和黑客入侵可能造成的重大损失。对于普通计算机用户来说，通常可以采取以下几种防范方法：

（一）安装防病毒软件

为防范病毒和恶意代码对计算机的侵犯，计算机用户务必安装防病毒软件，并注意及时更新病毒库、打开病毒实时监控。如果安装了防病毒软件，但却从不进行病毒库的升级，也从不进行病毒实时监控，就等于没装防病毒软件。

光盘和 U 盘等移动存储设备都要先进行查毒才可使用。对于硬盘来说，最好将硬盘分成多个逻辑盘，如 C、D、E、F 等。把 C 盘仅用于系统盘，最好是 FAT32 格式，这样有利于提高系统运行速度，而且即使 C 盘被破坏了，只要它是 FAT32 格式，通常用一般的杀毒软件就可以将 C 盘数据恢复 98% 左右。

对于电子邮件病毒和木马，其防范方法主要是：不要轻易打开陌生人来信中的附件，特别是含有".exe"".com"".bat"等可执行文件的附件；对附件中的文件一般不要打开，可以先保存在特定目录中，用杀毒软件检查确认无害后再打开；收到一些有趣的邮件时，也不要随意转发，因为如果其中包含病毒的话，就会帮助病毒传播；对于通过脚本传染的病毒，可以采用在浏览器中禁止 Java 或 Active X 运行的方法来阻止病毒的发作。

目前流行的几个国产防病毒软件几乎占据了 80% 以上的国内市场，其中瑞星、金山毒霸、腾讯电脑管家、360安全卫士等产品的影响力更大一些。国外防病毒软件产品有卡巴斯基、诺顿、AVAST、小红伞、迈克菲等。用户可以根据自身的需要选购适合自己的产品。没有购买和安装防病毒软件的用户还可以登录一些防病毒软件公司的网站，使用其提供的在线杀毒功能来清除病毒。

（二）定期下载并安装系统补丁

顾名思义，所谓系统补丁就是操作系统的不定期错误漏洞修复程序，有微软的，有Unix的，有Linux的，也有Solaris的。因为我们使用的操作系统中都会有一些不安全的漏洞，也正是这些不安全因素给病毒和恶意代码提供了入侵机会。而操作系统公司一旦发现有漏洞，会尽快发布补丁。据报道，一名因犯罪而被捕的黑客在接受媒体采访时就提到了网上银行用户必须注意的两点："一是经常给系统打补丁，微软的系统几乎每天都在出现漏洞；二是不要上非法网站，因为很多病毒都潜伏在那儿。"因此，为了防范病毒和恶意代码的攻击，用户应该定期到操作系统公司的官方网站上下载系统补丁并安装。

这里以微软的Windows系统为例，提供几种常用的系统补丁下载和更新方法：

方法一：启用"自动更新"功能。打开"控制与面板"，双击"自动更新"按钮，选择"自动"选项，此后在计算机右下角就会不定期出现系统补丁下载和安装提示，选择"下载"并安装即可。

方法二：到微软官方网站下载。如果记不住网站地址，可以通过浏览器下载。打开IE浏览器，然后打开"工具"菜单，选择"Windows Update（U）"，即可进入微软的Windows升级页面进行升级。

方法三：到专业网站下载。用户可以到一些专业网站下载补丁集合，如天空下载、非凡软件站、雨林木风网等。

方法四：借助专业软件修复。用户可以利用一些专业软件所提供的系统漏洞修复功能，对系统中出现的漏洞进行修复，如360安全卫士、金山毒霸、腾讯电脑管家等软件都具备漏洞修复功能。

方法一和方法二的优点是可以比较及时地更新，缺点是必须联网，如果刚刚重新安装系统，漏洞较多，尚不及修复时就联网，很容易感染病毒或遭到攻击，而且方法二比较麻烦，需要一个补丁一个补丁地查找、下载和安装，耗时耗力。方法三的优点是一次安装截止日期前的所有补丁，比较方便，缺点是这些补丁集合中往往不是最新的补丁。方法四的优点是一键修复，操作简便；缺点是需要经常运行这些修复软件进行检查和修复。

（三）加强网络管理

目前，网络发展势头迅猛，但我国很多信息系统用户的网络管理松懈、网络信息"不设防"，表现为网络管理意识淡薄、网络管理技术和能力落后，这就给病毒和黑客的入侵创造了便利。实际上，不仅我国如此，据报道，在网络及网络银行普及率比较高的韩国，网络防御意识也基本上处于空白状态，一半以上的个人用户都没有安装病毒防火墙，而且企业也非常缺乏防御意识。虽然现阶段尚无法根除黑客攻击现象，但通过加强网络管理，建立起可靠的"技术屏障"可以有效地降低被黑客攻击的风险。

1. 加强口令管理

检查所有用户口令，特别是系统管理员的超级权限口令，尽量做到使口令中同时含有数字、字母以及各种符号等的组合，口令不能显示在显示屏上，口令长度最少不小于 8 位，要经常更换，而且对不同的网站和程序，要使用不同口令和密码，还可为用户分配一次性口令。此外，用户口令最好经过加密，因为经过加密的口令，即使是系统管理员也难以得到。这些做法都会大大提高黑客破解口令的难度，促使其"知难而退"。

2. 加强网站管理

网站是黑客攻击的首要渠道，因而必须加强对网站的日常管理，尽可能避免让黑客找到可乘之机。为此，必须做到以下两点：一是对于特别重要的网站，要做到 24h 有网络管理员值班，并采取技术措施循环检查系统日志以及动态 IP 的变化；二是网站在无人值守时，要关闭一切连接在互联网上的供工作人员使用的计算机终端设备，因为绝大多数黑客攻击时往往都是从这些防范薄弱的计算机终端侵入，从中找到网站或系统的弱点，进而取得管理员或用户密码，并夺取网站管理的超级权限，借此转攻网站系统内的其他机器。

3. 加强网络权限控制

加强网络的权限控制是对付黑客的关键手段，也是保证网络安全最重要的核心策略之一。网络的权限控制是针对网络非法操作所提出的一种安全保护措施。不同的用户被赋予了不同的权限，这种权限决定着该用户可以访问哪些目录、子目录、文件和其他资源，并可以对这些文件、目录、设备和资源执行哪些操作。

对目录和文件的访问权限一般有八种：系统管理员权限（Supervisor）、读权限（Read）、写权限（Write）、创建权限（Create）、删除权限（Erase）、修改权限（Modify）、文件查找权限（File Scan）、存取控制权限（Access Control）。这八种权限的有效组合既可以保证用户有效地完成工作，同时又能有效地控制用户对服务器资源的访问，从而加强了网络和服务器的安全性。网络管理员的主要职责之一就是针对不同的用户和用户组，赋予其不同的权限，一旦发现某个用户出现越权行为或非法的网络访问，就要马上进行跟踪和分析，判断其意图，如果认定是黑客的攻击行为，就要迅速采取相应措施。

四、区块链技术

区块链是一种全新的互联网数据库技术，由多方共同维护，通过使用密码学保证传输和访问的安全性，能够实现数据一致存储、不可篡改的记账技术，又称分布式记账技术。典型的区块链以"区块＋链"结构存储数据。在竞争环境中，区块链作为一种低成本建立信任的新型计算机范式和协作模式，凭借其建立的独有信任机制，正在改变诸多行业的运行规则，可用于解决电子交易支付风险、信息追踪安全、保障电子合同安全等方面。

（一）区块链技术的特征

1. 基于分布式账本的结构：去中心化

区块链系统内部各节点通过网络关系形成非线性因果关系，这种具有开放、扁平化且平等的系统就称为去中心化，其价值在于：

（1）容错率较高。区块链中的数据存储采用点对点的组网模式，即每一个区块链节点，均可以平均分布在系统之中，且独立参与系统运作，即使某个节点出现问题导致数据损坏，也不会影响系统内部交易的安全性，确保了整体的运作效率。

（2）抗攻击能力强。去中心化系统由每一个相互独立的节点共同组成，区块链内部数据需要依靠点对点方式进行传输。点对点传输技术的优势在于所有记录都是按照交易的时间顺序进行的，且可以在多个节点进行存储和复制，参与者可以通过公钥和私钥查看账本上的交易记录，保证了系统的安全性并且可以提升运行效率、降低成本。同时，点对点组网方式也是区块链技术具有去中心化特征的主要原因。

2. 基于非对称加密算法的信息安全：不可篡改性

区块链系统主要使用非对称加密方法以满足系统的安全需要和权限验证需要，其加密和解密过程需要使用两个对称密码——公钥与私钥，二者必须同时存在。在区块链系统内使用公钥（私钥）加密时，必须使用相对应的私钥（公钥）解密。在区块链系统内的信息是以广播形式发出的，公钥对所有节点公开，私钥严格保密，发出的信息都用私钥加密，接收者若想获得数据具体信息，需使用与公钥一一对应的私钥进行解密，公／私钥保证了数据不可篡改和伪造，信息安全真实。

3. 基于时序数据的全流程追溯验证：可追溯性

区块链系统中的时间戳技术作为一项技术创新，对系统内的交易数据赋予时间维度。利用时间戳技术将区块链上的交易信息按时间先后顺序记录在区块链条上，并将每笔交易数据加盖时间戳，保证了信息的真实可靠和可验证性。因为时间戳是直接写在区块链中的，一旦交易数据发生篡改，生成的 Hash 值也会相应发生变化，变成一个无效数据，所以时间戳技术可确保区块链是一个可追溯和不可篡改的数据库系统。所有的交易者都是平等的记账者，没有中心机构控制交易数据，所有交易合约都会在满足事先规定的条件后自动触发。

4.基于共识机制的全流程数据防伪：分布式共识

分布式共识机制是指在点对点分布网络节点之间达成一致性的算法。区块链基于特定的共识算法来使分布式系统中各节点均可验证区块数据，从而解决节点之间的信任关系，这既提升了认证的准确性，也提升了数据的透明公开性，区块链上的交易记录和账务处理是记载于链条上的各个企业，交易信息储存在各个节点上的企业，这种分布模式有利于交易信息公开透明，减少信息不真实给企业带来的影响。

区块链并非一成不变，而是按照时间顺序增加的。共识算法就是让所有人认可新增加的区块，即在完全失去信任的环境中重新建立信任机制，以保证区块链系统正常运行。常见的共识算法包括授权股份证明机制、权益证明、工作量证明等。所有的区块记录都不能被篡改，参与者可以回溯任何一个区块之前的交易记录。假设 B 想和 A 进行交易，就可以通过回溯 A 的所有区块记录查看其是否有不良交易记录，由此判断是否与其合作。

5.基于自动执行的可编程合约：智能合约

传统合约会受到各种因素的影响，如执行时间、违约惩罚、适用范围、成本及各种主客观因素等。而智能合约则是通过编程手段将交易双方的承诺进行电子化设定，并设置触发条件，当预先设置的条件满足后，合约将自动触发，从而完成交易。智能合约的执行方式更加简便，它是通过程序语言来强制执行合约。因此，只要交易双方约定了一个智能合约，即使是系统的运营方也不能轻易改变它，从而解决了传统合约中的信任问题，大幅降低了信任成本。基于区块链技术的智能合约不仅成本效率更高，而且可以避免恶意行为对合约正常执行的干扰。将智能合约以数字化的形式写入区块链中，由区块链技术的特性保障存储、读取、执行整个过程透明、可被跟踪、不可篡改。同时，由区块链自带的共识算法构建出一套状态机系统，使智能合约能够高效地运行。

（二）区块链技术在跨境电子商务安全领域的应用

1.区块链技术在跨境电子商务支付中的应用

传统跨境支付体系是层级代理结构，因而支付成本较高，而区块链技术可以依靠点对点传输技术和分布式存储技术消除中间代理环节，使买卖双方直接交易，进而达到减少跨境支付成本的目的。

传统跨境支付的另一个问题是多币种交易。客户账面上的钱就是一串数字，转账也是数字上的加减，多币种支付就是汇率变化下的数字交易。如果能创造出一种全世界认可的数字货币，全世界多币种交易的问题就迎刃而解，这种数字货币必须有对等的实物支撑，这样才会被大家接受，不需要转换成其他币种。而区块链技术可以通过分布式共识算法和智能合约建立起适用于区块链系统内部交易的一种数字货币，以消除不同国家间交易的汇率问题，从而提升区块链系统的运作效率。

2.区块链技术在跨境电子商务物流中的应用

当前我国跨境电子商务物流还存在着配送速度慢、物流成本高、物品限制多、突发因素多、物品易丢失以及无法对跨境物流进行全程追踪等问题。跨境物流系统是一个由多方主体组合成的综合体，包含商家、海关检验检疫机构、国内第三方物流、国外第三方物流、商家等众多利益主体，这正好适合区块链技术多环节参与的特点。区块链技术如果能全程记录下交易信息，那么跨境物流的全程跟踪就能实现，物流信息就能对称起来。区块链技术在跨境电子商务物流领域的应用主要有以下几个方面：

（1）区块链技术能够解决跨境物流溯源问题和追责难问题。区块链技术具有不可篡改、可追溯、真实有效等特征，还可以提供访问权限给区块链中的各个交易主体，能够完全应用到跨境物流物品的跟踪上，使跨境物品物流信息能够及时查询，进而使得区块链中各个交易主体明确自己的责任所在，也使得每个参与主体所负责任得到有效的认定。

（2）区块链技术能够提升清关效率，最大限度地减少手动验证。区块链技术使得跨境物流较容易进行预先处理，必需的数据能够记录在分布式账本上进行实时共享。海关有关手续可以通过系统提交审核，海关文件按照智能合约里面预先设定的标准进行分析，并及时给出评估结果，凡是符合标准的物品就会自动标识好。

（3）区块链技术能提高跨境物流的效率和数据的准确率。依据相关法律法规，编写物流相关的智能合约，自动扣除关税。在跨境物流中的任何信息只要被写进区块链并加上时间戳，所有数据都不会被修改。这是因为数据是存储在每个主体中的，只对一个环节上的数据进行修改是没有任何影响的。

3.区块链技术在跨境电子商务产品质量管理中的应用

《2017年度中国跨境电商消费问题研究报告》显示，2017年跨境电子商务在售产品监督抽查结果不合格率达55.9%，产品涉及服装、食品、美妆、母婴用品及玩具等，跨境电商投诉总量中消费者投诉占比12.98%，同比增长1.37%，投诉较集中的问题是售假。而根据海关总署的抽查，2020年1~5月部分进出口儿童用品质量安全不合格，包括服装、玩具等6类41批次进口儿童用品，涉及乐高、ZARA、H&M、巧虎等品牌，均依照法律法规采取退运等处置措施。这说明产品质量问题已成为跨境电子商务发展的重要障碍。

区块链技术在产品质量控制方面的应用主要体现在溯源功能和信息的实时性上。由于源头信息的真实性可以起到产品有错可查、有错必究、预防为主、纠错为辅等作用。因此，越接近源头越要有详细的交易记录，避免问题逐步积累，从而造成退货、差评等问题。鉴于此，区块链技术可以建立一个基于时间戳技术的用于查询的数据库，保证货物各个环节信息来源的真实性。例如，通过区块链技术与物联网的结合应用，可把出口产品的生产企业、运输企业、海关过关等基本信息资料输入数据库，包括产品原材料渠道、生产日期、运输条件、通关口岸、通关时间、产品货物质量的抽检结果等。

与此同时，基于区块链技术的数据库还可以根据产品信息块、电商平台、运输企业和生产企业等节点信息追溯到跨境电子商务产品交易过程中的相关信息。数据库的建立也有利于市场监督部门解决出口产品信息的追溯问题。在基础数据库建立起来之后，就可以在数据库里对跨境电子商务产品的信息进行溯源，可以对产品货物的来源、检验检疫信息、海关通关情况进行有效查询。基础数据库的建立不仅提供了全方位的信息服务，而且构建起了一个相对完整的跨境电子商务产品追溯网络，避免了大量数据的收集工作，减轻了跨境电子商务经营成本，提高了产品溯源效率和质量，对于提升消费者的消费体验水平也有很大促进作用。

4. 区块链技术在跨境电子商务信用管理方面的应用

从某种意义上说，跨境电子商务本质上就是信用经济，一个成熟的信用体系是跨境电子商务发展的重要保证。因为在跨境电子商务活动中所构成的供应链是一个动态的电子化供应链体系，很多情况下交易双方从头至尾都不见面，这种供应链体系与传统的供应链体系相比很脆弱，随时可能因为某种原因而解体，因而信用风险和交易风险比传统交易要大得多，而某一成员的失信行为则是其中的主要原因，如拖欠货款、延期交货甚至恶意欺诈等。此外，目前国内外尚未建立相对完整的跨境电子商务信用法律体系，使得跨境电子商务交易的失信成本较低，制约了跨境电子商务的进一步发展。

而区块链技术的出现有助于解决失信问题。首先，可以建立基于区块链的信用评价数据库，该数据库是一个开放共享、不可篡改、可追溯的系统。然后，跨境电子商务平台可在该数据库的基础上建立跨境征信平台，通过分布式共识机制来识别交易各方的信用信息。其次，政府也要建立和完善参与跨境电子商务的企业和消费者的信用评价与监管机制，建立诚信档案，促进和扶持第三方信用评估业发展，对于失信行为进行及时处理，提高失信行为的成本，从根本上加大交易主体的失信风险，使其不敢也不能失信。

第三节 跨境电子商务的安全机制

一、数据安全管理机制

信息数据是开展跨境电子商务活动的基础,保护信息数据安全就是保护跨境电子商务的顺利进行。信息数据的安全管理包括两个方面:一是信息数据的使用范围安全管理;二是信息数据的备份管理。

(一)使用范围安全管理

严格管理信息数据的使用范围与使用方式,就是对信息数据进行严格的保密级别划分,同时严格规定了每一级别数据的使用方式。一般说来,保密级别可做如下划分:

1. 绝密级

例如公司的发明专利、发展规划、进/出货价格、成本价格、经营状况报告等,这类信息属于企业的最高商业机密,只有公司高层管理人员或核心技术人员可以掌握,不仅不能私自复印或携带出去,更是绝对不能在互联网上公布。

2. 机密级

例如公司的内部文件、日常管理情况、会议记录等,这类信息通常只有公司的中层管理人员和相关人员可以接触,一般也不允许携带出公司,当然也不能在互联网上公布。

3. 秘密级

例如新产品研发情况、供应商情况、生产计划、采购计划等,这类信息可以在互联网上发布,但必须有访问权限的限制,通常只有相关的供应商及合作伙伴可以访问,不允许无关人员随意浏览。

4. 普通级

例如公司简介、组织结构、业务概况、主要产品、企业精神等,这类信息可以放在互联网上供人们随意浏览。

对于不同密级的信息,企业必须严加管理,将不同密级的信息保存在不同位置或不同的存储介质上,禁止使用涉密计算机上网或在非涉密计算机上处理涉密信息,禁止将涉密存储介质接入或安装在非涉密计算机上,真正实现信息安全的"五不"原则,即"进不来、拿不走、读不懂、改不了、走不掉"。"进不来",是指无关人员无法接触涉密信息;"拿不走"是指内部涉密信息拿出去也不能用;"读不懂"是指只有授权的人才能解密阅读,任何未经授权的人都打不开；"改不了"是指信息篡改不了；"走不掉"是指系统具有事后审计功能，对可疑行为和事件可以跟踪审计。

（二）备份管理

所谓数据备份就是针对数据进行的备份，或者将所要存储的数据直接复制到光盘、U盘、移动硬盘等移动存储设备中，或者利用Ghost等备份软件将数据转换为镜像再复制到移动存储设备中。

在系统管理中有一句名言："硬件有价，数据无价"。硬件的损坏是可以修复或者更换的，通常不会造成太大损失，但重要数据的丢失却会带来重大而无法弥补的损失。因此，重要信息和数据的备份非常重要，如同给数据买保险，一定要定期进行备份，并将备份所用的存储设备单独放置，而不是连接在互联网上。这样即使遭到病毒或黑客袭击也不怕，不会导致重要文件丢失，这是遭到恶意攻击后最好的解救方法。另外，要特别注意的是应该把重要文件备份到移动硬盘或刻录到光盘中，切忌将备份文件直接保存在计算机中，因为这样一旦感染病毒，备份文件也将不保。此外，在计算机安装时就应对硬盘进行分区，C盘专门用来安装系统程序，用户的文件夹和文件则放在D盘、E盘或F盘等。

数据备份通常有以下几种类型：

1. 完全备份

完全备份（Full Backup）就是备份所有文件，而不管其是否发生过变化。这种方法比较安全，但却非常费时，而且会占据许多备份空间。如果某日只有少量数据发生了变化，但却仍要花费很长时间对所有数据重新进行备份。

2. 增量备份

增量备份（Incremental Backups）就是只备份在上一次备份后增加或改动的部分数据。增量备份可分为多级，每一次增量都源自上一次备份后的改动部分。

3. 差异备份

差异备份（Differential Backup）就是只备份在上一次完全备份后有变化的部分数据。差异备份与增量备份的差别在于：前者考虑的是自完全备份以来哪些文件改变了，而后者考虑的则是自上次增量备份以来哪些文件改变了。例如，如果星期一进行了完全备份，那么到星期二，差异备份与增量备份方法都备份24h内改变了的文件；到星期三，前者备份72h内改变了的文件，而后者则只备份24h内，即上次增量备份以来改变了的文件。如果只存在两次备份，则二者是完全一样的。

用户可以组合使用不同的备份方法，例如，完全备份和差异备份相结合，即星期一进行完全备份，星期二至星期四进行差异备份，如果到星期五数据丢失了，只需要还原星期一的完全备份和星期四的差异备份；又如，完全备份和增量备份相结合，即星期一进行完全备份，星期二至星期四进行增量备份，如果到星期五数据丢失了，则需要还原星期一的完全备份和星期二至星期四的所有增量备份。

二、网络安全机制

网络安全机制可以说是在一定条件下的成本和效益的平衡。虽然网络的具体应用环境不同，但在制定安全机制时可以遵循一些基本的原则。

（一）适应性原则

安全机制是在一定条件下采取的安全措施，因此，制定的安全机制必须是和网络的实际应用环境相结合的。通常，在一种情况下实施的安全机制到另一种环境下就未必适用。例如，校园网通常是允许匿名登录的，而在企业网络的安全机制下就不允许匿名登录。

（二）系统性原则

网络的安全管理是一个系统化的工作，必须考虑到整个网络的方方面面。也就是在制定安全机制时，应全面考虑网络上的各类用户、所使用的各种设备以及可能出现的各种情况，因此，必须有计划、有准备地采取相应的策略。任何一点疏漏都可能会造成整个网络安全性的降低。

（三）动态性原则

安全机制是在一定时期内所采取的安全措施。但由于用户是在不断增加的，网络规模是在不断扩大的，网络技术本身的发展变化也很快，而安全措施是防范性的、持续不断的，所以制定的安全机制也必须能够不断适应网络发展和环境的变化。

（四）简单性原则

网络用户越多，网络管理人员越多，网络拓扑就越复杂。采用网络设备种类和软件种类越多，网络提供的服务和捆绑的协议越多，出现安全漏洞的可能性就越大，出现安全问题后找出问题原因和责任者的难度也就越大。因此，安全的网络应该是相对比较简单的网络。例如，互联网可以说就是最不安全的网络。

三、人员管理机制

任何商务活动实际上都是人的活动，跨境电子商务活动也不例外，因此，对跨境电子商务从业人员的要求与管理就显得尤其重要。特别是跨境电子商务在技术上的高度复杂性、信息上的高度集成性以及从业人员的高度流动性，使得对电子商务从业人员的管理有着更高的要求。

（一）高素质原则

从事跨境电子商务的人员，一方面必须具备传统经营管理和市场营销的知识与技能，另一方面还必须具有相应的计算机网络知识和操作技能。因此，企业在引进人才时要严格把关，同时还要加强对现有从业人员的培训。将责任心强、讲原则、守纪律、了解市场、懂营销、具有基本网络知识的人员选派到这个岗位上。

（二）责任制原则

不仅要求网络营销人员完成规定的营销任务，同时要求他们严格遵守企业的网络营销安全制度。特别是在IT业人员流动率较高的情况下，更要明确网络营销人员的责任，对违反网络交易安全规定的行为应坚决制止，对有关人员要进行及时的处理。

（三）最小权限原则

明确规定只有系统管理员才能进行物理访问和软件安装工作，而其他人员都只能在系统管理员所授予的权限下进行工作。同时，系统管理员要根据企业内部人员的岗位变动情况及时调整其所拥有的权限，做到"在岗有权、离岗失权"。此外，在信息系统部门工作的人员不得随意打听、了解或参与职责以外的任何与安全管理和系统管理有关的事情，除非上级批准。

（四）多人负责原则

每一项涉及系统和网络安全的活动或业务，都必须有两人或多人在场，以相互制约。这些人应是主管上级指派的，确信他们忠诚可靠，能够胜任此项工作，同时还应做好工作记录以备查询。

（五）任期有限原则

任何人都不得长期担任与安全有关的职务，以免使其产生该职务是专有或永久性的错误认识。为此，相关人员应不定期地循环任职，并进行轮流培训，以使该制度切实可行。

四、跟踪审计机制

跟踪审计是对系统软硬件的运行状况进行实时和跟踪记录，以便在发生特殊情况时能够随时查询，并通过对记录的分析，对系统运行情况进行评估，以防范可能发生的风险或者找出攻击的来源和途径。

跟踪制度要求企业建立网络交易系统日志机制，用来记录系统运行的全过程。系统日志文件是自动生成的，内容包括操作日期、操作方式、登录次数、运行时间、交易内容等。它对于系统的运行监督、维护分析、故障恢复，都可以起到非常重要的作用。

审计制度包括经常对系统日志进行检查、审核，及时发现故意入侵系统行为的记录和违反系统安全功能的记录，监控和捕捉各种安全事件，保存、维护和管理系统日志。

五、应急机制

即便采取了以上种种严格的管理制度，百分之百的安全也是不可能实现的，企业信息系统随时可能因为某种意外因素而发生灾难，这种灾难本身具有不可预测的特点，并可能造成极大的损失。统计数字表明，美国在2000年以前10年间发生过灾难的公司中，有55%当时就倒闭了，在剩下的45%中，有29%在两年之内倒闭，生存下来的仅占16%。美国著名的市场调查公司高德纳（Gartner）的数据也表明，在经历大型灾难而导致系统停运的公司中有2/5再也没有恢复运营，剩下的公司中也有1/3在两年内破产。

因此，企业还必须采取相应的应急措施，以便在信息系统发生故障或紧急事件时，利用应急计划辅助软件和应急设施，排除灾难和故障，保障信息系统继续运行或紧急恢复。应急恢复包括许多工作，一方面是硬件的恢复，使计算机系统重新运转起来；另一方面是数据的恢复。一般说来，数据的恢复更为重要，也更为困难。

（一）磁盘阵列技术

磁盘阵列技术也称为瞬时复制技术。所谓磁盘阵列是由多台磁盘存储器组成的一个快速、大容量、高可靠的外存子系统，现在常见的称为廉价冗余磁盘阵列（Redundant Arrays of Inexpensive Disks，RAID），还有RAID6、RAID7、RAID10等，它们都是对前者的改进。RAID技术一般是在数据写入时，自动将用于恢复的数据拷贝在冗余硬盘上，这样在某一硬盘发生故障时，就可以利用这些数据自动恢复失去的信息。这种技术的优点是可靠性高、能实现数据同步、可靠性好、速度快，而且存储容量大。但其缺陷也很明显，即一旦发生天灾人祸导致设备损坏或丢失，极有可能导致所有数据全部丢失或损坏。

（二）远程磁盘镜像技术

远程磁盘镜像技术（Remote Disk Mirroring）是在远程备份中心提供主数据中心的磁盘镜像。它利用物理位置上分离的存储设备所具备的远程数据连接功能，在远程的磁带库或光盘库中保存一套数据镜像，一旦灾难发生时，分布在异地存储器上的数据备份并不会受到波及。系统管理员仅仅需要确定哪些磁盘需要备份到远程备份中心，存储在这些磁盘上的数据会被自动备份到远程备份中心，这对应用系统的安全是非常有利的。这种技术的最主要的优点是将因灾难引发的数据损耗风险降到最低甚至为零，当主站点出现故障时，用户的应用程序切换到备份的替代站点后，被镜像的远程副本可以保证业务继续执行而不会发生数据的丢失。而且，一旦发生灾难，恢复进程所耗费的时间比较短。

（三）数据库恢复技术

数据库恢复技术是指产生和维护一份或多份数据库数据的复制，从而为用户提供了更大的灵活性。数据库管理员可以准确地选择哪些数据可以被复制到哪些地方。对于那些在日常应用中使用大量联机数据的用户，可以选择少量最为关键的数据复制到远程，用来减少对远程接待存储系统的占用和对网络带宽的影响。大多数的复制服务器比磁盘镜像更加灵活，支持对数据的多个复制，传送到不同的地点，同时可选择哪些数据可以被复制到哪些地方。

第四节　跨境电子商务的认证技术

加密技术和防火墙技术只是解决了数据的加密和网络的安全问题，但仍未解决交易的真实性、完整性和不可否认性等问题，我们还必须认证信息的发送者是真正的而非冒充的，而且信息在传送过程中没有被篡改、泄露或窃取。本节介绍有关认证的实用技术。

一、数字签名

加密技术虽然可以保证在互联网上传递信息的保密和安全，但仍不能防止交易的一方否认、篡改或假冒信息的内容，如合同、票据、书信等重要文件。在传统商务活动中，是通过在商业文件或书信上亲笔签名或盖章的方式进行确认。而在跨境电子商务活动中，则是通过数字签名来起到电子文件认证、核准和生效的作用，证明该电子文件是由签名者发出的，自发出至收到没有做过任何修改，签名者无法否认自己的签名，其他人也不能伪造签名。

数字签名（Digital Signature），也称为电子签名，是非对称加密技术的典型应用。

ISO 7498-2标准对数字签名的定义为："附加在数据单元上的一些数据，或是对数据单元所做的密码变换，这种数据和变换允许数据单元的接收者用以确认数据单元来源和数据单元的完整性，并保护数据，防止被人（例如接收者）进行伪造。"

美国电子签名标准（Digital Signature Standard，DSS）对数字签名的定义为："利用一套规则和一个参数对数据计算所得的结果，用此结果能够确认签名者的身份和数据的完整性。"

我国《电子签名法》对数字签名的定义为："电子签名是指数据电文中以电子形式所含、所附、用于识别签名人身份并表明签名人认可其中内容的数据。"同时还规定一个可靠的电子签名必须符合四个条件：一是电子签名制作数据用于电子签名时，属于电子签名人专有；二是签署时电子签名制作数据仅由电子签名人控制；三是签署后对电子签名的任何改动能够被发现；四是签署后对数据电文内容和形式的任何改动能够被发现。

数字签名是相对于手书签名而言的，类似于手书签名，但数字签名和手书签名也存在不同之处：手书签名是模拟的，因人而异，并且无论用哪种文字签名，都可以模仿；而数字签名是一串由 0 或 1 组成的字符串，因消息而异，不可模仿。同时，数字签名还应满足以下要求：一是接收方能够确认或证实发送方的签字，但不能伪造该签字；二是发送方把经过签字的消息发送给接收方后，就不能否认他所签发的消息；三是一旦收发双方就消息内容和来源发生争执时，应能给仲裁者提供发送方对所发消息已经签字的证据。因此，数字签名技术是在网络虚拟环境中确认身份的重要技术，完全可以代替现实过程中的"亲笔签字"，在技术和法律上具有充分的保证。

数字签名的工作原理如图 7-5 所示。

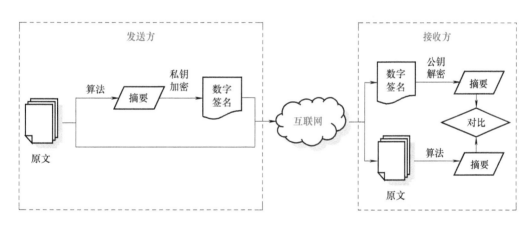

图 7-5　数字签名的工作原理

主要步骤如下：

1）发送方利用数字签名算法从信息原文中生成一串 0、1 字符（通常是 128 位），即所谓信息摘要（Message Digest），不同的信息生成的信息摘要是不同的。

2）发送方用私钥对这个字符串加密后，形成数字签名。

3）发送方将原文和数字签名同时发送给接收方。

4）接收方用公钥对收到的数字签名进行解密。

5）接收方用数字签名算法对收到的原文再次生成信息摘要。

6）接收方将解密后的数字签名与重新生成的信息摘要进行比较，如两者一致则说明传送过程中信息没有被破坏或修改，否则就说明信息曾被修改或者不是发送方发送的。

其中，第 1～3 步是数字签名的制作过程，第 4～6 步是数字签名的核实过程。由此我们发现，数字签名不仅与签名者的私钥有关，而且与报文信息的内容有关，因而不能将签名者对一份报文的签名复制到另一份报文上，同时也能防止篡改报文的内容。因此，数字签名可以证实信息发送方身份的真实性和唯一性，以及所发送信息的真实性和完整性。

应用比较广泛的数字签名算法主要有 Hash 函数、DSS 和 RSA。这三种算法可单独使用，也可结合在一起使用。

Hash 函数是最主要的数字签名算法，应用非常广泛，也称为杂凑函数（Hash Function）、数字摘要法（Digital Digest）或数字指纹法（Digital Finger Print）。它是由 RSA 算法的第一发明者——美国麻省理工学院的 R.L. Rivest 教授设计的。在该算法中，原始信息即使只更改一个字母，对应的压缩信息也会变为截然不同的"指纹"，这就保证了信息的唯一性。目前常用的 Hash 函数算法有 MD5、SHA-1 等。很多网上支付系统都使用 Hash 签名，如 DEC 公司的 Millicent 系统和 Cyber Cash 公司的 Cyber Coin 系统等。

DSS 是由美国国家标准与技术学会（NIST）和国家安全局共同开发的，它采用的算法是 DSA（Digital Signature Algorithm），而 DSA 算法是 Elgamal 算法的改进，该算法只能用于数字签名而不能用于加密。NIST 在发布 DSS 时就明确提出："此标准适用于联邦政府的所有部门，以保护未加保密的信息……它同样适用于电子邮件、电子金融信息传输、电子数据交换、软件发布、数据存储及其他需要数据完整性和原始真实性的应用。"但由于它是由美国政府颁布实施的，因而主要是那些与美国政府有商业往来的公司使用，其他公司较少使用。

RSA 算法不仅可用于信息加密，还可用于数字签名，其理论基础是大数分解和素数检测原理。用 RSA 加密和用 RSA 签名的相同之处在于二者都使用一对密钥，即公钥和私钥；不同之处在于前者是用公钥加密，用私钥解密，而后者是用私钥签名，用公钥验证。由于 RSA 数字签名算法存在着因计算方法本身同构从而签名易被伪造以及计算时间长的弱点，因此人们往往先对文件进行 MD5 变换然后再签名。

此外，还有其他一些比较常用的数字签名技术，如盲签名（Blind Signature）、公平盲签名（Fair Blind Signature）、群盲签名（Group Blind Signature）、多重签名（Multi-Signature）、代理签名（Proxy Signature）等，有兴趣的读者可查阅相关书籍。

需要指出的是，MD5 曾一度被认为是非常安全的 Hash 函数算法，但在 2004 年，时任山东大学教师的王小云女士却成功破解了 MD5，发现两个不同的文件可以产生相同的"指纹"。也就是说，当用户在网络上使用数字签名签署一份电子合同后，还可能找到另外一份具有相同签名但内容迥异的电子合同，这样两份合同的真伪性便无从辨别。就连 MD5 的设计者 Rivest 教授也不得不向王小云承认："我不愿意看到 MD5 倒下，但是人们必须推崇真理。"这就意味着，人们必须不断更新数字签名算法,否则就将威胁信息系统的安全。

二、数字时间戳

在跨境电子商务交易中,文件签署的时间和签名一样,也是十分重要的信息,是证明跨境电子商务文件有效性、防止伪造和篡改的关键性要素,可以帮助跨境电子商务交易各方解决一系列潜在的法律问题和实际问题。

数字时间戳(Digital Time-Stamp,DTS)就是在电子文档上加盖一个时间标记,以证明某个交易或文档在某个特定时间确实存在,并可确定多个文档在时间上的逻辑关系。由于用户计算机所提供的时间并不一定准确,而且很容易被篡改,由该时间所产生的时间标记很可能不会被其他交易方接受,因此需要由一个权威的专门机构来提供可信赖的且不可抵赖的时间戳服务,而这类机构通常都是通过全球卫星定位系统卫星天线所接收的同步卫星原子钟的精确时间信号来确定时间的。

实际上,数字时间戳就是一个经加密后形成的凭证文档,主要包括三个部分:一是需要加盖时间戳的文件的摘要;二是DTS机构收到文件的日期与时间;三是DTS机构的数字签名。书面签署文件的时间是由签署人自己填写的,而数字时间戳则是由DTS机构来添加的,以DTS机构收到文件的时间为依据。其工作原理如图7-6所示。

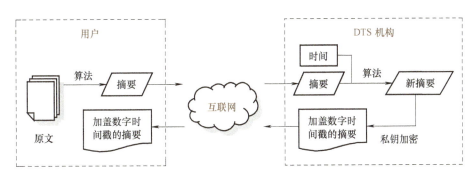

图7-6 数字时间戳的工作原理

主要步骤如下:

1)用户首先将需要加盖时间戳的文件用Hash函数等算法形成摘要。

2)用户将该摘要发送给DTS机构。

3)DTS机构在文件摘要中加入收到该摘要的日期和时间信息。

4)DTS机构用Hash函数等算法从已加入时间信息的摘要中形成新摘要。

5)DTS机构用自己的私钥对新摘要加密,生成加盖数字时间戳的摘要,然后将其发送给用户。

6)用户在收到加盖数字时间戳的摘要后,就可将其发送给合作伙伴,以证明该文件产生时间的有效性。

由此可见，数字时间戳技术是数字签名技术的一种变相应用，加盖时间戳实际上就是将一个可信赖的日期和时间与数据绑定在一起的过程。

数字时间戳的特点表现在三个方面：一是数据文件加盖的时间戳与存储数据的物理媒体无关；二是对已加盖时间戳的文件不能做丝毫改动；三是要想对某个文件加盖与当前日期和时间不同的时间戳是不可能的。

DTS 的使用对保证信息的时效性非常重要，例如对于商业情报信息、专利发明等对时间非常敏感的信息，通过申请数字时间戳，可以证明你在某一时刻拥有这一信息的可信性。而且，DTS 还可以保证操作的时效性，例如对于网上竞标、竞拍等对时间敏感的活动，通过申请数字时间戳，可以证明你在某一时刻确已完成了这项活动。此外，DTS 对信息的安全性也没有任何影响，因为用户发送给 DTS 机构的信息摘要并不显示任何有关文档内容的信息，因此即使 DTS 机构也无从知晓文档的具体内容。

2007 年，深圳市版权协会与中国科学院国家授时中心、北京联合信任时间戳服务中心合作，在全国率先推出了数字作品自助保护系统，为网络作者提供数字化签名及电子数字认证服务，帮助其解决"作品真实署名""作品完整性""创作时间"等容易引起争议的问题。该系统可对各种数字化作品进行著作权统计、认证。任何网络作者只要通过该系统进行数字作品的权利人身份、作品描述等各项登记认证，就能获得一个权威可信的"时间戳"来确认作品的权属，从而为今后可能出现的版权交易、维权等活动提供最有效的数字证书。"时间戳"文件中的时间来源于国家授时中心，是不可篡改的。进行版权登记时，权利人只需提交可信的数字时间戳及原作品，版权管理部门进行时间戳验证后就可便捷地备案登记。该系统不仅可用于平面作品和影音方面的流媒体作品，还可用于企业不愿公开的工程投标图纸、商业秘密的证据保护。

此外，数字时间戳技术还可作为科学家科学发明的时间认证。例如，如果一名科学家在某一天突然产生了一个卓越的科学构想，但因为种种原因一时无暇将其整理成文并公开发表，就可以使用 Word 等文字处理软件先把它记录下来，然后通过 DTS 机构对该文档加盖数字时间戳。以后即使其他学者抢先在学术刊物上公开发表了这个构想，数字时间戳也能证明该科学家拥有该构想的发明权。

三、数字证书与认证中心

跨境电子商务交易双方在进行交易之前，都要鉴别对方身份的真实性。虽然可以用数字签名技术签发交易文件，但数字签名是基于非对称加密技术的，存在一个明显的问题，即如何保证公钥的持有者是真实的？例如，甲方收到了乙方带有数字签名的一份文件，用属于乙方的公钥解密，但甲方必须首先确定公钥的确是属于乙方的，而不是其他人冒充乙方。因此，需要一个双方都信任的第三方来证明公钥的确属于乙方。这种第三方机构就是认证机构，它可以通过数字证书来证实交易双方的身份。

（一）数字证书

1. 数字证书的概念

数字证书（Digital Certificate，DC）也称数字凭证，是用电子手段来证实用户的身份和对网络资源的访问权限，其作用类似于现实生活中的身份证和护照。

我国《电子签名法》中规定，电子签名认证证书是指"可证实电子签名人与电子签名制作数据有联系的数据电文或者其他电子记录"。

数字证书采用基于公共密钥基础设施（Public Key Infrastructure，PKI）思想的非对称加密体制，即利用一对互相匹配的公钥和私钥进行加密和解密。每个用户拥有一把仅为本人所掌握的私钥，用来进行解密和签名；同时拥有一把公钥，并可对外公开，用于加密和验证签名。当发送方发送一份文件时，使用接收方的公钥对数据加密，而接收方则使用自己的私钥解密，这样，信息就可以安全无误地送达目的地，即使被第三方截获，由于没有相应的私钥，也无法进行解密。整个加密过程是一个不可逆过程，即只有用私钥才能解密。

2. 数字证书的内容

数字证书的内容和格式一般采用 X.509 国际标准。该标准是由国际电信联盟（ITU）制定的。为提供公用网络用户目录服务，ITU 在 1988 年发布了 ITU-T X.500 系列标准，已成为 ISO 所接受的目录服务系统标准。X.500 标准的作用是唯一标识一个实体（机构、组织、个人或一台服务器），以及如何在全球范围内共享其名字和与之相关的对象。在 X.500 确保用户名称唯一性的基础上，X.509 为 X.500 用户名称提供了通信实体的鉴别机制，X.509 称之为证书，并规定了相应的证书语法和数据接口。

X.509 最初版本颁布于 1988 年，1993 年颁布的第 2 版在灵活性方面进行了一些改进，增加了两个可选字段，但这两个字段并未发挥太多的作用，于是在 1997 年又颁布了第 3 版。X.509 V3 弥补了前两版的不足，增加了扩展信息字段，在扩展支持方面做了较大改进和提高，以提供更多的灵活性及特殊应用环境下所需的信息传送。一个标准的 X.509 数字证书所包含的内容如图 7-7 所示。

只有下列条件全部符合时，数字证书才是有效的：

（1）证书只有一个序列号。每个证书都只有一个唯一的证书序列号。

（2）证书没有过期。所有的证书都有一个有效期，只有在有效期限以内证书才有效。证书的有效期一般都采用统一的通用协调时间（Universal Time Coordinated，UTC），计时范围为1950~2049。

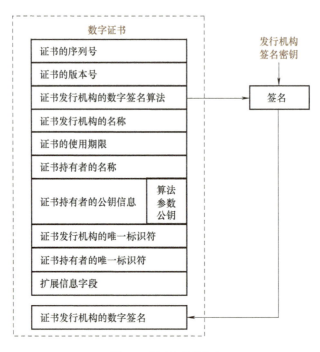

图 7-7　数字证书的格式

（3）密钥没有修改。如果密钥被修改，就不应该再使用。密钥对应的证书就应当收回。

（4）命名格式必须符合规范。证书持有人名称和发行机构名称的命名格式通常遵循 X.500 或 X.501 规范。

（5）认证中心的签名必须是可验证的。任何用户在收到证书后都能使用签名算法来验证证书是否是由该认证中心的签名密钥签发的。

在 IE 浏览器中就可以查看数字证书的内容，方法是：打开 IE 浏览器，点击菜单中的"工具"，依次选择"Internet 选项""内容""证书"，然后选择一种证书类别，再从证书列表中选择一个证书，点击"查看"，即可查阅该证书的目的、发行者、持有者、有效期等信息。

3. 数字证书的类型

数字证书主要有以下几种类型：

（1）个人证书。个人证书包含个人身份信息和个人的公钥，用户可以此向对方表明个人身份，同时应用系统也可以通过证书获得用户的其他信息，以便能够在网上进行安全电子交易，可应用于文档签名、网上消费、网上炒股等领域。个人证书通常安装在浏览器内，当前主流的浏览器产品（如 IE 等）和电子邮件客户端软件（如 Microsoft Outlook 等）都支持这种功能。

（2）单位证书。单位证书颁发给独立的单位或组织，包含单位信息和单位的公钥，在互联网上证明该单位或组织的身份，可应用于文档签名、网上工商、网上招投标、网上签约、公文传送、网上缴费、网上缴税、网上订货和网上报关等领域。单位证书根据各个单位的不同需要，可以分为单位证书和单位员工证书。单位证书对外代表整个单位，单位员工证书对外代表单位中具体的某一位员工。

（3）设备证书。设备证书颁发给企业或组织所拥有的 Web 服务器，以证明服务器的身份信息，其中包含了服务器和服务器所属单位的信息以及服务器的公钥，可以使用户认证服务器的合法性，并创建客户端和服务器之间的安全连接，可应用于实现安全站点、配合客户端证书实现安全购物站点、电子业务综合服务平台、公文报送系统等领域。服务器证书可以和网站的 IP 地址、域名绑定，并支持目前主流的 Web 服务器，包括 IIS、Apache、Lotus Domino、iPlant 等。

（4）代码签名证书。代码签名证书主要颁发给软件开发商，代表软件开发商的身份，用于对其开发的软件代码进行数字签名，证明软件代码的来源、完整性等信息。代码签名证书一方面可以有效防止软件代码被篡改，保护软件开发商的版权利益；另一方面让用户知道该软件代码是安全的，没有被篡改过，可以放心地下载和使用，免遭病毒与黑客程序的侵扰。

（5）安全电子邮件证书。结合使用数字证书和安全多媒体互联网邮件扩展（S/MIME）技术，对电子邮件及附件做加密和数字签名处理，以确保电子邮件内容的安全性、机密性、发件人身份的确认性和不可抵赖性。

（6）VPN 证书。VPN 证书用于 VPN（Virtual Private Net，虚拟专用网），解决了远程接入、分支机构和广域网的连接等应用对身份认证、信息完整性、私密性的安全需求。通过配置 VPN，企业的远端用户、分支机构、合作伙伴以及用户就可以通过互联网透明、安全地连接到公司网络。

不同认证中心颁发的数字证书略有不同，基本上包含以上类型。但目前数字证书在公众中的普及性较差，原因之一就是通用性较差，例如不同的银行往往要求客户安装不同的数字证书，从而给客户带来了困扰。

（二）认证中心

数字证书的发放不是依靠交易双方自己能完成的，还需要有一个具有权威性和公正性的第三方来完成。

认证中心（Certificate Authority，CA）是 PKI 体系的核心，是提供网上安全电子交易认证服务、签发数字证书、确认用户身份的服务性机构，其主要任务就是受理数字证书的申请、签发及管理。认证中心类似于现实生活中公证人的角色，它具有权威性，是一个普遍可信的第三方。其功能主要有以下几个方面：

（1）证书的审批。接受用户的数字证书申请，对申请者的信用度、申请证书的目的、身份的真实可靠性等问题进行审查，确保证书与身份绑定的正确性。

（2）证书的发放。向申请者颁发或拒绝颁发数字证书。

（3）证书的更新。接收、处理用户的数字证书更新请求。证书的有效期是有限的，因此证书和密钥必须定期更新，更新过程与证书发放过程是一样的。

（4）证书的撤销。证书的撤销可以有许多理由，如证书有效期已到、私钥被破解或泄露、身份信息的更新或终止使用等。

（5）证书的管理。证书的管理包括数字证书真实性与状态信息的查询、密钥备份与恢复、发布证书撤销列表（Certificate Revocation List，CRL）以及数字证书、历史数据的归档等。

认证中心为了实现其功能，主要由以下三部分组成：

（1）注册机构（Registration Authority，RA）。注册机构负责用户证书的申请、审批和证书管理部分工作，面向证书用户。

（2）注册服务器。通过 Web Server 建立的站点，可为客户提供全天候不间断的服务。客户在网上提出证书申请和填写相应的证书申请表。

（3）认证中心服务器。认证中心服务器是数字证书生成、发放的运行实体，同时提供发放证书的管理、CRL 的生成和处理等服务。

在具体实施时，CA 必须做到以下几点：

（1）自身密钥的管理。CA 必须确保其高度机密性，防止他人伪造证书。CA 的数字签名保证了证书（实质是持有者的公钥）的合法性和权威性。

（2）用户密钥的备份与恢复。当用户证书生成时，加密密钥即被 CA 备份存储；当需要恢复时，用户只需向 CA 提出申请，CA 就会为用户自动进行恢复。

（3）证书和密钥使用记录的建档。这一点是非常重要的，因为经过一段时间后，每个用户都会形成多个旧证书和至少一个当前新证书，这一系列旧证书和相应的私钥就组成了用户密钥和证书的历史档案，例如某用户几年前用其公钥加密的数据无法用其现在的私钥解密，必须从其密钥历史档案中查找到当时的私钥来解密数据。

需要指出的是，为确保 CA 本身的真实可靠，对 CA 本身也有一个认证的环节。对 CA 的认证是通过层层认证的方式进行的，依次向上类推，直到公认的权威 CA 处，通常称为根认证中心（Root CA），即可确信证书的合法性与有效性。认证中心的树形认证过程如图 7-8 所示。广东省数字证书认证中心、广州市数字证书管理中心等的数字证书是由广东省电子商务认证中心发放的,而广东省电子商务认证中心、山东省电子商务认证中心等的数字证书又是由我国的根认证中心——中国信息安全产品测评认证中心(www.itsec.gov.cn)发放的。

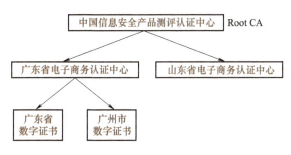

图 7-8　认证中心的树形认证过程

最早的 CA 认证中心采用的是以 SET 协议为基础的 SET CA 体系,这种体系只能服务于 B2C 模式中的支付应用。由于 B2B 模式的发展,要求 CA 的支付接口能够兼容支持 B2B 与 B2C 模式,即同时支持网上购物、网上银行、网上交易与供应链管理等职能,要求安全认证协议透明、简单、成熟(即标准化),这样就产生了以 PKI 技术为基础的 non-SET CA 体系,即通用 PKI CA 体系。目前,国内外新建设的认证中心,一般既能支持 SET CA 体系,又能支持 non-SET CA 体系,以实现电子商务的多种应用方式。

世界上较早的数字证书认证中心是成立于 1995 年,位于美国加利福尼亚州山景城(Mountain View)的威瑞信(Verisign)公司,为全世界数千家企业提供数字证书与网络安全服务。有 75 万余台 Web 服务器使用威瑞信公司的服务器数字证书,其中包括 93% 的财富 500 强企业,使用它提供的个人数字证书的人数已经超过 200 万人。

在我国,自 1998 年第一家 CA 证书机构 CTCA(中国电信 CA 认证中心)出现以来,至今已有很多不同规模的 CA 证书机构建成并运行,它们在电子商务和电子政务安全应用中发挥着重要的作用。目前,我国 CA 证书机构按照应用环境和范围大致可分为区域类、行业类和商业类。

区域类 CA 证书机构大多以地方政府为背景、以公司机制来运作,主要为本地行政区域内电子商务业务与面向公众服务的电子政务业务发放证书,如北京市数字证书认证中心、上海市数字证书认证中心、广东省电子商务认证中心等。

行业类 CA 证书机构以部委或行业主管部门为背景,以非公司机制或公司机制运作,在本部委系统或行业内为电子政务业务和电子商务业务发放证书,如由中国人民银行牵头,组织国内 12 家商业银行共同组建的中国金融认证中心,以及中国联通成立的中网威信电子安全服务有限公司等。

商业类 CA 证书机构以公司机制运作,面向全国范围为电子商务业务发放证书,如北京天威诚信数字认证中心、北京泰康认证中心、北京颐信数字证书认证中心、吉林安信数字证书认证中心等。

根据我国工业和信息化部 2009 年 2 月 18 日颁布的《电子认证服务管理办法》，电子认证服务（即为电子签名相关各方提供真实性、可靠性验证的活动）实行行政许可制度。截至 2012 年 6 月 30 日，我国内地获得电子认证服务行政许可的认证机构有 32 个，颁发的电子认证证书达 50 965 781 张，其中机构证书 11 598 704 张、个人证书 38 094 341 张、设备证书 1 272 736 张。这些认证中心为个人、企业、服务器、公共服务、政府机构等多种对象提供了认证服务，所发放的一系列数字证书已广泛应用于网上购物、网上订票、证券交易、网上缴费、安全电子邮件、社会保障、政府采购、工商年检、税务申报等很多领域。用户遍及全国绝大部分省、自治区和直辖市。

然而，不容忽视的是，我国现有的认证中心仍存在很多缺陷，如技术水平偏低，存在安全隐患；缺乏统一的标准，颁发数字证书时所采用的标准和规范不一样，证书的发放和运用范围、审核方式也不尽相同，所涉及的信息保存和披露的差别比较大等。

因此，对于用户来说，面对众多认证中心，在选择时除了考虑该机构的收费标准，还要考虑到该机构 CA 系统和设施是否安全，是否具备较强的管理能力，责任和义务是否很明确，能否保证安全、可靠、运转有效，是否有足够的财力支持，没有数千万元乃至上亿元的投入，是无法面向社会提供可信赖的认证服务的。只有全方位地考虑认证机构的运作情况，才能保证自己能够选择到适合自己需要并且利益能够得到保证的 CA 认证。

第五节　跨境电子商务的安全协议

要实现安全的跨境电子商务交易，交易双方还必须遵守统一的安全标准协议。目前，电子商务的安全机制正逐步走向成熟，金融界与 IT 业共同推出了多种有效的安全协议，如 SSL、SET、S-HTTP、SSH、Netbill、iKP 等，其中 SSL 和 SET 是国际上最为通行的两种安全协议。

一、安全套接层（SSL）协议

SSL（Secure Sockets Layer）协议是 Netscape 公司 1994 年推出的一种互联网安全通信协议。1996 年，Netscape 又发布了 SSL 3.0，该版本除支持 RSA 算法之外，还增加了对其他算法的支持和一些新的安全特性，并且修改了前一个版本中存在的一些安全缺陷。作为互联网的通信安全国际标准，SSL 协议已成为事实上的工业标准，被广泛应用于浏览器与 Web 服务器之间的身份认证和加密数据传输。目前，IT 业的一些主要企业所提供的很多互联网、内联网的服务器产品和客户端产品都支持该协议，如微软、IBM、SUN 等，而世界上大多数网上商店也都在使用 SSL 协议。

(一) SSL 协议的功能

SSL 协议对基于 TCP/IP 协议的客户机/服务器主要提供以下三个方面的服务：

1. 认证用户和服务器

支持客户机对服务器的和服务器对客户机的双向认证，即用服务器证书认证 Web 服务器的合法性，用客户端证书认证用户身份，以便用户与服务器都能够确信数据将被发送到正确的客户机和服务器上。

2. 加密数据以隐藏被传递的数据

SSL 协议采用的加密技术既有对称加密技术，也有非对称加密技术。例如以 RSA 等算法作为密钥算法，而以 DES、IDEA 等算法作为数据加密算法。在客户机和服务器交换数据之前，先交换 SSL 初始握手信息，在定义会话密钥后，所有发送端向接收端传输的数据都会经过加密。

3. 维护数据的完整性

采用数字签名和数字证书（X.509 V3）的方法来提供完整的信息服务，建立客户机与服务器之间的安全通道，使所有经过 SSL 协议处理的数据都能准确无误地到达目的地。

(二) SSL 协议的工作流程

SSL 协议的工作流程如图 7-9 所示。

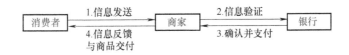

图 7-9 SSL 协议的工作流程

1. 信息发送

消费者登录商家网站浏览商品，如决定购买，则在验证商家身份后，将订购信息和支付信息通过 SSL 发送给商家。

2. 信息验证

商家用密钥加密支付信息之后发送给银行，请求确认并支付。

3. 确认并支付

银行解密商家传来的支付信息，验证其有效后，即时划账并通知商家付款成功。

4. 信息反馈与商品交付

商家通知消费者购买成功，并将商品送抵消费者，从而完成交易活动。

(三) SSL 协议的通信过程

SSL 协议的通信过程主要分为以下六个阶段：

1. 接通阶段

客户机向服务器发送 Client-Hello 消息，将本机可处理的加密类型、支持的安全模块等信息传送给服务器。然后服务器向客户机发送 Server-Hello 消息，将服务器证书传送至客户机。从而在客户机和服务器之间建立并保持安全通信状态。

2. 密钥交换阶段

客户机与服务器之间交换彼此认可的主密钥，通常采用 RSA 等算法。

3. 会话密钥阶段

客户机与服务器之间根据前面联络的情况，产生专门用于本次会话的密钥，用于加密和消息认证。

4. 检验阶段

当且仅当采用 RSA 算法时才执行此步骤，用于证实主密钥和会话密钥。

5. 客户机认证阶段

当要求认证客户机时，服务器向客户机提出要求，认证客户机证书，以确认客户机的可信度。

6. 结束阶段

客户机传送会话 ID 给服务器表示认证完成，服务器发送 Server-Finished 消息给客户机，其中包括以主密钥加密的会话 ID。

此时，客户机和服务器之间就建立了一个安全连接，发送方就可以通过加密的方式传送信息，接收方收到信息后再将信息还原即可。

(四) SSL 协议的优势与缺陷

SSL 协议最大的优势就是相对简单，易于使用，而且被大部分 Web 服务器和浏览器所内置，实现起来非常方便，因而得到了广泛的应用，很多网上商店、网上银行的 B2C 网上支付大多都构建在 SSL 协议之上，如亚马逊、招商银行等。

然而，SSL 协议的缺陷也非常明显，具体如下：

（1）消费者处于弱势地位。虽然 SSL 可以用于双方互相确认身份，但实际上通常只有商家对消费者的认证，而没有消费者对商家的认证，即单方面认证。这就使得 SSL 不能防止不法商家的欺诈或者利用消费者的信息进行非法牟利，因为商家掌握着消费者的信用卡账号、密码等机密信息。因而，商家欺诈是 SSL 协议所面临的最严重问题之一。

（2）系统安全性较差。SSL 协议只能保证传输过程的安全，无法保证信息不被黑客所窃听和破译。据报道，一位瑞典安全专家就曾演示了在几分钟内如何攻破瑞典三家银行所采用的 SSL 协议，以及如何隐藏而难以被发现。黑客通过商家服务器窃取顾客信用卡资料的案例也屡见不鲜。此外，SSL 协议的数据安全性是建立在 RSA 等算法的安全性之上的，攻破 RSA 等算法就等同于攻破 SSL 协议。但是，由于加密算法受到美国政府的严格限制，浏览器和服务器都存在所谓的"512/40"问题，即美国政府只允许出口 512 位密钥以下的 RSA 算法和 40 位密钥以下的 DES 算法，而美国的商家一般都可以使用加密强度更高的 128 位密钥的 SSL，致使美国以外的国家很难在电子商务中充分利用 SSL。加密强度偏低就使得在 B2C 中应用广泛的 SSL 协议难以推广到有更高要求的 B2B 领域。好在近年来美国的限制有所放松，允许出口较尖端的技术应用于金融系统。

二、安全电子交易（SET）协议

SET（Secure Electronic Transaction）协议是一个通过开放网络（包括互联网）进行安全资金支付的技术标准，由维萨（Visa）和万事达（Master Card）两大信用卡公司以及 IBM、Verisign、Netscape、Microsoft、GTE、SAIC、Terisa 等 IT 业主流厂商于 1996 年联合制定。由于 SET 使用了多种先进的加密方法，并提供了消费者、商家和银行间的认证，从而确保了交易数据的安全性、完整性、可靠性和交易的不可否认性，特别是保证不会将消费者信用卡号暴露给商家等优点，因此成为目前公认的信用卡网上支付的国际安全标准，涵盖了信用卡在电子商务交易中的交易协定、信息保密、资料完整等各个方面。

（一）SET 协议的功能

SET 协议主要实现了以下几个方面的功能：

1. 信息的相互隔离

保证电子商务参与者信息的隔离。例如商家只能看到消费者的订单信息，而不能看到消费者的信用卡信息；银行只能获得消费者信用卡的支付信息，而不能看到消费者的订单信息。双方各取所需，互不干扰，这是 SET 协议的主要特色。

2. 信息的安全传输

保证信息在互联网上加密安全传输，防止数据被黑客或内部人员窃取。

3. 提供多方认证

不仅对消费者进行认证，同时还提供消费者、商家和银行之间通过第三方权威机构进行身份的相互认证，确保各方身份的不可假冒。

4. 实现交易的实时性

所有支付过程都是通过互联网进行的，从而确保电子商务交易的实时性。

5. 统一协议和报文的格式

对协议和报文的格式进行规范化，促使不同厂家开发的软件具有兼容性与交互操作功能，并可运行在不同的硬件和操作系统平台上。

（二）SET 协议的参与对象

1. 消费者

消费者包括个人消费者和团体消费者，按照网上商店的要求填写订货单，通过发卡银行发行的信用卡付款。

2. 网上商店

网上商店是指在网上构建符合 SET 协议的商店，提供商品或服务，并与某个收单银行建立特约商户关系。

3. 收单银行

收单银行是指网上商店的开户银行，处理消费者与网上商店之间的交易付款业务，向发卡银行请求查验和清算。

4. 发卡银行

发卡银行向消费者发行信用卡，在电子商务交易中负责查验消费者的网上支付信息。

5. 认证中心

第三方权威机构，负责确认消费者、商家和银行的身份确认。

（三）SET 协议的工作流程

SET 协议的工作流程如图 7-10 所示。

1. 信息发送

消费者浏览商家网站，选择要购买的商品，填写订单，选择付款方式。然后签发付款指令，此时 SET 开始介入。消费者通过网络把订单和支付信息发送给商家。在 SET 中，订单和付款指令由消费者利用双重签名技术分别进行数字签名。商家只能对订单信息解密，看不到支付信息中的信用卡账号及密码；银行则只能对支付信息解密，无法看到订单信息。

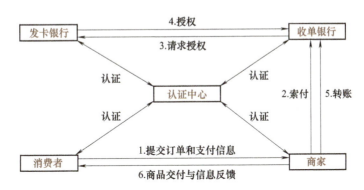

图 7-10　SET 协议的工作流程

2. 信息验证

商家把消费者的支付指令发送给收单银行，请求确认并支付。

3. 请求授权

收单银行向消费者的发卡银行请求验证并授权。

4. 授权

发卡银行对消费者的支付信息进行验证并确认其有效后，向收单银行发出授权信息。

5. 转账

收单银行将钱从消费者账户中划转到商家账户，并向商家发送确认信息。

6. 商品交付与信息反馈

商家向消费者发送其订购的商品或提供服务。至此，一个完整的购买过程已经完成。此后，收单银行与发卡银行之间通过现行的支付系统完成最后的行间清算，而发卡银行则会定期向消费者寄去信用卡消费账单。

整个交易过程中，在通信协议、信息格式、数据类型等方面，SET 都有明确的规定。在操作的每一步，消费者、商家、银行都通过 CA 来认证通信主体的身份，确保对方不是冒名顶替。因此，SET 协议充分发挥了 CA 的作用，以维护电子商务交易者所提供信息的真实性和保密性。

（四）SET 协议的安全性

1. 信息的机密性

在 SET 系统中，敏感信息（如持卡人的账户和支付信息）是加密传送的，不会被未经许可的其他方访问。

2. 数据的完整性

通过数字签名，保证在传送者和接收者传送信息期间，信息的内容不会被修改。

3. 身份的验证

通过使用数字证书和数字签名，可为电子商务交易各方提供认证对方身份的依据，从而保证信息的真实性。

4. 交易的不可否认性

通过使用数字签名，可以防止电子商务交易中的一方抵赖已发生的交易。

5. 互操作性

SET 系统通过使用特定的协议和信息格式，可以提供在不同的操作系统、软硬件平台上操作的同等能力。

（五）SET 协议的优势与缺陷

SET 协议的优势主要体现在：一是安全程度更高；二是可以对商家和消费者同时进行认证。因此对消费者而言，SET 保证了商家的合法性，而消费者的信用卡号也不会被泄露和窃取。

但是，SET 协议也并非没有缺陷。虽然 SET 协议提供了多层次的安全保障，但却显著增加了复杂程度，因而处理速度比较慢，实施比较困难。而且还必须安装特定的电子钱包，因而使用成本也比较高。据统计，在一个典型的 SET 交易过程中，需验证数字证书 9 次，传递证书 7 次，进行 5 次数字签名、6 次验证签名、4 次对称加密和 4 次非对称加密。相比之下，SSL 协议虽然存在一些安全上的弱点，但其运行速度快、成本低、实施容易，而且处于不断改进的过程中。因此，在未来的一段时期内，SET 协议将与 SSL 协议并存。表 7-2 比较了 SSL 和 SET。

表 7-2 SSL 与 SET 的比较

	SSL	SET
安全性	较低	较高
运算速度	较快	较慢
认证机制	只有客户端需要认证，缺少对商家的认证	交易各方都需要进行认证
使用成本	较低。大部分浏览器中均内置 SSL，无须安装其他软件	较高。需安装符合 SET 规范的电子钱包软件，并申请数字证书
实施过程	较易	较难

需要说明的是，所谓的安全是相对的，一种电子商务交易协议现在看来可能是足够安全的，但随着计算机网络和信息技术的不断发展，以后可能会变得不安全了，因此需要不断地改进，

以适应跨境电子商务安全保障的需要。

习题

一、选择题

1. 对称加密方式的主要问题是（　　）。
   A. 加密技术不成熟　　　　　　　B. 加密方式太复杂
   C. 密钥长度太长　　　　　　　　D. 密钥的交换与管理存在较大问题

2. 非对称加密方式的优点是（　　）。
   A. 加密技术比较成熟　　　　　　B. 加密方式太复杂
   C. 加密速度很慢　　　　　　　　D. 密钥的交换与管理比较安全

3. 数字证书包含以下内容（　　）。
   A. 数字证书的级别　　　　　　　B. 证书持有人名称及其电子签名
   C. 证书序列号及有效期　　　　　D. 电子认证服务提供者名称及其电子签名

4. 世界上最早的数字证书认证中心出现于（　　）。
   A. 美国　　　　　B. 英国　　　　　C. 法国　　　　　D. 中国

5. SSL 协议的缺陷是（　　）。
   A. 消费者处于弱势地位　　　　　B. 系统安全性较差
   C. 算法较复杂　　　　　　　　　D. 运行速度慢

二、判断题

1. 跨境电子商务的安全仅仅是企业信息技术部门需要考虑和负责的事情。（　　）
2. 信息丢失是指信息被黑客替换或篡改。（　　）
3. 从技术和法律上讲，数字签名技术完全可以代替现实过程中的"亲笔签字"。（　　）
4. 认证中心在向用户颁发密钥以后，就不再负责密钥的备份与恢复。（　　）
5. 区域类 CA 证书机构以部委或行业主管部门为背景，以非公司机制或公司机制运作。（　　）
6. 区块链技术有利于解决跨境电子商务交易信息溯源的难题。（　　）

三、简答题

1. 跨境电子商务的安全隐患有哪些？
2. 防火墙的设置策略有哪几种？
3. 信息数据的保密级别可以划分为哪几种？
4. 网络安全机制的基本原则有哪些？
5. 数字证书的类型主要有哪几种？

6. 简述区块链技术的特征。

四、应用题

1. 登录国家互联网应急中心网站（www.cert.org.cn），了解我国互联网应急体系，查询互联网恶意代码的最新趋势。

2. 登录北京瑞星网安技术股份有限公司网站（www.rising.com.cn），了解计算机病毒分布情况和全球重大网络安全事件。

本章参考文献

［1］R Resnick，D Taylor.Internet 商务指南［M］.郑纪蛟，许文，译.杭州：浙江科学技术出版社，1997.

［2］方建生，杨清云，邱碧珍.电子商务［M］.3 版.厦门：厦门大学出版社，2016.

［3］菅利荣.电子商务概论［M］.2 版.北京：科学出版社，2013.

［4］刘洋，熊超，许昊，等.跨境电子商务的安全问题和监管建议［J］.中国商贸，2015，（1）.

［5］宋文官.电子商务概论［M］.4 版.北京：清华大学出版社，2017.

［6］武化岩，全新顺.电子商务概论［M］.北京：中国水利水电出版社，2015.

［7］杨坚争，杨立钒.电子商务基础与应用［M］.10 版.西安：西安电子科技大学出版社，2017.

［8］杨坚争，杨立钒，赵雯.电子商务安全与电子支付［M］.2 版.北京：机械工业出版社，2013.

［9］赵亮，常广庶，崔艳红.电子商务概论［M］.上海：立信会计出版社，2008.

［10］Chang Guangshu，Sun Mingmeng.Analysis on the cross-border B2B e-commerce of Henan Province in China.*International Journal of Managerial Studies and Research*［J］，2020，8(2)：22-31.

［11］董宁，朱轩彤.区块链技术演进及产业应用展望［J］.信息安全研究，2017（3）：200-210.

［12］海关总署.2020 年 1—5 月海关查发的进口儿童用品质量安全不合格情况［EB/OL］.http：//www.customs.gov.cn，2020-05-30.

［13］中国电子商务研究中心.2017 年度中国跨境电商消费问题研究报告［R］.http：//www.100ec.cn，2018-04-04.

［14］佚名.加密货币黑客攻击依然高发，损失超过 2.83 亿美元［EB/OL］.搜狐网，2020-01-29.

［15］倪明.拼多多现优惠券 Bug 被"薅羊毛"［N］.广州日报，2019-01-21.

实 务 篇

第八章 跨境电子商务平台操作指南

第 八 章

跨境电子商务平台操作指南

本章以郑州万国优品保税进出口有限公司（以下简称"万国优品"）为例，对跨境电子商务平台进行介绍。万国优品（www.wgyp.com）是在海关监管下运营的郑州首家跨境电商平台，2014 年 1 月 1.0 版本正式公开上线测试，2020 年 7 月 4.0 版本正式上线。

第一节 平台简介

一、公司简介

万国优品成立于 2013 年 9 月，位于全国重要的交通物流枢纽城市——郑州，是一家集货物及技术进出口、跨境 E 贸易、电子商务、仓储服务、报关业务等为一体的现代化综合服务企业。公司注册资金 5000 万元，现有员工 100 余人。

2014 年 1 月 18 日，公司开发的跨境零售电子商务平台——万国优品（www.wgyp.com）在全国正式上线，成为全国首家跨境保税电商贸易平台，受到了国内媒体的高度关注。公司坚持"用心、贴心、省心、放心"的企业经营理念，以客户为中心、以市场为导向、以创新为支撑、以服务创业为己任，努力打造"全球优质生活一站式服务平台"。

公司 B2B2C 平台商品涵盖美妆个护、母婴、食品、保健品、轻奢品、跨境服务等六大类目。

二、商业模式

万国优品的商业模式为：跨境电商＋新零售＋新社交＋新服务。

今天，随着《中华人民共和国电子商务法》的实施，5G 的到来，新零售革命的脚步越来越近，作为新零售、新社交的一员，万国优品于 2018 年 11 月首次提出"跨境电商＋新零售＋新社交＋新服务"概念，构建年轻人新的购物方式。万国优品新零售板块主打"区域运营中心"概念，每个实体店都是一个运营中心，每个店长都是运营中心负责人，负责辐射区域内的线上线下运营，如门店直播、社交分享、社群分享、裂变社交、社区团长、人人创业等。最终实现线上线下获取属于自己的流量。

公司持续不断地与国内外贸易商、物流企业、支付企业、保险公司、培训机构等建立广泛的合作关系，逐步健全完善跨境贸易电子商务生态产业链，倾力为客户提供一站式便捷综合服务。

第二节　平台概况

一、平台基本框架

万国优品4.0版本总体框架如图8-1所示。

图8-1　总体框架

二、平台后台

万国优品4.0版本增加了移动端商城：微商城和小程序。万国优品4.0版本平台后台分解如图8-2所示。

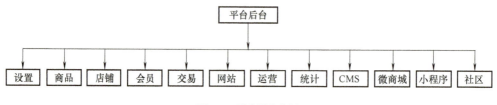

图8-2　平台后台分解

三、商品管理

为了对商品组合、定价方法、促销活动，以及资金使用、库存商品经营性指标做出全面的分析和计划，实现企业的经营目标，商品管理坚持商品齐全和商品优选的原则。万国优品4.0版本后台商品管理菜单如图8-3所示。

四、店铺管理

店铺管理主要是指对网络门店的各项指令的菜单管理，这些菜单围绕商品销售与服务进行，其管理重点是：环境、商品与信息展示。万国优品 4.0 版本后台店铺管理菜单如图 8-4 所示。

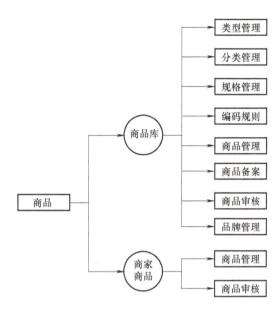

图 8-3　后台商品管理菜单

五、会员管理

会员管理是围绕会员资格获得、会员管理、会员互动、会员奖励与优惠、会员分析与保持等来设定的，是拓展网上销售渠道的一种重要方式。万国优品 4.0 版本后台会员管理菜单如图 8-5 所示。

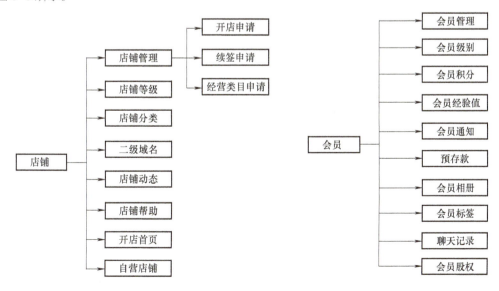

图 8-4　后台店铺管理菜单　　　　　　图 8-5　后台会员管理菜单

六、订单交易管理

卖家在平台与买家达成交易后,平台需要对此订单进行追踪式的综合管理。万国优品 4.0 版本后台订单交易管理菜单如图 8-6 所示。

七、网站管理、运营管理

网站管理、运营管理的设定是为了提升网站服务于用户的效率,平台需要从事与后期运作、经营有关的工作。其范畴通常包括网站内容更新维护、流程优化、数据挖掘分析、用户研究管理、网站营销策划等。万国优品 4.0 版本后台网站管理菜单、运营管理菜单如图 8-7 和图 8-8 所示。

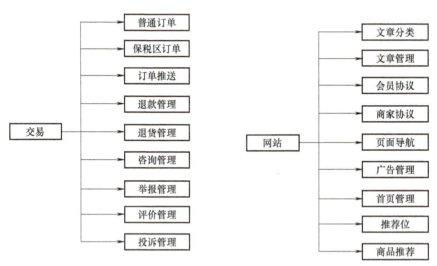

图 8-6　后台订单交易管理菜单　　图 8-7　后台网站管理菜单

八、统计功能

数据是信息的载体,统计功能的设定是为了搜集数据、整理数据、分析数据,从而使企业对平台的商品和用户形成更直观的了解,对平台的优化形成更深刻的分析。万国优品 4.0 版本后台统计功能如图 8-9 所示。

九、CMS 管理系统

CMS 管理系统是指网站内容管理系统(Content Management System),它是基于模板的功能化设计,可以加快平台开发的速度和减少开发的成本。其功能并不仅限于文本处理,也可以处理图片、声像流、图像甚至电子邮件。CMS 管理系统采用统一的信息组织方法,通过平台的数据库信息,针对不同权限的用户进行组织和管理。利用成熟的 CMS 的框架,不仅可以对现有类型的信息进行有效的管理,还可以实现各类信息的数据库存储、管理和发布。万国优品 4.0 版本后台 CMS 管理系统如图 8-10 所示。

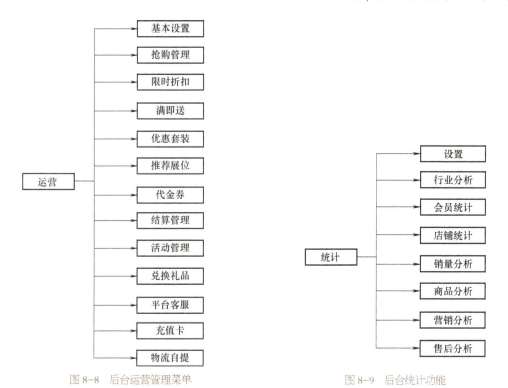

图 8-8 后台运营管理菜单　　　图 8-9 后台统计功能

十、社区系统

社区系统以平台社区事务管理为核心，结合用户信息和用户社区内产生的活动，依托统一的数字化的平台管理，按照一定的标准划分单元网格，实现公共咨询，降低对用户的管理费用。社区系统的设定带动的不仅是平台用户的消费习惯，也是整个平台的产品设定和优化结果的成效。万国优品 4.0 版本社区系统如图 8-11 所示。

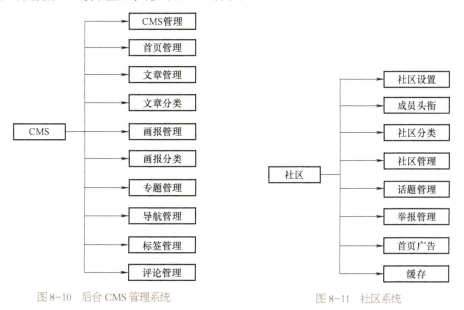

图 8-10 后台 CMS 管理系统　　　图 8-11 社区系统

十一、前站功能

前站功能指的是平台的前台功能，是方便用户使用的功能界面。网站前台是面向网站访问用户的，是网站浏览者打开网站看到的页面内容，如产品信息、商户信息等，直接关系用户的体验。前站功能的设计主要围绕商品展示、商品订购、信息发布、会员设定、积分管理、产品推广、虚拟社区、支付系统等。万国优品 4.0 版本前站功能如图 8-12 所示。

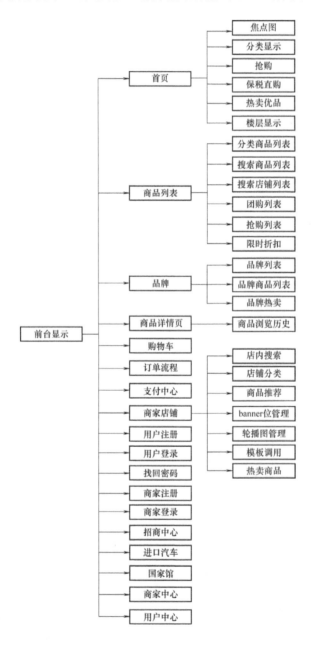

图 8-12 前站功能

十二、商家中心

商家中心是指为提供用户商品和平台服务的店铺。万国优品 4.0 版本商家中心结构图如图 8-13 所示。

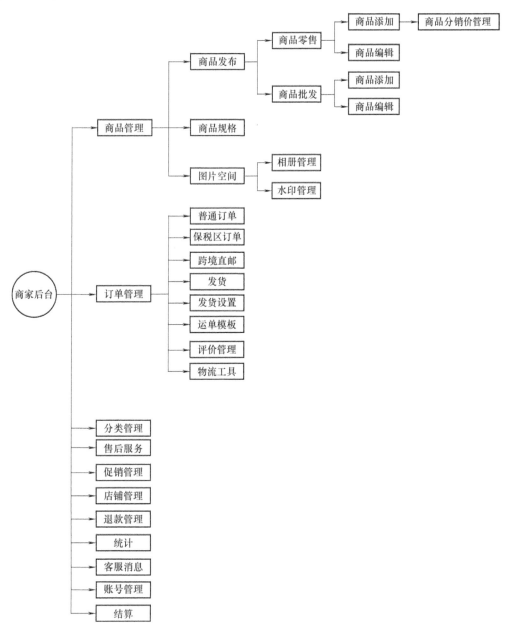

图 8-13 商家后台结构图

十三、会员中心

会员中心指的是用户中心,包含社区中心和平台用户,其功能主要涵盖会员卡管理、积分管理、会员活动、会员沟通、礼品管理等。基于万国优品的海量进口爆款商品池,平台以"分销会员"方式为创业者提供零成本、易操作的"云摊"创业平台。帮助商家提高获客量、提升转化和促活客户,成为社交电商产业链中重要的一环。万国优品 4.0 版本会员中心如图 8-14 所示。

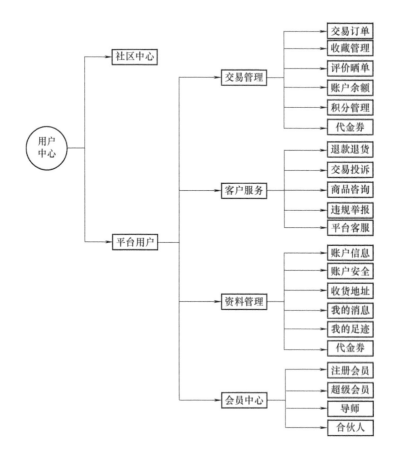

图 8-14 用户中心

十四、订单流程

订单流程是商家或平台在发货过程中物流配送的重要流程,良好的订单流程设置能够缩短订单处理周期,提高订单满足率与供货正确率,提高客服水平的同时降低物流总成本,确保企业竞争优势。万国优品 4.0 版本订单流程如图 8-15 所示。

十五、移动端小程序

除 PC 商城外,万国优品同时有小程序商城、微信公众号商城、APP 商城。万国优品 4.0 版本移动端小程序如图 8-16 所示。

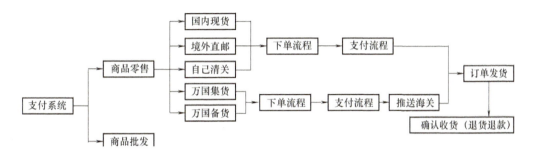

图 8-15 订单流程

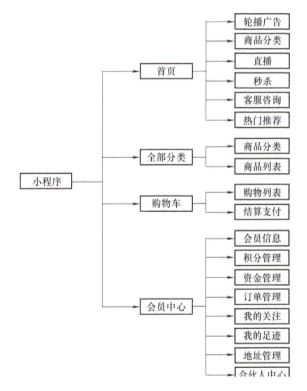

图 8-16 小程序

十六、移动端小程序商城应用

小程序商城通过业务类、工具类、营销类、辅助类四大板块实现了小程序商城的架构设计。万国优品 4.0 版本移动端小程序商城应用如图 8-17 所示。

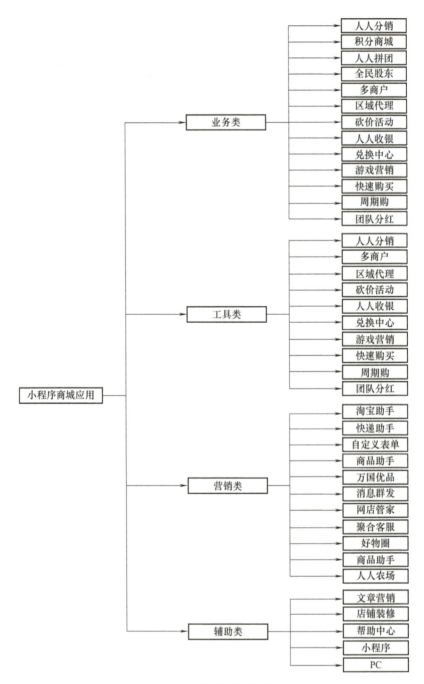

图 8-17 小程序商城应用

十七、移动端小程序营销

小程序商城通过多种营销方式,如满减、积分优惠、充值优惠、赠品管理等多种营销方式实现平台用户引流和维护。万国优品 4.0 版本移动端小程序营销如图 8-18 所示。

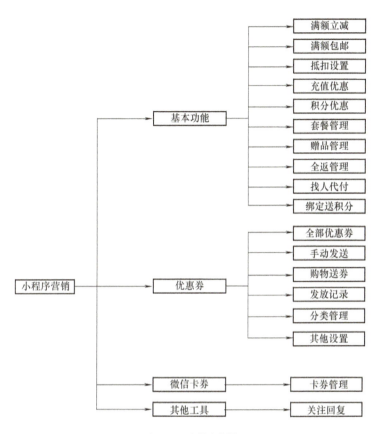

图 8-18 小程序营销

十八、移动端小程序数据统计

万国优品独立商城作为连接品牌线上线下的载体，除商城本身的数据外，其新零售门店部分在商城也可以实现统计。万国优品 4.0 版本移动端小程序数据统计如图 8-19 所示。

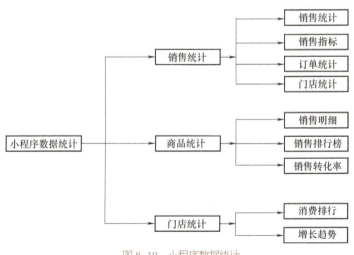

图 8-19 小程序数据统计

第三节 订单实现

一、商户登入

（1）进入 www.wgyp.com 界面，输入用户名和密码，登录后进入商家中心，如图 8-20 和图 8-21 所示。

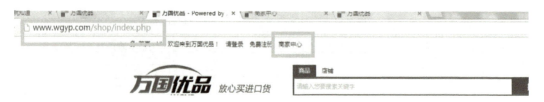

图 8-20　登录地址栏

（2）在上方列表"店铺"中选择"店铺设置"，如图 8-22 所示。

图 8-21　登录信息栏　　　　　　　　　图 8-22　店铺设置

（3）在下方 QQ 一栏输入自己的 QQ 账号，如图 8-23 所示。

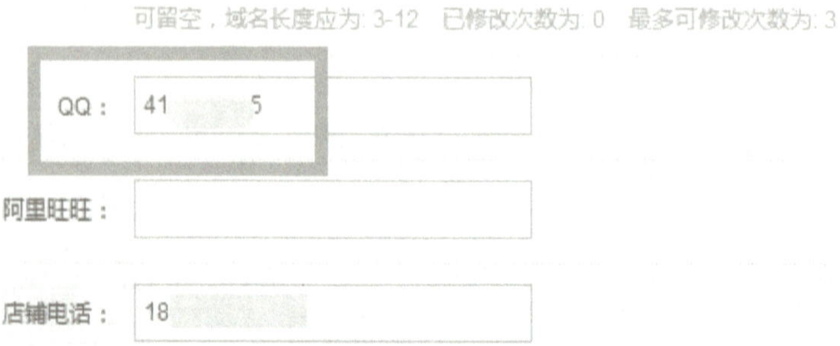

图 8-23　设置 QQ 账号

客户在产品的详情页面就可以看到设置好的QQ账号，如果客户单击，界面就会弹出与商户交谈的对话框。如果要实现客户不需要添加好友直接与商户沟通的功能，那么QQ客服的启用需要商家自行登录QQ系统进行操作，无法在万国优品后台设置，如图8-24所示。

添加好友之后才会有自动回复，临时会话的客户是看不到自动回复的，如图8-25和图8-26所示。

在单击"保存"按钮后，商户的QQ就可以在店铺网页和商品页面显示并且允许与陌生人临时会话沟通。此外，一定要在"QQ设置"→"系统设置"→"权限设置"里去掉"临时会话"→"不接受任何临时会话信息"的对钩并保存，如图8-27所示。

图8-24 设置自动回复语

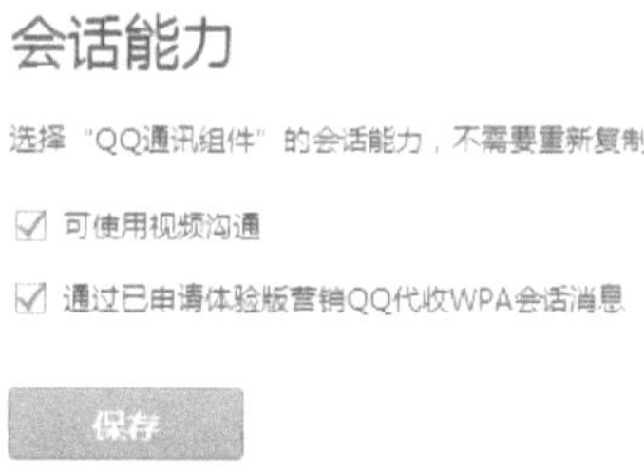

图8-25 会话能力设置

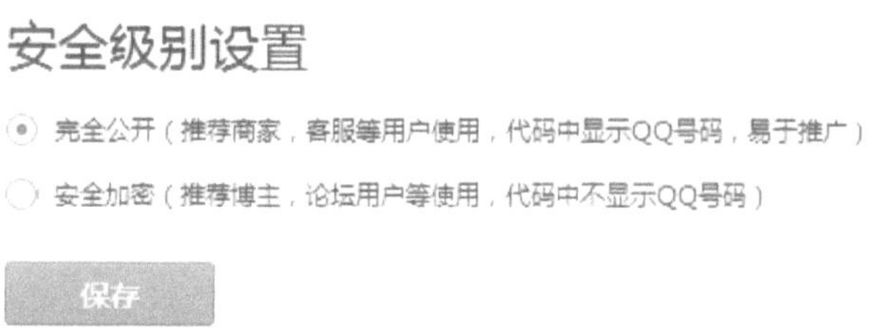

图8-26 安全级别设置

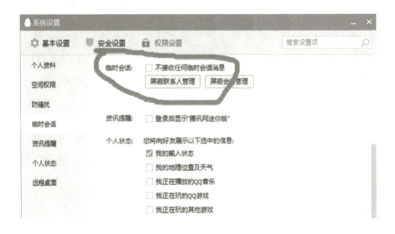

图 8-27 临时会话设置

商户也可以进行其他内容的编辑，如店铺 LOGO、店铺条幅，编辑后需要点击提交，如图 8-28 所示。

图 8-28 店铺设计

二、物流设置

（1）进入商家后台，单击"订单物流"下面的"物流工具"，如图 8-29 所示。

图 8-29 物流设置

（2）新增运费模板，如图 8-30 所示。

图 8-30　运费模板

（3）填写模板名称，并设置好"默认运费"，如图 8-31 所示。

图 8-31　填写模板名称

（4）设置好"默认运费"之后，单击"为指定地区域城市设置运费"按钮，如图 8-32 所示。

图 8-32　为指定地区域城市设置运费

（5）填写其他区域运费，并单击"编辑"按钮，选择需要添加的城市，选好之后，单击"确定"并保存，如图8-33和图8-34所示。

可设置多个不同地区的运费，如需要，再单击"为指定地区域城市设置运费"按钮，自行添加即可。

图8-33 "编辑"按钮

图8-34 选择区域

（6）设置好物流工具之后，在商品上架的中选择"使用运费模板"→"选择运费模板"→"应用运费模板",就完成了运费模板的设置,如图 8-35、图 8-36、图 8-37 所示。

图 8-35　使用运费模板

图 8-36　选择运费模板

图 8-37　应用运费模板

三、产品发布

(1)上传相册。图片空间中可以先添加相册,再上传图片,商户需要做分类管理,方便上架工作。空间相册数量最多只有 20 个,产品详情页图片最佳宽度为 950 像素。图片数量初始为 1000 张,后期增加数量需要请向平台提出申请升级店铺,如图 8-38 所示。

(2)店铺商品类目。查看目前店铺已经开通了哪些商品类目,如需要申请新类目,单击"店铺"→"店铺信息"。在当前页面查看已开通的经营类目,如还有未开通的经营类目,请单击"申请新的经营类目",及时与平台在线客服联系,如图 8-39 所示。

(3)单击"商品"→"商品发布"。

图 8-38 图片空间

图 8-39 申请新的经营类目

（4）商家可以选择的物流模式有"国内现货""跨境直邮""自行通关""万国集货"和"万国备货"。

交付模式一旦选择，就不能变更，如交付模式错误，需要重新上货。如果商家希望改变商品的交付模式，需要重新上架产品，如图 8-40 所示。

（5）选择合理的商品类目。如果类目选择错误，商品有可能审核不通过，不允许上架销售，如图 8-41 所示。

（6）进入商品发布页面，填写商品名称。

（7）填写商品价格和市场价格，如图8-42所示。

商品价格就是售卖价格，市场价格即为市场参考价。

图8-40　商品发布

图8-41　选择商品类目

（8）商品重量和库存。重量是为了商户方便核算运费，如商户选择的产品类目有这一属性，则可以添加不同的规格值，如图8-43所示。

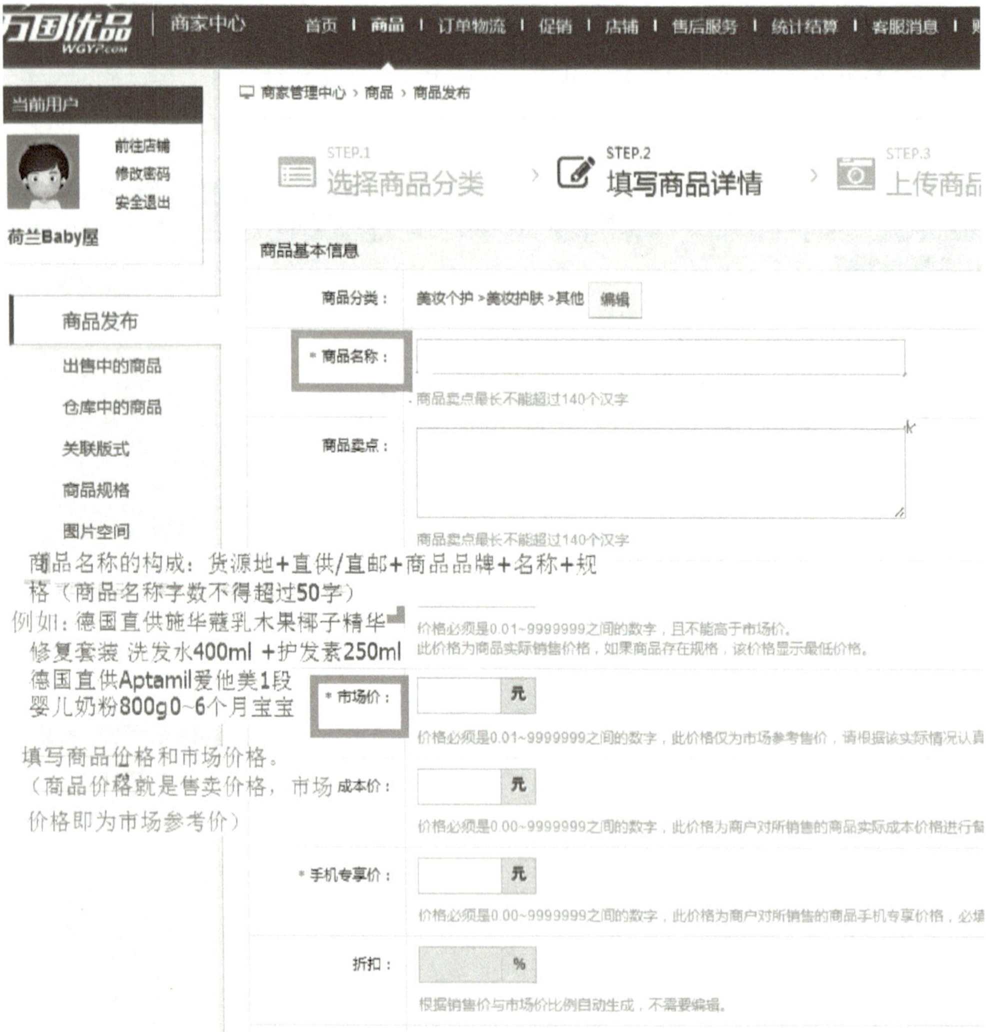

商品名称的构成：货源地＋直供/直邮＋商品品牌＋名称＋规格（商品名称字数不得超过50字）

例如：德国直供施华蔻乳木果椰子精华修复套装 洗发水400ml＋护发素250ml

德国直供Aptamil爱他美1段婴儿奶粉800g 0~6个月宝宝

填写商品价格和市场价格。
（商品价格就是售卖价格，市场价格即为市场参考价）

图 8-42　填写商品详情

图 8-43　商品重量和库存

（9）上传商品默认主图，如图8-44所示。

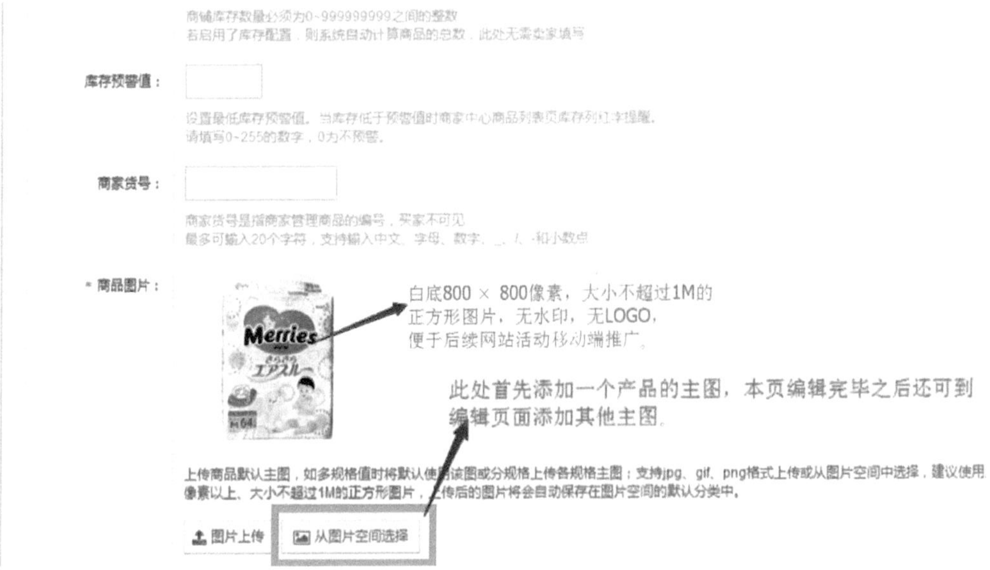

图8-44 商品主图设置

（10）商品品牌和商品所在国家（必填），如未找到商品所属品牌可到"店铺"→"品牌申请"进行品牌的申请，如图8-45所示。

图8-45 商品品牌和申请

（11）商品描述。在商品编辑框中写明生产日期、保质期、规格、产地、功效、适合人群、使用方法、注意事项等，以方便提高转化率，如图8-46所示。

（12）关联版式。可以设置固定的版式，在商品详情页首位或者尾部显示，关联版式内容可以根据产品要求自行编辑设置，如可将店铺政策、购买须知等作为店铺的关联版式内容，设置之后，关联的商品的位置均会显示此关联版式。如没有提前设置关联版式，可先到商品关联版式中进行设置和添加，如图 8-47 所示。

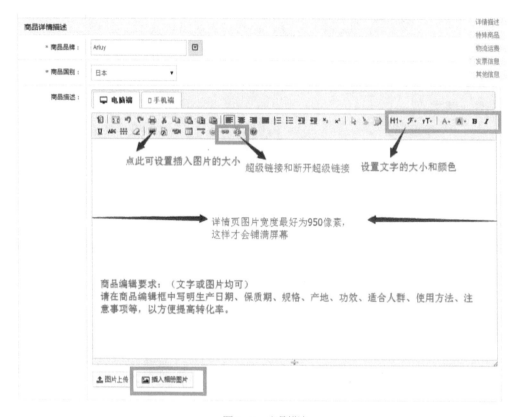

图 8-46　商品描述

图 8-47　关联版式

（13）店铺分类。如上传的商品有很多分类，可以自行设置本店的分类，将商品添加进相应的分类里，方便分类搜索查看商品。可进入店铺分类里面进行新增分类的设置，如图 8-48 所示。

关于本店分类，按照具体商品选择相关分类即可。商品分类设置："新增分类"→"新增下级",如图 8-49 和图 8-50 所示。

图 8-48 店铺分类

图 8-49 新增分类　　　　　　　　　　图 8-50 新增下级

（14）商品发布之后,产品处于待审核状态,所有商品上架均需要通过审核,方可开始售卖,如图 8-51 所示。

图 8-51　等待审核

四、订单状态

（1）以直邮或现货模式发货的订单状态。待付款的订单，可以修改运费和价格，也可以取消订单。如果客户订单不付款，三天之后订单自动关闭，如图 8-52 所示。

图 8-52　以直邮或现货模式发货的订单状态

（2）已发货的订单状态。国内现货的商品 15 天之后客户不确认收货，系统自动确认收货，可延迟一次，延迟 5 天。对已发货的订单，商户可以修改单号。单击"发货"，填写运单号，订单状态会改变为卖家已发货，如图 8-53 所示。

图 8-53　发货界面

如果没有找到发货的物流公司,就先到发货设置中设置一下常用的物流公司,再选择物流公司,填写单号,如图8-54所示。

图8-54　设置默认物流公司

对于回复客户的评价,可在商家后台操作,如图8-55所示。

图8-55　回复客户评价

五、退货流程

退货流程如图8-56和图8-57所示。

图 8-56 售后保障

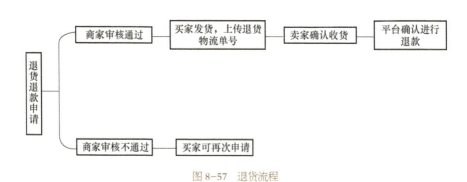

图 8-57 退货流程

第四节 通 关 模 式

一、一般贸易

目前常见热销进口商品——保健品、奶粉、化妆品、纸尿裤等敏感性商品，一般贸易进口由于商检手续办理困难，短时间无法通过一般贸易清关；饼干、巧克力、饮用水、饮料、红酒、啤酒等都可以按一般贸易清关。除此还有非法检商品，由于清关不需要进行品质检验等烦琐手续，通关速度较法检类商品快。具体操作取决于商品本身。缴税放行后可自由销售，如图 8-58 所示。

图 8-58 一般贸易

二、保税备货（"1210"模式）

商家境外大批量采购商品，运至保税区仓库在海关监管下存放，买家下单后形成三单信息，海关核对三单（订单、物流单、支付单）后放行，出保税区，以包裹形式从保税仓发货，如图8-59所示。

图8-59　"1210"模式

三、保税集货（"9610"跨境直邮）

先有订单，再发货：买家境内下单，当订单达到一定数量后，商家通过国际物流发到保税区或港口，批量通关，使用国内物流配送至买家。"9610"跨境直邮如图8-60所示。

图8-60　"9610"跨境直邮

四、快件清关

快件清关如图8-61所示。

图8-61　快件清关

五、跨境直邮（万国邮联C2C）

客户在平台店铺下单购买后，由商家在海外进行采购，通过国际物流运输至国内，经海关检验后送达至客户手中。商家需要给客户提供国际物流单号，全程可追踪，但到货时间较长，大概需要15~30天。跨境直邮（万国邮联C2C）部分物品税率见表8-1。

表8-1　跨境直邮（万国邮联C2C）部分物品税率

税　号	物品类别	范　围	税　率
01000000	食品、饮料、药品	食品：包括乳制品、糖制品、调味品、人参、高丽参、红参、奶粉及其他保健品、补品等 饮料：包括矿泉水、汽水、咖啡、茶，其他无酒精饮料 药品：包括中药酒等	13%
		国家规定减按3%征收进口环节增值税的进口药品	3%
02000000	酒	包括啤酒、葡萄酒（香槟酒）、黄酒、果酒、清酒、米酒、白兰地、威士忌、伏特加、朗姆酒、金酒、白酒、保健酒、鸡尾酒、利口酒、龙舌兰、柯迪尔酒、梅子酒等用粮食、水果等含淀粉或糖的物质发酵或配制而制成的含乙醇的酒精饮料	50%

六、相关单据

相关单据如图8-62、图8-63、图8-64所示。

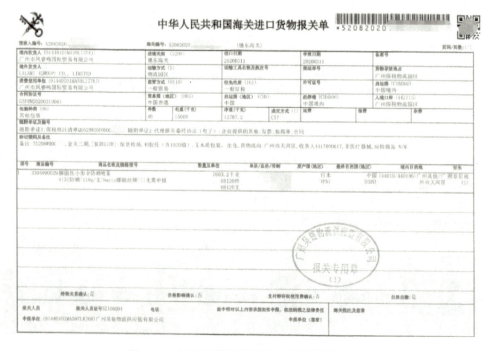

图8-62　中华人民共和国海关进口货物报关单

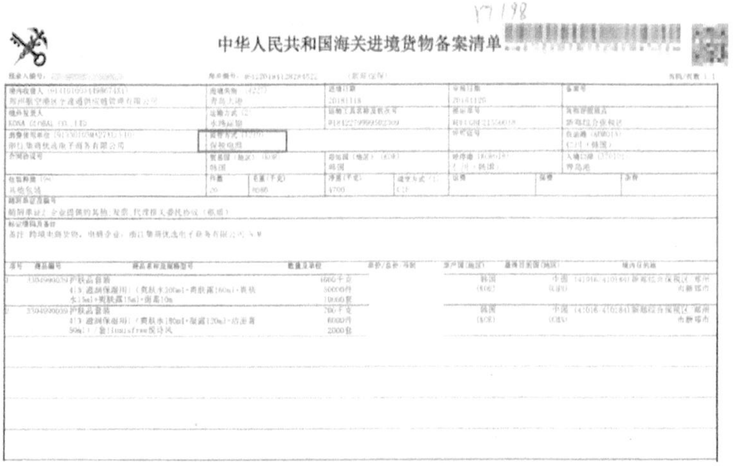
中华人民共和国海关进境货物备案清单

图 8-63　中华人民共和国海关进境货物备案清单

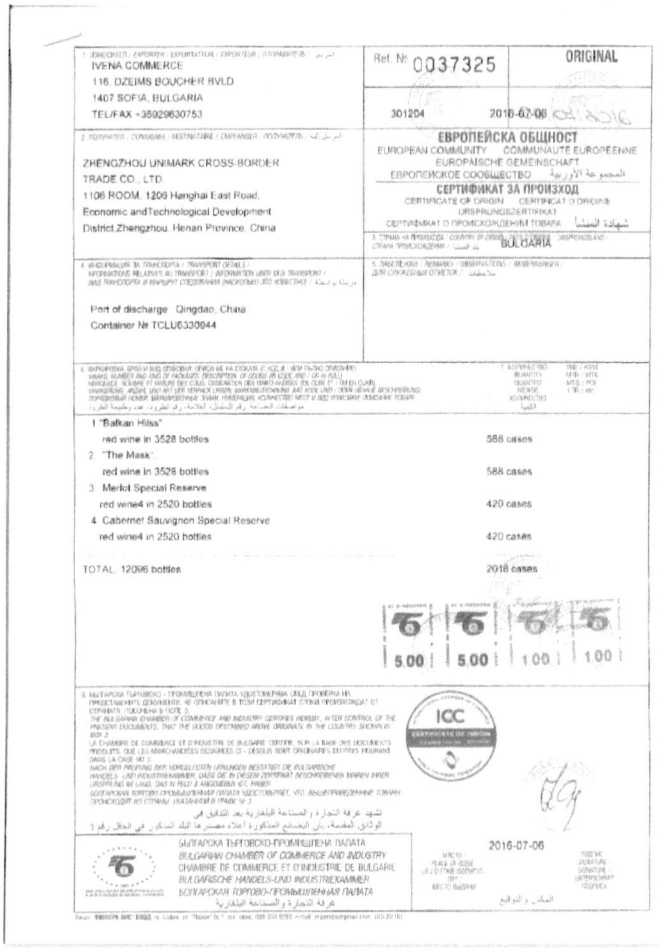
IVENA COMMERCE
116, DZEIMS BOUCHER BVLD
1407 SOFIA, BULGARIA
TEL/FAX +35929630753

Ref. № 0037325　ORIGINAL

301204　2016-07-06

ZHENGZHOU UNIMARK CROSS-BORDER TRADE CO., LTD.
1106 ROOM, 1206 Hanghai East Road,
Economic and Technological Development
District,Zhengzhou, Henan Province, China

ЕВРОПЕЙСКА ОБЩНОСТ
EUROPEAN COMMUNITY　COMMUNAUTÉ EUROPÉENNE
EUROPÄISCHE GEMEINSCHAFT
ЕВРОПЕЙСКОЕ СООБЩЕСТВО　المجموعة الأوروبية

СЕРТИФИКАТ ЗА ПРОИЗХОД
CERTIFICATE OF ORIGIN　CERTIFICAT D'ORIGINE
URSPRUNGSZERTIFIKAT
СЕРТИФИКАТ О ПРОИСХОЖДЕНИИ ТОВАРА　شهادة المنشأ

BULGARIA

Port of discharge　Qingdao, China
Container № TCLU6330944

1 "Balkan Hills" red wine in 3528 bottles	588 cases
2 "The Mask" red wine in 3528 bottles	588 cases
3 Merlot Special Reserve red wine4 in 2520 bottles	420 cases
4 Cabernet Sauvignon Special Reserve red wine4 in 2520 bottles	420 cases
TOTAL: 12096 bottles	2016 cases

БЪЛГАРСКА ТЪРГОВСКО-ПРОМИШЛЕНА ПАЛАТА
BULGARIAN CHAMBER OF COMMERCE AND INDUSTRY
CHAMBRE DE COMMERCE ET D'INDUSTRIE DE BULGARIE
BULGARISCHE HANDELS-UND INDUSTRIEKAMMER
БОЛГАРСКАЯ ТОРГОВО-ПРОМЫШЛЕННАЯ ПАЛАТА

2016-07-06

图 8-64　原产地证明

第五节　客服用语

一、打招呼用语

K：亲，您好，我是万国优品客服。很高兴为您服务，有什么可以帮到您的呢？

二、对话用语

Q：请问你家这个是正品吗？

K：您好，万国优品是在海关监管下运营的合法跨境电子商务平台，所以这个问题您大可放心，不仅确保正品，而且确保实惠。商品均在海关进行备案，您可以放心在万国优品购买原装进口商品。所有的订单从境外发货到境内送达您手中，每一环节都有海关为您把关。

万国优品施行海关总署特批的跨境贸易电子商务通关渠道，货物进关渠道阳光、合法、零风险。同时，万国优品享受中国政府跨境贸易电子商务新政策，享受政策福利，为您创造合法、便捷的购物氛围。

三、议价用语

Q：活动期间可以便宜点吗？

K：亲，抱歉啊。价格是由商家定的，我们也没办法为您修改价格。

Q：多买有优惠吗？尿不湿的价格。

K：亲，商家的活动是三包起售，而且都包邮，价格上请您放心，都是商家统一定价的，所以您已经享受最大的实惠了！

Q：买了还会再来，能优惠吗？

K：亲，买过且交易成功后您就是万国优品尊贵会员了，我们以后有优惠活动一定及时通知您，让您享受更加优惠的价格。

Q：别家的比你们便宜！

K：万国优品平台的产品价格是由商家制定的，保税区或者直邮发货的产品质量也是有保证的，别的平台如何我们不是很清楚，但万国优品的所有商品都是经海关备案的，保证原装进口。

Q：说了那么多，再便宜点吧！

K：我只是一个小小的客服，没有权限修改价格的，这样吧，我去帮您向我们主管申请一下，看看能不能拿到折扣，不过这样的机会是很难的，我尽量帮您申请，请您稍等。

四、支付用语

Q：订单受理了没？

K：嗯，好的！您的订单已受理。我们会在 24 小时内为您发货。亲，收货的时候记得检查外包装。包装破损的请拒收。请当面清点数量。收到后有任何不满意请及时联系我们，谢谢。

Q：请问每个月的购买限额是多少？

K：每个月没有特别具体的限额，每人每天每个包裹限额 2000 元。不过海关系统建立了数据库，同一个产品同一个人，或者同一个收货地址重复购买多次，不符合常规家庭自用标准的话，视为非自用购买，长期购买就会申报不通过了。

Q：订单单笔多少不需要缴税？

K：常见食品、日用品是 11.9% 的综合税额，化妆品、酒类为 47% 的综合税额。同一个身份证每人每天不能超过 2000 元。如果每个月购买过多，超出自用的限制，海关会认为您是非自用的，会转为人工审核您的订单，甚至拦截订单，请一定知悉此项内容。

Q：申报审核未通过怎么办？

K：若订单申报审核未通过，我们只能为您办理全额退款，无法进行其他赔偿，您的订单是否能够通过海关审核，万国优品平台无法控制，请您知悉。

五、物流用语

K：（售前）我们默认快递是×××快递。江浙沪皖一般×~×天左右到货的。其他地区×~×天左右到货。

K：（售后）稍等，您退换货的单号是×××已经显示在派送的路途中了，这两天请注意查收。

Q：保税区订单多长时间可以发货？

K：我们需要先匹配物流信息，然后向海关推送您的订单。海关关务依次审核您的订单真实有效后确认核放，仓库才能为您包货，物流最后为您派送，所以这中间流程时间比较长，发货周期大约需要两周时间。

六、欢送用语

K：（未达成订单欢送语）亲，非常感谢您的光临，很遗憾没能跟您完成这次交易，希望您可以收藏下本店店铺，以后本店会不定期有促销活动，欢迎随时关注我们，再次感谢您的光临！

K：（已达成订单欢送语）非常感谢您的关注，同时也感谢您的来访与支持。期待您再次使用万国优品在线客服，祝您工作顺利！

第六节　安全防范

一、防范SQL注入

如果后台 SQL 是拼接的，前台 JSP 页面要求输入 name，那么黑客可以输入一段 SQL 代码，这段代码在 PL/SQL 中是正确的，可执行的，但是执行后整个表空间都被删除了。万国优品一般采用的办法是不写拼接 SQL，改用参数化 SQL，如 ORACLE 数据库，如图 8-65 所示。

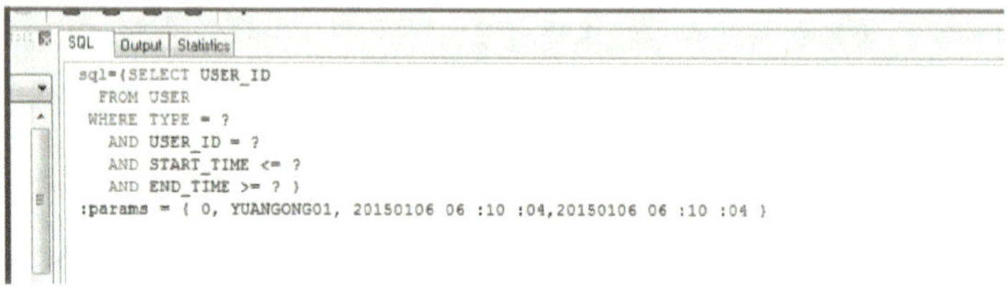

图 8-65　参数化 SQL

二、定期安全漏洞扫描

网站漏洞主要是指由于客户未对用户输入数据进行必要的合法性校验及安全过滤，导致了攻击者可以利用漏洞来盗取用户信息，入侵并控制网站服务器等。万国优品主要以全方位漏洞检测为主，采用分布式扫描系统，支持检测 SQL 注入、XSS 等各种常见的网页漏洞及第三方应用漏洞。

三、定期全站木马检测

万国优品购买并安装正版杀毒软件，设定开机自动打开，当打开网站的时候，杀毒软件会自动扫描这个网站，当网站不安全的时候，它会提醒你，如果网站是安全的则不会提醒。有时也会通过网站检测法，在某些杀毒网站寻找"挂马监测"，输入"www.wgyp.com"就可以进行简单检测，查看网站的一般安全指标。

四、登录页面加密

万国优品采用 MD5 加密和数据库加密。MD5 运用单向加密的加密算法，对于 MD5 而言，有两个特性是很重要的：第一是任意两段明文数据，加密以后的密文不能是相同的；第二是任意一段明文数据，经过加密以后，其结果必须永远是不变的。当数据存储时被加密，它们被使用的时候就会自动加密。SQL Server 数据库可以加密下列组件：密码存储过程、视图、触发器、用户自定义函数、默认值和规则。

五、排查安全隐患

万国优品利用专业工具辅助,迅速排查出安全隐患,并采取相应措施。

六、加密协议

万国优品在服务器的设定上,使用 SSH 加密协议,并改用新端口访问,在这个框架中网络安全应用协议提供扩展的支持,如图 8-66 所示。

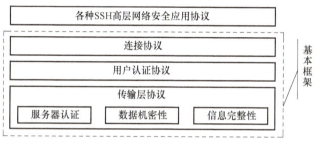

图 8-66 加密协议框架

七、采用基于密钥的认证

基于对称加密的密钥分发机制如图 8-67 所示。

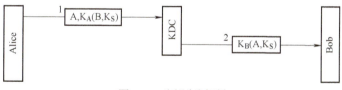

图 8-67 密钥分发机制

八、其他方法

除上述方法以外,万国优品平台还利用硬件防火墙、定期修改密码、限定网站机密数据只有特定 IP 访问、定期分析相关日志文件等方法检查问题,寻找解决方案。

习题

一、选择题

1. 通关模式不包括( )。

A. 保税备货　　　B. 保税集货　　　C. 一般贸易　　　D. 旅游自带

2. 参与跨境电商的主体有哪些?( )

A. 通过第三方平台进行跨境电商经营的企业和个人

B. 跨境电子商务的第三方平台

C. 物流企业

D. 支付企业

3. 和传统国际贸易相比，跨境电子商务呈现出传统国际贸易所不具备的以下特征（　　）。

A. 多边化　　　B. 小批量　　　C. 高频度　　　D. 透明化　　　E. 数字化

4. 为什么要做跨境电商？（　　）

A. 有利于传统外贸企业转型升级　　　B. 缩短了对外贸易的中间环节

C. 为小微企业提供了机会　　　D. 促进产业结构升级

E. 有利于中国制造应对全球贸易新格局

5. 人才培育是跨境电商生态圈建设的重要支撑，国家各综试区加强政、校、企、合作，以加大跨境电商人才培养力度，具体措施有（　　）。

A. 与专业元宵合作。支持开设各类跨境电商课程，开展专业培训

B. 引入专业培训机构。推行定制式、公司化等孵化模式，进一步完善"政、校、协、企"四位一体跨境电商人才培训机制

C. 建设培训基地，如跨境电商人才 O2O 培养基地等

D. 加大培养跨境电商师资队伍力度

二、判断题

1. 电子商务交易的匿名性导致了逃避税现象的恶化，网络的发展降低了避税成本，使电子商务避税更轻松易行。（　　）

2. 跨境电子商务按进出口方向分为出口跨境电子商务和进口跨境电子商务。（　　）

3. 通过电子支付平台，境内外电商的银行账户可以直接发生跨境资金流动。（　　）

4. 跨境电商交易环节复杂（生产商→贸易商→进口商→批发商→零售商→消费者），涉及中间商众多。（　　）

5. 郑州试点创新的"关检三合一""查验双随机""跨境秒通关"和 B2B2C 监管服务模式，推动海关、检验检疫环节在同一监管场所共同作业，成为全国海关和检验检疫系统学习和效仿的榜样。（　　）

三、简答题

1. 跨境电子商务的通关模式有哪些？

2. 跨境电子商务（出口）有哪些平台？请列举 5 个以上。

四、应用题

面对跨境电子商务新形势，万国优品不断优化电子商务平台，以用户为中心践行"表达爱"的使命，假如你是产品经理，请结合市场调查，用户需求等因素，为万国优品公司指定一份产品设计报告（用户方向）（不少于 2000 字），内容设计开发产品、服务模式、平台框架等。